Yue Daiyun:
Als hundert Blumen blühen sollten
Die Odyssee einer modernen Chinesin
vom Langen Marsch bis heute

Aufgezeichnet von Carolyn Wakeman
Aus dem Amerikanischen von
Helga Künzel



Deutscher
Taschenbuch
Verlag

dtv

Ungekürzte Ausgabe
1. Auflage März 1989
Deutscher Taschenbuch Verlag GmbH & Co. KG,
München

Titel der amerikanischen Originalausgabe:
To the Storm

ISBN 3-502-18880-7
Umschlaggestaltung: Celestino Piatti
Umschlagfoto: dpa, Frankfurt/München
Gesamtherstellung: C. H. Beck'sche Buchdruckerei,
Nördlingen
Printed in Germany · ISBN 3-423-11040-6
1 2 3 4 5 6 · 94 93 92 91 90 89

## Das Buch

«Hundert Blumen sollen blühen», versprach Mao im Mai 1956, aber die Blüte war nur von kurzer Dauer und das Erwachen besonders schmerzlich für jene, die sich am Duft der Gedankenfreiheit berauscht hatten. Yue Daiyun, die junge Literaturdozentin und begeisterte Mao-Anhängerin, sollte die Wechselfälle der politischen Strömungen in ihrem Land mit ganzer Härte erfahren. Ihre Lebensgeschichte, die sie 1983 bei einem Aufenthalt in Berkeley Carolyn Wakeman erzählte, läßt den westlichen Leser vielleicht zum ersten Mal begreifen, was sich während der letzten dreißig Jahre in China wirklich abgespielt hat. Denn als Mitglied der intellektuellen Führungsschicht gehörte Yue Daiyun einmal zum Zentrum der Macht, einmal zum «Abschaum» der Gesellschaft. Aus dem engagierten Mitglied der KP Chinas und der hochangesehenen Literaturdozentin wird die «Rechtsabweichlerin» und «Konterrevolutionärin», die, zur Zwangsarbeit auf dem Lande verurteilt, fast zwanzig Jahre lang schwersten psychischen und physischen Belastungen ausgesetzt ist. Wieder rehabilitiert, gehört sie zusammen mit ihrem Mann zu einem politischen Zirkel, der der «Viererbande» nahesteht und mit dieser verfemt wird, um drei Jahre später sowohl in der Partei als auch an der Pekinger Universität in alle ihre Rechte wieder eingesetzt zu werden. Trotz all dieser Demütigungen und Niederlagen bewahrte Yue Daiyun sich einen Rest ihres jugendlichen Idealismus, der ihr für den Aufbau des modernen China dringend nötig erscheint.

## Die Autorin

Yue Daiyun wurde 1931 in der chinesischen Provinz Kweichou geboren. 1948 begann sie ihr Studium an der Universität Peking und erhielt 1952 nach ihrer Promotion dort eine Dozentur für chinesische Literatur. 1958 wurde sie aus der KP Chinas ausgestoßen, der sie seit 1949 an führender Stelle angehört hatte, und zu Schwerstarbeit aufs Land geschickt. Erst 1979 wurde sie rehabilitiert und arbeitet seitdem wieder als Dozentin an der Universität Peking.

Ich ging Schritt für Schritt durch diese
einundzwanzig Jahre und bin überzeugt,
daß auch nicht ein Schritt umsonst war.
Mein einziger Wunsch ist, daß wir uns stets
an diese mit Blut, Tränen, Not und unvorstellbarem Leiden bezahlte Lektion erinnern,
damit die Gegenwart ihr wahres Gesicht entdeckt
und in die Annalen der Geschichte eingeht.

Wang Meng
Kulturminister der VR China

# Inhalt

Vorwort 9
Einleitung 15

1 Die Göttin geht 19
2 Eine Kette von Urteilen 42
3 Ausgestoßen aus dem Volk 64
4 Eine Handvoll Walnüsse 84
5 Vergeßt nie den Klassenkampf! 105
6 Säuberung auf dem Land 125
7 Entfesselung der Gewalt 147
8 Lang lebe der rote Terror 163
9 Himmel und Erde 187
10 Der nackte Fahnenmast 210
11 Aus Mühsal lernen 234
12 Ein zu hoher Preis 255
13 Die neue Generation 278
14 Nach der Revolution 300
15 Unwägbare Zukunft 325
16 Abschied vom Frühling 341

Dank 363
Anhang 365
Chronologie 367
Personen- und Sachregister 375

# Vorwort

Die neuere Geschichte Chinas wurde ab dem Ende der Ch'ing-Dynastie und während der beiden Republiken zu einem wesentlichen Teil von den Intellektuellen des Landes geprägt. Sie gründeten die Kommunistische Partei und stellten viele ihrer Führer. Noch bevor die Revolution sich endgültig konsolidiert hatte, wandten sie sich geschlossen von der Kuomintang ab und unterstützten die Kommunisten.

Die Intellektuellen bildeten in China von jeher eine eigene Klasse, eine echte Elite. Sie waren die selbsternannten und gesellschaftlich anerkannten Hüter von bürgerlicher Redlichkeit und Moral. Ihren hohen Status erlangten sie allein durch Leistung – durch die Beherrschung der konfuzianischen Klassiker und durch gutes Abschneiden bei den landesweiten Prüfungen. Weitervererben konnten sie diesen Status nicht, jede Generation mußte ihn neu erringen. Der Sohn eines Gelehrten ehrte seinen Vater, indem er seinen eigenen Sohn zum Gelehrten erzog. Auf diese Weise bildeten sich stolze Familientraditionen. Der Intellektuelle widmete sein Leben dem Dienst für sein Land, doch diese Dienstleistung beinhaltete nie körperliche Arbeit: Die langen Fingernägel waren das allen sichtbare Zeichen für dieses Privileg.

Natürlich änderte sich in dieser Hinsicht in unserem Jahrhundert vieles. Die Intellektuellen zählten zu den ersten, die gegen die Fesseln des Konfuzianismus rebellierten – um seit den zwanziger Jahren in immer stärkerem Maße der Anziehungskraft des aus Rußland importierten Marxismus zu erliegen. Vielleicht nicht von ungefähr: Gleich dem konfuzianistischen Wahrheitsmonopol gestand der Marxismus keiner Opposition Legitimität zu. Doch China, dessen Bevölkerung zu achtzig Prozent aus Bauern bestand und dem ein nennenswertes Proletariat fehlte, paßte nicht in das doktrinäre Schema. Mao Tse-tung, (untypischer) Intellektueller aus eigener Kraft und an der Pekinger Universität, diesem Bollwerk des intellektuellen Establishments, als bedürftiger junger Gelehrter sehr von oben herab behandelt, sah daher die Zukunft seines Landes in einem eigenständigen chinesischen Bauern-Kommunismus. Zwanzig Jahre dauerte sein Kampf gegen die in Rußland geschulte geistige Elite, und der 1949 schließlich errungene Sieg war ein Sieg der Landbevölkerung. Infolgedessen stammten die Mitglieder und Kader der Partei, die Kämpfer der großen Guerillaheere und das Fußvolk der Regierungen in den befreiten Gebieten zum überwiegenden Teil vom Land. Sie waren zäh, anspruchslos, selbstbewußt, besaßen oft wenig Buchwissen und empfanden kaum Respekt vor den Stadtintellektuellen, die nicht an dem langen, harten Kampf teilgenommen hatten. Doch es fehlten ihnen geschulte Leute und das nötige Know-how für die Verwaltung einer industrialisierten städtischen Gesellschaft. Es kam zu einer durch die Umstände eher erzwungenen als freiwilligen Partnerschaft von Partei und Intellektuellen – voller Zweifel und Vorbehalte auf beiden Seiten. Die Macht jedoch lag einzig und allein bei der Partei, deshalb waren *deren* Vorbehalte entscheidend. Mao Tse-tung hat einige davon formuliert:

> Die revolutionären Kräfte können nicht erfolgreich organisiert und die revolutionäre Arbeit kann nicht erfolgreich durchgeführt werden ohne die Beteiligung revolutionärer Intellektueller. Aber die Intellektuellen neigen oft dazu, subjektiv und individualistisch zu sein, unpraktisch in ihrem Denken und unentschlossen im Handeln, bis sie sich mit Herz und Seele in die revolutionären Kämpfe der Massen gestürzt oder sich entschlossen haben, den Interessen der Massen zu dienen und eins zu werden mit ihnen. Obwohl die Masse revolutionärer Intellektueller in China eine führende Rolle spielt oder als Bindeglied zu den Volksmassen dienen kann, werden daher nicht alle bis zum Ende Revolutionäre bleiben. Einige werden in kritischen Momenten aus den revolutionären Reihen ausscheren und passiv werden, und einige werden vielleicht sogar zu Feinden der Revolution. Die Intellektuellen können ihre Unzulänglichkeiten nur im lang andauernden, zähen Kampf der Massen überwinden.

Yue Daiyuns Odyssee dokumentiert den entsetzlichen Preis dieser Ambivalenz: den tragischen, von Menschen mit sinnlosen Leiden bezahlten Preis und auch die unermeßlichen Verluste, die einem sich entwickelnden Land durch blinde Vergeudung der Talente seiner bestgeschulten Bürger entstanden. Yue Daiyuns Beobachtungsposten hätte nicht unmittelbarer sein können: Sie befand sich mitten im Strudel.

Die ersten Jahre der Volksrepublik waren eine anregende, aber auch unruhige Zeit. In regelmäßigen Abständen wurden bekannte ältere Intellektuelle zur Zielscheibe der Kritik gemacht, und Yue Daiyun spürte, daß weitere, größere Unruhen folgen würden. Doch sie erwartete sie ohne Angst, sie erklärt vielmehr: «Wie stark, wie heftig der nahende Sturm auch wäre, ich hieße ihn willkommen, würde er doch die Menschen aufrütteln und auf eine neue Bewußtseinsebene heben; er würde alles reinigen und erneuern, selbst mein eigenes Herz, meine Seele, meinen Willen.» Weder Yue Daiyun noch jemand anderer hätte sich das vorstellen können, was die Zukunft dann wirklich brachte.

Doch ihre Vorahnung bewog sie, sämtliche Kopien ihrer Artikel und Gedichte, die sie im Laufe der Jahre geschrieben hatte, kurz nach Beginn der Kulturrevolution im Jahr 1966 zu verbrennen – «aus Angst, sie könnten von Suchtrupps militanter Studenten beschlagnahmt und irgendwie als Beweismaterial benutzt werden, um mich eines Verbrechens zu beschuldigen».

Das Fehlen sämtlicher schriftlicher Unterlagen gehört somit zu Yue Daiyuns Lebensgeschichte, die sie ihrem Gedächtnis abgerungen hat – ohne Unterstützung durch Tagebücher, Briefe oder andere Hilfsmittel.

Yue Daiyuns Vorahnung von einem drohenden Umbruch sollte sich schon wenige Monate später bestätigen. Katalysator war die Kampagne der Hundert Blumen. Mao Tse-tung – zweifellos bedrängt von Chou En-lai – suchte stärkere, aufrichtigere Unterstützung und forderte deshalb die Intellektuellen auf, offen ihre Meinung zu äußern. Nach langem Zögern taten sie es schließlich, und zwar kritisch, wie von chinesischen Intellektuellen nicht anders zu erwarten. Doch sie taten es nicht lange. Sofort setzte eine heftige, massive Reaktion der anti-intellektuellen Kräfte ein: der langjährigen Guerillakämpfer vom Land sowie der Kader und Apparatschiks der Partei, denen in jenen Tagen vielleicht ihre enge Verbindung zur russischen

Schwesterpartei zusätzlichen Rückhalt gab. Die Kampagne gegen Rechtsabweichler begann. Es gab immer wieder Atempausen zwischen den einzelnen Attacken, aber für die meisten Intellektuellen schien die Quälerei kein Ende zu nehmen. Für Yue Daiyun dauerte sie mehr als zwanzig Jahre, bis zum Herbst 1979. Bedeutete doch das sich rasch verändernde politische Kaleidoskop (wie zum Beispiel Aufstieg und Fall von Lin Piao und der Viererbande), daß die Rechtgläubigkeit von heute schon morgen Gedankenverrat sein konnte.

Yue Daiyun konzentriert sich natürlich auf die Leiden der Intellektuellen. Sie waren auch zweifellos die Hauptopfer der Kampagne gegen Rechtsabweichler, doch mit jeder neuen Kampagne erweiterte sich der Kreis der Betroffenen – bis hin zum Höhepunkt der Verfolgungen während der Kulturrevolution, die 1966 einsetzte und 1979 noch nicht ganz überwunden war.

Die eindringliche Schilderung dieser Ereignisse aus erster Hand ist in mehr als einer Hinsicht von unschätzbarem Wert für uns. Yue Daiyun erzählt ihre Geschichte ehrlich und scharfsichtig, sie sieht die Fehler nicht nur auf einer Seite. Vor uns steht eine Intellektuelle von ungeheurer Tapferkeit, Kraft und Stärke, eine nie den Mut verlierende Frau, die während schwerster Schicksalsprüfungen um die Erhaltung ihrer Familie und um die Sicherung der Zukunft ihrer Kinder kämpft. Am Ende des langen, «Schritt für Schritt» gegangenen Weges kann sie immer noch sagen, «daß auch nicht ein Schritt umsonst war». Die Liebe zur Heimat, die Treue gegenüber der Partei und den Glauben an die Zukunft ihres Landes hat sie sich bewahrt. Als sie endlich rehabilitiert wird und man ihr die Wiederaufnahme in die Partei anbietet, akzeptiert sie.

Yue Daiyuns Geschichte spielt in einem bestimmten Land, während einer bestimmten Zeit: im China der vergangenen vier Jahrzehnte. Viele von uns neigen vielleicht zu der Ansicht, die geschilderten Ereignisse seien irgendwie typisch für China oder den Kommunismus. Konkrete historische Parallelen anzuführen bringt wenig und führt meist zu einem schiefen Bild, aber in welchem Land hat es keinen größeren historischen Zeitabschnitt gewalttätiger Intoleranz gegeben? Die schrecklichen Erfahrungen Yue Daiyuns sind daher ein Vermächtnis, das Bedeutung besitzt jenseits von geographischem Raum und geschichtlicher Zeit – ein grandioses Beispiel für die Unbezwingbarkeit des menschlichen Geistes.

Ist es möglich, daß ein derartiger Alptraum China noch einmal heimsucht? Wird es dort eine weitere Kulturrevolution geben? Wenn ich Yue Daiyun recht verstehe, nein. Ich stimme ihr zu. Die schlimme Erfahrung betraf das ganze Land, sie wird nicht in Vergessenheit geraten. Praktisch alle aus der gegenwärtigen Führung waren selbst Opfer der Kulturrevolution (glücklicherweise kann man in China in den Genuß einer Rehabilitierung kommen, sofern man überlebt). Die Guerillakader der alten Garde sind gestorben oder werden in den Ruhestand versetzt. Den utopischen Maoismus hat man fallengelassen; und kein künftiger Führer wird vergessen, daß Maos Name in der Geschichte weit größer wäre, hätte es die Kulturrevolution nicht gegeben. Das Land strebt entschlossen nach Modernisierung und wirtschaftlicher Entwicklung. Mehr denn je zuvor werden die Intellektuellen gebraucht, das haben die Partei und das ganze Land begriffen. Schließlich ist schon das Erscheinen dieses Buches ein hoffnungsvolles Zeichen. Falls es Loyalität und Pflichtbewußtsein der Intellektuellen richtig wiedergibt, geht China einer leuchtenden Zukunft entgegen.

Wir stehen tief in der Schuld Yue Daiyuns, die uns die schmerzlichen, aufrüttelnden Geheimnisse ihres Herzens und ihres Lebens anvertraute. Doch ohne die gewissenhafte und einfühlsame Hilfe von Carolyn Wakeman hätten wir diese Geheimnisse nicht erfahren. Beiden gebührt unser tiefempfundener Dank.

John S. Service

# Einleitung

An einem Winternachmittag zu Beginn des Jahres 1981 besuchte uns im Pekinger Hotel Freundschaft, kurz nach meiner Rückkehr von der Universität, an der ich englische Literatur lehrte, eine Frau. Sie trug einen der unvermeidlichen Steppmäntel und wollte mit uns über ihr geplantes Studium in den Vereinigten Staaten sprechen. Wie sie sagte, hoffte sie, im Frühsommer reisen zu können, so daß ihr noch einige Monate blieben, um ihr Englisch zu verbessern, bevor sie ihr Forschungsjahr an der Harvard University in Cambridge begann. Sie sprach chinesisch mit meinem Mann, aber ich verstand genug von der Unterhaltung, um feststellen zu können, daß sie sich viel offener über ihr Leben äußerte als die meisten unserer chinesischen Bekannten. Mir fielen ihr ernster Ton, die ruhige Lebendigkeit ihrer Stimme und vor allem ihre ungewöhnlich ausdrucksvollen Augen auf. Später dann besuchten wir sie zu Hause, um ihre Kochkunst zu prüfen, für die sie zu Recht berühmt ist. Danach begleitete sie uns zur Bushaltestelle, ihren Arm in den meinen geschoben, und wagte ein paar Sätze Englisch. Während ich ihren gutwilligen Versuchen lauschte, sich in der fremden Sprache auszudrücken, spürte ich eine menschliche Wärme und geistige Großzügigkeit, die mich bedauern ließen, daß ihre bevorstehende Abreise nach Cambridge unseren Kontakt beenden würde.

Im Herbst 1982 traf ich mich mit dieser Frau, Yue Daiyun, in einem kleinen Restaurant in Berkeley, unweit des Campus der University of California. Sie war vor etwa sechs Wochen eingetroffen, um im Center for Chinese Studies zu arbeiten, und fühlte sich noch ziemlich hilflos und verloren in jener zwanglosen Atmosphäre, für die Berkeley berühmt ist. Einige Wochen später, als ihr Kulturschock etwas abgeklungen war, sprachen wir eines Nachmittags beim Tee über unser gemeinsames Interesse an neuer chinesischer Literatur, und schließlich erzählte sie mir einiges aus ihrer Schulzeit in Kweiyang. Wieder fiel mir auf, daß sie über ihre Erfahrungen mit einer Offenheit redete, die ich bisher bei keiner anderen Chinesin angetroffen hatte. Weil jede von uns mit ihren eigenen Angelegenheiten beschäftigt war, trafen wir uns in jenem Herbst nur selten. Doch nach jeder Begegnung stellte ich fest, daß ich ungewöhnlich Interessantes, Wertvolles erfahren hatte und daß ein großer kultureller Abstand überraschend leicht überbrückt worden war.

Anfang 1983, als wir zusammen für eine Zeitschrift einen Artikel über die Frau im modernen chinesischen Roman ausarbeiteten, bot ich ihr an, einige ihrer persönlichen Erinnerungen niederzuschreiben, weil ich fand, daß außer mir auch andere davon profitieren sollten. Ich spürte, daß sie nicht nur ihre Studie über die literarische Darstellung der chinesischen Intellektuellen zu Ende führen, sondern ihren Aufenthalt in den Vereinigten Staaten auch dazu nutzen wollte, ihre eigene Geschichte zu erzählen. Es beunruhigte sie, daß die Erfahrungen, Motivationen und Reaktionen der Intellektuellen während der dreißig Jahre nach der Befreiung Chinas im Ausland nicht immer richtig verstanden wurden, und sie hoffte, zu einem besseren Verständnis ihres Landes im Westen beitragen zu können. Gleichzeitig war sie der Meinung, daß auch ihre eigenen Landsleute genaueres über das Leben einer chinesischen Intellektuellen wissen sollten, damit künftige Generationen die Ereignisse jener turbulenten drei Jahrzehnte besser beurteilen könnten. Und so beschlossen wir, uns gemeinsam ans Werk zu machen.

Zunächst trafen wir uns nur unregelmäßig und genossen die Möglichkeit, miteinander zu plaudern. Bald aber wurden unsere Zusammenkünfte zu einem allwöchentlichen Fixpunkt und Yue Daiyuns Berichte systematischer und detaillierter. Gegen Ende ihres zweijährigen Aufenthalts in Berkeley sahen wir uns fast täglich. Während Yue Daiyun ihre Hoffnungen, Enttäuschungen und Leiden eingehend schilderte, vertiefte sich unsere Freundschaft immer mehr. Nach unseren Gesprächen verbrachte ich gewöhnlich viele Stunden an der Schreibmaschine; ich versuchte zunächst, die Bandbreite ihrer Erfahrungen und die Nuancen ihrer Wahrnehmungen einzufangen und dann ihre Erinnerungen zu ordnen und in eine zeitliche Folge zu bringen, die dem historischen Ablauf möglichst nahekam. Während also die Erlebnisse, Gefühle und Urteile immer von Yue Daiyun kommen, stammen die Worte, die Abfolge und oft auch die Synthese zwangsläufig von mir. Das Buch, das aus unseren zahllosen Zusammenkünften und Diskussionen schließlich hervorging, ist somit ein gemeinschaftlicher Versuch, das Leben einer Frau, das Leben der Chinesin Yue Daiyun, vor dem Hintergrund der stürmischen Geschichte ihres Landes aufzuzeichnen.

Die Namen der allgemein bekannten Persönlichkeiten des Zeitgeschehens, der Familienmitglieder und der Verstorbenen haben wir beibehalten, die Namen anderer Personen dagegen geändert, um ihre Anonymität soweit wie möglich zu gewährleisten.*

Carolyn Wakeman
Berkeley, Januar 1985

* In diesem Zusammenhang eine kurze Anmerkung zur Transkription der chinesischen Namen und Begriffe: Auch wenn vor einigen Jahren die sogenannte Pinyin-Umschrift des Chinesischen von der Volksrepublik China zur verbindlichen und international gültigen Umschrift erklärt wurde, wird heute noch oft das bis zur Umschrift-Reform am häufigsten verwendete Transkriptionsschema angewendet. Um eine Übereinstimmung mit der Schreibform im größten Teil der Literatur zu gewährleisten, wurde im vorliegenden Buch deshalb noch weitgehend, vor allem bei allgemein bekannten Namen und Orten, die bisher geläufige Wade-Giles-Umschrift gewählt – also z. B. Mao Tse-tung statt Mao Zedong und Peking statt Bejing.

# 1 Die Göttin geht

Es ist die Göttin Sung-tsu Niang-niang, die «Fürstin, die Kinder schickt», deren Aufgabe es nach altem chinesischem Volksglauben ist, die Kinder auf die Welt zu bringen und sie in den ersten gefahrvollen Wochen nach der Geburt zu beschützen. Einen Monat lang bleibt Song-tsi Niang-niang bei jedem Neugeborenen auf der Erde, dann kehrt sie, die gütige Hüterin, in den Himmel zurück. Am Morgen der Rückkehr lächelt ihr das Baby zum Abschied zu. Jeder in seiner Umgebung möchte daher der erste sein, der das gewisse Lächeln entdeckt – froh und erleichtert, daß die Göttin geht und das Kind wohlbehalten zurückläßt.

Bis vor kurzem waren Neugeborene in China außerordentlich gefährdet, und auch die moderne Medizin vermochte die alten Ängste, die sich in Jahrhunderten voll Trauer und Schmerz fest eingewurzelt hatten, nicht völlig auszuräumen. Selbst heute gilt der «einmonatige Geburtstag» eines Säuglings noch als glückliches Ereignis, und er wird bekanntgemacht durch das Verteilen und Verschicken rotgefärbter Eier, die seit Generationen ein Symbol für Glück und Wohlergehen sind. Er ist Anlaß zum Feiern und Schmausen, denn nun glauben Freunde und Verwandte, daß das Leben des Kindes gesichert ist; sie kommen, um ihre Geschenke und Glückwünsche zu überbringen. Es ist Tradition, daß sie dann mit pochierten Eiern in hausgemachtem süßem Reiswein bewirtet werden.

Während des ersten Monats nach der Niederkunft muß die Mutter zu Hause bleiben, und ihre wichtigste Aufgabe besteht darin, sich von der Geburt zu erholen und ihre Gesundheit zu schützen. Sie darf nicht ins Freie, keine kalten Speisen essen, ihre Haare nicht waschen und keine Bücher lesen, denn man fürchtet, sie könnte sich erkälten oder sich die Augen verderben. Manche Leute sind sogar überzeugt, daß sie auch ihre Haare nicht bürsten, keine Türen schließen und keinen Tee einschenken darf, weil sie dabei ihre geschwächten Gelenke zu sehr strapazieren könnte. Und weil sie noch als unrein gilt, darf sie niemanden außer ihren engsten Familienangehörigen berühren. Mit dem Einmonatsfest wird darum nicht nur der endgültige Eintritt des Säuglings ins Leben gefeiert, sondern auch die Befreiung der Mutter von den Einschränkungen des Wochenbetts.

Unser Sohn war am 24. Dezember 1957 zur Welt gekommen und sollte jetzt seinen «einmonatigen Geburtstag» begehen. Er war das erste männliche Enkelkind von Lao Tangs* Eltern, die beide die Sechzig bereits überschritten hatten. Verständlich, daß sie ganz vernarrt waren in den Kleinen, obwohl ich ihnen vor vier Jahren schon eine Enkelin geschenkt hatte. Kamen sie morgens an unserem Schlafzimmer vorbei, versäumten sie nie einzutreten, um den neuen Nachkommen zu bewundern. Lao Tangs Mutter, die sich um meine Gesundheit sorgte, schaute auch tagsüber oft zu mir herein, um mir die rosarote Satinsteppdecke fester um die Schultern zu stecken oder die hellgelben Vorhänge zu schließen, weil sie glaubte, das helle Sonnenlicht könnte meinen Augen schaden. Sie war eine schöne Frau mit weißem Haar und feinen Gesichtszügen, immer in Jacke und Hose aus blauer oder brauner Seide gekleidet, an den winzigen geschnürten Füßen eigens angefertigte schwarze Satinschuhe. Weil ich ihr gütiges, sanftes Naturell schätzte und wußte, daß sie nur meine Genesung im Sinn hatte, störten mich die vielen Einschränkungen nicht, die sie mir auferlegte.

Kurz nach meiner Heirat im Jahr 1952 war ich mit der Familie meines Mannes in das geräumige, komfortable Haus auf dem Gelände der Pekinger Universität gezogen. Mein Schwiegervater Tang Yongtong war damals Vizepräsident der Universität, die unter dem Namen Peita bekannt ist. Auf dem Areal, das Yenching-Südhof heißt, hatten sich schon die Dienstwohnungen von Lehrkörper und Verwaltung der einst durch Amerikaner gegründeten Hochschule, der Yenching-Universität, befunden. Das Gelände ging 1949, nach der Befreiung, an die vergrößerte Peita über.

* «Lao» bedeutet «alt» und wird in China ganz allgemein als Anrede statt eines bestimmten Namens gebraucht, um Achtung oder Vertrautheit zu signalisieren. Yue Daiyun ehrte ihren Mann, ihre Freunde und viele ihrer Kollegen auf diese Weise, indem sie Lao vor den Zunamen setzte. Ihren Mann nannte sie daher nicht Tang Yichieh, sondern eben Lao Tang.

Unser Haus war ein frei stehendes Doppelhaus, dessen andere Hälfte die Familie von Feng Youlan bewohnte, einem der bekanntesten Philosophieprofessoren der Peita. In dem aus grauen Ziegeln erbauten Gebäude mit den leuchtendrot gestrichenen Fensterrahmen und dem dunklen, tiefgezogenen plattengedeckten Dach, das in anmutigen, aufwärts geschwungenen Traufen endete, verbanden sich chinesischer Stil und westliche Funktionalität. So gab es beispielsweise neben dem Schlafzimmer, das ich mit Lao Tang teilte, ein Bad, im Wohnzimmer einen großen offenen Kamin aus Ziegeln, im Gang ein Telefon und in der geräumigen Küche einen Backofen. Im Vorgarten blühten Rosen neben dem Bambus, und hinter dem Haus war ein Erdbeerbeet angelegt worden. In dieser für chinesische Maßstäbe schier unvorstellbar luxuriösen Umgebung verlebte ich fünf glückliche Jahre, fern meiner Heimatprovinz Kweichou.

Am Tag der Einmonatsfeier für unseren Sohn war ich schon sehr früh erwacht, weil ich das erste Lächeln des Babys auf keinen Fall versäumen wollte. Im Bett liegend, auf Kissen gestützt, deren weiße Bezüge mit blauen Chrysanthemenblüten bestickt waren, wartete ich ungeduldig auf Lao Tang. Als das winzige Gesichtchen in meinen Armen plötzlich zu lächeln begann, rief ich nach dem Vater meines Sohnes, damit er komme und es ebenfalls sehe. Weil ich keine Antwort erhielt, nahm ich an, Lao Tang sei fortgegangen, um bei den Festvorbereitungen zu helfen. Doch gleich darauf hörte ich ihn durch die Tür in gedämpftem Ton mit Daolan sprechen, der freundlichen, tüchtigen jungen Frau, die seit zehn Jahren Lao Tangs Mutter bei der Hausarbeit und beim Kochen half.

«Du mußt vorsichtig sein, laß sie nichts merken.»

«Das werde ich nicht, keine Sorge.»

«Und mein Vater soll auch nichts erfahren.»

Zufrieden mein Söhnchen im Arm wiegend und von dem Wunsch erfüllt, Lao Tang möge sich beeilen, überlegte ich gleichsam im Unterbewußtsein, worüber die beiden wohl reden mochten. Politik oder meine Arbeit an der Universität kamen mir dabei nicht in den Sinn, und ich hegte auch nicht den Verdacht, daß mein Mann etwas vor mir verbergen wollte. Weil mein Blutdruck schon seit längerer Zeit unverändert hoch war, hatte man mir zwei zusätzliche Wochen Mutterschaftsurlaub zugebilligt. Deshalb ließ mich das politische Tagesgeschehen, zumal in diesem Augenblick, völlig gleichgültig. Ich wunderte mich vielmehr, daß noch niemand über den «einmonatigen

Geburtstag» oder über das Festessen gesprochen hatte, das am Abend für Lao Tangs Verwandte gegeben werden sollte.

Das Baby war zwei Wochen überfällig gewesen, und als es endlich kam, versetzte es mit seinen fast acht Pfund und seinem dichten schwarzen Haar alle in Erstaunen. Lao Tangs Mutter, überaus stolz auf ihren ersten Enkel, sprach seit seiner Geburt von dem großen Fest, das am Einmonatstag fällig wurde. Mehrmals hatten wir zusammen überlegt, was der Kleine dabei tragen sollte, denn wir wollten ihn den Gästen natürlich möglichst vorteilhaft präsentieren. Meine Mutter hatte uns bereits das übliche Geschenk der Großmutter mütterlicherseits geschickt: eine komplette Babyausstattung für das erste Jahr, wozu auch zehn Paar bestickte Satinschuhe in verschiedenen Größen gehörten. Ursprünglich hatte ich Tang Shuang in die von meiner Mutter selbst genähte Steppdecke aus geblümtem blauem und rotem Satin wickeln wollen, aber dann meiner Schwiegermutter nachgegeben, die ihr eigenes Geschenk, eine hochrote Steppdecke, passender fand für einen so glücklichen Anlaß. Nach all diesen freudigen, erwartungsvollen Vorgesprächen fand ich es seltsam, daß jetzt, wo der große Tag da war, niemand die Feier erwähnte, daß Lao Tangs Mutter noch nicht nach ihrem Enkel geschaut hatte und daß Daolan nicht für den Festschmaus einkaufen war.

Als die Tür aufging, erkannte ich beim ersten Blick auf Lao Tangs Gesicht, daß etwas nicht stimmte. Er trat ans Bett, schaute nur mich an und beachtete das reizende Lächeln seines Sohnes gar nicht. In dem Bemühen, den Frieden und das Glück dieses Augenblicks zu bewahren, summte ich weiter das Wiegenlied von Brahms, das nach der Geburt unserer Tochter eine Zeitlang unser Lieblingslied gewesen war. Doch Lao Tangs Gesicht entspannte sich nicht. Etwas muß passiert sein, sagte ich mir mit wachsender Beklommenheit, irgend etwas, das mich betrifft. Ich klammerte mich an das warme Gefühl der Mutterschaft und versuchte, die Illusion, daß alles in Ordnung sei, möglichst lange aufrechtzuerhalten. Lao Tang zögerte, brachte es nicht fertig, die unangenehme Nachricht auszusprechen; er mochte das verlegene Schweigen ebensowenig brechen wie ich.

Draußen vor dem Fenster rieselte leise der Schnee und bedeckte die Äste der Holzapfelbäume mit einer weißen Puderschicht. Ich heftete in dem fahlen Morgenlicht meinen Blick auf die Fotografie an der Wand gegenüber unserem Bett. Aus dem Bild, das kurz nach unserer Heirat aufgenommen worden war, sprachen der revolutionäre Geist und die zärtliche Zuneigung jener Jugendtage. Lao Tang räusperte sich und setzte nun doch zum Reden an; in seinen Augen standen Tränen.

«Hör zu, wir müssen über etwas sehr Ernstes sprechen.»

Trotz seiner offensichtlichen Verzweiflung versuchte ich weiter, die besondere Freude dieses Morgens zu retten. Ich beschloß, keine Angst zu haben, und entgegnete leichthin: «Was ist los? Habe ich nicht noch zwei Wochen Mutterschaftsurlaub? Wir reden später über die Arbeit und die Politik.»

Lao Tang erwiderte drängend: «Wir können es nicht aufschieben.»

«Warum nicht?» fragte ich. «Kann es denn so wichtig sein? Heute ist der ‹einmonatige Geburtstag› unseres Sohnes. Lassen sich diese anderen Angelegenheiten wirklich nicht auf später verschieben?»

«Nein, wir müssen sofort darüber reden.» Er hielt kurz inne und fuhr dann leise dort: «Du mußt um zehn Uhr zu einer Versammlung, auf der du kritisiert werden sollst.»

«Ich habe doch Mutterschaftsurlaub», protestierte ich.

«Du mußt trotzdem hin», erklärte er bekümmert. «Du hättest schon vor zehn Tagen erscheinen sollen, aber ich bat sie inständig, bis zum Ende dieses ersten Monats zu warten. Ich sagte, du könntest das Haus nicht verlassen. Schließlich gaben sie nach. Aber jetzt ist es nicht mehr zu umgehen, Hsiao Dai*. Du weißt nicht, wie schwer es war, sie zu bewegen, die Versammlung überhaupt so lange aufzuschieben.»

«Weshalb soll ich denn kritisiert werden?» fragte ich.

«Sie behaupten, du seist eine Rechtsabweichlerin», antwortete er. Seine Worte klangen niedergeschlagen und gepreßt vor unterdrückter Erregung.

«Aber», wandte ich entgeistert ein, «ich habe doch nie etwas gegen unsere Partei oder den Vorsitzenden Mao gesagt. Ich habe nie etwas getan, das unserem Land hätte schaden können. Ich bin aus tiefstem Herzen treu, das weißt du.»

«Ich weiß es, und ich habe es in deiner und auch in meiner Abteilung zum Ausdruck gebracht, ich habe gebeten und protestiert,

* «Hsiao» bedeutet «klein» und ist ein allgemein gebräuchliches Diminuitiv, das Vertrautheit und oft auch Zuneigung ausdrückt. Yue Daiyun wurde darum von ihrem Mann Hsiao Dai genannt.

wurde aber immer nur angewiesen, einen Trennungsstrich zwischen mir und meiner Frau zu ziehen.»

Erst später erfuhr ich, daß Lao Tang schon seit etwa einem Monat von der Absicht der Partei wußte, mich zu kritisieren, daß er gemaßregelt worden war, weil er mich verteidigte, daß er eine ernste Warnung der Partei erhalten hatte. Jetzt stieß er mit brechender Stimme hervor: «Nicht einmal als Ehemann kann ich meine Frau schützen.» Tränen der Enttäuschung und des Zorns, die er lange unterdrückt hatte, rannen ihm übers Gesicht. Er preßte mich an sich und sagte voll Bitterkeit: «Manchmal behandeln die Menschen einander wie Wölfe!» Es war ein Satz aus Romain Rollands *Johann Christof*.

Lao Tang weinte nun laut vor Kummer. Ich aber hatte in dem Augenblick keine Tränen.

Meine Gefaßtheit entsprang teilweise dem Unglauben. Eine so schwere Beschuldigung kann unmöglich gegen mich erhoben werden, überlegte ich; der Irrtum würde sich bestimmt rasch aufklären. Zum andern rührte sie wohl von meiner größeren Vertrautheit mit dem Unglück her. Lao Tangs Leben war immer glatt verlaufen. Sein Vater, ein berühmter Buddhismus-Kenner und Philosophieprofessor, hatte 1921 in Harvard seinen Magister gemacht. Die Familie lebte seither in Wohlstand und völlig sorgenfrei, die Kindheit des Sohnes kannte weder Härten noch Leid. Ich dagegen hatte mich während des Krieges mit Japan, als die Laufbahn meines Vaters als Mittelschullehrer jäh unterbrochen wurde und meine Familie oft vor feindlichen Bomben fliehen mußte, an Gefahren gewöhnt, war dabei widerstandsfähig und eine Überlebenskünstlerin geworden. Und so begann ich jetzt, statt an meine eigene Lage zu denken, automatisch Lao Tang zu trösten, um seine Verzweiflung zu lindern.

«Wir müssen der Partei vertrauen», erklärte ich. «Auch wenn man in meinem Handeln kurzfristig etwas als falsch ansieht, wird sich das Problem bestimmt schnell lösen.» Ich konnte mir einfach nicht vorstellen, daß meine Lage wirklich ernst war, obwohl mich gleichzeitig eine Flut schmerzlicher Erinnerungen überschwemmte.

Heute hatten wir den 24. Januar 1958, seit der Geburt unseres Sohnes am Weihnachtsabend war genau ein Monat vergangen. Meinen zweimonatigen Mutterschaftsurlaub hatte ich Ende November angetreten, auf Drängen von Lao Tangs Eltern, die wußten, daß ich überarbeitet war und dringend Ruhe brauchte. Ich hatte es als

Erleichterung empfunden, die Welt der Politik hinter mir zu lassen und endlich Zeit zu haben, meiner Tochter, der ich mich in den vergangenen Monaten nur selten hatte widmen können, Geschichten vorzulesen. Ich selbst hatte zwei französische Romane wiedergelesen, Stendhals *Rot und Schwarz* und Romain Rollands *Johann Christof*. Beide waren schon seit längerer Zeit ins Chinesische übersetzt und sehr beliebt.

Im Frühsommer jedoch hatte man diese Romane, weil angeblich wichtige Quellen für rechtsabweichlerische Studenten, unter scharfen Beschuß genommen. Uns hielt man damals ständig an, die Stärke und Selbstlosigkeit einer einfachen Schraube zu erkennen, uns ein Beispiel daran zu nehmen und uns zufrieden dort einzufügen, wo die Partei uns brauchte. Ganz im Gegensatz zu diesem Idealbild an Uneigennützigkeit würden die beiden Romane Unzufriedenheit schüren, hieß es, und sie würden die Vorstellung nähren, daß nur individuelle schöpferische Anstrengungen das Leben lebenswert machten. Außerdem warf man ihnen vor, den Kampf des einzelnen, nicht aber den Klassenkampf zu schildern, die jüngere Generation dazu zu verleiten, nach Ruhm und Reichtum zu streben, und auf diese Weise das kollektive Ziel, dem Volk zu dienen, zu unterminieren. Da ich diese Behauptungen kannte, las ich beide Romane besonders aufmerksam, konnte aber die Lektüre dieser literarischen Werke weder schädlich finden, noch mir vorstellen, daß sich Leser in China ausgerechnet solche ausländischen Helden zum Vorbild nehmen würden.

Während der letzten Wochen vor meiner Niederkunft war ich oft in ein städtisches Krankenhaus gefahren, weil mein erhöhter Blutdruck kontrolliert werden mußte. Aus Sorge um meine Gesundheit und die unseres ungeborenen Kindes hatte mich Lao Tang damals bewußt im unklaren gelassen über die rasche Eskalation der laufenden politischen Kampagne. Er wollte, daß die Wochen vor der Geburt ruhig und friedlich für mich verliefen, zumal er wußte, wie erschöpft ich Anfang November war. Im vergangenen Sommer hatte eine politische Versammlung die andere gejagt, genaugenommen seit dem 8. Juni, als das offizielle Parteiblatt, die Pekinger *Volkszeitung*, warnend geschrieben hatte, daß Konterrevolutionäre die Macht im Staat an sich zu reißen versuchten. Das war der Auftakt zu der Kampagne gegen die Rechtsabweichler gewesen, und mich als Leiterin der Parteizweigstelle für Hochschullehrer in der Abteilung für chinesische Literatur hatte man sogleich mit zahlreichen Aufgaben betraut.

Wie schnell sich die Atmosphäre doch verändern konnte. Der Frühling war eine Zeit des «Blühens und Wettstreitens» gewesen, ausgelöst durch den Aufruf des Vorsitzenden Mao im Mai 1956: «Laßt hundert Blumen blühen, laßt hundert Gedankenschulen miteinander streiten.» Die Intellektuellen, noch vorsichtig nach den Attacken, denen sie 1955 während der Kampagne gegen Konterrevolutionäre ausgesetzt gewesen waren, hatten nur zögernd reagiert, waren erst nach und nach der Aufforderung gefolgt, Mängel der Kommunistischen Partei zu kritisieren. Aber die berühmte Rede des Vorsitzenden Mao vom Februar 1957 «Über die richtige Behandlung der Widersprüche im Volk» weckte dann in vielen Menschen die Überzeugung, daß ihre Kritik an der Partei wirklich willkommen sei, daß das Land jetzt einer neuen Ära der Offenheit, der Harmonie und des Fortschritts entgegengehe. Wir hielten häufig Versammlungen ab, in denen Lehrer und Studenten unserer Abteilung gedrängt wurden, frei zu sprechen und ihre Meinung über die Fehler der Partei vorzutragen. Ich schrieb die Aussagen jedes einzelnen auf und war sicher, daß viele dieser scharfen Beobachtungen zu einer positiven Entwicklung der Partei beitragen würden.

Als im April eine «Überwindungsbewegung» zur Verbesserung des Arbeitsstils der Partei durch Ausmerzung der «Drei Übel» – Subjektivismus, Sektierertum und Bürokratismus – begann, wurde auch ich vom mitreißenden Geist der Zuversicht und des Optimismus erfaßt. Anschläge in großen Schriftzeichen auf leuchtend rosaroten, gelben und grünen Papierbogen erschienen auf den Wandtafeln vor dem zentralen Speisesaal, später auch an den Wänden des Gebäudes selbst. Viele wuchsen sich zu ganzen Essays aus, zu nachdenklichen Analysen so fesselnder Fragen wie der Rolle der Demokratie in einem sozialistischen System oder der Annehmbarkeit des Funktionärsprivilegs in einer auf dem Prinzip der Gleichheit basierenden Gesellschaft.

Einige der Anschläge stammten von Menschen, die zutiefst unzufrieden waren mit den Leistungen der Partei; sie enthielten bittere Beschwerden, die meiner Ansicht nach zu stark von der offiziellen Linie abwichen. Damals konnte ich beispielsweise der Forderung nach einer vollständigen Aufhebung des Urteils gegen Hu Feng* nicht zustimmen, weil ich den Behauptungen der Partei glaubte, er sei ein Verräter und ein Agent der Kuomintang. Ich konnte mich auch nicht einverstanden erklären mit jenen, die Kritik übten an der 1955 eingeleiteten und später ausufernden Kampagne zur Ausschaltung von Konterrevolutionären, weil ich es für notwendig hielt, daß im Klassenkampf die Schuldigen hingerichtet werden. Vor allem aber konnte ich keinen Anschlag gutheißen, der den Vorsitzenden Mao persönlich angriff und ihn gar mit dem Papst und seine Schriften mit der Bibel verglich. Ich glaubte vorbehaltlos an Maos Größe als Mensch, war doch er allein fähig gewesen, China zu einen und die ausländischen Machthaber zu vertreiben.

Wenn ich auch zu scharfe Angriffe mißbilligte, so fand ich doch, daß die Gelegenheit, früher verbotene Themen zu erörtern und frei seine Meinung über die Praktiken der Partei zu äußern, der beste Weg zur Verwirklichung der verheißenen Befriedung sei. Besondere Bewunderung empfand ich für die gedankenreichen Essays der Physikstudenten, die mir als die sensibelsten, fähigsten und hochherzigsten Vertreter ihrer Generation erschienen. Die Studenten in meiner Abteilung hatten viele Gedichte geschrieben, die eine bessere Zukunft beschworen. Eines, betitelt «Jetzt ist es Zeit», wurde sogar berühmt, weil es die Gefühle, die in diesen Tagen voller Begeisterung und Optimismus herrschten, ausgezeichnet eingefangen hatte. Jetzt sei es Zeit, schrieb der Student, die Unzulänglichkeiten der Gesellschaft und der Partei zu untersuchen, um die nötigen Verbesserungen einzuleiten; es sei Zeit, aufzustehen und frei heraus zu sprechen, um die Führer zu beeinflussen; es sei Zeit, persönliche Meinungen zu äußern, statt blind zu gehorchen, denn nur so sei das Land in eine neue Zeit zu führen. Das alles waren Ziele, für die auch ich mich leidenschaftlich einsetzte.

Doch trotz meiner Sympathie für alle, die sich frei äußerten, mahnte mich eine innere Stimme zur Vorsicht, in den Chor kritischer Stimmen vernehmlich mit einzustimmen. Ich hielt es für ratsam, erst einmal abzuwarten, was passieren würde, bevor ich selbst öffentliche

* Hu Feng, ein prominenter marxistischer Literaturkritiker und Anhänger des bedeutenden neuzeitlichen Autors Lu Hsün, wurde 1954 wegen bourgeoiser Gesinnung denunziert und bald Ziel einer landesweiten Verleumdungskampagne.

Kommentare abgab. Statt dessen wollte ich auf andere Weise einen Beitrag leisten. Angeregt durch die Atmosphäre der Offenheit, in der so vieles erlaubt zu sein schien, und aus der Überzeugung heraus, daß die Kreativität jetzt ein neues Niveau würde erreichen können, tat ich mich mit sieben jungen Lehrern und graduierten Studenten der Abteilung für chinesische Literatur zusammen, um die Gründung einer literarischen Zeitschrift zu erörtern. Obwohl inoffizielle Publikationen in China verboten waren, glaubten wir, das herrschende Klima gestatte ein derartiges Unternehmen.

Wir dachten an eine Alternative zum *Peita-Journal,* dessen Redaktionsstab aus älteren Gelehrten bestand, die nur hochakademische Artikel über Literatur, Philosophie und Geschichte aufnahmen. Wir wollten für jüngere Intellektuelle ein Forum zur Diskussion aktueller Probleme schaffen und nannten die geplante Zeitschrift «Helden unserer Zeit», in Anlehnung an den Titel von Lermontows Roman, um die Rolle zu unterstreichen, in der wir uns sahen: Bahnbrecher einer neuen Ära. Unser Ziel war es, den Aufruf des Vorsitzenden Mao zu befolgen und jedermann zu ermutigen, seine eigenen Talente für den Aufbau des neuen China zu entfalten. Obwohl mit sechsundzwanzig die älteste der Gründungsgruppe, konnte ich die Leitung der neuen Zeitschrift nicht übernehmen, weil ich zu viele politische Verpflichtungen hatte. Ich schlug vor, Lao Lu damit zu betrauen, einen jungen Lehrerkollegen und guten Freund von mir.

Auf unserer ersten Versammlung am 16. Mai sahen wir eine leuchtende, vielversprechende Zukunft vor uns und redeten begeistert davon, daß wir der chinesischen Literaturtheorie und -praxis neue Perspektiven eröffnen wollten. Nach einer weiteren Versammlung am 20. Mai beschlossen wir jedoch, unsere Pläne einstweilen ad acta zu legen. Wir hatten nicht nur erfolglos versucht, die nötigen finanziellen Mittel zur Deckung der Produktionskosten aufzutreiben, sondern wir spürten auch eine Veränderung in der politischen Atmosphäre. Vielleicht war die «Überwindungsbewegung» doch nicht so aufrichtig, wie wir uns vorgestellt hatten, und falls dies zutraf, schienen ständige Versammlungen nicht ratsam. Weil wir wußten, daß einige kleine Studentengruppen zunehmend radikaler wurden und immer kühnere, drastischere Angriffe gegen die Partei richteten, entschieden wir uns, lieber zu warten und vielleicht später einen neuen Versuch zur Herausgabe unserer Zeitschrift zu starten.

Am 8. Juni dann veränderte der offizielle Leitartikel in der *Volks-*

*zeitung* plötzlich alles. Ein Kurswechsel in der Parteilinie fand statt, und eine neue Kampagne zur Befreiung des Landes von konterrevolutionären Elementen begann. Sie stimmte uns bedenklich. Auf einer Geheimversammlung für Parteimitglieder wurde ein Dokument des Zentralkomitees verlesen, das nachdrücklich erklärte, die Lage sei sehr ernst. Einige Leute, so sagte man uns, wollten die Partei angreifen, um die Kontrolle über die Regierung zu erlangen. Wir müßten unsere Wachsamkeit verstärken, wir müßten den Klassenkampf schützen, wir müßten gegen Klassenfeinde aufstehen. Jeder konnte dies als warnenden Hinweis verstehen, daß ab sofort ein völlig anderer Standpunkt gegenüber den früheren Anschlägen einzunehmen und daß jeder zu kritisieren sei, der antisozialistische oder rechtsabweichlerische Ansichten geäußert hatte.

Anschläge erschienen zwar weiterhin, aber nach dem 8. Juni vollkommen anderen Inhalts; eine neue Sprechergruppe verkündete lauthals die neue politische Linie. In den folgenden Wochen las ich beispielsweise, daß Kritiker, die das Funktionärsprivileg angriffen, in Wirklichkeit gegen die Partei opponierten, daß Menschen, die zur Äußerung privater Meinungen ermutigten, in Wirklichkeit dachten, irgendeine Organisation innerhalb der Partei unterdrücke das Volk, daß jene, die forderten, Demokratie müsse für unser Land ein Ziel sein, in Wirklichkeit den Sozialismus abzuschaffen wünschten, daß jeder, der die feudalen Relikte in der Partei anprangerte, in Wirklichkeit den Vorsitzenden Mao als Patriarchen schmähe und somit selbst ein Konterrevolutionär sei. Dieser abrupte, totale Umschwung verwirrte und deprimierte mich.

Die Studenten, die sich im Frühling offen geäußert hatten, kannte ich als die sensibelsten und intelligentesten ihres Studienjahrgangs, als die nachdenklichsten und weitblickendsten. Offensichtlich jedoch hatte eine andere Gruppe, bestehend aus gehorsamen Anhängern der alten Politik und unterwürfigen Loyalitätsbezeugern, nur abgewartet, bis sich zeigte, woher der Wind in Wahrheit wehte. Auf das Signal der Partei hin, daß die Kritik außer Kontrolle geraten sei, war diese zweite Gruppe zum Angriff übergegangen und isolierte nun jene, die im Geiste der «Überwindung» ihre Meinungen geäußert hatten. Ich hatte vielen in der ersten Gruppe beigepflichtet, ihre Beiträge für instruktiv und wertvoll gehalten, doch jetzt wurden eben diese Leute plötzlich beschuldigt, gegen die Kommunistische Partei zu opponieren.

Auf hastig einberufenen Versammlungen forderte man uns Parteiführer auf, die Dissidenten unter den Studenten auszusondern, sie zu kritisieren und die hinter ihren Masken lauernden wirklichen Gesichter bloßzulegen, um so klarzustellen, daß diese Kritiker innerlich gegen den Vorsitzenden Mao, gegen die Kommunistische Partei, gegen den Sozialismus überhaupt Front machten. Jede Abteilung mußte einige Leute benennen, die als «bourgeoise Rechtsabweichler» verurteilt werden sollten. Das Komitee der Vier-Personen-Lehrer-Gruppe, dem ich vorstand, erhielt die Aufgabe, Beweise zu liefern und Vorschläge zu unterbreiten, wer für eine Verurteilung in Frage käme; die eigentliche, endgültige Entscheidung, wer als Rechtsabweichler einzustufen sei, sollte allerdings auf höherer Ebene gefällt werden, vom Parteikomitee der Peita.

Ich verbrachte in jenem Sommer viele Stunden damit, über meinen Aufzeichnungen zu brüten, die ich im Frühling auf den Überwindungsversammlungen gemacht hatte, um zu prüfen, welche Lehrer unserer Abteilung jetzt als Parteifeinde betrachtet werden müßten. Man hatte uns Kurzcharakteristiken der «Standardfälle» geliefert, und wir verglichen nun die möglichen Verdächtigen mit diesen Prototypen. Bis November, bis zum Beginn meines Mutterschaftsurlaubs, hatte unsere Parteizweigstelle fünf Männer als mögliche Rechtsabweichler ausgemacht...

Während ich, noch immer im Bett liegend, die Einzelheiten dieser fünf Fälle überdachte, vergingen mir alle Gedanken an das Lächeln meines Söhnchens, auch wenn ich nach wie vor keinen wirklich schwerwiegenden Grund fand, aus dem mich jemand von der Partei hätte kritisieren können. Während der Monate, in denen Offenheit gefordert wurde, hatte ich nie über Fehler der Partei gesprochen. Die beiden Versammlungen zur Planung unserer Zeitschrift lagen Monate zurück, und seit Juni ruhte die Idee ohnehin ganz. Ich zermarterte mir den Kopf in dem Bemühen, irgendeine Tat zu finden, die mich jetzt verwundbar machen konnte. Nachdem ich das Parteikomitee der Peita über unsere Publikationspläne unterrichtet hatte, war ich zu mehreren Professoren gegangen und hatte sie um finanzielle Unterstützung der Zeitschrift gebeten. Später hatte mir der Parteisekretär empfohlen, die Versuche, auf solche Weise Geld zu beschaffen, lieber zu lassen, vor allem, weil ich eine Parteiführerin sei; doch er hatte sich in keiner Weise mißbilligend über den Zeitschriftenplan selbst geäußert. Bis zum Beginn meines Mutterschaftsurlaubs war das Projekt nie mehr erwähnt worden, darum sah ich keinen Grund, weshalb es mich plötzlich zum Ziel eines Angriffs machen sollte.

Während ich mein Baby ein letztes Mal stillte, war ich erstaunlich ruhig in der Überzeugung, das Problem werde sich schon lösen. Mechanisch kleidete ich mich an und schlüpfte in die beiden dunkelgrünen Pullover, die ich jeden Tag trug. Ich wußte, daß ich meine neue weinrote Jacke und die hochrote Steppdecke meines Sohnes heute nicht brauchen würde. In den kommenden Stunden würden keine Gäste eintreffen und keine Feiern stattfinden. Lao Tang fragte, ob er mich zu der Versammlung begleiten solle, doch ich zerstreute seine Besorgnis und verbarg mein eigenes Unbehagen sowie die Verlegenheit, die ich in dieser ungewohnten Rolle empfand. Als Lehrerin war ich schließlich jemand, der andere kritisierte und nicht selbst kritisiert wurde.

An der Tür legte ich mein Baby in die Arme von Daolan und schlug den Fellkragen meines dicken Steppmantels hoch. Über dem weißen Baumvollviereck der Gesichtsmaske, die ich im Winter oft als Schutz vor Wind und Staub trug, waren nur meine Augen zu sehen. Heute aber brauchte ich nicht nur vor der Kälte Schutz, sondern auch vor den neugierigen, anklagenden Blicken, denen ich bald ausgesetzt sein würde. Trotz allem fühlte ich mich stark und fähig, Einschüchterungsversuchen zu widerstehen.

Ich schritt rasch aus, weil ich wußte, daß ich dann noch um den Ohne-Namen-See gehen konnte, der im landschaftlich schönsten Teil des Universitätsgeländes lag, und weil ich die Zeit nutzen wollte, um meine Gedanken zu ordnen. In der Ferne, an den Wänden der Gebäude für Literatur und Geschichte, konnte ich ein Sammelsurium von Anschlägen sehen, deren zerfetzte Ecken im Wind flatterten. Ich wäre gern hingegangen, weil ich einen Hinweis auf die Anschuldigungen zu finden hoffte, die man gegen mich erheben würde, aber die Befürchtung, Bekannte zu treffen, hielt mich davon ab. Die anmutige graugeflieste Pagode am jenseitigen Seeufer, die ich so oft bewundert hatte, schien mir heute fast absichtlich den Anblick des leuchtenden Spiegelbilds vorzuenthalten, das sie an freundlicheren Tagen im Wasser warf. Düster ragte sie in den winterlichen Himmel.

Bohrende Gedanken über die geplante Zeitschrift bedrängten mich und widerstanden hartnäckig meinen Versuchen, mich zu beruhigen. «Helden unserer Zeit» war ja gar nicht erschienen, sagte ich mir immer wieder und bemühte mich krampfhaft, mir genau in Erinnerung zu rufen, was wir auf den zwei Versammlungen vor etwa sieben Monaten erörtert hatten. Ich ging im Geiste die vier Hauptbeiträge durch, die wir für die ersten beiden Ausgaben vorgesehen hatten, und versuchte zu beurteilen, ob einer davon jetzt als antikommunistisch ausgelegt werden konnte. Aber ich hatte wegen meines Mutterschaftsurlaubs keine Verbindung mehr zur Bewegung gegen Rechtsabweichler und wußte daher nicht, welche Art Material derzeit benutzt wurde, um Schuld zu beweisen ...

Aber vielleicht ging es ja gar nicht um die Zeitschrift; ich durchforschte nun meine frühere Vergangenheit, um herauszufinden, welche meiner Taten Gründe für die schwere Beschuldigung geliefert haben könnte, ich sei eine Rechtsabweichlerin. Meine Bindung an die Revolution und die Partei hatte sich ganz natürlich aus den Erfahrungen während meiner Mittelschuljahre in der Provinz Kweichou entwickelt, wo die Unzulänglichkeiten der Kuomintang-Regierung deutlich sichtbar gewesen waren. Ich kannte die Armut des Volkes in der Provinzhauptstadt Kweiyang und vor allem in den unmittelbar an die Stadt angrenzenden Gebieten aus eigener Anschauung. In diesen Randbezirken kam es vor, daß eine Familie nur eine einzige Hose besaß, so daß immer nur eine Person das Haus verlassen konnte; die anderen mußten im Bett bleiben, unter einer einzigen abgenützten Steppdecke, bis die Hose mit dem einen Familienmitglied zurückkam ... Weil Kweichou weder über eine Meeresküste verfügte noch Salzminen besaß, war Salz so teuer, daß die Bauernfamilien oft kleine Salzblöcke über den Tisch hängten, an denen jeder während des Essens kurz lecken durfte. Solche Zustände erzeugten seinerzeit in mir die Sehnsucht nach grundlegenden Veränderungen.

Das Leben des Volkes war hart, und dazu kam die überall gegenwärtige Unterdrückung durch die Kuomintang. Sogar Schüler aus meiner Klasse verhaftete man wegen angeblicher kommunistischer Aktivitäten. Der Junge, der hinter mir saß, ein stiller, fleißiger Bursche, wurde eines Tages nach dem Unterricht von zwei Polizisten in Zivil erwartet, die ihn zu einem Wagen zerrten und knebelten, damit er nicht schreien konnte. Das Ganze geschah völlig lautlos und so schnell, daß niemand das Verschwinden des Jungen bemerkt hätte, wären nicht vier von uns gerade auf dem Weg zum Speisesaal gewesen und Zeugen des Vorfalls geworden. Wir wagten nicht, die Entführung den Behörden zu melden, denn wenn sich jemand beschwerte, wurde er meist sofort geheimer Verbindungen zur Kommunistischen Partei bezichtigt. Ich wußte, daß sich meine Mutter um meine Sicherheit sorgte, weil ich oft kritisch über die Kuomintang sprach.

Während der Jugendjahre, in denen man ja besonders leicht zu beeindrucken ist, erlebte ich nicht nur das Verhalten der Kuomintang-Funktionäre, sondern auch das ihrer amerikanischen Verbündeten, der fremden Soldaten. Ich fand sie unerträglich, widerwärtig, wenn sie in ihren Jeeps durch die Straßen unserer Stadt fuhren, Bierflaschen schwenkten und brüllten: «Aus dem Weg!» Wie können sie sich nur so benehmen, dachte ich oft, das ist mein Land. Ab und zu nahmen sie einheimische Mädchen mit und fuhren sie mit ihren Jeeps nur so zum Spaß herum. Einmal, als ich mit meiner Cousine im Fluß vor unserem Landhaus badete, kamen mehrere amerikanische Soldaten vorbei. Wir lagen gerade auf der Brücke, um uns von der Sonne trocknen zu lassen. Einer der Soldaten schlang den Arm um meine Cousine, die damals achtzehn war, und küßte sie. Ich war entsetzt, zornig und zutiefst beleidigt. Der Bruder meiner Cousine, der Englisch konnte, weil er zwei Jahre in den Vereinigten Staaten Flugzeugbau studiert hatte, ging zum Kommandeur und zeigte den Soldaten an, der sich dann bei uns entschuldigte. Trotzdem vermochte ich den Zwischenfall nicht zu vergessen. Von da an, ab meinem dreizehnten Lebensjahr, haßte ich die Amerikaner.

In meinem Vorurteil bestärkten mich Vorfälle wie jener, der 1946 auf einer Tanzveranstaltung passierte: Jemand schaltete plötzlich das Licht aus, und alle GI umarmten und küßten ihre Partnerinnen. Weil ich mich nicht herausputzen und nicht mit Amerikanern tanzen mochte, war ich zu Hause geblieben, aber meine Klassenkameradinnen schilderten mir das Ereignis ausführlich. Die Einzelheiten über das Verhalten der amerikanischen Soldaten mögen übertrieben gewesen sein, doch ich war sehr jung und empfand heftige Empörung angesichts der Beleidigung meiner Freundinnen. Bereits in jener Zeit begann ich zu glauben, daß unsere einzige Hoffnung für die Zukunft im Norden des Landes bei der Kommunistischen Partei liege.

Nach dem Abgang von der Mittelschule im Jahre 1948 wollte ich die Zulassungsprüfungen zur Universität machen. In der Provinz Kweichou wurden jedoch keine solchen Prüfungen abgehalten, man mußte dazu nach Chungking. Die Busfahrt dorthin war ein gefährliches und teures Unternehmen, außerdem bekam man kaum eine Fahrkarte. Durch meine Teilnahme an den englischen Sonntagsgottesdiensten für amerikanische Soldaten in der Episkopalkirche Kweiyangs, wo ich im Chor sang, kannte ich einige der Missionare. Ich achtete diese Ausländer, die so ganz anders waren als die gräßlichen GI, denen ich auf der Straße begegnete, und ich nutzte die Chance, mein Englisch zu verbessern und gleichzeitig schöne Chormusik zu genießen. Als die Missionare mir eine Mitfahrgelegenheit in ihrem Lastwagen anboten, der jede Woche nach Chungking fuhr, nahm ich dankbar an.

Zehn Tage lang schwitzte ich dann in der Sommerhitze der tief gelegenen Provinz Szechwan. Nach der Ankunft quartierte ich mich mit anderen Examenskandidaten in einem leeren Schlafsaal der Chungkinger Universität ein, wählte aufs Geratewohl eine Bettplattform und breitete meine Matte und meine leichte Steppdecke darauf aus. Erst am nächsten Morgen, als ich vollkommen zerstochen erwachte, bemerkte ich die kleinen roten Insekten, die in den Spalten zwischen den Bettbrettern lauerten. Mein Geld reichte nur für zwei einfache Mahlzeiten am Tag, und ich konzentrierte meine ganze Energie auf die Vorprüfungen. In den nachfolgenden Tagen schlenderte ich in der Stadt umher und las immer wieder meine Notizen durch, um mich auf die Schlußprüfung vorzubereiten.

Für den Heimweg vermittelte mir ein Freund unserer Familie eine Fahrgelegenheit auf einem offenen Lastwagen, der Salzsäcke von Chungking über die Berge nach Kweiyang transportierte. Vor lauter Dankbarkeit, auch wieder kostenlos nach Hause fahren zu können, bemerkte ich zunächst die Risiken dieser Beförderungsart nicht. Doch als der Laster dann auf der Gebirgsstraße dahinschwankte, die berühmt-berüchtigt war für ihre zweiundsiebzig Kurven, hatte ich ständig Angst, die schweren Salzsäcke könnten verrutschen und mich erdrücken.

Als die Prüfungsergebnisse herauskamen, erfuhr ich, daß ich zu drei Universitäten zugelassen war: zu zweien in Nanking, der damaligen Hauptstadt, und einer in Peking. Die beiden ersten erklärten sich bereit, meine Ausbildungskosten zu tragen, und darüber hinaus bot mir die Lehranstalt, die Kuomintang-Funktionäre schulte, ein großzügiges monatliches Stipendium an. Doch weil ich die Korruption der Kuomintang-Verwaltung in Kweichou kannte, weigerte ich mich, den Besuch einer solchen Bildungsstätte überhaupt in Erwägung zu ziehen. Ich war entschlossen, an der angesehensten, fortschrittlichsten Universität unseres Landes zu studieren, an der Peita in Peking, auch wenn ich dort keine finanzielle Unterstützung erhielt.

Mein Vater mißbilligte mein Vorhaben heftig, weil er nicht glaubte, daß ich mich allein durchschlagen könnte, und weil in Nordchina bereits Kämpfe ausgebrochen waren. Er versuchte, mich zu überreden, daheim zu bleiben, die Universität von Kweichou zu besuchen und dann eine Familie zu gründen. Sogar 1948 glaubte man noch, jede junge Frau, die ihr Zuhause verließ und sich allein in die Welt wagte, ziehe das Unglück an. Doch ich wollte kein so friedliches Leben führen wie mein Vater. Die Ermunterung meiner Mutter, ungeachtet der Gefahren eines ehrgeizigeren und unabhängigeren Weges dem eigenen Willen zu folgen, bestärkten mich in meiner Entschlossenheit. Ich wußte, daß ich in den Strudel eines Krieges geraten würde, aber ich wollte in den Norden und am Kampf teilnehmen.

Manche Leute meinten, ein achtzehnjähriges Mädchen könne die gefährliche Reise nach Peking unmöglich allein machen. Von meiner Mutter hatte ich zehn Silberdollar und einen goldenen Ring bekommen, das war alles, was ich besaß. Damals gab es in Kweichou noch keine Eisenbahn, und für die Fahrt mit dem Personenbus reichte mein Geld nicht. Also reiste ich mit dem billigen Frachtbus, was wieder ein Freund unserer Familie für mich arrangierte. Drei Tage fuhr ich mit diesem Vehikel Richtung Süden, nach Liuchou in der Provinz Kwangsi, zum Endpunkt der Eisenbahnlinie. Unterwegs schlief ich in schäbigen Herbergen an der Straße. Immer war ich in diesen finsteren Gasthäusern die einzige Frau, darum versuchte ich, meine meist schlecht schließende Tür fest zu verrammeln, um vor den wenig vertrauenerweckenden Übernachtungsgästen geschützt zu sein, von denen die meisten Fahrer oder Transportarbeiter waren. Solche Männer standen in dem Ruf, an drei oder vier Orten ihrer Fahrstrecken Frauen zu haben. Ihre vulgären Reden wurden von den dünnen Wänden, die nur aus Binsen und einer Schicht Kalkmörtel bestanden, kaum gedämpft, wenn sie bis spät in die Nacht Wein tranken und Fingerspiele machten. Beunruhigt durch ihren üblen Leumund und abgestoßen von ihrer Sprache, lag ich dann im Bett und bemühte mich, meine Angst zu bezähmen und trotz des Lärms zu schlafen.

Endlich traf ich in Liuchou ein, der «größten Kloake der Welt», wie man die Stadt nannte, weil es für die Leute, die auf Züge nach Norden warteten, keine sanitären Einrichtungen gab, weshalb sie sich gezwungenermaßen auf den Straßen erleichterten. Von Liuchou fuhr ich mit der Eisenbahn nach Wuhan, dann mit dem Dampfschiff den Jangtsekiang hinunter nach Shanghai und weiter auf dem Seeweg nach Tientsin. Die letzten beiden Tage und die Nacht im Laderaum des Frachtschiffs waren ein Alptraum, zumal ich ständig unter Seekrankheit litt. Eine andere Passage konnte ich mir jedoch nicht leisten.

Schon in Wuhan hatte ich mich einer Gruppe von mehr als zwanzig jungen Leuten angeschlossen, die ebenfalls zum Studium nach Peking reisten und denen die Studentenvereinigung der Peita, eine Organisation mit Verbindungen zum kommunistischen Untergrund, im voraus einen Treffpunkt mitgeteilt hatte. Unser Führer war ein junger Physiker von der Universität Wuhan. Er wollte an der Peita Geschichte studieren, weil er glaubte, die Kenntnis der Vergangenheit würde ihn am besten befähigen, künftig der Gesellschaft zu dienen. Dieser Lao Chen, ein warmherziger, hilfsbereiter, engagierter Mensch, gewann sofort unsere Achtung, und wir sangen im Bus von Tientsin nach Peking begeistert Volksballaden und revolutionäre Lieder mit ihm.

Bei der Ankunft in Peking besaß ich nur noch drei Silberdollar; meinen goldenen Ring hatte ich verkauft und vom Erlös gelebt. Weil das Gehalt meines Vaters so hoch war, daß mir kein reguläres Stipendium zustand, hatte ein Vetter von mir, der Sohn des ältesten Bruders meines Vaters, in seiner Eigenschaft als oberster Beamter eines Bezirks in der Provinz Kweichou meine Abstammung ein bißchen aufpoliert und mir bestätigt, daß ich der Miao-Minderheit angehöre. Auf diese Weise kam ich in den Genuß der finanziellen Unterstützung, die Studenten aus Minderheiten zustand, womit wenigstens meine Ernährung gesichert war. Ich erhielt sogar aus einer Schenkung, die eine amerikanische Hilfsorganisation nach dem Krieg gemacht hatte, warme Kleidung zum Schutz vor der bitteren Kälte nördlicher Winter.

So wie ich die Kuomintang haßte, war es für mich fast selbstverständlich, daß ich der im Untergrund arbeitenden Studentenbewegung beitrat. Meine Arbeit in dieser Demokratischen Jugendliga spielte sich unter größter Geheimhaltung ab, denn Entdeckung bedeutete Verhaftung. Außer meinem unmittelbaren Führer Lao Gu kannte ich in der Organisation niemanden. Lao Gu und ich lasen die Korrekturabzüge der Broschüren, die heimlich von Arbeitern der Universitätsdruckerei hergestellt wurden. Die Pamphlete, gebunden in Umschläge berühmter Romane, beschrieben das Leben in den Befreiten Gebieten. Ich kam mir sehr abenteuerlich vor, wenn ich nachts aus meinem Schlafsaal schlüpfte, um solches Material zu korrigieren, manchmal beim Schein einer Taschenlampe, weil der Mond nicht hell genug schien. Obwohl Peking damals unter Belagerung stand, fanden wir Studenten im Untergrund die geheime Arbeit höchst romantisch, fühlten wir uns doch der kommunistischen Sache zutiefst verpflichtet. Lao Gu allerdings, sechs Jahre älter als ich und ein Bauernsohn aus der Provinz Hunan, betrachtete die Kommunistische Partei sowie die zur Niederwerfung der Kuomintang erforderlichen Maßnahmen eher von der pragmatischen Seite und kritisierte mich gelegentlich wegen meiner romantischen Ideen.

Nach Abschluß der Korrekturarbeiten half ich bei der Erstellung von Lageplänen wichtiger diplomatischer und historischer Gebäude. Die Pläne sollten die genaue Position der Botschaften im Gesandtschaftsviertel sowie von Kaiserpalast, Himmelstempel und vergleichbaren Bauten angeben. Mit ihrer Hilfe wollte man verhindern, daß die kommunistische Artillerie diese historischen Denkmäler bei der Beschießung Pekings beschädigte. Es handelte sich um eine besonders gefährliche Aufgabe, weil auf den Straßen ständig Soldaten der Kuomintang patrouillierten. Um keinen Verdacht zu erregen, taten Lao Gu und ich so, als wären wir ein Paar, das einen Abendspaziergang macht, in Wirklichkeit aber maßen wir die Abstände zwischen den Gebäuden.

Ich bewunderte Lao Gu sehr, mich beeindruckte, wieviel er über die Kommunistische Partei und das Leben in den Befreiten Gebieten wußte. Dank der Gespräche mit ihm konnte ich mir eine neue Gesellschaft vorstellen, die auf vollkommener Gleichheit basierte, die frei war von Korruption und sich grundlegend von dem unterschied, was ich unter der Kuomintang-Herrschaft in Südchina kennengelernt hatte. Als Lao Gu mir vorschlug, für den Notfall Pläne zur Flucht in die von den Kommunisten kontrollierten Gebiete außerhalb der Stadt zu schmieden, wo wir zusammen ein neues Leben beginnen könnten, stimmte ich zu. Ich ließ sogar ein Foto für einen geheimen Personalausweis machen, den ich brauchte, falls die Flucht notwendig würde. Wenige Monate später jedoch ergab sich der Kommandant des Wehrbezirks Peking, und die Volksbefreiungsarmee marschierte in die Stadt ein. Bald danach forderte die Partei Lao Gu auf, als Journalist für die *Arbeiterzeitung* tätig zu werden, und er drängte mich, an seine neue Wirkungsstätte mitzukommen. Wir könnten heiraten, sagte er. Ich hielt ihn für einen Modellkommunisten, für stark, intelligent und höflich, aber sein Antrag war mir unangenehm, weil ich ihn nicht liebte. Von da an herrschte zwischen uns ein gespanntes Verhältnis; er konnte seinen Ärger über meine Ablehnung nicht verbergen, und ich empfand großes Bedauern darüber, daß unsere Freundschaft zerstört und das Band zerrissen war, das der Einsatz für die gleiche Sache zwischen uns geknüpft hatte. Ein Jahr später kam er an die Peita zurück und bat mich, noch einmal über seinen Heiratsantrag nachzudenken. Doch da kannte ich schon Lao Tang.

Während der Studienjahre war mein Leben voller Verheißungen gewesen, dachte ich jetzt, auf dem Weg zur Parteikritik, und rief mir meine politischen Leistungen in Erinnerung, um die wachsende Angst zu ersticken. Ich beschleunigte den Schritt, denn der Zeitpunkt der Versammlung nahte. Jeder meiner Kollegen kann meine politische Loyalität bezeugen, sagte ich mir. Alle wissen, daß ich zu den zwanzig Studenten gehöre, die im Untergrund aktiv gewesen und gleich 1949 in die Partei aufgenommen worden sind. Der strahlend blaue Himmel jenes Sommermorgens, die feierliche Zeremonie und der tiefempfundene Eid vor der Parteifahne drängten sich mir ins Gedächtnis. Ich war schließlich auch während der ganzen Jahre an der Peita politisch aktiv geblieben und hatte immer das Gefühl gehabt, Vertrauen zu genießen, geachtet zu werden und nützlich zu sein. 1952 wählten mich meine Kommilitonen sogar zu ihrer Vertreterin, als sich alle neunhundert Studenten des letzten Studienjahrgangs verpflichteten, von ihrem ersten Gehalt fünf *mao* für ein gemeinsames Geschenk an die Universität zu spenden: einen Fahnenmast, umgeben von einer schönen Marmorbank. Ich war dazu ausersehen, bei unserer Graduierungszeremonie die feierliche Schenkung vorzunehmen und dem Universitätspräsidenten, damals kein anderer als Lao Tangs Vater*, eine Nachbildung dieses

* Tang Yongtong war von 1949 bis 1952 Präsident und von 1952 bis zu seinem Tod im Jahr 1964 Vizepräsident der Peita.

Geschenks zu überreichen. Tang Yongtong schaute mich glücklich und stolz an, wußte er doch, daß ich in wenigen Wochen seinen Sohn heiraten würde. Auch die Studenten wußten es, und als sie heftig klatschten, hatte ich das Gefühl, daß sie mir etwas Besonderes mitteilen wollten. Ich war verlegen und sehr glücklich zugleich.

Selbst als junge Ehefrau widmete ich meine Energie dem neuen China mit fast übergroßem Eifer. Dies hatte zur Folge, daß ich nach der Geburt meiner Tochter, die ein knappes Jahr nach der Heirat zur Welt kam, krank wurde und mich einer komplizierten Operation zur Behebung einer Schilddrüsenstörung unterziehen mußte.

In meinen ersten Jahren an der Universität war ich in den verschiedensten akademischen Bereichen tätig: Ich unterrichtete, schrieb Artikel über Literatur, versah die Aufgaben einer Verwaltungssekretärin der Abteilung für chinesische Literatur und übernahm die Leitung der Parteizweigstelle für Hochschullehrer, nachdem diese 1956 gegründet worden war. Und ich kann sagen, daß ich alles gern getan habe. Ich bedauerte nur, daß ich aufgrund der vielen Arbeit so wenig Zeit für meine Familie hatte.

Noch 1956 herrschte ein solcher Optimismus im Hinblick auf die Zukunft, daß jedes Opfer lohnend schien. Wir hatten die grundlegende Umwandlung unseres Wirtschaftssystems abgeschlossen, die Industrie wiederaufgebaut und die Landwirtschaft kollektiviert. Jene Leute, die früher konterrevolutionäre Ansichten geäußert hatten, waren im Jahr zuvor entlarvt und kritisiert oder inhaftiert worden. Den Anlaß dazu hatte Bürgermeister P'eng Chens Forderung gegeben, unsere Stadt müsse so rein und funkelnd sein wie ein Kristall, frei von Verbrechern und politischen Feinden. Wir glaubten, die entscheidenden Grundlagen wären nun ein für allemal geschaffen und ein neues Leben liege vor uns. An den Universitäten konnte endlich ein wirklich ernsthaftes Studium beginnen. Dachten wir doch, daß uns nur noch das nötige Wissen fehle, um den Aufbau unseres neuen Landes zu vollenden.

Nach Chou En-lais Rede vom Januar 1956, in der er darauf drang, daß man den Intellektuellen mehr Autorität zugestehen und ihren Beiträgen größeren Respekt zollen solle, wurden unsere Gehälter erhöht und unsere Lebens- und Arbeitsbedingungen verbessert. Sogar unseren kleinen alltäglichen Bedürfnissen trug man nun Rechnung. Auf dem Universitätgelände hatte es beispielsweise bis dahin für die ganze Gemeinschaft von rund achttausend Menschen einen einzigen Friseurladen gegeben; jetzt wurde ein zweiter eingerichtet, nur für die Lehrer. Unsereiner sparte dadurch, zumal ich das Haar kurz trug und jetzt schneller bedient wurde, allerhand Zeit. Außerdem kam nun zweimal am Tag ein Bus, der, wiederum ausschließlich für Lehrer, die einstündige Fahrt in die Stadt machte, was uns davon befreite, in langen Schlangen warten zu müssen. Extra Restaurants für Lehrer wurden eröffnet, und obwohl auch sie immer voll waren, kriegten wir unser Essen jetzt doch wesentlich schneller als zuvor.

Bis 1956 hatte ich ungefähr ein Dutzend Artikel veröffentlicht. Am meisten Beachtung fand ein Überblick über die Entwicklung der modernen chinesischen Romanliteratur, den die Zeitschrift *Literarische Studien* in vier Fortsetzungen brachte. Als dann die Bewegung «Vorwärtsgehen mit Wissenschaft» einsetzte, eine Kampagne zur Anhebung des Bildungsniveaus der Lehrer, wurde ich aufgrund meiner Publikationen neben drei Naturwissenschaftlern ausgewählt, um bei einer Versammlung für die Fakultät zu sprechen. Man betrachtete mich als ein vorbildliches Parteimitglied, weshalb ich meine Erfahrungen zum Nutzen der anderen schildern sollte. Ich sprach mit großem Ernst darüber, wie man einerseits sinnvolle Arbeit für die Gesellschaft leisten und andererseits Forschung betreiben, guten Unterricht geben und die Anerkennung der Studenten erringen kann.

Alle Menschen waren 1956 von einer Welle freudiger Erregung erfaßt. Wir dachten, der Kampf sei zu Ende und wir könnten uns endlich auf den Aufbau unseres Landes konzentrieren. Es sollte keinen Klassenkampf mehr geben, keinen Antagonismus; statt dessen bestimmte die Partei jetzt, daß und wie jeder sich entfalten solle, um auf seine Weise zur Verwirklichung einer sozialistischen Zukunft beizutragen. Ich nutzte sogar die Gelegenheit, am späten Abend, wenn die Tagesarbeit endlich getan war, noch Schlittschuhlaufen zu lernen. Seit Jahren schon hatte ich mir gewünscht, diesen Sport zu beherrschen. Ich stellte es mir immer wunderbar vor, über den zugefrorenen See zu gleiten – ein völlig unbekanntes Erlebnis für jemanden, der aus Südchina kommt. Wenn ich jetzt zu einer Abendversammlung ins Haus unseres Abteilungsvorsitzenden ging, schlug ich oft den Weg um den See ein, klemmte meine Schlittschuhe zwischen zwei große Steine und unterbrach später den Heimweg für eine Stunde, um bei Mondschein zu üben.

Im Augenblick freilich ging ich in ganz anderer Stimmung als damals an den vertrauten alten Steinen vorbei. Heute, so dachte ich, ist die Atmosphäre jener Zeit mit den glücklichen Stunden auf dem Eis beinahe wieder unvorstellbar, heute ist jeder mehr denn je von politischen Problemen in Anspruch genommen, und ein derart frivoler Zeitvertreib ruft nur Stirnrunzeln hervor. Ohnehin war die einst als Eisbahn benutzte Fläche des Sees nicht gekehrt, sondern braun vor Staub und übersät mit Papierfetzen und Ästen. In welch kurzer Zeit hatte sich dermaßen viel verändert!

Fast zehn Uhr. Meine Vergangenheit ist einwandfrei und meine Ergebenheit der Partei gegenüber für jedermann erkennbar, so sagte ich mir ein letztes Mal. Gleich dem Sekretär der Parteizweigstelle für graduierte Studenten und dem der Parteizweigstelle für Gastlehrer, die beide an der Planung unserer Zeitschrift mitgewirkt hatten, war ich eine Vertreterin der Parteiführung; man konnte mich unmöglich gegen die Partei gerichteter Absichten bezichtigen. Trotzdem, die Zuversicht, die ich noch vor Lao Tang aufgebracht hatte, verließ mich plötzlich vollends. Bangigkeit erfaßte mich. Ich dachte an die Salzsäcke von damals, an die bedrohliche Ladung des Lastwagens, der sich die steile Straße von Chungking nach Kweiyang hinaufgequält hatte. Auch jetzt drohte ich von einer schweren Last erdrückt zu werden. Nein, wehrte ich mich noch einmal, bestimmt würde sich meine Unschuld rasch erweisen, bestimmt würde ich kein Opfer der Kampagne werden, an deren Durchführung ich vor kurzem noch selbst mitgewirkt hatte.

# 2 Eine Kette von Urteilen

Außen am Hörsaalgebäude empfingen mich Anschläge, die unsere Zeitschrift angriffen. Einige behaupteten, Lao Lu und ich würden individuelles Heldentum befürworten und gegen das Denken des Vorsitzenden Mao opponieren. Andere verlangten: «Die Verräterin Yue Daiyun muß ausgestoßen werden», oder: «Erkennt das wahre Gesicht der ‹Helden unserer Zeit›.» Im Innern des Gebäudes erklärte ein Anschlag, dies sei eine «Versammlung zur öffentlichen Bloßstellung der reaktionären Bande von ‹Helden unserer Zeit›», und ein noch bedrohlicheres Transparent verkündete: «Wenn sich die Rechtsabweichler nicht ergeben, werden wir sie zerschmettern.» Viele Male war ich glücklich und selbstbewußt in eben diesen Hörsaal gegangen, um vor rund hundert eifrigen Studenten meine Vorlesungen über die Geschichte der modernen chinesischen Literatur zu halten. Jetzt erblickte ich doppelt so viele erwartungsvolle Gesichter; fast alle Lehrer der Abteilung waren da und viele meiner Studenten. Doch heute schauten sie mich mißtrauisch und mißbilligend an, als ich auf einen leeren Sitz in der zweiten Reihe schlüpfte. Ich kam mir vor wie eine Verbrecherin, die gleich verurteilt werden sollte.

Mir fiel eine Szene aus meiner Kindheit ein, und ich sah vor meinem inneren Auge die Menschenmenge, die sich seinerzeit an einem Sommertag auf dem Marktplatz versammelt hatte, um die Tötung eines Wasserbüffels zu beobachten. Der Bauer konnte sein Zugtier, das für die Arbeit auf den Feldern zu alt geworden war, nicht länger durchfüttern und hatte keine andere Wahl, als die Haut zur Lederherstellung zu verkaufen. In unserer Gegend erzählte man sich, daß einem Büffel, der geschlachtet werden sollte, Tränen in die Augen treten, als ahne er sein Schicksal. Ich hatte mich unter die neugierig wartenden Zuschauer gemischt, die gleich mir wissen wollten, ob das Gerücht stimmte. Der Büffel ging in die Knie, seine Augen waren tatsächlich voller Tränen, und sein Blick ließ vermuten, daß er sein Los irgendwie kannte. Ich wurde damals von unendlichem Mitleid mit dem Tier erfaßt. Als ich mich jetzt in dem Hörsaal umschaute, gewahrte ich den gleichen Ausdruck kalter Neugier auf den Gesichtern der hier Versammelten, die verfolgen wollten, wie über mein Schicksal entschieden wurde. Niemand redete mit mir. In ein paar Mienen glaubte ich sogar deutliche Befriedigung zu erkennen; vielleicht dachten diese Leute: Endlich ist *sie* dran, die an der Verurteilung fünf anderer Mitglieder der Abteilung schuld ist.

Draußen schneite es noch immer, aber niemand achtete darauf; alle warteten gespannt auf das Drama, das sich gleich innerhalb dieser Mauern abspielen sollte. In den Augen einiger Anwesender stand verstecktes Mitgefühl, andere dagegen blickten abwesend, dankbar dafür, daß das Verfahren nicht sie betraf. Wieder andere wollten einfach wissen, was einer solchen Frau passieren würde, einer Person, die als Vertreterin der Pekinger Studenten in die Sowjetunion und die Tschechoslowakei geschickt worden war, einer Person, die man aufgefordert hatte, als Vorbild für andere über ihr Studium zu sprechen, einer Person, die offensichtlich mühelos zu einem hohen Parteiamt aufgestiegen und jetzt so tief gefallen war.

Meine Gedanken rasten in diesen Minuten vor Beginn der Verhandlung. Wieder dachte ich an die fünf Männer, zu deren Verurteilung ich beigetragen hatte. Ich hatte mich verpflichtet gefühlt, die offizielle Politik zu vertreten, selbst wenn ich die Entscheidungen der Partei nicht verstand und ihnen nicht zustimmte. Jemand in meiner Position mußte immer voller Selbstvertrauen handeln, um andere zu überzeugen, er mußte sich des Vertrauens der Partei würdig erweisen, Unsicherheit und Fragen unterdrücken und stets daran denken, daß die Partei größere Weisheit besaß als ein einzelner, daß sie ganz China befreit hatte, daß ihr Urteil deshalb über jeden Zweifel erhaben war. Jeder, der in die Partei eintrat, gelobte Gehorsam gegenüber höherer Autorität, und ich hatte diese strenge Disziplin bereitwillig akzeptiert. Weil ich dem Vorsitzenden Mao und dem Parteikomitee der Peita vertraute, weil ich glaubte, daß sie mehr wüßten als ich und daß ihre Entscheidungen notwendig und richtig seien, hatte ich Material für die Anklage von fünf Kollegen gesammelt. Jetzt war ich mir meiner Sache nicht mehr so sicher.

Vielleicht waren diese Kollegen so wie ich, vielleicht hatten sie wie ich nie die Absicht gehabt, etwas zu tun oder zu sagen, was der Partei schadete. Während meines Schwangerschaftsurlaubs hatte ich versucht, nicht über meine Rolle in jenem Prozeß nachzudenken, aber nun entdeckte ich eine Verkettung von Mitwirkung und Anklage: Menschen sprachen Urteile aus und wurden dann selbst verurteilt. Während ich stumm dasaß, wußte ich, daß nun auch ich an der Reihe war.

Was es heißt, getadelt und degradiert zu werden, hatte ich ja schon erfahren, als ich 1955 während der Sommerferien ohne offizielle Genehmigung Peking verlassen hatte und zusammen mit meinem Bruder zu meiner Familie nach Kweiyang gefahren war. Als ich im September zurückkam, wurde ich kritisiert, weil ich gegen die Parteidisziplin verstoßen hatte. Um mir einen Verweis zu erteilen, erhielt ich Lehrverbot, wurde meines Parteipostens enthoben und mußte als Redakteurin am Wochenblatt der Universität mitarbeiten. Meine neue Aufgabe war jedoch sehr interessant, darum kümmerten mich die Folgen meiner Tat wenig. Ein Jahr später kam ich auf Drängen des Vorsitzenden wieder in meine Abteilung, und im Herbst 1956 gestattete man mir sogar, selbst Vorlesungen vor einem höheren Semester zu halten, statt weiter nur Lehrassistentin zu sein. Gleichzeitig erhielt ich den Posten einer Sekretärin der Parteizweigstelle.

Diesmal war die Sache viel ernster. Im Wochenblatt der Universität, das Lao Tang an dem Morgen vor mir versteckt hatte und das ich erst 1979 in der Bibliothek aus Neugier las, nahm ein einziges Thema die ganze zweite Seite ein. In riesigen Lettern forderten die Schlagzeilen: «Erkennt das wahre Gesicht der großen Verräterin Yue Daiyun.» Man behauptete, ich hätte die kommunistische Sache verraten, und beschuldigte mich und Lao Lu, den Individualismus zu unterstützen und den sozialistischen Kollektivgeist zu unterminieren, die Volksbefreiungsarmee zu beleidigen und den Führer der Sparte Literatur in China anzugreifen. Das alles waren antikommunistische Akte. Obwohl ich gar nicht die Leiterin der Planungsgruppe unserer Zeitschrift war, machte man mich wegen meines Parteiamtes für die Gründung verantwortlich. Das Universitätsblatt brachte vier Artikel über uns, der Hauptartikel stammte vom Parteisekretär meiner Abteilung.

Dieser Mann, der im vergangenen Sommer in den politischen Kader aufgenommen worden war, hatte vorher in einer Zeitungsredaktion gearbeitet und verstand nichts von Literatur. Bevor er sich der Revolution angeschlossen hatte, war er Leiter einer Grundschule gewesen, obwohl selbst nur Absolvent einer Mittelschule. Seine allgemein bekannte Feindseligkeit gegenüber Intellektuellen, denen er oft vorwarf, sie wollten die Autorität der Partei an sich reißen, war vermutlich eine Folge seiner beschränkten Bildung. In seinem Zeitungsartikel beschuldigte er mich, eine Individualistin zu sein, mich von anderen abzusondern, gemäß meinen privaten Überzeugungen zu handeln und eine parteifeindliche Clique gegründet zu haben. Offenbar wollte er als neuer Mann in der Abteilung seinen revolutionären Eifer demonstrieren.

Die anderen Artikel lieferten weitere Beweise für meine individualistische Einstellung und meine konterrevolutionären Ansichten. Alle in diesen Artikeln angeführten Beschuldigungen wurden in der Kritikversammlung von den acht oder neun Leuten, die gegen mich sprachen, immer wieder vorgebracht. Die meisten dieser Attacken berührten mich nicht weiter, doch einige der Aussagen erschütterten mich zutiefst.

Als Lao Lin, einer meiner Lieblingsstudenten, mich anklagte, verlor ich fast die Fassung. Nach den Vorlesungen war er oft zu mir gekommen, und manchmal hatten wir ganze Abende über Literatur diskutiert und dabei festgestellt, daß wir beide Dichter wie Hsü Chihmou schätzten, die wegen ihrer angeblichen bourgeoisen Gedankenwelt an der Universität nicht erwähnt werden durften. Ich hatte Lao Lin sogar eines meiner Gedichte gezeigt, das den Titel «An den Sturm» trug.

Im Frühling 1957 waren Lao Tang und ich einmal auf dem Heimweg von den Wohlriechenden Hügeln in ein heftiges Gewitter geraten. Begleitet von Donner und Blitz waren wir durch Regen und Sturm nach Hause geeilt, naß bis auf die Haut, und am nächsten Morgen hatte ich dann das Gedicht geschrieben, um meine Vorahnung von einem anderen drohenden Sturm auszudrücken. Wie stark, wie heftig der nahende Sturm auch wäre, ich hieße ihn willkommen, schrieb ich, würde er doch die Menschen aufrütteln und auf eine neue Bewußtseinsebene heben; er würde alles reinigen und erneuern, selbst mein eigenes Herz, meine Seele, meinen Willen.

Der genaue Wortlaut dieses und anderer Gedichte, die ich im Laufe der Jahre schrieb, ist verloren, denn kurz nach Beginn der Kulturrevolution im Jahre 1966 verbrannte ich meine einzigen Kopien, aus Angst, die Verse könnten von Suchtrupps militanter

Studenten beschlagnahmt und irgendwie als Beweismaterial gegen mich benutzt werden.

Die meisten meiner Gedichte, wie diese Beschwörung eines Sturms, waren völlig unpolitisch, doch mein berühmtestes, das während des Koreakriegs entstand, hatte ein politisches Thema. Ich befand mich 1951 in meinem dritten Studienjahr, und wir Studenten waren sehr zornig auf die Vereinigten Staaten, weil wir dachten, die Amerikaner wollten in unser Land eindringen und uns wieder der imperialistischen Herrschaft unterwerfen. Niemand ertrug den Gedanken an erneute Unterjochung und Erniedrigung. Wir hatten das Gefühl, unser Vaterland um jeden Preis verteidigen und den Krieg jenseits unserer Grenzen halten zu müssen.

Mein Gedicht forderte dazu auf, die Früchte unserer Revolution zu schützen, die wir unter soviel Mühen und Leiden errungen hatten. Es war an den Vorsitzenden Mao gerichtet und trug den Titel: «Wenn du uns nur rufst». Wenn du uns nur rufst, hatte ich geschrieben, werden wir alles aufgeben, unsere warmen Kleider, unsere gemütlichen Heime, unsere sicheren Arbeitsplätze, und dir folgen. Das Gedicht ging von Mund zu Mund, und viele Leute wollten eine Kopie haben. Auf dem Universitätsgelände machte ein Anschlag den Text allen bekannt, und täglich kamen junge Leute aus der Nachbarschaft und Schüler, um es abzuschreiben. Später gewann es sogar vier Preise: einen von der Peita, einen von der Pekinger Studentengewerkschaft, einen von der Kommunistischen Jugendliga und einen vom Literaturverband in Kanton. Ich wunderte mich, daß man von meinem Gedicht an einem so weit entfernten Ort gehört hatte, und ich erlebte es noch jahrelang, daß Leute, die mir vorgestellt wurden, dieses Gedicht zitierten. Es war nicht mein bestes, aber es fing ein Gefühl ein, das damals alle teilten, und es drückte aus, was die Leute dachten. Jedermann war stolz darauf, daß China sich von den imperialistischen Mächten befreit hatte, und alle wollten verhindern, daß sie wieder ans Ruder kamen. Es war eine Zeit starker patriotischer Gefühle, obwohl im Grunde niemand Genaueres über den Koreakrieg wußte.

Als nun in der Kritikversammlung Lao Lin aufstand und behauptete, ich hätte die Poesie wie Opium benutzt, um der jüngeren Generation zu schaden, versetzte es mir einen schmerzhaften Stich, daß er mein Vertrauen so verriet. Mit kalter Stimme erklärte der junge Mann, mein Gedicht «An den Sturm» habe zwar meine Seele erneuern sollen, aber ein Mensch mit Seele hätte gewiß nicht versucht, der Jugend Chinas zu schaden. Dann wurde er zornig und schrie: «Steh auf, steh auf! Du mußt die Verantwortung für die Vergiftung vieler Studenten übernehmen!» Lao Lins Worte verdrehten die Tatsachen völlig und verfälschten meine Intentionen.

Lao Lin hatte eben sein Studium abgeschlossen. Er hoffte, als Lehrer an der Universität bleiben zu können, und wußte genau, daß starke Konkurrenz um die begehrten Posten herrschte. Die künftigen Lehrer wurden zum Teil natürlich aufgrund ihrer wissenschaftlichen Leistungen ausgewählt, entscheidender jedoch war ihre politische Zuverlässigkeit. Mir war klar, warum er gegen mich sprach. Später, nach meiner Rehabilitierung, sagte Lao Lin zu mir, er bedauere, daß er den Parteiführern so blind gehorcht habe. Ich wußte jedoch, daß er gerade wegen unserer nahen Bekanntschaft gemeint hatte, unbedingt einen Strich zwischen uns ziehen zu müssen, nachdem ich zur Feindin erklärt worden war.

Tief trafen mich auch die Worte von Lao Pan, einem jungen Lehrer, gegen dessen Beteiligung an der Planung unserer Zeitschrift ich zunächst protestiert hatte. Selbst bereits als Rechtsabweichler eingestuft, nutzte er die Chance, durch eine entsprechende Aussage seine eigene Position zu verbessern. Er stellte die extremsten Behauptungen auf. Nachdem Lao Lu ihn zur Mitarbeit an der Zeitschrift eingeladen habe, erklärte er, sei er zunächst unsicher gewesen, aber weil ich als Parteisekretärin aktiv daran mitwirkte, habe er angenommen, daß er nicht zögern dürfe. Bei den beiden Gründungsversammlungen, so fuhr er fort, habe er gemerkt, daß es Yue Daiyun nicht genügte, Sekretärin der Parteizweigstelle zu sein, daß sie vielmehr die Leitung der Abteilung an sich reißen wollte. Angesichts seiner absurden Beschuldigungen konnte ich nur staunen über die Art, wie er die Wahrheit verdrehte. Doch weil der Mann zur Gründungsgruppe gehört und an den beiden Besprechungen teilgenommen hatte, besaß seine Aussage großes Gewicht.

Die Zuhörer gerieten bei seinen Anklagen in zunehmende Erregung; sie hielten unsere ganze Gruppe für machtgierig. Als Lao Pan endete, begannen sie zu rufen: «Steh auf, du mußt aufstehen!» Ich tat es, stand aber nicht lange, denn der stellvertretende Sekretär sagte: «Laßt sie sich setzen und das Urteil des Volkes anhören.»

Die Beschuldigungen dröhnten mir im Kopf. Die Tatsachen sind ganz anders als das eben Vorgetragene, dachte ich verzweifelt, wie soll ich da wissen, was richtig ist und wie meine Zukunft aussehen wird? Vor meinem Mutterschaftsurlaub waren die Rechtsabweichler-Versammlungen anders abgelaufen; man hatte die betroffenen Personen kritisiert, aber niemand war laut geworden oder hatte verlangt, daß der Beschuldigte aufstehe. Jetzt hatten wir 1958, und die Bewegung war heftiger geworden, sie trachtete nun nach Ausmerzung jener verborgensten Feinde, die sich als treue Parteimitglieder ausgaben, um der Entdeckung zu entgehen. Die Partei hatte bestimmt, daß die Kampagne gegen die Rechtsabweichler gründlich durchzuführen sei, daß man keinen Rechtsabweichler entwischen lassen dürfe und daß eine Institution wie die Peita mehr Rechtsabweichler entlarven müsse als die fünf Prozent, die in anderen Arbeitseinheiten zu erwarten standen. Daraufhin hatte jede Abteilung von neuem gesucht und war die Listen ihrer Mitglieder noch einmal durchgegangen, um zu prüfen, ob jemand übersehen worden war. Dabei hatte man auch unsere Gründungsgruppe erneut unter die Lupe genommen, weil das Aufspüren jener Feinde, die sich als Revolutionäre gebärdeten, zum eigentlichen Ziel der Bewegung erklärt worden war. Die Mitglieder unserer Gruppe waren die letzten an der Peita, die man als Rechtsabweichler einstufte.

Ich versuchte, meine neue Lage zu begreifen, aber ich konnte einfach nicht glauben, was da eben passiert war. Der Hörsaal leerte sich, doch ich blieb sitzen, von Selbstzweifeln gequält. Bin ich tatsächlich eine Konterrevolutionärin fragte ich mich und dachte daran, wie tief ich den revolutionären Idealen verpflichtet war.

Mein Hochzeitstag fiel mir ein, mein Bemühen, ihn zu einem revolutionären Ereignis zu machen. Meine Mutter hatte mir hundert Yuan geschickt, fast drei Monatsgehälter eines Mittelschullehrers, doch ich hatte mir davon lediglich einfache Kleidung gekauft, die ich an dem Tag tragen wollte, und einen Toilettentisch mit großem Spiegel. Lao Tangs Mutter hatte das ganze Bettzeug für uns angefertigt, bunte Kissenbezüge und Steppdecken. Die typischen Hochzeitsgeschenke jener Tage, teure Gewänder, Uhren, Schmuckstücke oder ein Radio, wollte ich nicht haben. Trotzdem schenkte mir Lao Tangs Mutter eine goldene Uhr, ein goldenes Armband und einen Pelzmantel. Ich wollte auch keinen mit flatternden Satinbändern und Rosetten dekorierten Mietwagen. Ohne Rücksicht auf die Tradition, derzufolge eine Braut zum Heim ihres Mannes gefahren werden mußte, als Zeichen, daß sie wirklich willkommen war, ging ich mit meiner besten Freundin von meinem Schlafsaal zu Lao Tangs Haus, wo nach dem Abendessen eine Teegesellschaft für uns gegeben werden sollte. Meine Freundin und ich trugen ähnliche weiße Blusen und die gleichen Röcke aus geblümtem sowjetischem Stoff.

Lao Tangs Heim, damals beim Pehai-Park im Zentrum Pekings gelegen, war um einen großen Hof gebaut, in dem wir drei Tische mit Schalen voller Obst und Süßigkeiten, Erdnüssen und Sonnenblumenkernen aufgestellt hatten. Bereitgelegt war auch ein Stück rosaroter Seide, auf das unsere Gäste mit Pinsel und Tusche ihre Namen schreiben sollten. Dieses Stoffstück bewahre ich bis heute zur Erinnerung auf, denn einige der damaligen Gäste sind inzwischen bedeutende Führer geworden, andere dagegen während der Kulturrevolution ums Leben gekommen...

Der Hof füllte sich mit unseren Studienkollegen und Freunden. Es war der Tag nach unserer Graduierung, und wir hatten ihn für die Hochzeit gewählt, weil wir wußten, daß die Kommilitonen bald in alle Winde zerstreut sein würden.

Zu Beginn der Feier erläuterte ich in einer kurzen Rede, warum wir beschlossen hatten zu heiraten und was wir für die kommenden Jahre planten. Da ich jetzt Mitglied einer bourgeoisen Intellektuellenfamilie sei, verkündete ich, müßte ich aufpassen, nicht falsch beeinflußt zu werden. Ich würde unser Leben revolutionär gestalten, unsere Heirat würde unseren Beitrag zur Revolution keineswegs verringern, sondern vielmehr steigern. Weil wir beide uns in allem völlig einig seien und den gleichen politischen Standpunkt verträten, sagte ich abschließend, hätten wir beschlossen, ein gemeinsames Leben zu führen.

Als nächster sprach Lao Tangs Vater. Er hieß mich in der Familie willkommen und versprach, seine Frau und er würden mich wie eine Tochter behandeln, die sie nie gehabt hatten. Trotz meiner starken Worte war ihm keinerlei Ärger anzumerken, obwohl ich fast fürchtete, ihn gekränkt zu haben. Er war sehr gütig und geradezu berühmt für seine Toleranz und seine Fähigkeit, persönliche Gefühle zu verbergen.

Schließlich sprach noch einer von Lao Tangs engsten Freunden aus der Mittelschule, der Sohn des 1946 von der Kuomintang ermordeten Dichters Wen Yidou. Um die ernste Stimmung der Feier etwas aufzulockern, machte er scherzhafte Bemerkungen über die Beziehung zwischen Mann und Frau, meinte, daß sich Neuvermählte in einer revolutionären Ehe auch nicht anders verhielten als andere Paare, und zitierte dann aus den Prinzipien des Vorsitzenden Mao für den Guerillakrieg: Wenn der Feind vorrückt, weichst du zurück; wenn der Feind müde ist, greifst du an; wenn der Feind sich verschanzt, rückst du vor. Diese sexuellen Anspielungen, für jedermann als solche erkennbar, waren mir peinlich und kränkten mich, denn ich vergötterte den Vorsitzenden Mao und ertrug es nicht, daß seine Worte so respektlos gebraucht wurden. Die derben Scherze über das Verhalten Neuvermählter in der Hochzeitsnacht, obwohl durchaus üblich, schienen mir unangebracht und geschmacklos. Nach der Feier machten Lao Tang und ich uns auf den Weg zu seinem kleinen Zimmer in der Schule für Pekinger Kader, an der er theoretische Philosophie lehrte. Um unsere Unabhängigkeit zu demonstrieren, hatten wir es abgelehnt, im Haus seiner Familie zu bleiben. Wir waren entschlossen, auf die Werte und Formen der alten Gesellschaft zu verzichten und als Revolutionäre ein Beispiel zu geben.

Wie ich so in dem leeren Hörsaal saß und an meine damaligen Hoffnungen und Ideale dachte, hörte ich plötzlich von hinten Schritte nahen. Mein Bruder, gerade einundzwanzig und Student der Physik an der Universität Ch'ing-hua, hatte die ganze Zeit irgendwo hinter mir gesessen. Da ich jetzt als Feindin galt, wagte er nicht, mit mir zu sprechen. Stumm schob er mir im Vorbeigehen einen Zettel auf die Knie. Ich sah nur noch seinen Rücken, als er zur Tür eilte. Auf dem Zettel stand eine Strophe von Stephen Fosters Volkslied «My Old Kentucky Home»:

Weep no more, my lady,
Oh, weep no more today!
We will sing one song for the old Kentucky home,
For the old Kentucky home, far away.

Wir hatten einander immer sehr nahegestanden, besonders nach 1940, als ich ihn oft auf dem Rücken getragen hatte, wenn wir Schutz vor den japanischen Luftangriffen suchten. Kweiyang wurde nur sechs- oder siebenmal bombardiert, aber fast jeden Tag ging am Signalmast im Stadtzentrum, den wir von unserem Haus aus gerade noch sehen konnten, ein gelber Ballon aus geflochtenem Bambus hoch als Zeichen dafür, daß Feindflugzeuge in der Nähe waren und wir uns auf einen Angriff gefaßt machen mußten. Erschienen an dem Mast zwei rote Ballons, bestand unmittelbare Gefahr, und wir mußten sofort Schutz suchen. Meist brachten wir uns in einem Dorf außerhalb der alten Stadtmauern in Sicherheit, denn wir fürchteten, in den vollen Luftschutzkellern lebendig begraben zu werden. Weil wir ja nicht wußten, ob unser Haus während unserer Abwesenheit zerstört würde, nahm meine Mutter immer eine Tasche mit Lebensmitteln, Geld und Wertsachen mit; außerdem trug sie meine noch in den Windeln liegende kleine Schwester. Ich war neun und stark genug, um meinen Bruder für den halbstündigen Weg ins Dorf auf den Rücken zu nehmen. Mein Vater, damals Englischlehrer an einer Mittelschule Kweiyangs, die man aus Sicherheitsgründen evakuiert hatte, kam nur an den Wochenenden heim.

Ich sorgte auch für meinen Bruder, als wir in Hua-hsi lebten, einem zehn Kilometer von Kweiyang entfernt gelegenen Dorf, das seinen Namen «Blumenbach» zu Recht trug. Mein Vater hatte 1939 dort in einem herrlichen Stück Natur ein rustikales Holzhaus gebaut, in das wir uns aus der Stadt zurückziehen konnten. Mein Vater hatte von seinem Erbe, seinem Anteil an den von meinem Großvater hinterlassenen Goldmünzen, Häusern und Ländereien, ein Hanggrundstück erworben, auf dem zwischen den Felsen massenhaft Akelei und andere Wildblumen wuchsen. Wir saßen mit Vorliebe in Bambusstühlen auf dem Steinvorbau an der Längsseite unseres Hauses und blickten über das klare grüne Wasser des Flusses unten, dessen steiniger Grund in der Sonne schimmerte, auf die üppigen Reisfelder und die Bewässerungsteiche am jenseitigen Ufer. Von 1942 bis 1945 lebten wir ganz in diesem Fünfzimmerhaus, weil die Universität von Kweichou, an der mein Vater mittlerweile englische Literatur lehrte, nach Hua-hsi übergesiedelt war, um den japanischen Luftangriffen zu entgehen.

Mein Vater war sehr an westlicher Kultur interessiert – er hatte *Life* abonniert und einige andere amerikanische Zeitschriften und fuhr oft mit meiner Mutter nach Kweiyang, um sich dort einen amerikanischen Film anzuschauen. Ich blieb dann die Nacht über mit meinen Geschwistern allein und mußte sie versorgen. Nach dem Abendessen versuchten wir drei unsere Angst vor der Dunkelheit zu verscheuchen, indem wir die westlichen Volkslieder sangen, die ich in der Mittelschule gelernt hatte, und unser liebstes Lied war – «My Old Kentucky Home»...

Ich blieb in dem leeren Hörsaal sitzen, bis schließlich Lao Tang erschien, hergetrieben von der Sorge, was passiert sei. Langsam ging ich neben ihm nach Hause, aber an der Tür zögerte ich, denn ich fühlte mich nicht imstande, seiner Familie gegenüberzutreten. Plötzlich hörte ich jedoch Kinderweinen, und da vergaß ich alles außer dem Hunger meines Söhnchens. Ich öffnete die Tür, eilte ins Schlafzimmer, nahm Tang Shuang rasch in die Arme und begann ihn zu stillen. Erst jetzt flossen meine Tränen, sie benetzten das dichte schwarze Haar meines Kindes.

Später dann griff ich nach einem Roman. Lao Tang schwieg, weil er wußte, daß Worte meine Verzweiflung nicht zu lindern vermochten. Ich tat, als läse ich, war aber mit meinen Gedanken weit weg. Vor allem dachte ich an meine Mutter und an den Schmerz, den meine Verurteilung als Rechtsabweichlerin ihr zufügen würde. Ich wußte, daß sie sich wünschte, ich solle erreichen, was ihr selbst in ihrem Leben verwehrt geblieben war. Sie war überaus stolz und glücklich gewesen, als man mich zum Studentenweltkongreß nach Prag entsandt und als mein Bruder die Aufnahmeprüfung für die Universität Ch'ing-hua mit den besten Noten ganz Südchinas bestanden hatte.

Ihr Vater, ein Verwaltungsbeamter, war gestorben, als sie erst dreizehn war, und ihre Mutter ein Jahr später. Daraufhin hatte sie die Schule verlassen, um für ihre jüngere Schwester zu sorgen. Das begabte, ehrgeizige junge Mädchen träumte immer davon, in Peking oder Shanghai seine Ausbildung fortzusetzen. Weil aber das dafür nötige Geld fehlte, heiratete sie mit siebzehn. Im folgenden Jahr, 1931, kam ich zur Welt. Als ich drei war, ging sie mit meinem Vater und mir nach Hangchou und absolvierte an einem Kunstinstitut eine einjährige Ausbildung. Wieder in Kweiyang, unterrichtete sie an einer Mittelschule Malerei. Doch sie fühlte sich immer noch nicht genügend gefordert. Darum begann sie nach der Befreiung Russisch zu lernen, als der Rundfunk einen entsprechenden Kurs anbot. Mit mehr als vierzig Jahren, in einem Alter, in dem chinesische Frauen selten mehr aus der festgefahrenen Routine ausbrechen, machte sie ein hervorragendes Examen und bekam ihr Diplom. Weil damals jede Mittelschule Russischunterricht im Lehrplan haben wollte, fand sie mühelos eine Stellung. Nach zweijährigem erfolgreichem Unterricht wurde sie ans Landwirtschaftliche Institut von Kweichou versetzt, wo mein Vater Bibliotheksvorstand geworden war. Dort blieb sie als Russischlehrerin, bis sie in den Ruhestand trat.

Mein Vater war im Gegensatz zu ihr immer zufrieden gewesen mit seinem Leben. Er beendete 1927 sein Studium an der Peita mit einem akademischen Grad in englischer Literatur. Für Politik hat er sich nie interessiert. Er weigerte sich, die Kommunisten oder die Kuomintang zu unterstützen, denn sein Ziel war es, nach Kweiyang zurückzukehren und ein «einfaches Leben» im Sinne Wordsworths zu führen.

Ich wußte, daß meine Mutter in ihrer Ehe nicht glücklich war. Mein Vater liebte sie zwar aufrichtig, aber seine Liebe war beherrschend, ja erstickend, und verweigerte ihr jede Unabhängigkeit. Sie litt unter seiner dominierenden Art, glaubte aber, wegen ihrer mangelnden Bildung und des größeren Reichtums seiner Familie müsse sie sich zeitlebens seiner Autorität beugen. Mein Urgroßvater väterlicherseits war ein wohlhabender Kaufmann, der mit Opium, Zucker und Textilien handelte und insgesamt neun Filialen in bedeutenden Städten des Landes besaß. Als kleines Mädchen liebte ich die für die Opiumgewinnung angelegten, rotglühenden Mohnfelder. Mein Urgroßvater konnte dank seiner geschäftlichen Erfolge für seine beiden Söhne verschiedene Berufswege wählen. Er erzog einen zum Gelehrten und den anderen zum Beamten. Mein Großvater, das Kind einer Miao-Konkubine, wurde in Kweiyang als Dichter und Kalligraph sehr bekannt, und sein Bruder, ein angesehener Architekt in Peking, machte sich durch seine Teilnahme an der Revolution von 1911 und als Verfasser des ersten Buches über die Geschichte der chinesischen Architektur einen Namen.

Wie vor ihm sein Vater, maß auch mein Großvater der richtigen Ausbildung seiner Kinder größtes Gewicht bei. Sein ältester Sohn ging nach Amerika und studierte Chemie an der Harvard University, wo er sich mit Lao Tangs Vater anfreundete; der zweite Sohn lernte Kaufmann und übernahm die Leitung der Familienunternehmen; der dritte Sohn erhielt seine Ausbildung in Hamburg und wurde Leiter der geologischen Abteilung an der Peita; der vierte Sohn studierte in Shanghai Medizin und genoß als Arzt in Kweiyang hohes Ansehen; und mein Vater, der jüngste, der eigentlich Volkswirtschaft und nicht englische Literatur studieren sollte, wurde Lehrer.

Meine Mutter war viel temperamentvoller als er. Sie war sehr hübsch, die «Zierde» ihrer Schule, und etwas größer als mein untersetzter Vater, der eher unauffällig aussah. Sie wünschte sich immer einen erfolgreicheren, ehrgeizigeren Gatten und sehnte sich nach einer eigenen beruflichen Laufbahn.

In meiner Kindheit stritten die Eltern oft, gewöhnlich, weil mein Vater meiner Mutter seine Ansichten und Wertvorstellungen aufzuzwingen versuchte. Ich spürte schmerzlich, wie unglücklich sie war. Während des Kriegs gegen Japan waren wir finanziell sehr knapp, weil mein Vater sein Lehramt aufgegeben hatte, um bei seiner Familie in Hua-hsi sein zu können. Meine Mutter brauchte einen neuen Mantel, und als mein Vater an einem Monatsende etwas Geld übrig hatte, wollte er einen für sie kaufen gehen oder sie zum Einkauf begleiten. Sie bestand jedoch darauf, den Kauf allein zu tätigen, wählte einen Mantel aus Kunstpelz, der ihr sehr gefiel. Mein Vater mißbilligte ihre Wahl, geriet in Zorn und tadelte sie wegen ihres schlechten Geschmacks. Ein bitterer Streit entbrannte.

Mitten im Streit lief sie weinend aus dem Haus und verschwand auf dem Weg zum Fluß hinunter. Nach ein paar Stunden begann sich mein Vater Sorgen zu machen und schickte mich aus, sie zu suchen. Ich fand die Mutter bei einbrechender Dunkelheit endlich, sie saß auf einem Felsen am Flußufer, immer noch weinend. Traurig zog sie mich an sich und gestand mir ihr Verlangen, in das klare Wasser zu springen und ihr Leiden für immer zu beenden. Wir weinten zusammen, dann nahm ich sie bei der Hand und führte sie heim.

Als ich meine Eltern weiterstreiten hörte, fühlte ich mich so hilflos und deprimiert, daß mir das Leben unerträglich schien. Aus Verzweiflung leerte ich in meinem Zimmer eine ganze Flasche Einreibemittel zur Behandlung entzündeter Gelenke. Ich wußte, daß die Mixtur Alkohol enthielt und daß auf dem Etikett warnend stand, der Flascheninhalt sei giftig. Die leere Flasche in der Hand, lief ich ins Zimmer meiner Eltern und fragte, ob sie nun endlich aufhören würden zu streiten. Weil sie nicht wußten, wie gefährlich das Medikament war, brachten sie mich eilends in ein Krankenhaus. Dort kitzelte man mich mit einem Pinsel im Hals, um mich zum Erbrechen zu bringen, und spülte mir mit Seifenwasser den Magen aus. Die Behandlung war scheußlich, aber ich bedauerte meine Unbesonnenheit nie, denn danach stritten die Eltern lange Zeit nicht mehr.

Während ich an diese dramatischen Szenen dachte, wurde mir klar, wie traurig auch mein Vater sein würde über meine Schande. Er hatte sich auf mein Drängen hin mit dem Marxismus beschäftigt und zugegeben, daß er tatsächlich das bedeutendste Denksystem der Welt sei. In seinen Briefen schrieb er immer wieder, ich hätte den richtigen Weg gewählt und würde für unser Land Großes leisten. Beide Eltern waren stolz auf das, was ich erreicht hatte. Und jetzt ... Ohne es mir zu sagen, fuhr mein Bruder ein paar Wochen später nach Kweiyang, um ihnen zu berichten, daß man mich als Rechtsabweichlerin eingestuft hatte. Damit befreite er mich von der Last, es ihnen selbst mitzuteilen.

Die Zeit schien stillzustehen, während ich auf meinem Bett lag und in das Buch starrte, ohne zu lesen. Meine Welt war plötzlich auf den Kopf gestellt, Vergangenheit und Gegenwart gerieten mir durcheinander. Ich war jetzt eine Ausgestoßene, eine Feindin der Partei und des Volkes. Meine neue Identität würde in Kürze öffentlich bestätigt werden, war also unabänderlich. Wir hatten erst frühen Nachmittag, aber mir war, als gehörten die rotgefärbten Eier zur Feier des einmonatigen Geburtstags, den mein Sohn heute beging, einer längst vergangenen Zeit an.

Das Klingeln des Telefons riß mich in die Gegenwart zurück. Ich erhielt Anweisung, am 7. Februar, also in genau zwei Wochen, zu einer Versammlung zu erscheinen, auf der ich aus der Kommunistischen Partei ausgeschlossen werden würde. Ich solle über mein Verbrechen nachdenken, befahl man mir, und eine Selbstkritik vorbereiten. Ausgeschlossen würde ich ungeachtet meiner Darlegungen, aber meine Lage sei schlechter, wenn ich nicht mit irgendeiner Stellungnahme aufwartete. Am Abend begann ich mir zu überlegen, wie ich in meiner letzten Parteiversammlung auftreten sollte. Ich konnte mich kaum noch an das Glücksgefühl des Morgens oder an das Lächeln meines Söhnchens zum Abschied der Göttin erinnern.

Die fünf Männer, zu deren Verurteilung als Rechtsabweichler ich beigetragen hatte, waren noch nicht aus der Partei ausgeschlossen worden, denn Bestrafungen sparte man immer für das Endstadium einer Bewegung auf. Bis jetzt hatten noch keine Parteiausschlußversammlungen stattgefunden, es gab also keinen Präzedenzfall. Ich wußte daher auch nicht, ob ich die Wahrheit sagen und erklären sollte, daß ich keine Rechtsabweichlerin sei und es falsch wäre, mich zu verstoßen, oder ob ich schweigen und alle Unschuldsbeteuerungen, zu denen ich mich gedrängt fühlte, hinunterschlucken sollte. Ich hätte es vorgezogen zu reden, aber Lao Tang riet mir, das Urteil der Partei anzunehmen. Vielleicht wird sich später alles aufklären, meinte er; Widerspruch gegen die Entscheidung der Partei verschlimmert deine Lage nur. Er drängte mich, um der Autorität der

Partei willen mich der Meinung zu beugen, ich sei eine Rechtsabweichlerin. Vielleicht ist sein Rat vernünftig, sagte ich mir und dachte daran, daß individuelle Ungerechtigkeit immer weit geringer einzuschätzen war als die Aufrechterhaltung der Autorität der Partei. Ich beschloß, gehorsam zu sein.

Die Parteiausschlußversammlung verursachte mir zwei Wochen lang große Angst, doch als sie dann stattfand, ging alles überraschend leicht. Sämtliche Parteimitglieder aus unserer Abteilung, vielleicht zwanzig an der Zahl, hatten sich bereits vor meinem Eintreffen versammelt, und der stellvertretende Sekretär verlas mit ernstem Gesicht die Entscheidung: Yue Daiyun ist eine Verräterin, die eine antikommunistische Gruppe organisiert hat, mit dem Ziel, selbst den Platz des Leiters der Abteilung einzunehmen. Im literarischen Denken hat Yue Daiyun eine bourgeoise Einstellung vertreten; alle ihre wissenschaftlichen Standpunkte sind von der bourgeoisen Literatur beeinflußt, sie hat diese Ideen wiederholt verbreitet und damit den Geist ihrer Studenten vergiftet. Yue Daiyun hat eine Zeitschrift gegründet, in der parteifeindliche Ideen veröffentlicht werden sollten. Wegen ihrer Verbrechen hat die Parteizweigstelle der Abteilung für chinesische Literatur entschieden, daß ihr die Mitgliedschaft entzogen wird.

Nach dieser feierlichen Urteilsverkündung fragte er, ob ich meine Meinung dazu äußern wolle. Es war sinnlos, irgend etwas abzustreiten, das erkannte ich jetzt. Einwände meinerseits nützten weder mir noch der Partei, der ich nach wie vor absolute Autorität zugestand. Ich schwieg. Auch als der stellvertretende Sekretär seine Frage wiederholte, antwortete ich nicht. Er rief zur Abstimmung über das Urteil auf. Ich wagte nicht, den Kopf zu heben und zu schauen, ob jemand die Hand unten ließ. Gesenkten Blicks reckte ich meine eigene Hand in die Luft. Das Urteil wurde angeblich einstimmig angenommen. Als nächstes forderte man mich auf, meinen Namen unter das Urteil zu setzen, machte mir jedoch klar, daß ich ausgeschlossen würde, ob ich nun unterzeichnete oder nicht. Ohne ein Wort zu sagen, ergriff ich das Papier, unterschrieb es und gab es zurück. Ich spürte, daß die anderen im Raum aufatmeten, daß ihre Spannung nachzulassen begann. Die ganze Versammlung hatte keine halbe Stunde gedauert.

Wieder zu Hause, wurde ich von einer viel schlimmeren Depression erfaßt als nach der Kritikversammlung, denn heute war ein endgültiges Urteil gefällt worden. Jetzt war ich vom eigentlichen Sinn meines Lebens abgeschnitten, vom Ziel, das mich leitete. Ich fühlte mich völlig verloren, eine Fremde im eigenen Land. Man konnte einem Menschen doch seine lebenslangen Ideale nicht einfach so aberkennen! Im Herzen würde ich Parteimitglied bleiben, und daran vermochte niemand etwas zu ändern.

Am nächsten Tag schrieb ich ein Gedicht für Lao Tang: Um den Stamm eines hohen, kräftigen Baumes hatten sich Glyzinienranken geschlungen, die duftende Blütentrauben trugen. Gestützt von dem Baum, gediehen und blühten die Ranken jedes Jahr prächtig. Eines Tages jedoch starb die Glyzinie. Der Baum erkannte dies nicht, hielt die Ranken weiter mit seinen starken, ausgebreiteten Armen und wartete auf die lilafarbenen Blüten, aber sie erschienen nie mehr. Es war ein kurzes Gedicht, gerade siebzehn Zeilen lang, und es wurde nicht berühmt, doch es war mein bestes.

Drei Tage vergingen, dann befahl man mich erneut zu einer Versammlung; diesmal sollten die Strafen für sämtliche Rechtsabweichler in unserer Abteilung verkündet werden. Alle Kritisierten waren zur Bekanntgabe des Strafmaßes herbeizitiert worden. Das Verfahren wurde zügig abgewickelt, die Führer wollten die Kampagne gegen Rechtsabweichler rasch abschließen, denn im Frühling 1958 begann bereits der Große Sprung nach vorn.

Es gab sechs verschiedene Strafen, abgestuft nach der Schwere der Verbrechen: Die erste war Haft auf unbestimmte Zeit; die zweite Entlassung aus dem Arbeitsverhältnis und Entsendung zu körperlicher Arbeit unter Aufsicht der arbeitenden Bevölkerung bei einem Monatsgehalt von sechzehn Yuan; die dritte Suspendierung vom Arbeitsverhältnis und Kürzung des Gehalts während der körperlichen Arbeit auf dem Land; die vierte Kürzung des Gehalts und Zurückstufung um einen oder zwei Ränge; die fünfte ein Jahr körperliche Arbeit auf dem Universitätsgelände, wonach eine weitere Strafe verhängt werden konnte, falls erforderlich; die sechste Brandmarkung als Rechtsabweichler ohne zusätzliche Bestrafung.

Der Parteisekretär unserer Abteilung verlas die Urteile. Zu meiner Erleichterung erhielt niemand die härteste, die Haftstrafe, aber Lao Lu und ich erhielten die zweithöchste Strafe.

Mein eigenes Strafmaß überraschte mich nicht, denn ich war überzeugt gewesen, daß eine Person, die man für die Gründerin einer parteifeindlichen Gruppe hielt, eine strenge Behandlung erfahren würde. Aber ich hatte gehofft, die Verantwortung für die Zeitschrift würde mir allein aufgebürdet. Lao Lu hatte zwei Kinder im gleichen Alter wie meine, seine Frau arbeitete in einem Kinderpflegezentrum und verdiente nur dreißig Yuan monatlich, außerdem mußte er für seine siebzigjährige Mutter sorgen. Ich konnte mir nicht vorstellen, wie seine Familie ohne sein Einkommen existieren sollte, und bedauerte sehr, ihn seinerzeit zur Leitung der geplanten Zeitschrift überredet zu haben. Die Kürzung meines Gehalts war belanglos, denn Lao Tang und ich kauften von meinen sechzig Yuan im Monat oft nur Bücher, weil wir für Kost und Wohnung nichts zu bezahlen brauchten.

Die übrigen Mitglieder der Planungsgruppe bekamen leichtere Strafen. Lao Pan, der junge Lehrer, der gegen mich ausgesagt hatte, ging straflos aus und behielt sogar seinen Posten als Forschungsassistent in der Abteilung.

Alle, die zu körperlicher Arbeit auf dem Land verurteilt seien, müßten in zwei Tagen abfahren, sagte man uns; das Gepäck müsse um neun im Abteilungsbüro abgeliefert werden, die Abfahrt sei dann um zehn. Ich war wie betäubt bei dem Gedanken an eine so baldige Abreise, denn ich meinte, meine Milch sei lebensnotwendig für mein Baby. Sie ihm zu entziehen und es so früh zu verlassen, schien mir unerträglich. Um mich zu beruhigen, sagte ich immer wieder stumm zu mir: «Hab keine Angst, sei stark, niemand außer dir selbst kann dich retten.»

Obwohl viel zu aufgewühlt, um vernünftig zu denken, begriff ich, daß es vielleicht sogar besser war, rasch abzufahren, bevor die Benommenheit von mir wich. Später würde ich den Schmerz viel stärker spüren. Lao Tangs Mutter besorgte eilends eine weitere *ayi*, die für mein Baby sorgen sollte, denn Daolan war mit dem Haushalt voll ausgelastet. Yang Dama, wie wir sie nannten, war eine Bäuerin, schon über fünfzig, die große Zuneigung zu meinem Sohn faßte. In den beiden Tagen, die mir noch blieben, gab es nicht viel zu tun, womit ich meine Zeit hätte ausfüllen können; ich ordnete nur meine wenigen Habseligkeiten und stillte mein Baby, betäubt und innerlich leer.

Lao Tang war in seiner eigenen Abteilung mit Versammlungen zur Beendigung der Kampagne gegen Rechtsabweichler beschäftigt. Er verhielt sich sehr gehorsam, um niemanden zu kränken. In jenem Semester wurden keine Vorlesungen gehalten, statt dessen gab es Versammlungen zur Organisation, zur Kritik und zur Diskussion mit Studenten darüber, was richtig sei, wie man sich von den Beschuldigten distanzierte, wie man Selbstkritik übte, wenn man sich von den Rechtsabweichlern hatte beeinflussen lassen. Der Lehrbetrieb war völlig zum Erliegen gekommen, denn zwei einander überschneidende Bewegungen, die Kampagne gegen Rechtsabweichler und der Große Sprung nach vorn, beanspruchten die ganze Zeit der Lehrerschaft und der Studenten.

Am Morgen der Abfahrt erhielt ich in aller Frühe plötzlich die Nachricht, daß ich noch sieben Monate zu Hause bleiben könne. Lao Tangs Vater, so erfuhr ich später, war zum Parteisekretär der Peita gegangen und hatte um Aufschub meiner Abfahrt gebeten. Er hatte erklärt, er sei ein alter Mann und ertrüge es nicht, wenn seinem einzigen Enkel, der noch sehr klein sei und seine Mutter brauche, etwas zustoße. Aufgrund seiner Bitte erhielt meine Abteilung Anweisung, mich noch bleiben zu lassen. Trotzdem mußte ich mein Gepäck zur festgesetzten Zeit abliefern, denn sieben Monate später würde es keinen Lastwagen zum Transport meiner schweren Bettzeugrolle geben.

Kurz vor neun Uhr machte ich mich darum auf den Weg. Ich hatte zwei Steppdecken, ein Kissen und ein paar Kleidungsstücke zu einer ordentlichen Rolle zusammengeschnürt und auf ein Fahrrad geladen, das ich nun zur Sammelstelle schob. Zum ersten Mal bekam ich zu spüren, was es bedeutet, als Feindin des Volkes zu gelten. Außer den Rechtsabweichlern fuhren auch andere aufs Land, um vom körperlich arbeitenden Volk umerzogen zu werden, bei der Organisation von Kommunen zu helfen und für den Großen Sprung nach vorn zu arbeiten. Sie sammelten sich ebenfalls vor dem Abteilungsbüro. Diese Leute waren jahrelang meine Freunde und Mitarbeiter gewesen, doch jetzt taten sie, als sähen sie mich nicht, sie wandten sich bei meinem Näherkommen sogar ab. Die Erkenntnis, daß ich wirklich eine Ausgestoßene war, versetzte mir einen Schock. Noch vor kurzem hatte ich eine Position gehabt, die mir großes Ansehen eintrug, und jetzt existierte ich in den Augen der anderen nicht mehr. Verletzt und zornig fragte ich mich, wie sich die Leute so schnell ändern konnten. Vielleicht bin ich gefallen, dachte ich trotzig, aber ich werde wieder aufstehen, und dann werdet ihr mein wirkliches Gesicht erkennen; ich bin nicht so schwach, wie ihr zu meinen scheint. Ich sagte jedoch nichts, sondern gab nur meine Bettzeugrolle ab und radelte dann schnell nach Hause.

Einige Tage danach trug meine Tochter, als sie nachmittags vom

Kindergarten heimkam, auf dem Flur vor meinem Schlafzimmer ihrer Großmutter ein neues Gedicht vor:

Nieder mit den Rechtsabweichlern, nieder mit ihnen,
Wir alle folgen dem Vorsitzenden Mao, er weist uns den rechten
  Weg;
Sind die Rechtsabweichler erst vernichtet,
Gehen wir einer leuchtenden Zukunft entgegen.

Ich hörte ihre heitere, unschuldige Stimme durch die Tür. Lao Tangs Mutter befahl ihr scharf, keine solchen Dinge zu sagen – und gab ihr im nächsten Moment einen Bonbon. «Warum bist du böse, und warum soll ich das nicht sagen?» fragte Tang Dan. «Magst du Rechtsabweichler? Meine Kindergartentante sagt, sie sind die schlechtesten Leute in unserem Land.» Ihre Worte trafen mich ins Herz. Stumm saß ich da und dachte an die Schwierigkeiten, mit denen meine Kinder künftig würden zu kämpfen haben.

Tang Dan konnte besonders gut singen und tanzen und war schon mit drei Jahren ausgewählt worden, als Vertreterin ihres Kindergartens vor Chou En-lai aufzutreten. Solche Auszeichnungen würde es künftig nicht mehr geben, meine Kinder würden von den anderen verhöhnt und geächtet werden. Jetzt weiß sie noch nichts, dachte ich, aber bald wird sie alles begreifen, es wird sie tief verletzen, und ich kann nichts tun, um das zu verhindern. Zum zweiten Mal erfuhr ich schmerzlich, was es bedeutete, eine Rechtsabweichlerin zu sein.

In den folgenden sieben Monaten verließ ich das Haus nur selten, und niemand kam, um mich zu besuchen. Lao Tang, jetzt Mitglied der philosophischen Abteilung der Peita, gehörte zu jenen Kadern, die man zur erneuten Erziehung aufs Land schickte. Er mußte in ein etwa zwei Busstunden von Peking entferntes Dorf, um die Auswirkungen der Bewegung zur Schaffung von Volkskommunen zu untersuchen sowie an der Produktion von «Hinterhof»-Stahl und an der Reform der Landwirtschaft mitzuarbeiten. Jeden Samstag kehrte seine Gruppe nach Peking zurück, um über ihre Erfahrungen zu berichten und sich ein wenig zu erholen. Ich wartete immer sehnsüchtig auf seine Ankunft.

An den Wochenenden führten wir lange Gespräche über die Situation auf dem Land und besonders über die Kommunenbewegung. Lao Tang hielt sie für den Beginn einer neuen, wunderbaren

Periode und erklärte mir, die Zeit, die wir beide in ländlichen Gegenden verbringen müßten, sei für uns Kinder aus Intellektuellenfamilien eine wichtige Chance, die Bauern kennenzulernen. Er ermutigte mich zu einer positiven Einstellung, brachte mir Bücher über Gemüseanbau, Schweinezucht und ländliche Unterhaltungen. Während das Baby schlief, lehrte mich Yang Dama Volksweisen und eine Art ländlicher Oper, Trommellieder genannt. Ich las begierig alles über den Großen Sprung nach vorn, über die Volkskommunen und über Ackerbaumethoden. Sogar Harmonikaspielen lernte ich, denn ich dachte, da es auf dem Land wenig gab, was den Alltag der Bauern erheiterte, würden sie vielleicht gern Musik hören.

Die größten Sorgen machte mir in dieser Zeit jedoch der Gesundheitszustand meines Söhnchens. Seine Verdauung war ständig gestört, er hatte viel zu oft Stuhlgang und wurde immer dünner. Eines Tages, als sein Durchfall besonders schlimm war, bekam er eingefallene Augen, ein Symptom für alarmierenden Flüssigkeitsverlust. Ich brachte ihn so schnell wie möglich ins Krankenhaus für Traditionelle Medizin. Die Ärzte rieten dringend zu einem mehrwöchigen Aufenthalt. Yang Dama und ich saßen abwechselnd an seinem Bettchen und schliefen auf dem für Eltern bereitgestellten Feldbett.

Eines Tages wurde das zweite Kinderbett in unserem Krankenzimmer mit einem Baby belegt, das eine ähnliche Darmkrankheit hatte. Mit der Mutter des Kindes, einer Lehrerin aus der Abteilung für russische Literatur, hatte ich im Lehrerchor gesungen und mich gelegentlich über russische Literatur unterhalten, die ich sehr liebe. Sie war selbst kein Parteimitglied und hatte einmal erklärt, sie betrachte mich als ein Vorbild.

Doch jetzt gab sie vor, mich nicht zu kennen, und lehnte es ab, mit mir zu reden. Ich war verletzt, beschloß aber aus Stolz, ebenfalls nicht mit ihr zu sprechen. Ich hatte das Glück, daß mir Yang Dama bei der Pflege meines Sohnes half und ich gelegentlich weggehen konnte, um etwas zu essen oder etwas einzukaufen. Die andere Mutter jedoch konnte das Bett ihres Kindes nicht verlassen. Darum bat ich Yang Dama, sie zu fragen, ob sie etwas brauche, um es ihr gegebenenfalls zu besorgen. Als ich mich ein wenig später dem Zimmer näherte, hörte ich sie vorwurfsvoll sagen: «Wissen Sie nicht, daß sie eine Rechtsabweichlerin ist, eine Feindin des Volkes? Seien Sie nicht so nett zu ihr, Sie müssen einen Strich ziehen. Diese Rechtsabweichler wollen unsere Regierung stürzen und die Bauern wieder leiden lassen.» Dies war meine dritte Lektion darüber, was es bedeutete, eine Rechtsabweichlerin zu sein.

Yang Dama erwiderte fest: «Ich kenne einen Rechtsabweichler nicht von einem Linksabweichler weg, mir sind solche Dinge ganz egal. Außerdem hat sie mich gebeten, Ihnen zu helfen, ist Ihnen das nicht klar?» Leise ging ich in den ans Krankenhaus angrenzenden Garten hinaus, setzte mich an einem kleinen Teich auf einen Stein und ließ meinen Tränen freien Lauf. Ich gelangte allmählich zu der Überzeugung, daß Bauern viel menschlicher sind als Intellektuelle.

Der Zustand meines Kleinen besserte sich auch nicht, nachdem er große Mengen bitterer Medizin genommen hatte. Lao Tangs Mutter, die jeden Tag kam, fragte schließlich den Arzt, warum keine Besserung eintrete. Er antwortete, möglicherweise schade meine Milch dem Baby; wenn eine Mutter innerlich unruhig und übererregt sei, werde oft ihre Milch schlecht. Diese Behauptung machte mich wütend. Wie konnte jemand es wagen, mir sogar das Recht abzusprechen, mein Kind zu stillen! In meiner Erbitterung erklärte ich meiner Schwiegermutter scharf, ich wünschte keine Einmischung und würde selbstverständlich das Kind weiterstillen. Meine Milch floß reichlich, sie war weiß und rein, konnte also bestimmt nicht die Ursache der Krankheit meines Sohnes sein. Auf mein Drängen hin verließen wir das Krankenhaus sofort und brachten das Baby in die beste Kinderklinik Pekings, deren Ärzte im Westen ausgebildet waren. Lao Tangs Mutter versuchte mich zu überreden, es wenigstens einmal mit Kuhmilch zu probieren, doch ich blieb fest. Selbst eine Rechtsabweichlerin, dachte ich, vergiftet nicht ihr eigenes Kind.

Meinem Sohn ging es von Tag zu Tag schlechter. Er hatte weiterhin Durchfall, begann um den Mund herum blau anzulaufen und bekam dunkle Ringe unter den Augen. Der Arzt hielt es für nötig, ihm intravenös Flüssigkeit zuzuführen, doch ließ sich in seinem Arm oder Handgelenk keine Vene finden. Einmal gelang es, einen Tropf an seinem Knöchel zu befestigen, doch die Vene war zu dünn, darum trat keine Wirkung ein. Schließlich saß die Nadel in Tang Shuangs Schläfe, dennoch besserte sich in den nächsten drei Tagen sein Zustand nicht. Auch der westlich geschulte Arzt empfahl mir daraufhin, mit dem Stillen aufzuhören und auf Kuhmilch umzustellen. Diesmal blieb mir nichts anderes übrig, als den Rat zu befolgen. Nach weiteren drei Tagen war Tang Shuang fast gesund.

Kaum hatte ich mir gezwungenermaßen eingestanden, daß meine

Milch dem Kleinen schadete, kriegte ich infolge der Milchstauung eine schwere Brustentzündung und Fieber. Der Schmerz in meiner Brust schien aus meinem Herzen zu kommen. Mein Baby durfte nach Hause, ich aber mußte zur chirurgischen Behandlung der Infektion im Krankenhaus bleiben. Weil es sich um einen einfachen Eingriff handelte, schickte man mich in die Klinik der Peita, wo jedoch die medizinische Versorgung nicht gerade erstklassig war. Der unerfahrene Arzt öffnete den infizierten Bereich an der falschen Stelle, wodurch ein zweiter Schnitt nötig wurde. Die Narben sind noch heute zu sehen.

Um eine weitere Infektion zu vermeiden, behielt man mich eine ganze Woche in der Klinik, sieben überaus unglückliche Tage lang, in denen ich weder denken noch etwas tun konnte. Ich vermißte mein Baby schrecklich, wußte aber, daß es nicht gut für den Kleinen gewesen wäre, mich in dieser Umgebung zu besuchen. Da auch Lao Tang weg war, kam ich mir völlig verloren vor. Endlich durfte ich heim. Doch schon eine Woche später erhielt ich Anweisung, am folgenden Tag aufs Land zu fahren. Vielleicht wußten die Behörden, daß ich aufgehört hatte zu stillen. Etwas mehr als sieben Monate waren vergangen, mein Strafaufschub war abgelaufen. Ich hätte gern Lao Tangs Rückkehr am Wochenende abgewartet, um mich von ihm zu verabschieden, aber ich konnte unmöglich um weiteren Aufschub bitten. Da du auf jeden Fall wegmußt, sagte ich mir streng, ist es gleichgültig, ob du früher oder später gehst. Ich versuchte, mich an das Sprichwort zu halten, in schlimmen Momenten müsse man sein Herz umdrehen, es stumpf und leer von Gefühlen machen.

Am nächsten Morgen drückte ich in aller Frühe mein Baby ein letztes Mal an mich und sagte meiner Tochter und Lao Tangs Eltern Lebewohl. Seine Mutter weinte vor Kummer, und Yang Dama hielt unter Tränen das Baby am Fenster hoch, als ich die Haustür hinter mir schloß. Daolan, die meinen kleinen Seesack mit Kleidern trug, ging stumm neben mir her. Wir hatten eine tiefe Zuneigung zueinander gefaßt, und sie wußte, wie mir zumute war.

Während mich der Bus zum Bahnhof brachte, ließ ein Nebelschleier, etwas höchst Ungewöhnliches für Peking, die Stadtlandschaft verschwimmen. Auch über meine Augen legte sich ein Schleier; ich hatte keine Ahnung, was die Zukunft mir bringen würde.

# 3 Ausgestoßen aus dem Volk

Als ich in einer Kleinstadt etwa fünfundsechzig Kilometer westlich von Peking aus dem Zug stieg, glaubte ich, nicht nur am Ende der Eisenbahnlinie angelangt zu sein. Über den grauen Dächern ragten baumlose Berggipfel auf, deren Felshänge im unteren Bereich dunkelbraune Moospolster bedeckten. Die karge Landschaft wirkte düster und bedrückend, außerdem kündeten rasch aufziehende, wogende Wolken ein Gewitter an. Ich kaufte mir eine Busfahrkarte und in einem kleinen Gasthaus ein heißes Brötchen. Dann wartete ich darauf, daß die Stunde bis zur Abfahrt des Busses verging und ich die letzte Etappe meiner Reise antreten konnte. Ein überwältigendes Gefühl der Einsamkeit trieb mir Tränen in die Augen, aber die wenigen anderen Wartenden an der Haltestelle merkten nichts von meinem Schmerz.

Der Bus fuhr an einem steinigen Flußbett entlang aus der Stadt und traf zwei Stunden später in Chaitang ein, der Kommunenzentrale, die für unbestimmte Zeit mein Zuhause sein sollte. Auf eine ähnliche triste Szenerie gefaßt wie in der Stadt, schaute ich zum Fenster hinaus und erblickte zu meiner Erleichterung sanftere Berge mit einem üppigen Bestand von Walnuß- und Aprikosenbäumen. Nachdem mich der Bus mitten in dem scheinbar verlassenen Dorf abgesetzt hatte, sah ich als erstes ordentlich geweißte Wände, bedeckt mit Gemälden und Gedichten. In kühnen, farbigen Strichen war ein riesiger Heuhaufen dargestellt, auf dem ein alter Bauer saß, der in seiner ausgestreckten Hand eine langstielige Pfeife hielt und damit die Sonne berührte. Diese prometheische Botschaft strahlte Optimismus aus: Die Bauern werden so reiche Ernten einbringen, daß sie darauf bis zum Himmel emporsteigen und ihre Feuer an der Sonne entzünden können. Reime führten das Thema fort und verhießen, der Himmel des Kommunismus werde über die Brücke der Volkskommune erreicht. Ein anderes Gedicht forderte die Berge auf, Platz zu machen für die Bauern, die selbst größte Hindernisse beseitigen würden, um ihre Ziele zu erreichen. Die Politik des Großen Sprungs nach vorn, die forderte, alle verfügbaren Flächen mit inspirierenden Botschaften zu bedecken, wurde hier offensichtlich mit Engagement verwirklicht. Meine Verzagtheit begann zu weichen, denn ich sah, daß die von der Universität aufs Land geschickten Leute in diesem Dorf bereits gute Arbeit geleistet hatten. Mit aufkeimender Hoffnung dachte ich, daß ich es vielleicht doch schaffen würde, unter den Bauern hier einen neuen Lebenssinn zu finden.

Chaitang, an den Fuß eines Berghangs geschmiegt und auf der anderen Seite von einem Fluß begrenzt, der zu Recht den Namen «Klarwasserfluß» trug, schien ein schöner Ort zu sein. An beiden Ufern des Flusses erstreckten sich schmale Streifen fruchtbaren Bodens, auf denen Gemüse und Weizen wuchsen. Ich vermutete jedoch, daß der größte Teil des Ackerlandes auf den vielen kleinen Terrassen an den Berghängen lag, die sich wahrscheinlich nur für den Anbau von Hirse eigneten. Die Kommune bezog ihr Einkommen, wie ich bald erfahren sollte, aus dem Verkauf von Walnüssen und vor allem von Aprikosenkernen zur Ölgewinnung; beide Früchte züchtete man ausschließlich für den Export. Zwei Konsumläden und ein Absatzmarkt für die Bauern, auf dem sie ihre Produkte an die Regierung verkaufen konnten, machten Chaitang mit seinen rund tausend Einwohnern zum wirtschaftlichen Zentrum der Gegend.

Bei meiner Ankunft wußte ich allerdings nur, daß Chaitang Sitz der Kommunenverwaltung war, also ein politisches Zentrum, und daß es sich wegen seiner Bus- und Telefonverbindung mit Peking für die Kontrolle gefährlicher politischer Feinde eignete. Die unbedeutenderen Rechtsabweichler aus meiner Abteilung hatte man an weiter entfernte Orte in den Bergen geschickt. Nach Chaitang waren einige weniger gefährliche Rechtsabweichler aus den Abteilungen für Geschichte und Mathematik gekommen sowie fünf Verurteilte mit der Strafe zweiten Grades. Zwei davon stammten aus der Abteilung für chinesische Literatur und zwei aus jener für Geschichte. Ich war die fünfte und die einzige Frau.

Nach Lao Tangs Erfahrung waren die Kader, die man mit der Überwachung von Rechtsabweichlern betraut hatte, selbst eine ziemlich gemischte Gruppe, und nicht alle galten als politisch zuverlässig. An der Universität befand sich inzwischen nur noch eine kleine Zahl vertrauenswürdiger Lehrer und Kader, deren Aufgabe es war, die Studenten zu organisieren, auszubilden und zu kritisieren; außerdem sollten sie die Arbeit jener Professoren kontrollieren, die wegen ihrer «bürgerlich-akademischen Standpunkte» angegriffen wurden. Alle, die nicht zur Durchführung der laufenden Kampagnen oder zur Veranstaltung von Diskussionen über Wege zur Vermeidung des Übels «Weiß und Experte»* gebraucht wurden, hatte man einfach aufs Land geschickt. Diesen Kadern sagte man natürlich nicht, daß man sie vor allem aus dem Weg haben wollte; vielmehr hieß es, daß sie auf dem Land «erneut erzogen» werden und gleichzeitig die Bauern organisieren sollten, während die Zurückbleibenden die Studenten im Universitätsbereich organisieren würden. Angeblich waren beide Aufgaben gleich wichtig, doch kaum jemand glaubte diese offizielle Erklärung. Der Drang der aufs Land geschickten Kader, ihre politische Zuverlässigkeit zu beweisen und ihren Einsatz für die Parteipolitik zu demonstrieren, mußte nach meiner Vermutung dazu führen, daß sie streng zu den Rechtsabweichlern waren, deren Überwachung man ihnen gestattete.

Nachdem der Bus abgefahren war, ging ich zögernd die einzige kopfsteingepflasterte Straße entlang, doch da kam mir schon jemand entgegen, der zweifellos über meine Ankunft Bescheid wußte. Zu meiner Überraschung war es Teng Minghua, ein Mitglied der ökonomischen Abteilung der Peita und hier offenbar für die Rechtsabweichler zuständig. Wir hatten 1955 in der gleichen Parteizweigstelle zusammengearbeitet, und er hatte zu meinen Hochzeitsgästen gezählt, doch ich wußte nicht, wie ich ihm jetzt als verurteilte Volksfeindin gegenübertreten sollte. Er beachtete meine vorsichtige Zurückhaltung jedoch gar nicht, sondern begrüßte mich herzlich und nahm mir meinen Seesack ab. Ich mußte an die Verachtung denken, mit der man mir in Peking begegnet war, und überlegte, ob die Menschen auf dem Land vielleicht weniger von den jüngsten politischen Bewegungen beeinflußt seien. Teng führte mich zu dem Raum, in dem meine Bettzeugrolle seit Januar aufbewahrt wurde. Er war leer bis auf einen großen Wasserbehälter und eine erhitzte Ton- oder

* Wer «Weiß und Experte» ist, interessiert sich, im Gegensatz zu jemandem, der «Rot und Experte» ist, nicht für Politik, sondern kümmert sich nur um wissenschaftliche oder technische Fragen.

Ziegelplattform, die in Nordchina als Sitzgelegenheit und zum Schlafen dient und *kang* heißt; fünf Steppdecken lagen ordentlich gefaltet auf der Plattform. Teng sagte, ich solle mich hier ausruhen, bis die Kader von der Arbeit zurückkämen und mir weitere Instruktionen erteilten. Der Empfang war freundlicher gewesen, als ich zu hoffen gewagt hatte. Dennoch wich die Bangigkeit nicht von mir, wußte ich doch nicht, was mir hier bevorstand.

Ängstlich wartete ich auf dem *kang,* stundenlang, wie mir schien, bis die fünf weiblichen Kader von ihrer Arbeit zurückkehrten. Als ich ihre Schritte hörte, ging ich hinaus, um sie zu begrüßen und ihnen meine Hilfe beim Wegräumen ihrer Schulterstangen und Spaten anzubieten. Doch sie wiesen meinen Annäherungsversuch kalt zurück und weigerten sich, auch nur mit mir zu reden. Mit einem Gefühl wachsenden Unbehagens setzte ich mich auf den Rand des *kang,* während sie sich mechanisch Gesicht und Füße zu waschen begannen. Dann erschien Teng und eröffnete den Frauen, daß ich bei ihnen einquartiert würde. Daraufhin erwiderte die Anführerin Yang Li, ein mir unbekanntes Parteimitglied aus der Bibliotheksabteilung, in scharfem Ton, das *kang* sei mit fünf Steppdecken voll belegt. Zweifellos paßte den Frauen das Eindringen einer Rechtsabweichlerin in ihren Kreis nicht, aber es gab im Dorf keine andere Unterbringungsmöglichkeit für mich. Teng entgegnete besänftigend, er werde später, wenn irgend möglich, eine andere Einteilung vornehmen. Widerwillig machte Yang Li auf der Plattform ein kleines Plätzchen für meine Steppdecke frei.

Es war fast sieben Uhr und bereits ziemlich dunkel, als ich den Frauen zum Abendessen folgte, in der Hand eine Schüssel, die mir grob zugeschoben worden war. Wie von der Volkskommunenbewegung vorgesehen, hatten die Bauern im ehemaligen Dorftempel eine Gemeinschaftsküche eingerichtet; drei Herde mit riesigen Kochtöpfen nahmen jetzt den Platz vor dem größten Buddha ein. Die Küche war geräumig, aber dunkel. Weil es keine Entlüftung gab, erfüllte dichter Rauch die Luft, so daß ich das Essen zunächst kaum sah. Yang Li wies mich an, meine Schüssel mit heißen Brötchen aus grobem Maismehl und Wasser zu füllen, während die übrigen Frauen dünnen Maismehlbrei in zwei andere Schüsseln schütteten. Diese magere Kost bildete die Hauptnahrung im Dorf.

Nach der Rückkehr in unser Zimmer bemerkte Yang Li sofort, daß ich meinen Seesack in eine kleine quadratische Öffnung unter dem *kang* geschoben hatte. «Weißt du denn nicht, daß dieses Loch nicht für deinen Sack gedacht ist?» fragte sie sarkastisch. Ich war noch nie in einem nordchinesischen Dorf gewesen und wußte daher nichts über die Funktion eines *kang*. Wie ich jedoch bald erfuhr, sind die Nächte in Chaitang so kalt und feucht, daß die Plattform sogar im August geheizt werden muß. Die Region besaß zwar reiche Kohlevorkommen, aber das schwarze Pulver brannte im *kang* nur, wenn man es mit dem am Ort vorhandenen gelben Lehm und mit Wasser mischte, im Verhältnis von drei Schaufeln Kohle zu zwei Schaufeln Lehm und einer Schöpfkelle Wasser. Hatte die gründlich durchgerührte Mischung die Konsistenz von Maisbrei, konnte man sie in die Brennstelle geben.

Nachdem ich meine Habseligkeiten hastig aus der Öffnung entfernt hatte, befahl Yang Li mir barsch, Lehm zu holen. Noch nie im Leben war ich mit solcher Verachtung und Feindseligkeit behandelt worden. Ich habe mich nicht verändert, dachte ich zornig. Ich fühle mich den Idealen der Partei noch genauso verpflichtet wie zuvor.

Die fünf Frauen schliefen bald fest, aber für mich war es die erste Nacht auf einem *kang*. Ich fand keine bequeme Lage auf der harten Plattform, außerdem heizte das Feuer mir dermaßen ein, daß ich mich immer wieder umdrehte, weil ich das Gefühl hatte, wie eine Süßkartoffel erst auf der einen, dann auf der anderen Seite gebraten zu werden. In dieser schlaflosen Nacht überdachte ich die Entscheidungen, die ich seit dem Weggang aus meiner Heimatstadt Kweiyang vor einem Jahrzehnt getroffen hatte. Ich versuchte herauszufinden, was ich falsch gemacht hatte. Doch wäre mir Gelegenheit gegeben worden, mein Leben noch einmal zu leben, hätte ich mich erneut dafür entschieden, Parteiführerin zu werden. Trotz meiner augenblicklichen mißlichen Lage!

Am Morgen stand ich vor den anderen auf. Ich ging nach draußen und beschloß, den neuen Tag mit etwas Nützlichem zu beginnen. Die Luft roch viel frischer als in Peking, und an den Bergflanken schimmerten die Walnußblätter im Frühlicht. Ich hörte Hähne krähen und sah einen Ochsen, der zur Tränke geführt wurde. Dem Beispiel der Bauern folgend, ergriff ich eine Schulterstange und machte mich auf den Weg zum Kommunenbrunnen. Den nicht ganz einfachen Umgang mit den Tragestangen hatte ich während der Landreform in Kiangsi gelernt. Der Brunnen lag hoch über dem Flußbett, darum hatte man ihn sehr tief graben müssen. Ich merkte schnell, daß es gar nicht so einfach war, einen leeren Metalleimer zu füllen. Hinter mir warteten die Bauern in einer Reihe, und ich wurde immer verlegener wegen meiner Ungeschicklichkeit. Fünf oder sechs Minuten lang ließ ich meinen Eimer ein ums andere Mal hinunter, doch er schwamm hartnäckig auf der Wasseroberfläche. Schließlich begann ein alter Bauer zu lachen, trat zu mir und zeigte mir, daß man den Eimer zuerst schwingen und dann jäh fallen lassen mußte. Er war freundlich und hilfsbereit, was ich dankbar registrierte nach der Feindseligkeit meiner künftigen Überwacherinnen. Der Bauer riet mir, meine beiden Eimer nur halb zu füllen, damit ich meinen Rücken bei diesem ersten Gang nicht zu sehr belastete. Ich lächelte ihn zum Dank an, ging mit dem Wasser zurück und leerte es in den Behälter, der in unserem Zimmer direkt neben der Tür stand.

Ohne ein Wort der Anerkennung begannen sich die Frauen zu waschen. Offenbar fanden sie, es sei meine Pflicht, ihnen zu dienen. Statt mir zu danken, befahlen sie mir, mit ihnen in die Berge zu gehen und Lehm zum Heizen zu holen. Einen schweren Weidenkorb auf dem Rücken, folgte ich ihnen einen steilen, beschwerlichen Pfad hinauf. Für die Anstrengung entschädigte mich der erste umfassende Blick auf die herrliche Landschaft. Hier könnte man, überlegte ich, das saubere Flußwasser auf die Berghänge leiten und überall Obstbäume pflanzen. Ich spürte die Bereitschaft, mich den Zielen zu widmen, die der Vorsitzende Mao verkündet hatte. Auf dem Land, wo eine Menge getan werden muß, hatte er gesagt, kann man zum Glück viele Arten nützlicher, befriedigender Aufgaben erfüllen. Auf dem Rückweg vergingen mir diese idealistischen Gedanken allerdings rasch wieder, denn der Abstieg mit einem Korb voll Lehm auf dem Rücken war noch beschwerlicher als der Aufstieg. Es kostete mich meine ganze Aufmerksamkeit, die schmalen, rutschigen Erdstufen zu bewältigen. Weil ich nicht schwächer erscheinen wollte als die anderen, hatte ich mir die gleiche Last aufgeladen, obwohl ich die Arbeit im Gegensatz zu ihnen, die schon seit sieben Monaten hier lebten, nicht gewöhnt war. Als wir eine halbe Stunde später in unserem Hof anlangten und den Lehm abluden, war es erst acht Uhr.

In der Gemeinschaftsküche nahm ich mir zum Frühstück eine Schale Maisbrei und ein heißes Maismehlbrötchen. Eine alte Bäuerin merkte, daß ich neu hier war, und drängte mich, mehr Brötchen zu nehmen. Ich wußte noch nicht, daß ich außer diesen Brötchen nichts zum Mittagessen bekommen würde. Die Rechtsabweichler mußten, wie ich bald erfuhr, jeden Tag schwere körperliche Arbeit leisten, während die Kader leichtere Aufgaben übernahmen. Sie bauten beispielsweise Karren, als Beitrag zur Modernisierung des Dorfes, bereiteten Schweinefutter aus einem Gemisch von Blättern und Hefe zu oder gewannen aus Walnußbäumen Gerbsäure für den Export. Wir zwölf Rechtsabweichler brachen mit einer Gruppe Bauern in die Berge auf, um möglichst flache Steine für den Bau eines Dammes zu suchen, der einen Bergbach stauen sollte. Ziel war es, einen kleinen Wasservorrat für die Terrassenfelder über dem Klarwasserfluß anzulegen. Nach einem etwa zwanzigminütigen Aufstieg auf einem anderen, kaum weniger steilen Pfad als am Morgen begann die eigentliche Tagesarbeit. Zwei Bauern legten den Boden meines Tragkorbes mit Stroh aus, betteten einen Stein darauf und schickten mich ins Dorf zurück. Ich stellte sehr schnell fest, daß man auf dem sandigen, mit Schotter bedeckten Pfad leicht ausrutschte, zumal man den Körper wegen der schweren Last nach vorn neigen mußte. Die Tragseile schnitten mir in die Schultern, und der Stein drückte schmerzhaft auf meinen Nacken. Die Bauern müssen ihr Leben lang so hart arbeiten, sagte ich mir grimmig, warum also soll ich ihre Mühsal nicht einen oder zwei Tage oder sogar ein oder zwei Jahre lang teilen!

In ein paar Tagen würde auch ich achtzigpfündige Steine tragen, wie man es von einer Frau erwartete. Für meinen ersten Abstieg hatten die Bauern jedoch ein relativ kleines Exemplar ausgesucht, und sie mahnten mich, vorsichtig zu sein, wenn ich die schwere Last von den Schultern nähme. Trotz ihrer Ratschläge schaffte ich es nicht, den Stein abzuladen. Ein Rechtsabweichler aus der Abteilung für Geschichte kam lächelnd heran und zeigte mir, wie man den Stein mit einem raschen Schulterruck zu Boden warf. Weil sich die Kader im Augenblick anderswo befanden, konnten wir uns ein wenig unterhalten.

Der Mann war Lao Wei, ein alter Freund von mir. Er hatte bis vor kurzem an der Peita Kommunistische Parteigeschichte gelehrt und war Sekretär der Parteizweigstelle gewesen, der bis 1955 alle Parteimitglieder der Fakultät aus den Abteilungen für Geschichte, Philosophie und Literatur angehörten. Im Zuge verschiedener Gruppenrivalitäten zwischen den beiden Jugendorganisationen «Liga der Jugend» und «Demokratische Jugendliga» hatte er sich über die Voreingenommenheit der Universitäts-Parteiführung zugunsten der

«Liga der Jugend» beschwert. Das wertete man als Versuch, die Einheit der Partei zu zerstören, und verurteilte ihn als Rechtsabweichler.

In der Mittagspause setzte Lao Wei sich neben mich auf einen Stein und gab mir Ratschläge, die auf seinen Erfahrungen in Chaitang während der vergangenen sieben Monate basierten. Er empfahl mir, vorsichtig zu sein, mich möglichst schnell in die neuen Lebensumstände zu fügen und vor allem niemanden zu beleidigen. Seine Äußerungen machten mich mit einer mir völlig neuen Denkweise bekannt. «Wir sind jetzt Feinde der Partei», sagte er, «obwohl wir uns seit Jahren der Revolution widmen. Im Augenblick müssen wir zugeben, daß wir schuldig sind, daß wir tatsächlich Verbrecher sind. Nur so können wir unser normales Leben wiederaufnehmen und gleichzeitig der Partei helfen, dadurch nämlich, daß wir die Richtigkeit ihrer Politik bestätigen. Du mußt eingestehen, daß du etwas getan hast, das im Widerspruch zur Partei steht. Du mußt deine Schuld bekennen.»

«Aber», wandte ich verwundert ein, «das wäre eine Verleugnung der Wahrheit.»

«Es gibt keinen absoluten Maßstab für Wahrheit und Unwahrheit», entgegnete er fest. «Was wahr ist, hängt immer von der Notwendigkeit und den Umständen ab. Wenn du beweisen kannst, daß du dir deines Fehlers zutiefst bewußt bist, kannst du in die Reihen des Volkes zurückkehren, und das ist das Wichtigste. Vor allem darfst du nie die Kader beleidigen, denn die haben dein Schicksal in der Hand. Wenn sie etwas tun, wovon du weißt, daß es falsch ist, mußt du vorgeben, es nicht zu merken.»

Eine derart berechnende, unehrliche Lebenseinstellung war mir zutiefst zuwider, aber ich sah, daß ihm diese Philosophie nützte. Er war ein praktisch veranlagter Mensch, sehr tüchtig, und alle mochten ihn, sogar die Kader, die ihn manchmal vom Steinetragen freistellten und sich von ihm Kalligraphien anfertigen ließen. Er hatte gelernt, wie man als Rechtsabweichler funktionierte, und versuchte nun aufrichtig, mir die Anpassung zu erleichtern.

Bei Sonnenuntergang war ich von meinem ersten Tag anstrengender körperlicher Arbeit so erschöpft, daß ich auf dem letzten Abstieg vom Berg kaum mehr die Beine bewegen konnte. Nach dem Abendessen, das ich schnell hinunterschlang, hatte ich keinen anderen Wunsch, als mich aufs *kang* fallen zu lassen. Doch da erklang der

Gong – Zeichen dafür, daß in der Grundschule eine Pflichtversammlung begann. Sie diente dem Zweck, den Bauern die Zeitungen vorzulesen. Die Dorfbewohner reagierten allerdings sehr gleichgültig auf diese Bemühungen, sie zu bilden. Sie rauchten, nähten wattierte Schuhsohlen oder nutzten die Gelegenheit, um sich ausgiebig zu unterhalten und zu klatschen. Manche dösten sogar ein, denn alle waren nach getanem Tagwerk rechtschaffen müde. Endlich verstummte der Vorlesende, aber man entließ uns noch nicht. Jetzt richteten die Kader an die «Fünf schwarzen Elemente» im Dorf die Warnung, «auf die Bestimmungen zu achten und der Überwachung durch die Massen zu gehorchen».

An derartige Warnungen gewöhnte man sich zwar schnell, aber anfangs fand ich es erniedrigend, als Rechtsabweichlerin geächtet und öffentlich als «schwarzes Element» den Großgrundbesitzern, reichen Bauern, Konterrevolutionären und kriminellen Gruppen zugeordnet zu werden, diesen Übeltätern, die abseits von den anderen Dorfbewohnern in einer der hinteren Ecken des Schulzimmers sitzen mußten. Die zehn Leute mit den erschöpften, zerfurchten Gesichtern, schäbig gekleidet und schmutzig, sahen wirklich aus wie Verbrecher. Zwei davon, ehemalige Gutsbesitzer, hatten nach Beginn der Landreform von 1950 sieben Jahre lang den Nachtkot wegschaffen und Latrinen putzen müssen. Jetzt waren sie über fünfzig und den geltenden Vorschriften gemäß zu alt für schwere Arbeit, doch mittlerweile hatten sie jeglichen Lebensmut verloren. Gedemütigt und gebrochen machten sie sich nicht einmal mehr die Mühe, ihre Gesichter zu waschen. Die übrigen acht waren niedrige Kuomintang-Funktionäre oder Soldaten in der nationalchinesischen Armee gewesen und wegen antikommunistischer Bemerkungen als Konterrevolutionäre eingestuft worden. Dieser Gruppe übertrug man immer die schmutzigsten, anstrengendsten Arbeiten; sie mußten beispielsweise Jauche in die Bewässerungskanäle schöpfen, um die Felder zu düngen, oder man schickte sie weit weg zum Straßenbau, wo härteste Lebensbedingungen herrschten. Und nun war ich eine ebensolche Volksfeindin wie sie.

Mein sechsmonatiger Aufenthalt in der Provinz Kiangsi als Leiterin eines Landreform-Teams lag zwar schon sieben Jahre zurück, aber jetzt erinnerte ich mich lebhaft an diese Erfahrung. Nach Ankunft unserer Arbeitsgruppe von der Peita verkündete das örtliche Parteikomitee den Beschluß, alle Grundbesitzer im Dorf hinzurichten, weil sie die Bauern schwer geschädigt hätten und eine «Blutschuld» leisten müßten, sowie auch alle jene mit dem Tod zu bestrafen, die Verbindung zur Kuomintang gehabt hatten.

Damals hielt auch ich es für unerläßlich, diese Leute zu töten, da sie den Bauern unendliches Leid zugefügt hatten. Ich betrachtete es als unumgänglich, die Grundbesitzer zu verurteilen, damit sich die Bauern wirklich als Herren des Dorfes fühlten und auch glaubten, daß die von der Partei eingeführten Änderungen von Dauer waren und das ihnen zugeteilte Land bestimmt nicht mehr den alten Besitzern gehörte oder gar von denen zurückverlangt werden konnte.

Man erinnerte uns außerdem immer wieder an Maos Lehrgeschichte von jenem Bauern, der auf dem Feld eine steif gefrorene Schlange fand und sie an seine Brust bettete, um sie zu wärmen. Als die Schlange aus ihrer Starre erwachte, biß sie den Bauern, und er starb an ihrem Gift. Die Geschichte sollte uns veranschaulichen, wie gefährlich es ist, Mitgefühl mit einem Feind zu haben, weil dieser sofort zum Angriff übergeht, sobald er seine Kraft wiedererlangt hat. Wird daher in China jemand als Feind eingestuft, hat er jeden Anspruch auf Mitleid verwirkt. Sogar die extremste Behandlung ist dann gerechtfertigt.

Während ich jetzt in dem Chaitanger Schulzimmer saß und darauf wartete, endlich schlafen gehen zu können, kamen mir sogar Zweifel an der grundsätzlichen Berechtigung der Strafen gegen Grundbesitzer und andere Feinde, zu denen ich mich plötzlich selbst gezählt sah. In Einzelfällen hatte ich dieses Verurteilungssystem schon damals in Kiangsi als höchst fragwürdig empfunden. Ich wußte, daß Lao Wei und ich es nicht verdienten, als Feinde behandelt zu werden, weil wir uns nie gegen die Revolution oder die Partei gestellt hatten. Möglicherweise waren die anderen ebenfalls zu Unrecht angeklagt worden. Mir schien, die Partei begehe einen schrecklichen Fehler, indem sie solche Menschen daran hinderte, zum Aufbau des Landes beizutragen, indem sie ihnen nicht nur ihren gesellschaftlichen Rang absprach, sondern ihnen auch jede menschliche Anteilnahme verweigerte. Ich überlegte, welches die richtige Behandlung für Leute wäre, die man zu Feinden erklärt hatte. Diese beunruhigenden Probleme stellten alles in Frage, was man mich zu glauben gelehrt hatte. Schließlich sagte ich mir, es sei besser, nicht über solche unbeantwortbaren Fragen nachzudenken und mich ganz auf das unmittelbare Problem zu konzentrieren, möglichst schnell wieder aus dem Dorf hier wegzukommen, zurück nach Hause.

Trotz meiner guten Vorsätze, mich in das Leben als Rechtsabweichlerin zu fügen, fiel es mir anfangs schwer, die Haltung der Kader hinzunehmen. Gegen Ende der ersten Woche kam ich mit einem Stein vom Berghang herab und hörte in unserem Raum zwei der weiblichen Kader über mich reden. «Wie kann er sie jetzt noch ‹Genossin› nennen?» fragte die eine ärgerlich, und die andere antwortete ungehalten: «Wir müssen sofort an seine Abteilung schreiben und darauf dringen, daß er diese Form der Anrede nicht mehr gebraucht.» Ich fand bald heraus, was ihren Zorn erregt hatte: Von Lao Tang war ein Brief gekommen, wie üblich an die «Genossin Yue Daiyun» adressiert, und die beiden Frauen fanden, man müsse mir das Privileg einer solchen Titulierung entziehen, nachdem ich nicht mehr dem Volk angehörte. Ich konnte meine Wut über ihre beleidigenden Bemerkungen kaum bezähmen, überzeugt, eine bessere Kommunistin zu sein als jede von ihnen. Wortlos ergriff ich den Umschlag, ging hinaus und eilte zum Fuß des Berghangs. Es war schon ziemlich dunkel, aber ich wollte meinen ersten Brief ungestört lesen.

Aus Lao Tangs Worten sprach sein Kummer über meine unerwartete Abreise. Als ich bei seiner Rückkehr vom Land nicht mehr dagewesen war, hatte er nicht gewußt, was tun. Er hatte das Wochenende vor allem damit zugebracht, in dem leeren Schlafzimmer auf und ab zu gehen und unserem Baby das Wiegenlied von Brahms vorzusummen, das wir so liebten. Am Sonntag hatte er unsere Tochter in den Zoo geführt und anschließend in das nahe gelegene Restaurant der Ausstellungshalle, damals das teuerste in Peking, um sie irgendwie für die erzwungene, ungerechte Abwesenheit ihrer Mutter zu entschädigen. Seine Worte rührten mich. Ich schrieb sofort zurück und bat ihn inständig, mich nicht mehr «Genossin» zu titulieren. Er ignorierte jedoch meine besorgte Bitte: Pünktlich jede Woche kam ein Brief mit der genau gleichen Anschrift.

1966, zu Beginn der Kulturrevolution, vergruben wir unsere sämtlichen Briefe, die für uns kostbare Erinnerungen an die Zeiten der Trennung darstellten. Wir fürchteten, sie könnten von den Rotgardisten gefunden und beschlagnahmt werden. Meine gelegentlich geäußerten Zweifel an der offiziellen Politik hätten diese übereifrigen jungen Revolutionäre sicherlich zu ernsten Vergeltungsmaßnahmen veranlaßt. Als Versteck erkoren wir den Garten des einfachen, nicht weit von der Universität entfernt gelegenen Häuschens, in das meine Eltern nach ihrer Pensionierung übergesiedelt waren. Wir wählten eine Stelle unter der Weinlaube, weil wir meinten, der robuste Weinstock sei auch nach Jahren noch ein gutes Erkennungszeichen. Nachdem wir die Briefe sorgfältig in Plastik eingeschlagen hatten, hoben wir ein tiefes Loch aus und versenkten sie in der Erde. Doch als wir 1976 das Paket wieder ausgruben, war von unserer Korrespondenz nur noch eine breiige Masse übrig. Die Wahl dieses Verstecks erwies sich als katastrophaler Fehler, denn der Weinstock war die ganzen Jahre hindurch regelmäßig gegossen worden, und das Verpackungsmaterial hatte sich bald zersetzt. Kein einziger Brief blieb erhalten.

Während der nächsten Wochen in Chaitang war ich vom Steineschleppen jeden Abend so erschöpft, daß ich wenig Zeit und Lust zum Nachdenken hatte. Ich gewöhnte mich an die heiße Plattform und schlief nachts fest; und ich gewöhnte mich auch an die karge Kost. Mein Körper stellte sich nach und nach auf die anstrengende Arbeit ein, gleichzeitig wurde ich immer unempfindlicher gegenüber den Zurückweisungen durch die Kader. Die Zeit verstrich unmerklich, ohne sonderliche Veränderung in der täglichen Routine. Als der Herbst in den Winter überging, begannen im Dorf alle Gedanken um das nächste Frühlingsfest zu kreisen.

Eines Nachts weckten mich laute Geräusche aus tiefem Schlaf. Die anderen Frauen saßen draußen, schütteten immer wieder Walnüsse aus ihren Schulterkörben und knackten sie. Davon war ich aufgewacht. Zur Vorbereitung ihrer Rückkehr nach Peking, wo es keine Walnüsse gab, waren die Frauen nach der Arbeit weit gegangen, um verbotenerweise Nüsse von den Bauern zu kaufen, die diese heimlich gepflückt hatten. Später verbrannten sie die Schalen im Ofen, damit niemand etwas von ihrem Kauf merkte. Neidisch lauschte ich ihren glücklichen Reden darüber, was sie ihren Kindern mitbringen würden, wenn ihr Aufenthalt auf dem Land demnächst zu Ende ging. Ich stellte mich schlafend und versuchte, die Sehnsucht zu ersticken, die ihre Worte in mir weckten.

Uns Rechtsabweichlern hatte man Hoffnung gemacht, daß auch wir Anfang 1959 zum Frühlingsfest nach Hause dürften, wenn wir gewissenhaft arbeiteten und klare Einsicht in unsere Schuld erkennen ließen. Dieses Ziel vor Augen, leistete ich täglich viele zusätzliche Arbeiten. So versorgte ich die weiblichen Kader mit Wasser, schaffte mehr Lehm herbei als die anderen und übernahm nicht nur die Reinigung unseres Zimmers, sondern auch die des ganzen Hofes. Ich sehnte mich verzweifelt danach, Lao Tang und meine Kinder wiederzusehen. Alle Rechtsabweichler rechneten sich eine Chance aus, heimfahren zu dürfen, doch schließlich erhielt nur Lao Wei die Erlaubnis zur Rückkehr in die Stadt. Die übrigen Rechtsabweichler, hieß es, müßten während der Abwesenheit der Kader «unter Aufsicht der örtlichen Volksmiliz bleiben, in allem und jedem gehorchen und sich hüten, das Gesetz zu brechen».

Die Volksmiliz berief kurz darauf eine Versammlung für alle Fünf schwarzen Elemente ein, auf der sie betonte, wir hätten ihre Autorität zu respektieren. Die Erniedrigung, zu einer Versammlung ausschließlich für Feinde des Volkes zu müssen, und die Enttäuschung über den Beschluß der Führung, uns während der Feiertage in Chaitang zu behalten, deprimierten mich zutiefst.

Als ich niedergeschlagen von der Versammlung in unseren Hof kam, hörte ich drinnen meinen Namen erwähnen. «Wer wird nach unserer Abfahrt diese Rechtsabweichlerin überwachen?» fragte jemand. Teng Minghua schlug vor, mich bei einer Bauernfamilie unterzubringen. Eine der Frauen hielt die Idee für gut und meinte warnend, wenn ich allein in dem Zimmer bliebe, würde ich eines Tages vielleicht sogar das ganze Gebäude niederbrennen, denn bei einer so gefährlichen Feindin könne man nie wissen, wozu sie fähig sei. Teng lachte nur. Bei meinem Eintritt forderte er mich auf, meine Sachen zu packen, denn am folgenden Tag würden die Kader sowie Lao Wei nach Peking zurückkehren und ich müßte umziehen. Mit der Abfahrt der Leute endete die erste Phase meiner Verbannung aufs Land.

Mein neues Quartier hatte einmal dem größten Grundbesitzer im Dorf gehört. Bei der Aufteilung seines Besitzes war ein Zimmer einem älteren Ehepaar zugewiesen worden, das ich Alte Tante und Alter Onkel nannte. Die einundsechzigjährige Alte Tante war bereits zweimal verwitwet und jetzt zum drittenmal verheiratet. Alter Onkel, drei Jahre jünger als sie, war bis zur Landreform unverheiratet geblieben. Er hatte als Schafhirte und gelegentlich als Bote gearbeitet, zu Pferd Waren von einem Dorf ins andere transportiert, ein Wanderleben geführt und nie genügend Geld zum Heiraten gehabt. Als er im Zuge der Landreform ein Zimmer erhielt, hatte er sich endlich eine Frau nehmen und seßhaft werden können.

Alle Häuser der Grundbesitzer bestanden in diesem Dorf aus vier getrennten, um einen Innenhof gebauten Räumen. Das Zimmer des alten Paares, früher das beste im Haus, ging nach Süden und fing die Wärme der Nachmittagssonne ein. An einer der Wände befand sich das *kang,* an den anderen standen Möbelstücke, die das Ehepaar von dem Grundbesitzer übernommen hatte. Einen schön geschnitzten antiken Tisch aus rötlichem Pfirsichholz flankierten zwei rote Lacktruhen, eine für Vorräte, die andere für Kleidung, und ein schlichter Holzschrank enthielt das Geschirr. Mitten auf dem gestampften Lehmboden gab es eine Kochstelle. Ein Wasserbehälter und eine Petroleumlampe vervollständigten die Einrichtung, die unsere täglichen Bedürfnisse vollkommen befriedigte. Die offene Latrine lag an der Außenwand. Wir warfen jeden Tag die Asche von der Kochstelle hinein; weil sie den Urin aufsog und die Schweine begierig die Exkremente fraßen, hatten wir stets eine sehr saubere Toilette.

Das *kang* in meinem neuen Heim war nicht so heiß wie jenes in meiner bisherigen Behausung, sondern angenehm warm, weil sich die beiden Alten auf die Regulierung des Feuers verstanden. Da wir nur zu dritt darauf schliefen, hatte ich es jetzt viel bequemer. Zunächst fand ich es anstößig, wenn Alter Onkel mitten in der Nacht aufstand und in einen Holzeimer neben der Tür urinierte, doch ich gewöhnte mich bald an das Geräusch. Alte Tante behandelte mich von Anfang an wie eine Tochter. Sie sagte, sie habe selbst nie Kinder gehabt und mich hätte der Himmel ihr geschickt. Am ersten Abend erzählte ich nach dem Geschirrspülen Geschichten aus den Büchern, mit deren Hilfe ich mich zu Hause aufs Land vorbereitet hatte. Dann sang ich ein paar der Trommellieder, die ich von der Kinderfrau meines Söhnchens gelernt hatte. Ich war heiter und entspannt in meiner neuen Umgebung und sehr erleichtert über die Abfahrt der Kader.

Auch die Arbeit war jetzt weniger anstrengend, weil das Frühlingsfest nahte und das ganze Dorf sich eifrig darauf vorbereitete. Ich half Alter Tante jeden Tag beim Saubermachen und Flicken, rüstete das Haus für das kommende Jahr, indem ich die Fenster putzte und die Spinnweben aus allen Ecken fegte. Einmal weichten wir Sojabohnen ein, zerstampften sie dann, wickelten die Paste in ein Tuch und preßten sie mit einem schweren Stein zu getrockneter Bohnengallerte. Ein andermal rösteten wir Mandeln, zerstießen sie und kochten die wohlriechende Masse, bis wir das Öl mit einem

Löffel von der Oberfläche abschöpfen konnten. Danach mahlten wir Hirse und Reis und buken Neujahrskuchen in dem Mandelöl.

An manchen Tagen begleitete ich Alten Onkel und half ihm, die Schafe zu versorgen. Wenn er von früher erzählte, lauschte ich voller Interesse. Eines Tages fragte ich ihn, warum er denn so spät geheiratet hätte. Er gestand, daß ihm nicht nur das Geld gefehlt, sondern daß er auch immer Angst vor Frauen gehabt habe; in ihrer Gegenwart sei es ihm unmöglich gewesen, ungezwungen zu reden, außerdem habe er die Freiheit des Junggesellendaseins geliebt. Ich bewunderte seine Ehrlichkeit und Geradheit. Meine Wertschätzung der Intellektuellen sank in diesen friedlichen Tagen zusehends. Ich erwog sogar, mein künftiges Leben in so einem kleinen Dorf und nicht an einer Universität zu verbringen. Je mehr ich mich an den unkomplizierten Tagesablauf gewöhnte und die Liebe des alten Bauernpaares spürte, desto öfter sagte ich mir, daß ich etwas sehr Kostbares gefunden hätte. Mit jedem Tag schien es mir wünschenswerter, weit weg zu sein von der Politik, vom Wettstreit um Macht, vom Kampf um bessere Lebensbedingungen.

Auch nach den Feiertagen war das Leben angenehmer als zu Beginn meines Aufenthalts auf dem Lande. Die Arbeit am Damm hatte man wegen des Frostwetters eingestellt, darum trug ich jetzt kleinere Steine für einen Gemeinschafts-Schweinestall herbei. Weit wichtiger als die leichtere Arbeit war jedoch für mich, daß ich nach Monaten ohne menschliche Wärme wieder zu einer Familie gehörte. Jeden Abend betrachtete ich voll Freude die neuen Vorhänge aus heiterem pfirsichblütenfarbenem Baumwollstoff, den ich von meinem kleinen Monatslohn gekauft und eigenhändig gesäumt hatte, und die roten Schriftrollen aus Papier, die ich neben Fenster und Türen gehängt hatte, damit das neue Jahr Wohlergehen brächte.

Die alten Bauersleute sprachen wenig, aber es bedurfte keiner Worte, um ihre Liebe und Fürsorge zu spüren. Kamen Alter Onkel und ich von der Arbeit heim, hatte Alte Tante immer etwas Besonderes zubereitet als Ergänzung der täglichen Ration an heißen Brötchen und Maisbrei aus der Volksküche. An einem Tag dämpfte sie Sojabohnen oder röstete ein paar Erdnüsse, an einem anderen Tag garte sie Bohnen in scharfer Soße, und einmal kochte sie sogar acht Eier, ein wahrer Festtagsschmaus. Ich erfuhr nie, wo sie solche Delikatessen auftrieb. Vielleicht stammten sie aus dem Dorfladen, vielleicht aus den Vorräten, die sie sorgfältig in ihrer Truhe versteckt hielt. Die Erdnüsse konnte sie auf ihren täglichen Spaziergängen gefunden haben, die Eier knapste sie vermutlich von jenen ab, die ihre beiden Hühner legten; eigentlich hätte sie alle zu einem niedrigen Preis an den Staat verkaufen müssen. Was sie uns vorsetzte, verspeisten wir immer mit großem Appetit. Alte Tante hielt dabei nie mit; sie sagte, wir beide würden die schwere Arbeit leisten, sie brauche keine Sonderzulage. Dank der Warmherzigkeit dieses Ehepaars bekam ich sogar eine andere Einstellung zu meiner Arbeit; ich betrachtete sie nicht länger als Mühsal und Strafe, sondern als Mitwirkung an den Aufgaben des Dorfes.

Während der zweimonatigen Abwesenheit der Kader freundete ich mich mit zwei jungen Frauen aus dem Dorf an. Die eine war etwa in meinem Alter und nie zur Schule gegangen; sie konnte weder lesen noch schreiben und nur bis zehn zählen. Sie hatte den glühenden Wunsch zu lernen, also traf ich mich jeden Abend mit ihr und unterrichtete sie.

Die zweite junge Frau ließ sich leider nicht von mir helfen. Ihre Eltern hatten sie als Kindbraut in eine andere Familie gegeben, jetzt war sie vierundzwanzig und galt längst als Witwe, weil ihr Bräutigam gestorben war, bevor sie das heiratsfähige Alter erreicht hatte. Wenn sie mit mir in die Berge ging, um Gras zu holen, sang sie mir mit ihrer hellen, fröhlichen Stimme Volkslieder aus der Gegend von Chaitang vor, bis ich sie ebenfalls konnte. Nach und nach erfuhr ich, was für eine Tyrannin ihre Schwiegermutter war, für die sie das Haus sauberhielt, Kleider nähte und kochte. Die Schwiegermutter beschimpfte sie ständig und hielt ihr immer wieder vor, sie sei schuld am Tod des ihr zum Gatten bestimmten jungen Mannes. Ich drängte sie, nicht länger über ihre Situation zu klagen, sondern wegzugehen, ein neues Leben anzufangen, wieder zu heiraten. Doch sie erwiderte stets monoton, sie habe keine Eltern und könne nirgends hin, eine neue Heirat sei undenkbar, sie müsse ihr bitteres Los einfach ertragen. Keines meiner Argumente überzeugte sie, nichts konnte sie bewegen, eine Alternative zu dieser passiven Unterordnung zu suchen. Sie erlaubte mir auch nicht, ihr das Lesen beizubringen, weil sie glaubte, sie sei zu dumm, es zu lernen. Ich bewunderte den Fleiß, mit dem sie ihre beschwerliche Arbeit verrichtete, bedauerte aber ihre Schicksalsergebenheit. Sie hatte schlicht jede Hoffnung verloren.

Während der Abwesenheit der Kader konnte ich auch mehr Zeit mit Lao Shi verbringen – einer jener fünf jungen Männer, die unsere

Abteilung unter meiner Mitverantwortung als Rechtsabweichler eingestuft hatte, und doch schien er mir nichts nachzutragen. In Chaitang war Lao Shi wegen seiner Körperkraft und seiner stets gutgelaunten Art bei den Bauern besonders beliebt. Er konnte bis zu zweihundert Pfund schwere Lasten auf dem Rücken tragen, sehr rasch gehen und auf die höchsten Bäume steigen, um Walnüsse zu pflücken. Er sah gut aus, war groß, breitschultrig und immer hilfsbereit, holte Wasser für jede Familie, die keinen starken Mann für diese Arbeit hatte.

In den ersten Wochen des Jahres 1959 arbeiteten wir oft zusammen, schafften gemeinsam Steine für den Schweinestall heran. Lao Shi erzählte mir dabei amüsante Geschichten, um mich aufzumuntern. Er wußte, daß ich über viele unbeantwortete Fragen nachgrübelte, daß ich überlegte, was in meinem Leben schiefgegangen sei, und daß ich zu verstehen versuchte, wie ich zu einer Feindin geworden war. Er riet mir immer, nicht soviel zu denken, sondern mehr wie die Bauern zu sein. Als er zum Rechtsabweichler erklärt worden war, hatte ihn seine Freundin verlassen; aber er behauptete, das mache ihm nichts aus, vielleicht werde er irgendwann ein einfaches Bauernmädchen zur Frau nehmen.

Eines Tages setzte ich mich nach Beendigung der Arbeit – wir hatten Dung vom Schweinestall auf die Felder getragen – auf einen Stein an einem Bach, um mir die Füße zu waschen. Lao Shi kam heran und setzte sich neben mich. Es war noch sehr kalt, aber wir durften kein Holz zum Anwärmen des Waschwassers verschwenden, und dieser rasch fließende Bach fror wenigstens nie zu. «Auch der höchste Funktionär», sinnierte Lao Shi, «kann keinen schöneren Sonnenuntergang erleben als ein Bauer, warum also melancholisch sein wegen eines solchen Schicksalsumschwungs? Wer weiß – vielleicht wird man uns in Zukunft als die echten Patrioten betrachten.» Dann schlug er einen leichteren Ton an und unterhielt mich mit dem neuesten Dorfklatsch, erzählte Einzelheiten über die verschiedenen Liebesaffären und kleinen Intrigen; aus seinem Mund klang alles lebendig und humorvoll. «Sie führen ein natürliches Leben», erklärte er bewundernd, «sie haben ihre eigene Art, konzentrieren sich auf ihre eigenen Bedürfnisse und interessieren sich nicht für politische Angelegenheiten.» Durch solche Gespräche kamen wir uns näher.

Mit der zweiten Kadergruppe von der Peita, die im März eintraf, kam auch Lao Wei wieder nach Chaitang. Begleitet wurden die Kader aus der Abteilung für chinesische Literatur von Lao Chen, dem Leiter der Gruppe eifriger neuer Studenten, der ich mich 1948 in Wuhan für die Reise nach Peking angeschlossen hatte. Während der Landreform war er Führer jener Peita-Studenten gewesen, die man der Provinz Kiangsi zugeteilt hatte. Seit damals bestand unsere Freundschaft. Jetzt war er Parteisekretär meiner Abteilung. Nachdem er die anderen in einem nahe gelegenen Dorf untergebracht hatte, kam er nach Chaitang zurück, um mit mir zu reden.

Lao Chen nahm mich ein wenig beiseite und sagte eindringlich, ich solle immer daran denken, daß zwar manchmal etwas schiefgehe, daß aber zwangsläufig bald alles wieder ins Lot komme. Mißliche Zeiten wie die gegenwärtige, erklärte er, seien eine Prüfung für einen echten Revolutionär, eine wertvolle Prüfung des Charakters einer Person und ihrer Treue zur Partei. Unter solch widrigen Umständen, angesichts solch grober Behandlung könne der Revolutionär seine wahre Moral zeigen. Lao Chen riet mir, nicht nur über die Gegenwart nachzudenken, sondern mich um Weitsicht zu bemühen. Er machte mir klar, daß meine ganze Zukunft noch vor mir liege, und verlieh seiner Überzeugung Ausdruck, daß ich eines Tages in meine Abteilung zurückkehren und auf dem Gebiet der chinesischen Literatur einen wichtigen Beitrag leisten würde.

Solche Ermutigung von einem Freund mit Autorität zu hören, verlieh mir neue Kraft. Wenigstens einer weiß, dachte ich dankbar, daß ich nicht so schlecht bin, wie die Zeugen behauptet haben. Seine Herzlichkeit und sein Vertrauen gaben mir Mut, durchzuhalten, mein Bestes zu tun, halfen mir, den Glauben an die Menschlichkeit der Intellektuellen zu bewahren.

Die neuen Kader im Dorf, Mitglieder der mathematischen Abteilung, verbrachten die ersten fünf Tage damit, sich auf Versammlungen über den Stand des Klassenkampfes in Chaitang zu informieren. Nur die Rechtsabweichler gingen in dieser Woche mit den Bauern zur Arbeit, darum hatte ich mehrmals Gelegenheit, mit Lao Wei über die Geschehnisse in Peking zu sprechen. Eine der Neuigkeiten, die er berichtete, deprimierte mich sehr: Lao Lu war in einem vollen Bus beim Diebstahl einer Geldbörse ertappt worden. Normalerweise stufte man solche kleinen Diebstähle nur als Vergehen ein, aber weil Lao Lu bereits ein verurteilter Rechtsabweichler war, hatte man ihn sofort auf eine Gefängnisfarm verfrachtet. Wegen eines blutenden

Geschwürs war er nach unserer Verurteilung nicht mit den anderen Rechtsabweichlern aufs Land geschickt worden, sondern zu Hause geblieben. Er hatte schwer darunter gelitten, seine Familie nicht mehr ernähren zu können. Er und seine Frau hatten zusammen nur noch achtundvierzig Yuan im Monat verdient, das reichte kaum für die Ernährung seiner zwei Kinder und seiner alten Mutter. Bei einer späteren Begegnung sagte er zu mir, die Behörden hätten vielleicht das Recht besessen, ihn selbst hungern zu lassen, aber kein Recht gehabt, solche Leiden über seine Kinder zu verhängen. In seiner Verzweiflung über die Geldknappheit und seiner Wut über die ungerechte Behandlung seiner Familie hatte er beschlossen, das Kind irgendeines hohen Funktionärs zu bestehlen.

Erst Jahre später erfuhr ich Einzelheiten über die Qualen, die er während der Hungersnot von 1959 bis 1961 auf der Gefängnisfarm litt. Die Häftlinge mußten trotz der unzureichenden Kost Schwerarbeit leisten, auf dem Gefängnisareal neue Gebäude errichten. Der Hunger trieb sie dazu, auf den Feldern Frösche zu suchen, ihnen die Haut abzuziehen und sie roh zu essen. Vier Männer teilten mit Lao Lu die Zelle, einer davon war zu krank, um zu arbeiten. Die Häftlinge hielten in der Zelle eine Grille, nur wegen ihres Zirpens, denn eine andere Unterhaltung gab es für sie nicht. Jeden Tag fütterten sie das Tierchen mit winzigen Brocken ihrer Kost, jede Nacht lauschten sie seiner Musik. Eines Abends jedoch, als sie von der Arbeit zurückkamen, war die Grille nicht mehr da. Der kranke Häftling gestand, daß er den kleinen Zellengenossen vor lauter Hunger gegessen hatte.

Lao Lu schuftete auf der Farm drei Jahre als Bauarbeiter und überlebte trotz seines Geschwürs irgendwie. Nach seiner Entlassung arbeitete er vierundzwanzig Jahre als gelernter Maurer, geliebt von seinen Mitarbeitern und bewundert von seinen Lehrlingen. Abends zu Hause las und schrieb er wie früher. Schließlich erhielt er an einer anderen Universität Pekings wieder ein Lehramt für altchinesische Poesie.

Lao Weis Bericht über die Festnahme und Inhaftierung meines Freundes weckte meine früheren Zweifel wieder. Lao Lus kleiner Diebstahl war zweifellos unrecht, aber der Grund dafür lag nicht in seiner Charakterschwäche, sondern in den unerträglichen Bedingungen, unter denen er gezwungenermaßen lebte. Ich kannte ihn seit jeher als sanften, nachdenklichen, aufrechten Menschen und war überzeugt, daß er nie und nimmer ein Verbrechen begangen hätte, wäre ihm die Möglichkeit gegeben worden, innerhalb des Systems zu existieren. Erneut dachte ich traurig, daß die Politik, Menschen zu Feinden und Ausgestoßenen der Gesellschaft zu erklären, viel mehr Schlechtes als Gutes bewirkt.

## 4 Eine Handvoll Walnüsse

Im Laufe des Herbstes 1959 verschlechterte sich die Lage in Chaitang zusehends. Der Maisbrei wurde immer dünner, bis die Bauern schließlich lakonisch meinten, ein mit der wäßrigen Brühe gefüllter Napf tauge gerade noch als Spiegel, in dem man sein Gesicht betrachten könne. Man sagte uns, die Ernte in unserem Dorf sei sehr schlecht gewesen. Aber nicht das Wetter war schuld an der Nahrungsmittelknappheit: Im vergangenen Frühling hatte man die Bauern angewiesen, alle bereits bebauten Felder noch einmal umzupflügen, weil der zu große Abstand zwischen den Reihen den Ertrag mindere. Sie hatten die Felder dann frisch angesät, aber mittlerweile war die Saatzeit verstrichen, und das kalte Wetter setzte ein, bevor die zweite Ernte hatte reifen können.

Den Bauern war auch befohlen worden, durch tieferes Pflügen als gewöhnlich den Ackerboden zu verbessern. Doch unter der fruchtbaren Oberschicht lag der Sand des einstigen Flußbetts, in dem nichts gedieh. Die mit der Durchsetzung der neuen Methoden betrauten Kader verstanden kaum etwas von Landwirtschaft, trotzdem bestanden sie darauf, daß die Bauern drei Fuß tief pflügten; sie gingen sogar hin und maßen die Tiefe der Furchen. Als Folge davon gab es dieses Jahr nur karge Ernteerträge, und die stammten von den wenigen Feldern, die eigensinnige Dorfführer und listige alte Bauern den neuen Anordnungen zum Trotz vor dem Pflug bewahrt hatten, sowie von kleinen Terrassenfeldern tief in den Bergen, deren Kontrolle den Kadern zu mühsam gewesen war.

Die Erntezeit brachte auch ein persönliches Unglück. Eines Tages pflückte Lao Shi im Wipfel eines hohen Baumes Walnüsse. Plötzlich glitt er aus, fiel herunter, schlug hart auf dem Boden auf und blieb bewußtlos liegen. Der alte Mann, bei dem er wohnte, erkannte sofort, daß Lao Shi schwer verletzt war, und ging mehr als sechzehn Kilometer, einen ganzen Tagesmarsch weit, um einen Arzt zu holen. Der Arzt verdiente seinen Lebensunterhalt als Jäger in den Bergen und wandte nur gelegentlich die Naturheilmittel und -verfahren an, die sein Vater ihn gelehrt hatte. Wäre Lao Shi ein Kader gewesen, hätte man ihn zur Behandlung in die Stadt transportiert; doch als Rechtsabweichler stand ihm eine solche Fürsorge nicht zu.

Lao Shi erlangte das Bewußtsein bald wieder, war jedoch von der Taille abwärts gelähmt und konnte seine Blasenfunktionen nicht mehr kontrollieren. Der Arzt massierte ihm den Rücken, eine überaus schmerzhafte Prozedur, und wandte dann eine Art chirurgisches Verfahren an. Er führte entlang von Lao Shis Rückgrat – im Abstand von etwa zweieinhalb Zentimetern – eine lange Nadel ein und zog etwas Fadenähnliches heraus, das die Bauern «weiße Wolle» nannten. Außerdem ließ er verschiedene Kräuter da, mit der Anweisung, sie zu kochen und Lao Shi den Sud zu trinken zu geben. Irgendwie wirkte die Behandlung, jedenfalls erholte sich Lao Shi. Nach einer Woche konnte er die Beine wieder bewegen, und eine weitere Ruhewoche später war er so weit genesen, daß er seine Arbeit wiederaufnehmen konnte; er bürdete sich jedoch keine so schweren Lasten mehr auf wie früher. In dem feuchten Klima litt er ständig unter Rückenschmerzen, aber ansonsten war er geheilt.

Während seiner Rekonvaleszenz ging ich dreimal täglich in das Bauernhaus, in dem er wohnte, um bei der Pflege zu helfen. Ich wechselte sogar sein Bettzeug, was zu einer unter normalen Umständen undenkbaren Vertrautheit zwischen uns führte. Jeden Tag brachte ich ihm etwas Besonderes zum Essen mit, das ich heimlich erwarb, weil es Rechtsabweichlern nicht gestattet war, im Dorfladen einzukaufen. Ich wußte, daß die Bauern meinen Verstoß gegen die Vorschriften nicht melden würden, und wartete einfach ab, bis die Kader anderswo beschäftigt waren. Dann schlüpfte ich in den Laden und kaufte mit den Essensbons, die ich gespart hatte, ein paar Kekse. Sie waren trocken und hart, aber durch ihren leicht süßlichen Geschmack köstlich für jeden, der Hunger litt. Anfangs lag Lao Shi nur auf dem *kang* und sah mich eindringlich an. Nicht einmal lächeln konnte er. Die alten Bauersleute sorgten gut für ihn, aus Dankbarkeit dafür, daß er so viele Hausarbeiten übernommen hatte. Die alte Frau, selbst an das *kang* gefesselt, weil sie gelähmte Beine hatte, bereitete für Lao Shi Eier und Brötchen aus weißem

Mehl zu, ein großer Luxus, zumal den beiden Alten selbst nur Hirse blieb.

1961, nachAufhebung unserer Einstufung als Rechtsabweichler, kehrte Lao Shi für ein Jahr an die Peita zurück. Doch dann versetzte man ihn als Mittelschullehrer in den Geburtsort seines Vaters im abgelegenen Südwesten des Landes, was einer Verbannung gleichkam – mit seinen ironischen, manchmal respektlosen Bemerkungen hatte er sich bei seinem Abteilungsleiter unbeliebt gemacht. Aus seinem neuen Wohnort schickte er mir jedes Jahr zum Geburtstag ein Gedicht – immer ohne Absender. Während der Kulturrevolution erhielt ich keinerlei Nachricht mehr von ihm. Beunruhigt über sein Schweigen, versuchte ich herauszufinden, was geschehen war, leider vergebens. Erst 1976 teilte mir ein Sekretär in unserer Abteilung mit, Lao Shi sei von den Rotgardisten zu Tode geprügelt worden, weil er versucht habe, über die nahe Grenze nach Burma zu fliehen. Die Geschichte klang absurd. Ich konnte mir keine Notsituation vorstellen, die Lao Shi zu einem solchen verzweifelten Fluchtversuch veranlaßt hätte. Mir schien vielmehr, daß die Rotgardisten eine Rechtfertigung für den Totschlag brauchten und darum behaupteten, einen Verräter bestraft zu haben. Weil Lao Shis Vater nicht mehr lebte, beantragte 1979 ein Vetter von ihm seine posthume Rehabilitierung, die auch anstandslos gewährt wurde.

Für mich war Lao Shi, dieser fröhliche, nicht unterzukriegende Mann, eine große Stütze während der Hungersnot in Chaitang, die von der Herbsternte 1959 bis zum Juni des folgenden Jahres dauerte, bis zur Reife des ersten Winterweizens. Mehr als ein halbes Jahr kämpften wir alle nur ums Überleben. Gleich den anderen Dorfbewohnern gingen Lao Shi und ich täglich in die Berge, um Kerne der heruntergefallenen Aprikosen zu sammeln. Die bittere Frucht, die man nur in Zeiten extremsten Hungers aß, warfen wir weg, aber aus den Kernen preßten wir Öl, oder wir kochten sie zu Brei. Die Kader beauftragten mehrere Leute, andere Möglichkeiten der Nahrungsmittelbeschaffung zu finden. So zerstieß man beispielsweise Maiskolben zu Pulver, mischte es mit etwas Maismehl und buk heiße Brötchen daraus. Das derbe, miserabel schmeckende Ergebnis erhielt den eleganten Namen «Pflanzenprotein». Eine noch gröbere Brötchensorte wurde aus einer Mischung von zerstoßenen Reisschalen, Maiskolben und etwas Maismehl hergestellt. Wir sammelten auch Aprikosenblätter, trockneten sie in der Sonne, mahlten sie, mischten sie mit pulverisierter Ulmenrinde und kochten Brei daraus. Es war eine schlimme Zeit.

Lao Tangs wöchentliche Briefe bedeuteten für mich eine Quelle großen Trostes, obwohl mir das Herz weh tat, wenn ich die kindlichen Bemerkungen von Tang Dan über ihre Leibspeisen las, wenn sie beispielsweise schrieb: «Ich bin traurig, daß es keinen Fisch zu essen gibt.» Einen schmerzhaften Stich versetzten mir jedesmal die wirren Krakel von Tang Shuangs kleiner Hand – seine einzige Möglichkeit, sich mitzuteilen. Lao Tang berichtete immer über die Entwicklung der Kinder und schrieb, wie sehr er mich vermisse. Woche um Woche ermutigte er mich, irgendeinen Weg zu finden, um die Schwierigkeiten zu überwinden, mit denen ich zu kämpfen hatte. Er versicherte mir beharrlich, daß ich dank meiner Persönlichkeit, meiner Talente und meiner Willenskraft fähig sei, alles zu bewältigen, was man von mir verlangte. Sein Vertrauen in mein Durchhaltevermögen machte mir Mut.

Während jener Mangelwochen drohten die Schweine in dem Gemeinschaftsstall, den wir gerade zur Hälfte fertiggestellt hatten, zu verhungern. Man verteilte sie schließlich wieder auf verschiedene Haushalte, damit sie sich aus den Latrinen ernähren könnten. Die neuen Kader, die im März eingetroffen waren, hatten sich damals vier Ferkel gekauft, um sie zu mästen und so Fleisch für das nächste Frühlingsfest zu haben. Im Frühherbst waren sie es jedoch leid, ständig Futter für die Tiere zu suchen, und die Leiterin der neuen weiblichen Kader übertrug mir diese Aufgabe. Sie war nicht so beleidigend wie Yang Li und wollte mir offenbar eine Atempause von der schweren körperlichen Arbeit gönnen. Doch sie erklärte streng, wenn es mir nicht gelänge, die Schweine ordentlich zu mästen, würde ich zur Verantwortung gezogen. Sie gab mir eine kleine Menge des kostbaren Reisschalenpulvers, das ich mit anderem mischen konnte, was ich sonst an Nahrung fand, und entließ mich mit den Worten, ich müsse nun selbst zusehen, wie ich die Tiere fett kriegte. Ich nahm meine neue Pflicht sehr ernst und war meinen Mündeln bald richtig zugetan.

Jeden Tag stand ich früh auf und führte die Schweine entweder auf die Bergterrassen, damit sie nach übersehenen Sojabohnen oder Süßkartoffeln suchen konnten, oder ich brachte sie an den Fuß der Berghänge, wo im Gestrüpp oft heruntergefallene Nüsse oder Aprikosen lagen. Ich sammelte auch ein bestimmtes Bitterkraut, das an den Berghängen wuchs, und bat Lao Tang, mir etwas Hefe zur Zubereitung einer Art Gärfutter zu schicken. Von der Mischung ging ein starker Duft aus, und die Schweine fraßen sie begierig. Weil ich jetzt etwas von dem Wissen anwenden konnte, das ich mir in Peking angelesen hatte, kam ich mir nützlich vor, und das machte mich froh.

In diesem Jahr hatten die Walnuß- und Aprikosenbäume reich getragen, und auf den abgelegenen Bergen, wo die Früchte nicht so leicht geerntet werden konnten, lagen noch viele Kerne auf dem Boden. Oft zog ich einfach mit einem Stock und den vier Tieren in neue Gefilde und ließ die Schweine auf den Hängen nach Futter suchen, während ich einen Schulterkorb mit eßbaren Kräutern füllte, die ich später zu Hause mit kleinen Mengen Reisschalenmehl mischte. Wenn ich dann die Schweine munter fressen sah, vergaß ich manchmal sogar meinen eigenen Hunger. Trotz meiner Anstrengungen verkauften die Kader die Tiere im Dezember, weil sie glaubten, bis zum Frühlingsfest würden sie nicht mehr fett genug zum Schlachten. Ich fühlte mich regelrecht beraubt, auch wenn meine Gefährten mir in den vergangenen Monaten manch unangenehme Stunde bereitet hatten.

Unsere Nahrung war damals derart grob, daß wir alle an schwerer Verstopfung litten. Die Mütter mußten ihren Kindern den Stuhlgang sogar mit Stöckchen aus dem Darm holen. Und für uns Erwachsene war es ein ziemliches Problem, in den frostklirrenden Wintermonaten auf die Latrine zu gehen, wo man sich plagen mußte, um den Darm in Bewegung zu setzen. Ich nahm stets einen langen, dicken Stock mit, um die verzweifelt hungrigen Schweine abzuwehren, die mir nachliefen und ungestüm versuchten, mir die frischen Exkremente direkt vom Körper wegzufressen. Die Tiere waren groß und wegen ihres großen Hungers gefährlich, darum hatte ich regelrecht Angst vor der täglichen Qual, mühsam zu drücken und dabei die gierigen Schweine abzuwehren.

In diesem schrecklichen Winter gab es auch für die Schafe kein Futter, darum führte Alter Onkel sie weit weg auf die spärlichen Grashänge und an Stellen, wo es noch heruntergefallene Aprikosen gab. Immer brachte er mir von diesen Streifzügen etwas mit, manchmal zwei oder drei Walnüsse, manchmal vier oder fünf Erdnüsse aus einem im Sommer von den Eichhörnchen angelegten Vorrat. Alter Onkel aß selbst nie etwas von diesen Funden. Er sagte, er habe im Leben schon oft gehungert, aber für mich müsse es schlimm sein. Noch nie war mir solche Großherzigkeit begegnet. Wenn jeder alles hat, bedeutet eine derartige Gabe nichts, aber unter den damaligen Umständen fühlte man sich mit einer Handvoll Walnüssen unaussprechlich reich beschenkt, hielt sie einen doch wieder ein Weilchen am Leben. Ich konnte mir nicht vorstellen, daß ein Intellektueller auch so selbstlos gehandelt hätte. Alter Onkel sagte nur, es mache ihn glücklich, mich essen zu sehen, und lehnte es beharrlich ab, wenigstens eine der Nüsse zu nehmen, mit der Begründung, er könne sie wegen seiner schlechten Zähne nicht kauen.

In diesen Monaten litten fast alle Bewohner Chaitangs infolge der Unterernährung an Hungerödemen. Einige der Kader fuhren mit alarmierenden Berichten über das Ausmaß der Hungersnot nach Peking, woraufhin ein Ärzteteam der Peita erschien, um uns zu untersuchen. Bei mir konstatierten die Mediziner weder geschwollene Beine noch ein gedunsenes Gesicht. Bis heute bin ich überzeugt, daß die Nüsse dazu beitrugen, mich gesund zu halten.

Während der Wochen, in denen ich täglich mit meinen Schweinen auf Nahrungssuche durch die Berge streifte, hatte ich viel Zeit zum Nachdenken. Manchmal war ich fast heiter, so schön fand ich das ungewohnte Gefühl der Freiheit und der Nähe zur Natur. Doch immer kehrten meine Gedanken schnell wieder zu den alten unbeantworteten Fragen zurück. Was war aus der leuchtenden Zukunft geworden, die ich mir für mich selbst und für mein Land vorgestellt hatte? Überkamen mich diese Gedanken, sagte ich mir manchmal ein Gedicht von Puschkin vor, das den Titel trug: «Wenn du erkennst, daß das Leben dich betrogen hat», und meine Gefühle ziemlich genau ausdrückte. Ein fröhlicherer Zeitvertreib war es, mir jene Lieder ins Gedächtnis zu rufen, die ich während einer bestimmten Zeit meines Lebens gesungen hatte, und mich dabei an alles zu erinnern, was damals so geschehen war. Revolutionäre Balladen, protestantische Kirchengesänge, Volkslieder aus Kweichou und Stephen Fosters Lyrik erklangen in der reinen Bergluft und entfesselten in mir einen Wasserfall von Erinnerungen ...

Mein Lieblingslied war eine russische Filmmelodie, die ich im Sommer 1950 als Neunzehnjährige in Moskau gehört hatte, wo ich auf dem Weg nach Prag zum zweiten Studentenweltkongreß Station machte. Der Vorsitzende unserer Gruppe von vierundzwanzig Delegierten war ein sehr förmlicher Mann, ein hoher Funktionär der Jugendliga; sein junger Stellvertreter jedoch gab sich weit weniger steif. Dieser Lao Hong war früher Vorsitzender des Studentenbundes der Peita gewesen und hatte 1947 alle gegen die Kuomintang gerichteten Studentenbewegungen angeführt. Als ihn die Kuomintang deswegen ganz oben auf ihre schwarze Liste gesetzt hatte, war er in die Befreiten Gebiete geflohen. Er brachte mir dieses Filmlied bei.

Seinerzeit betrachtete das sowjetische Volk China als Mitglied der «großen sozialistischen Familie», darum bereitete man uns überall in Sibirien einen begeisterten Empfang. Bei jedem Halt schwenkten die Leute Fahnen mit Aufschriften, die ihre herzlichen Wünsche für uns ausdrückten, sie reichten uns Blumen und trugen uns manchmal sogar auf den Schultern, wenn wir aus dem Zug stiegen. Wir genossen diese Gastfreundschaft sehr. In Moskau erholten wir uns vor der Weiterreise nach Prag erst einmal im eleganten Hotel International von der langen Fahrt mit der Transsibirischen Eisenbahn.

In einer luxuriösen Umgebung wie jener des Hotels fühlte ich mich stets unbehaglich. Scheu schaute ich in der Halle auf die prächtigen Teppiche und Kronleuchter, im Restaurant auf das glänzende Silber und die Kellner in Cut und Fliege. Vor allem die Kellner irritierten mich; ich überlegte, warum in einem sozialistischen Land einige Leute noch immer so servil waren. Ich hatte angenommen, daß hier alle Menschen gleich behandelt würden. Alles um mich herum kam mir fremdartig vor, und die Anweisungen, die wir bekamen, trugen nicht gerade zu meiner Beruhigung bei: Wir Studenten sollten nicht allein ausgehen, weil wir uns möglicherweise verliefen und dann bestimmt nicht mehr zum Hotel zurückfänden oder weil man uns entführen könnte, was in fremden Ländern aus politischen oder wirtschaftlichen Gründen häufig passiere. Wie sich zeigte, war die Sowjetunion ganz anders, als ich sie mir vorgestellt hatte.

Trotz dieser Warnungen und trotz meiner Müdigkeit nach der achttägigen Bahnfahrt hatte ich den glühenden Wunsch, Lenins Grabmahl zu sehen. Ich konnte daher meine Enttäuschung über das Ausgehverbot kaum verbergen. Da klopfte es kurz nach zehn plötzlich an meiner Zimmertür, und Lao Hong, der schon mehrmals in Moskau gewesen war, erbot sich, mich zum Roten Platz zu begleiten. Erstaunt erinnerte ich ihn daran, daß wir unsere Zimmer doch nicht verlassen dürften, aber er wischte meine Bedenken mit einer Handbewegung beiseite und versicherte mir, daß schon alle schliefen. Die Kremlmauer und die dahinter in den Nachthimmel ragenden Kirchtürme erfüllten mich mit Ehrfurcht. Wir umrundeten den Roten Platz, schauten uns das Leninmausoleum an und setzten uns schließlich auf die Stufen, um ein wenig auszuruhen. Dort lehrte mich Lao Hong das revolutionäre Liebeslied «Mein Herz singt», das mit einschmeichelnder Melodie von einem Mann erzählt, der draußen für die Revolution kämpft, aber immer im Herzen der Frau bleibt, die er zu Hause zurückgelassen hat.

Zwischen Lao Hong und mir entwickelte sich in diesen Wochen eine herzliche Beziehung, und in Prag bat er mich dann, ihn zu heiraten. Er wollte, daß ich als seine Sekretärin in der dortigen Studentenzentrale blieb, und versprach mir, ich könne später an der Universität Moskau oder Leningrad studieren. Ich mochte Lao Hong gern, und die Gelegenheit zum Studium in der Sowjetunion war schon verlockend, aber irgendwie widerstrebte es mir, völlig von jemandem abhängig zu werden, und sei es von einem Mann, den ich als Helden der Revolution betrachtete. Außerdem wollte ich mein Studium an der Peita beenden, wo ich im Frühling Lao Tang kennengelernt hatte. Nach einigem Zögern fuhr ich mit dem Rest der Delegation heim. Als Lao Hong im folgenden Jahr nach Peking kam, drängte er mich, noch einmal über seinen Antrag nachzudenken, doch da hatte ich mich bereits verliebt.

Lao Tang war damals Sekretär der Jugendligazweigstelle sämtlicher sozialwissenschaftlicher Abteilungen, und ich war für die Propaganda zuständig. Bei der Arbeit mit ihm fiel mir auf, daß er nachdenklicher, intelligenter und interessanter war als die anderen Studenten. Besuchten wir zusammen einen Tempel, konnte er anhand der architektonischen bzw. bildhauerischen Details die Entstehungszeit der Gebäude und der Bodhisattva-Skulpturen bestimmen und mir ihre Geschichte erzählen. Die kurzen Essays, die er schon mit sechzehn in der Zeitung veröffentlicht hatte, philosophische Betrachtungen über Schönheit, Wahrheit und Tod, beeindruckten mich durch ihre Sensibilität. Man solle den Tod nicht als etwas Angsterregendes und Abstoßendes ansehen, hatte er geschrieben, sondern als immerwährende Ruhe, als Besuch in einem unbekannten Reich, als Metamorphose ähnlich jener, bei der aus einer häßlichen schwarzen Puppe nach acht langen Jahren eine geflügelte Zikade wird.

Lao Tang liebte auch die Musik, und es war ihm gelungen, von

Leuten, die vor der Flucht nach Taiwan hastig ihre Besitztümer verkauft hatten, einige Schallplatten zu erwerben. Manchmal brachte er sein Grammophon ins Büro der Jugendliga mit, und wenn die anderen gegangen waren, hörten wir uns zusammen leicht verkratzte Aufnahmen von Mozart- und Tschaikowskystücken an. Im Frühling 1950 gingen wir an einem Wochenende abends mit zwei Freunden zu einem Lotosteich, nahmen das Grammophon mit und lauschten im Schein des Vollmonds der Schallplattenmusik. Leider störten Frösche mit ihrem Quaken unseren Kunstgenuß. Plötzlich sprang Lao Tang erbost auf, zog Schuhe und Socken aus und watete in den Teich. Er erwischte die Frösche zwar nicht, brachte sie aber wenigstens vorübergehend zum Schweigen. Mir gefiel dieser junge Mann immer mehr, vor allem seine Begeisterungsfähigkeit und Spontaneität. Wir blieben die ganze Nacht an dem Teich im Gras sitzen, erzählten aus unserer Kindheit und redeten über die Zukunft. Um fünf Uhr morgens stiegen wir auf den Kohlenhügel hinter dem Kaiserpalast, um den Sonnenaufgang zu erleben. Als die ersten goldenen Strahlen auf die gelben Dächer der Palastgebäude fielen, sprachen wir von unseren Visionen der leuchtenden Zukunft, die vor uns lag.

Meine Bewunderung für Lao Tang wuchs beim jährlichen Jugendligakongreß der Peita, der im April für rund dreihundert Delegierte stattfand. In der für Kritik vorgesehenen Zeit stand jemand auf und griff Lao Tang scharf an als typisch bürgerliche Person, der das proletarische Bewußtsein fehle. Der Kritiker beschuldigte ihn, statt zu schlafen, die ganze Nacht an einem Teich zu verbringen und mit Mädchen zu reden. Eine solche Person, fand er, tauge nicht zum Leiter der Jugendligazweigstelle. Ich wurde ebenfalls kritisiert. Weil ich an jenem Tag im Monat, den man zum Jugendligatag bestimmt hatte, mit Lao Tang zu einem Picknick auf die Wohlriechenden Hügel gegangen war, fehlte es mir angeblich an politischem Bewußtsein. Trotz dieser Vorwürfe bekamen wir beide die Mehrheit der Delegiertenstimmen und behielten somit unsere Posten in der Jugendliga. Das gemeinsame Bestehen dieses Sturms der Kritik brachte uns einander näher.

Für den 4. Mai 1950 plante die Peita eine große Feier zum Gedenken an die Studentenproteste, die 1919 an diesem Tag stattgefunden hatten, und mir übertrug man die Verantwortung für die ganze Angelegenheit. Am Abend des 4. Mai entzündeten wir auf dem Platz der Demokratie, auf dem es vor einunddreißig Jahren zu den Demonstrationen gekommen war, ein riesiges Feuer, dann tanzte uns eine professionelle Truppe die Schritte eines Gemeinschaftstanzes vor. Mehr als tausend von uns drehten sich zusammen im Feuerschein und stimmten das Revolutionslied an: «Vereint haben wir große Kraft». Weil ich den ganzen Nachmittag damit zugebracht hatte, die Musik, die Tanztruppe, die Lautsprecher und das Feuerholz zu organisieren, war ich ziemlich erschöpft, als Lao Tang am Ende des Abends kam, um mir zur gelungenen Gestaltung der Feier zu gratulieren.

Am Tag vor meiner Abreise nach Moskau und Prag bat er mich, abends in unser Büro im Roten Gebäude zu kommen. Erdnüsse kauend und Soda trinkend, standen wir im zweiten Stock am Fenster und schauten auf den schönen, gelbgefliesten Platz hinunter. Und da erklärte er sich mir. Er sagte, er bewundere meine menschlichen Qualitäten, wir hätten den gleichen politischen Standpunkt, und er wolle den Rest seines Lebens mit mir verbringen. Ich schwieg, aber er konnte meine Antwort spüren. Nach einer Weile fragte ich, ob er nicht fürchte, kritisiert zu werden, wenn er abends so lange mit einem Mädchen allein bleibe. Er antwortete, das sei ihm gleichgültig, was meinen Respekt vor seinem Mut, seiner Entschlossenheit und seiner Verachtung für Gerüchte und Verdächtigungen noch steigerte. Außerdem wußte ich, daß ihm die Partei vertraute und daß man ihn als politischen Führer bewunderte, alles Dinge, die in meinen Augen seiner romantischen Persönlichkeit zusätzliche Anziehungskraft verliehen. Diese unausgesprochenen Gründe trugen dazu bei, daß ich in Prag Lao Hongs Heiratsantrag ablehnte.

Wie anders sähe mein Leben aus, wenn ich in Prag geblieben wäre, dachte ich, oder wenn ich an der Peita Fremdsprachen studiert und mich der westlichen Kultur gewidmet hätte, wie ursprünglich beabsichtigt. Doch Shen Congwen, einer unserer bedeutenden Schriftsteller und Lehrer in der Abteilung für chinesische Literatur, hatte meinen Aufsatz von der Aufnahmeprüfung gelesen und mich gedrängt, bei ihm zu studieren. Sonst wäre ich zweifellos nach der Graduierung Übersetzerin oder Dolmetscherin geworden und hätte weder an die Gründung einer Zeitschrift gedacht noch Visionen von einem Neubeginn für die chinesische Literatur gehabt. Hätte ich mich nicht entschlossen, bei Shen Congwen zu studieren, wäre ich vermutlich nie eine Rechtsabweichlerin geworden, erkannte ich plötzlich. Ich sann über die Ironie des Schicksals nach, denn im Rahmen meiner Tätigkeit in der Demokratischen Jugendliga hatte wiederum ich Shen Congwen gedrängt, keine Angst wegen des kommunistischen Sieges zu haben und keines jener kostenlosen Flugtickets anzunehmen, die man besonders prominenten Intellektuellen anbot, sondern im Land zu bleiben und für die Zukunft des neuen China zu arbeiten. Hätte er meinem Drängen nicht nachgegeben, wäre er 1952 nicht wegen seiner bourgeoisen Standpunkte angegriffen, von der Peita verwiesen und dazu verurteilt worden, die mühselige, einsame Arbeit eines Archivars im Palastmuseum zu übernehmen...

China hat fast jedes Jahr mit klimatischen Problemen zu kämpfen, aber meistens gleicht eine gute Ernte im Süden eine Dürre im Norden aus. Dieses Jahr jedoch litten die Menschen in allen Regionen des Landes schrecklichen Hunger.

Mein Vater schrieb mir über die furchtbare Not in Kweiyang, wo die Leute sogar die Rinde von den Bäumen abschälten und aßen. Wenn man in die Berge geht, berichtete er, gelangt man in eine unheimliche Landschaft, besonders nachts bei Mondschein, denn man sieht nichts als nackte, weiße Stämme, ohne Rinde und Laub. Einige Bauern sind in Gegenden gezogen, wo keine solche Knappheit herrscht. Andere leben in den Bergen, weil sie dort eher etwas Eßbares zu finden hoffen. Viele sind gestorben.

Der Rest des Briefes war erfreulicher. Mein Vater beschrieb, wie er und meine Mutter zehn Kilometer weit in die Berge gegangen waren und Samen von Teeölsträuchern gesammelt hatten. Mit dem Samen und dem guten Ertrag ihres im Garten angebauten Weizens hatten sie eine kleine Landmühle aufgesucht und von dort dann fast einen Liter Öl und einen ganzen Sack Mehl mit nach Hause genommen. Kostbare Schätze angesichts der strengen Rationierung von Öl, die pro Person nur neunzig Kubikzentimeter im Monat vorsah, und der Tatsache, daß es in Südchina kaum Weizenmehl gab. Er schrieb, noch nie hätten gebackene Pfannkuchen so gut geschmeckt wie jene, die sie daraus zubereiteten, weil derartige einfache Genüsse im Augenblick so gut wie nicht erhältlich seien. Mein Vater beendete seinen Brief mit einer Beobachtung, die ich auch schon gemacht hatte: Vielleicht gewährt eine einfache Existenz, die nur die Sorge ums tägliche Brot kennt, tatsächlich die größte Erfüllung im Leben.

Auch in Chaitang waren dieses Jahr viele Menschen gestorben, besonders ältere, die ihre Nahrung oft anderen gegeben und sich selbst dadurch geschwächt hatten. Ich wußte aus eigener Anschauung, daß menschlicher Irrtum der Grund für die katastrophale Ernte war, ich wußte, daß wir gutes Wachswetter gehabt hatten. In den Bergen hatte ich selbst Früchte von den Bäumen gepflückt, die überreich trugen. Bisher hatte ich noch nie unmittelbare Zweifel an der offiziellen Politik gehegt, aber jetzt mußte ich mir eingestehen, daß die Partei die Schuld an der Hungersnot trug.

Sogar bei meiner Verurteilung als Rechtsabweichlerin hatte ich meinen Glauben an die Partei bewahren können, obwohl ich mich sehr ungerecht behandelt fühlte. Ich hatte mir gesagt, daß die Führung vielleicht recht habe, daß vielleicht wirklich einige Leute versuchten, die Kommunistische Partei zu zerstören, und daß strenge Maßnahmen nötig seien, um diese Gefahr zu bannen. Immer wieder hatte ich mich mit dem Gedanken getröstet, daß es in einer derart großen Bewegung eben unweigerlich auch unschuldige Opfer gebe, daß man, wenn man ein Krebsgeschwür herausschnitt, auch einiges gesundes Gewebe opfern müsse. Doch die einsetzende Hungersnot hatte mein Vertrauen erschüttert. Ziel der Partei war es, den Lebensstandard auf dem Land zu verbessern, und genau das Gegenteil geschah. Diesmal fand ich keine Rechtfertigung. Die Bauern schienen ihre Leiden jedoch nicht der Parteipolitik anzulasten. Sie suchten einfach nach Eßbarem und konzentrierten sich auf den täglichen Überlebenskampf.

Im Winter 1959, der sich bei unvermindert anhaltender Hungersnot endlos hinzog, begann die Partei, zum Ausgleich für die extreme wirtschaftliche Depression, ihre Politik zu lockern. Die Haltung der Kader uns gegenüber wurde milder. Sie teilten uns mit, daß wir sogar die Möglichkeit hätten, unsere «Rechtsabweichlermützen» abzulegen, wenn wir unsere Fehler wirklich einsähen und offen zugäben. Das wichtigste Kriterium für die Wiederherstellung unserer Rechte als Bürger war ein Schuldgeständnis, wie wir alle wußten. Lao Wei schrieb ein langes Geständnis und wurde danach genau beobachtet und kritisch beurteilt. Damals war das Ablegen der Rechtsabweichlermütze ein sehr ernster politischer Akt, deshalb diskutierten die Kader ausgiebig über Lao Weis Persönlichkeit und seine Einstellung zur körperlichen Arbeit; jeder mußte seine Meinung sagen. Es fanden viele Versammlungen statt, auf denen man auch die Bauern nach ihrer Meinung fragte. Hätte nur ein einziger Bauer gegen Lao Wei gesprochen, wäre er ein Rechtsabweichler geblieben. Doch die Bauern bezeugten alle, daß er gewissenhaft gearbeitet hatte, und die Kader räumten ein, daß seine Einstellung zu seinem Verbrechen genügend Reue erkennen ließ. Einstimmig faßten sie den Beschluß, er dürfe seine Mütze ablegen. Danach sprach Lao Wei ausführlich mit mir über das, was er in seinem Geständnis geschrieben hatte, und drängte mich als Freund, seinem Beispiel zu folgen.

Um die Forderung nach einem umfassenden Schuldbekenntnis zu erfüllen, hatte er den ehrgeizigen Wunsch gestanden, in der Jugendliga eine Führungsposition zu erlangen. Weil ich seine selbstlose Hingabe an die Ziele der Partei kannte, sagte ich ihm, daß ich seine Selbstkritik nicht glaubte, und mir sei es unmöglich, meine Motive so zu verfälschen. Da riet er mir, von dem alten Weisen Chuang-tsu zu lernen, daß nichts im Leben vollkommen ist. Er habe keine Bedenken, zuzugeben, was die Kader wollten, sagte er, denn das nütze der Partei und sei auch für ihn selbst von Vorteil.

Ich führte einen schweren inneren Kampf, denn ich wollte nach Hause, und die von Lao Wei aufgezeigte Möglichkeit war sehr verlockend. Aber ich brachte es dann doch nicht fertig, etwas Unehrliches zu schreiben. Ich bekannte, daß ich versucht hätte, mich hervorzutun, und daß ich nicht genügend Gehorsam gegenüber der Autorität gezeigt hätte. Die Absicht, in der Abteilung die Macht zu übernehmen oder der Partei zu schaden, hatte ich nie gehabt und konnte sie darum auch nicht gestehen. Wie vorauszusehen, waren die Kader mit meinem Geständnis nicht zufrieden, und so blieb Lao Wei der einzige, der die Mütze ablegen durfte.

Einige der anderen gestanden tatsächlich alle Verbrechen, deren sie beschuldigt worden waren; sie machten sich nicht klar, daß man zu diesem Zeitpunkt nur einigen wenigen exemplarischen Rechtsabweichlern im Land erlauben würde, ihre Mütze abzulegen. Das Frühlingsfest nahte, Lao Wei fuhr nach Peking, und wir übrigen blieben resigniert zurück. Lao Wei hatte es verstanden, den Kadern zu schmeicheln und sich mit allen im Dorf gut zu stellen. Lao Shi spürte meinen Kummer und erklärte fest: «Wir sagen weiterhin die Wahrheit.»

Unsere Lage in Chaitang entspannte sich zusehends. Im Februar 1960, am Vorabend unseres zweiten Frühlingsfestes hier, erhielten wir Rechtsabweichler sogar die Erlaubnis, eine kleine Feier zu veranstalten. Wir legten die Bons für neunzig Gramm Erfrischungen, die jedem von uns im Monat zustanden, zusammen und kauften im Dorfladen ein paar einfache Kuchen und Kekse. Im ersten Jahr wäre eine solche Zusammenkunft undenkbar gewesen; damals hatte man uns nicht einmal gestattet, miteinander zu sprechen. Bei der Feier hüteten wir uns vor politischen Äußerungen; den größten Teil des Abends verbrachten wir mit Singen. Lao Shi hatte eine schöne Stimme und sang ein berühmtes russisches Volkslied von einem Revolutionär, den der Zar verbannt hatte. Der Baikalsee ist unser Mütterchen, sang er, das allzeit die Herzen der Verbannten wärmt; während ich um den See wandere, weiß ich, daß unsere Sache gerecht ist, auch wenn wir für die Freiheit leiden. Die Melodie ging ins Ohr, und der Text war ergreifend; doch das Lied veränderte die Stimmung, plötzlich waren alle traurig. Als die Reihe an mich kam, versuchte ich, die fröhliche Atmosphäre wiederherzustellen. Ich stimmte ein Lied an, das wir im Universitätschor gesungen hatten und später während der Landreform in Kiangsi auch bei Veranstaltungen der Arbeitsteams für die Bauern. Mein Vaterland, so begann ich aufmunternd, ich singe für dein Morgen, ein Morgen hell und klar, ohne Härten, Hunger oder Kälte, eine Zeit, in der jeder teilhat an deinen reichen Segnungen.

Tags darauf behaupteten die Kader, die Atmosphäre unserer Zusammenkunft sei ungesund gewesen, und kritisierten uns scharf. Warum Lao Shi davon gesungen habe, für die Freiheit zu leiden, fragten sie, wo wir doch nur für unsere Verbrechen büßten. Ich wurde sogar noch heftiger angegriffen und beschuldigt, innerlich weiterhin gegen die Politik der Partei zu opponieren. Wenn ich ein Morgen wünschte, das anders sei als das Heute, sei ich ganz offensichtlich unzufrieden mit der gegenwärtigen Situation. Die Beschuldigung traf mich, denn ich hatte aus ganzem Herzen und voller Hoffnung gesungen, nur um jetzt gesagt zu bekommen, daß es sogar verboten sei, sich eine bessere Zukunft vorzustellen.

Kurz danach teilte man uns plötzlich mit, daß unsere ganze Gruppe – Kader und Rechtsabweichler – in zwei Tagen anläßlich des Frühlingsfestes nach Peking fahren würde. Alter Onkel gab mir zehn Walnüsse, und Alte Tante schenkte mir zehn Eier. Ich wußte, was für kostbare Gaben das in dieser Zeit des Mangels waren. Weil die Post vier Tage brauchte, hatte ich Lao Tang nicht verständigen können, und so trat ich völlig unangemeldet ins Haus.

Die Heimkehr gestaltete sich ganz anders, als ich sie mir erträumt hatte. Lao Tang war nicht da, und mein Söhnchen brüllte, als ich es in die Arme nahm. Yang Dama versuchte ihm zu erklären, daß ich seine Mutter sei, aber er erkannte mich nicht mehr. Er war inzwischen zwei, lief auf kräftigen kleinen Beinen umher und hatte sich so verändert, daß auch ich ihn kaum mehr wiedererkannte. Meine Tochter erinnerte sich noch an mich, doch ich spürte sofort die Entfremdung zwischen uns. Sie begrüßte mich höflich, danach blieb sie stumm stehen und sah mich nur an.

Lao Tangs Mutter hieß mich herzlich willkommen, befaßte sich dann aber gleich mit praktischen Dingen. Meine Kleider müßten ausgekocht werden, sagte sie, damit die Kinder keine Läuse bekämen. Erschrocken machte ich mir klar, daß ich in meiner schäbigen wattierten Kleidung sicher wie eine Verbannte oder eine Gefangene nach langer Haft ausschaute. Ich hatte noch in keinen Spiegel geblickt, doch meine Haut war nach dem ständigen Aufenthalt im Freien natürlich nicht mehr so hell wie früher, und mein kurzes Haar wirkte zweifellos ungeschickt zurechtgestutzt. Als Lao Tangs Vater taktvoll bemerkte, ich sähe jetzt sehr gesund aus, war die Verlegenheit im Raum fast greifbar. Ich wußte nicht, wie ich das Gespräch fortsetzen sollte, und murmelte nur, es gehe mir gut und alles sei in Ordnung. Die ganze Zeit über stand meine Tochter abseits. Lao Tangs Mutter brach schließlich das Schweigen und sagte, ich müsse etwas essen und baden und Daolan werde sich um meine Sachen kümmern. Die unverkennbare Distanz zwischen mir und den anderen schmerzte mich, der letzte Rest von Wiedersehensfreude verflog. Ich spürte, daß ich etwas Schönes unwiederbringlich verloren hatte, daß meine Welt zerbrochen war, daß das Leben unter den Bauern mich bleibend verändert hatte.

Kurz vor dem Abendessen kam Lao Tang heim und geriet fast außer sich vor Freude über meine Rückkehr. Ich verbarg meine Verzweiflung und fragte ihn fröhlich nach seiner Arbeit, die zur Zeit darin bestand, unseren Nachbarn Feng Youlan zu kritisieren und die Studenten über den Unterschied zwischen einem bürgerlichen und einem proletarischen Standpunkt zu belehren. In der Großen Kritikbewegung, die 1958 eingesetzt hatte und der endgültigen Etablierung des neuen politischen Systems dienen sollte, wurden alle Professoren überprüft; man wollte herausfinden, welche von ihnen noch Reste einer bürgerlichen Einstellung hatten. Ziel der Bewegung war es, solche reaktionären Ansichten auszumerzen und durch ein proletarisches Bewußtsein zu ersetzen. In jeder Abteilung konzentrierten sich die Angriffe auf einen oder zwei Professoren, und in der philosophischen Abteilung war es eben Feng Youlan. Während Lao Tang über seine Arbeit sprach, dachte ich immer wieder traurig, daß ich, statt eine enge Beziehung zu meinen Kindern herzustellen, eine enge Beziehung zu vier Schweinen hergestellt hatte. In meinem Herzen bohrte der scharfe Schmerz des Verlustes.

An den Tagen rund um das Frühlingsfest herrschte dieses Jahr besonders viel Betrieb. Lao Tangs Vater erhielt nämlich Sonderrationen, die kleine Mengen Butter, Zucker und Fleisch pro Woche sowie täglich einen knappen Liter Milch umfaßten, unerhörte Luxusgüter in dieser harten Zeit. Tang Yongtong war damals außerdem nicht nur Vizepräsident der Peita, sondern auch Vizepräsident der Politischen Beratungskonferenz des Volkes, die über ein eigenes Geschäft und ein Selbstbedienungsrestaurant für hohe Funktionäre verfügte. Weil viele Leute wußten, daß wir Zugang zu den knappsten Nahrungsmitteln hatten, kamen ständig Gäste. Von mir jedoch hielten sie sich fern.

Anläßlich unserer Heirat hatte Lao Tangs Mutter im besten Restaurant der Stadt drei Tische für ein Hochzeitsbankett reservieren lassen, aber ich hatte mich geweigert, daran teilzunehmen, und mir dadurch die Abneigung der Freunde des Hauses zugezogen, die in mir eine arrogante Revolutionärin sahen und meinten, ich wolle ein besserer Mensch sein als sie. Inzwischen war ich eine Konterrevolutionärin, und sie waren neugierig, wie ich wohl jetzt auftreten würde. Ich spürte ihre Kälte und wußte nicht, wie ich mich verhalten oder ob ich sie überhaupt begrüßen sollte, was doch die Höflichkeit gebot. Ich sah die Fragen in den Augen aller und hätte mich am liebsten irgendwo verkrochen.

Während der ganzen Tage zeigte mir mein kleiner Sohn die kalte Schulter, und meine Tochter hielt sich abseits, weigerte sich sogar, mit mir zu reden. Lao Tang war die meiste Zeit an der Universität, wo er die Studenten organisierte, um reaktionäre Professoren zu kritisieren. Zu den Kritisierten meiner Abteilung zählten einige Professoren, die ich einst geachtet und bewundert hatte. Viele meiner ehemaligen Studenten arbeiteten außerdem an einer revidierten Literaturgeschichte, aus der alle Schriftsteller entfernt wurden, die nach der neuen Beurteilung reaktionäre Ansichten vertraten. Dazu zählten auch Klassiker, die in ihren Gedichten die Schönheit der Natur schilderten, ohne auf das mühselige Leben der Bauern einzugehen. Gerade aus ihren Werken hatte ich in den vergangenen Monaten großen Trost geschöpft. Der heißersehnte Heimaturlaub brachte mir also eine Enttäuschung nach der anderen und deprimierte mich zutiefst. Ignoriert von den Kollegen und abgelehnt von meinen Kindern, fühlte ich mich auf dem Universitätsgelände ebenso wie in der Familie als Fremde. Ich erwog sogar, vorzeitig nach Chaitang zurückzukehren.

Die Menschen um mich herum redeten ununterbrochen übers Essen, besonders über eine Mischung aus Sojabohnen und verschiedenen gemahlenen Kräutern, die «Protein in Chlorophyll» genannt wurde und als Fleischersatz dienen sollte. Das einfache Volk bekam während der Hungersnot nur neunzig Kubikzentimeter Speiseöl und zweihundertsiebzig Gramm Fleisch pro Monat und Person und lebte weitgehend von Körnerfrüchten. Ich war mir sehr wohl bewußt, was für ein Privileg es bedeutete, bei Lao Tangs Familie zu leben und von solchen täglichen Sorgen verschont zu bleiben. Doch dieses Glück ließ mich die Diskrepanz zwischen meinen augenblicklichen Lebensumständen und jenen, an die ich mich in Chaitang gewöhnt hatte, keineswegs vergessen. Voll Trauer dachte ich an die mitgebrachten kostbaren Nüsse und Eier, die angesichts der relativen Fülle hier niemandem etwas bedeuteten. Ich litt auch darunter, daß es mir nicht gelang, die alte Nähe zu meinem Mann wiederherzustellen und zu der unbeschwerten Vertrautheit zurückzufinden, die früher zwischen Lao Tangs Eltern und mir bestanden hatte. Ein bestimmtes Band war irreparabel zerrissen. Bedrückt kehrte ich nach den dreiwöchigen Ferien mit einer Gruppe neuer Kader aufs Land zurück.

Diese Kader handhabten die Politik noch weniger streng als die vorhergehenden; sie redeten und lachten manchmal sogar mit uns. Den Gemeinschaftsschweinestall brauchten wir nicht fertig zu bauen, weil inzwischen die meisten Schweine tot waren; selbst die Schafe hatte man geschlachtet und ihr Fleisch an die Regierung verkauft. Auch vom Weiterbau des Wasserreservoirs sprach niemand. Das Interesse an solchen Gemeinschaftsprojekten war völlig erloschen, wir hatten umsonst monatelang geschuftet.

Während dieses Frühlings – es war der Frühling des Jahres 1960 – arbeiteten wir einfach mit den Bauern auf den Feldern. Ich half

Altem Onkel bei der Aussaat der Hirse auf den kleinen Terrassengrundstücken an den Berghängen. Wir wandten eine alte, seit zweitausend Jahren unveränderte Methode an, die genial funktionierte. Mit einem schweren, spatenförmigen Holzwerkzeug konnten wir in einem einzigen Arbeitsgang die Furchen pflügen, den Samen säen und ihn mit Erde bedecken. Die Handhabung des klobigen Geräts verlangte Geschicklichkeit, und nur die alten Bauern beherrschten die Technik, mit der Hand so zu rütteln, daß die Samen einzeln und in richtigen Abständen herausfielen. Weil die Äcker so klein waren, daß ein Esel nicht wenden konnte, schirrte ich mich mit einem Schulterriemen an das Gerät, um die Funktion des Zugtiers zu übernehmen. Manchmal legte ich an einem Tag fast vierundzwanzig Kilometer zurück. Die Arbeit war anstrengend, aber befriedigend.

Der Hunger quälte uns jetzt nicht mehr so sehr. Die frisch treibenden Aprikosenblätter erschlossen uns eine neue Nahrungsquelle, außerdem konnten wir etwas Winterweizen ernten, und unser Dorf hatte im Tausch für die exportierten Walnüsse eine kleine Menge kanadischen Weizen erhalten. Ab und zu gab es sogar Klöße mit einer Füllung aus Eiern und Gemüse. Aus den Briefen meines Vaters wußte ich, daß die Hungersnot in anderen Landesteilen wie den Provinzen Kweichou und Szechwan unvermindert andauerte.

Im Sommer 1960 erlaubte man den meisten Rechtsabweichlern, ihre Mützen abzulegen. Das Verfahren war nun relativ einfach, denn ein neues Schlagwort verkündete, die Leute müßten in die Zukunft und nicht auf die Vergangenheit schauen. Ein umfassendes Geständnis wie jenes von Lao Wei wurde nicht mehr verlangt; wir mußten lediglich geloben, nie etwas zu tun, was der Partei schadete, und gehorsam und treu zu sein, wenn man uns wieder in die Reihen des Volkes aufnahm. Weder Lao Shi noch ich zögerte, ein solches Versprechen zu unterschreiben. Wenig später durften wir die Mützen ablegen.

Anders als Lao Wei, hatten wir nicht das Gefühl, etwas Besonderes erreicht oder eine dramatische Veränderung herbeigeführt zu haben, zumal es im Dorf Versammlungen gab, an denen ich auch als «mützenlose Rechtsabweichlerin» nicht teilnehmen durfte. Aber wenigstens mußte ich nicht mehr jeden Monat Bericht über mein Denken erstatten und nicht mehr bei den fünf oder sechs schwarzen Elementen sitzen, die das Hungerhalbjahr überlebt hatten.

In jenem Sommer entbrannte in der Partei eine hitzige Debatte über den Erfolg der «Drei Roten Banner», wie der Große Sprung nach vorn, die Volkskommunenbewegung und die Generallinie des sozialistischen Aufbaus genannt wurden. Nicht alle hielten die eingeführten Neuerungen für wirksam, aber die Parteiführer in Peking waren entschlossen, die Richtigkeit der neuen Methoden zu beweisen. Um sich Beweismaterial zu verschaffen, schickten sie Studenten aufs Land, mit dem Auftrag, über die Entwicklung der Volkskommunen zu berichten. Sie glaubten fest, daß solche Untersuchungen das Urteil der Partei bestätigen würden.

Nach meiner offiziellen Wiederaufnahme ins Volk im Herbst 1960 beauftragte man auch mich, die Geschichte eines Dorfes in der Volkskommune Chaitang zu schreiben. Man schickte mich nach Lingyuesi, das vier Wegstunden von Chaitang entfernt lag und wegen seines berühmten Buddhatempels den Beinamen «Tempel der geistigen Gipfel» trug. Es war einst ein bedeutender Wallfahrtsort gewesen, wo jeder Buddhist Räucherwerk verbrennen wollte, um seine Frömmigkeit zu zeigen. Ich packte einen kleinen Schultersack und ging in die Richtung, die mir die Bauern wiesen.

Bald sah ich in der Ferne den auf einem Berggipfel klebenden Ort und den von Kiefern umstandenen Tempel. Als ich näher kam, ließ Glockengeläut mein Ziel fast unwirklich erscheinen; ich hatte das Gefühl, auf den Himmel zuzugehen. Weiter oben blieb ich stehen, um die fischförmigen Glockenspiele aus Kupfer zu bewundern, die an den anmutig geschwungenen Dachkanten hingen. Der Tempel zeugte von der reichen Vergangenheit des Ortes. Die Dorfstraße war zu meiner Verwunderung fast leer. Ich wies mein Empfehlungsschreiben vor, wurde zur Zentrale des Produktionsteams geschickt und bekam dort ein Quartier zugeteilt.

Von den wenigen Bauern, die ich kennenlernte, erfuhr ich, daß Lingyuesi vor der Befreiung ein Banditenversteck gewesen war. Von hier aus waren die Marodeure in die reichere Umgebung Chaitangs eingefallen, hatten Geiseln genommen, sich in ihren sicheren Schlupfwinkel zurückgezogen und auf das Lösegeld gewartet. Die Japaner hatten das Dorf wegen seiner strategisch vorteilhaften Lage besetzt, und später hatte die Kuomintang hier eine Garnison errichtet. Die Bauern betonten ohne Ausnahme, daß sie unter den aufeinanderfolgenden Okkupationen schwer gelitten hätten: Die Nationalisten hätten gnadenlos nach kommunistischen Sympathisanten gesucht und die Kommunisten nicht weniger gnadenlos nach nationalistischen Partisanen. Beide Seiten hatten viele unschuldige Menschen getötet, fast jede Familie berichtete von Verlusten im Zuge dieser Auseinandersetzungen.

Lingyuesi war ein kleines Dorf mit zweihundert Einwohnern und weit entfernt vom politischen Zentrum des Landes, dennoch hatte man hier die neuen Methoden rigoros durchgesetzt. Als sämtliche Dörfer der Gegend in die Volkskommune eingegliedert waren, hatten die Kader befohlen, alle eisernen Woks einzusammeln und in den Hinterhöfen daraus Stahl zu machen. Dann hatten sie den Bauern das Holz weggenommen, manchmal sogar die schweren Hoftüren und die von älteren Menschen für ihr Ende vorbereiteten Särge, um daraus Karren als Ersatz für die primitiven Tragkörbe zu zimmern. In ihrem Bemühen, die Familienstruktur aufzulösen und ein Gemeinschaftsleben einzuführen, hatten sie die Erwachsenen in der normalerweise für Versammlungen benutzten Ahnenhalle einquartiert und die jüngeren Kinder in einem Kindergarten. Die Bauern verabscheuten jedoch dieses neue Wohnsystem. Nach ein paar Wochen kehrten alle in ihre Häuser zurück, obwohl inzwischen die meisten Kochtöpfe und Türen «verarbeitet» worden waren.

Die neuen Methoden zeitigten nicht die erwünschten Ergebnisse. Die Karren, genau wie in Chaitang von unerfahrenen Leuten gebaut, waren völlig unbrauchbar – das ganze Holz war vergeudet. Die Hinterhoföfen hatten keinen Stahl produziert, sondern nur die Kochtöpfe verschlungen. Die in einem Gemeinschaftsstall untergebrachten Schweine waren fast alle an Krankheiten eingegangen oder verhungert. Noch vor ein paar Jahren hatte es in diesem Dorf fünf Ochsen gegeben, doch vier waren aus Mangel an Nahrung und Pflege verendet. Der letzte wurde jetzt von einer Bauernfamilie für die Kommune versorgt.

Die Zeitungen priesen ständig die Vorteile des Kommunensystems, lobten überschwenglich die Reorganisation des Landes und dessen Leistungen bei der Produktionssteigerung. Ich stellte jedoch in Lingyuesi fest, daß die landwirtschaftliche Arbeit praktisch zum Erliegen gekommen war, daß die Terrassenfelder brachlagen, weil niemand da war, um sie zu bebauen. Alle starken jungen Bauern hatte man zur Gemeinschaftsarbeit an Großprojekten weggeschickt, zum Bau einer Straße und eines Wasserreservoirs. Im Dorf befanden sich nur noch die Alten und Kranken. Die neue Straße über die Berge sollte Chaitang mit der Eisenbahnlinie verbinden und die bestehende

Straße ersetzen, die am Fluß entlanglief und bei Hochwasser unpassierbar war. Eines Tages würden die hier gedeihenden Früchte die städtischen Märkte erreichen, zur Zeit jedoch fielen sie größtenteils auf den Boden und verfaulten, sofern nicht die Schweine sie fraßen. Ich wußte, daß die neue Straße nützlich sein würde, aber ich sah auch, daß durch die Politik der Entsendung so vieler Leute zum Einsatz bei Gemeinschaftsprojekten die Landwirtschaft sträflich vernachlässigt wurde.

Diese Beobachtungen brachten mich in ein arges Dilemma. Sollte ich berichten, was ich vorgefunden und daraus gefolgert hatte, oder sollte ich schreiben, was die Partei hören wollte, um die Richtigkeit der «Drei Roten Banner» zu beweisen? Ich vermutete, daß alle anderen, die man mit derartigen Untersuchungen betraut hatte, vor der gleichen Frage standen. Was ich hier sah, zeigte deutlich, daß die neuen Methoden unrentabel, verschwenderisch und zerstörend waren. Man konnte doch nicht einfach Eisentiegel auf glühende Kohle geben und erwarten, daß Stahl herauskam. Nach einigem Überlegen beschloß ich, das Gewicht auf die tragische Vergangenheit Lingyuesis zu legen und so wenig wie möglich auf die gegenwärtige Situation einzugehen. Allerdings durfte ich nicht versäumen, ein Lob der offiziellen Politik einfließen zu lassen.

Als die Order erging, alle Kader und Rechtsabweichler hätten vor dem nächsten Frühlingsfest nach Hause zurückzukehren, erfaßte mich Angst. Wir Rechtsabweichler waren keine Mitglieder der Peita mehr, darum hatte ich keine Ahnung, was uns als nächstes bevorstand. Dann aber gab ein Aushang bekannt, daß sich einige von uns, darunter Lao Shi und ich, für eine nicht näher genannte Arbeit in der Universität melden sollten. Einige andere mußten zur Stadtverwaltung Pekings und dort auf die Zuteilung einer Arbeitsstelle warten, wieder andere in eine Fabrik oder in einen weiter entfernten Teil des Landes. Wenigstens würde ich nicht mehr von meiner Familie getrennt sein. Doch mir stand der schmerzliche Urlaub noch allzu deutlich vor Augen, darum hegte ich keine sonderlichen Erwartungen. Der Winter 1960 hatte begonnen, ich lebte seit mehr als zwei Jahren hier. Meine Kinder waren größer geworden, und ich hatte mich verändert – nicht nur, was den politischen Status anging. Seit vielen Monaten sehnte ich mich danach, heimkehren zu können, aber als der Tag der Abreise nahte, verspürte ich wenig Freude.

# 5 Vergeßt nie den Klassenkampf!

An einem kalten Tag Ende November stand ich auf dem Bahnhof der tristen Kleinstadt und wartete auf den Zug, der mich nach Peking zurückbringen sollte. Ein letztes Mal schaute ich auf die finsteren, steilen Berge, die mir bei meiner ersten Fahrt nach Chaitang solches Grauen eingeflößt hatten. Der heftige Wind ließ die Leitungsdrähte sirren und wirbelte Sand auf, der mich stechend auf Wangen und Stirn traf. Vor meinem inneren Auge erschienen die Gesichter der alten Bauersleute, als sie mir Lebewohl sagten. Alte Tante hatte darauf bestanden, mich zum Lastwagen zu begleiten, obwohl sie an einem hartnäckigen Husten litt und nur mehr mühsam gehen konnte, seit sich in ihrer Gallenblase Darmparasiten angesiedelt hatten. In meiner Handtasche lagen die Abschiedsgeschenke der beiden: ein kleines Päckchen Walnüsse und ein halbes Dutzend Eier.

Ich suchte in dem kleinen Bahnhofsgebäude Schutz vor dem unfreundlichen Wetter, setzte mich auf den Boden und schaute durch die offenen Türen auf die abweisenden Berge. Trauer, Bangigkeit und hoffnungsvolle Erwartung mischten sich in mir zu einem Wirrwarr der Gefühle. Hinter mir lag ein Leben, das trotz seiner Härten behaglich und familiär geworden war; vor mir erstreckte sich eine ungewisse Zukunft. Für mich stand außer Frage, daß die positiven Aspekte dieser beiden Jahre auf dem Land die negativen überwogen. Ich war wirklich dankbar dafür, den Alltag der Bauern und ihre klaglose Hinnahme von Widrigkeiten kennengelernt zu haben, eine Wärme und ein Zusammengehörigkeitsgefühl erlebt zu haben, die es in meinem Dasein als städtische Intellektuelle vermutlich nie geben würde.

Neben mir auf dem Boden des Bahnhofsgebäudes saß ein junger Lehrer aus der Mathematikabteilung, der fast drei Jahre in einem anderen Dorf der Kommune Chaitang verbracht hatte. Sein Blick, an der Peita einst lebhaft und wach, ließ jetzt nur mehr Resignation und Erschöpfung erkennen; sein abgemagerter Körper war offensichtlich durch Krankheiten geschwächt. Leise vertraute er mir an, daß er hoffe, an der Universität bleiben und seine Forschungen beenden zu dürfen, denn seine wissenschaftliche Arbeit sei von den Professoren früher immer in den höchsten Tönen gelobt worden. Doch selbst wenn sich seine Hoffnung erfüllte: Als verurteilter Rechtsabweichler konnte er keine höhere Position als die eines Mittelschullehrers anstreben.

Noch schlechter als den Lehrern unter den Rechtsabweichlern erging es den Studenten. Die meisten von ihnen hatten bei ihrer Verurteilung keine Stellung gehabt, in die sie hätten zurückkehren können; darum wurden sie einfach in ihre Heimatstädte geschickt, wo man sie oft auf Dauer zur Arbeit in einer Kommune oder Fabrik einteilte. Hervorragende Talente wurden auf solche Weise schlicht vergeudet.

Während der Bahnfahrt nach Peking dachte ich darüber nach, wie sich die Kampagne gegen Rechtsabweichler auf die Zukunft meines Landes auswirken würde. Ich wußte da allerdings noch nicht, daß fünfhundert Studenten und hundert Fakultätsmitglieder, mehr als sieben Prozent der Universitätsgemeinde, zu Rechtsabweichlern erklärt worden waren!

Am Pekinger Bahnhof holte ein großer offener Lastwagen unsere ganze Gruppe von Kadern und Rechtsabweichlern ab und brachte sie aufs Universitätsgelände. Hinter dem Tor hatten sich alle Lehrer meiner Abteilung versammelt, um ihre zurückkehrenden Kollegen zu begrüßen. Ich stand bei den Mitgliedern der mathematischen Abteilung, die mit mir in Chaitang gewesen waren. Keiner meiner ehemaligen Genossen beachtete mich. Weil ich jetzt keine Mütze mehr trug und wieder zum Volk gehörte, hatte ich gehofft, so behandelt zu werden wie früher, doch die lieben Kollegen taten, als sähen sie mich gar nicht.

Auch eine ganze Reihe Angehöriger erwartete den Lastwagen, um beim Abladen des Gepäcks zu helfen. Während aus meiner Gruppe einer nach dem anderen mit seinen Verwandten wegging, die schwere Bettzeugrolle auf dem Fahrrad schiebend, wartete ich, immer nervöser werdend, auf Lao Tang. Erst als ich allein dastand, sah ich ihn auf mich zukommen. Er sagte entschuldigend, daß er von einer Versammlung nicht früher habe wegkönnen, aber ich war verletzt. Ich wußte nicht, ob seine Verspätung wirklich unvermeidbar war. Vielleicht empfand selbst er es als schmachvoll, sich vor anderen zu mir zu bekennen. Vielleicht hatte er gewartet, bis die Menge sich zerstreute, um Peinlichkeiten aus dem Weg zu gehen. Wie stolz ist er doch immer auf mich gewesen, dachte ich traurig und fragte mich, ob er mir je wieder dieselben Gefühle wie früher entgegenbringen würde.

An unserer Tür begrüßte mich sein Vater mit herzlichen Worten und sagte, das Vergangene abschließend: «Was immer passiert ist, Hauptsache, du bist wieder wohlbehalten zu Hause.» Er war nach meinem Weggang oft krank gewesen und hatte vor einigen Monaten einen Schlaganfall erlitten. Jetzt war seine eine Körperhälfte weitgehend gelähmt, aber diese Behinderung hatte seiner sanften Art und seinem Seelenfrieden nichts anhaben können. Meine Kinder waren sorgfältig auf meine Ankunft vorbereitet worden, mein Sohn nannte mich «Mama», wie es ihn Yang Dama gelehrt hatte, meine Tochter begrüßte mich höflich und half mir dann, meine Sachen in mein Zimmer zu schaffen. Lao Tangs Mutter hatte ein besonderes Essen zubereitet; es gab Dinge, die man noch immer schwer erhielt.

Bei der Versammlung am nächsten Morgen in meiner Abteilung, wo mir meine Arbeit zugeteilt werden sollte, empfing man mich weit weniger herzlich. Wir Rechtsabweichler durften uns nicht zu den zurückgekehrten Kadern gesellen, sondern wurden in einen eigenen Raum gewiesen. Ich hatte erwartet, wieder als reguläres Mitglied der Abteilung betrachtet zu werden und nicht weiter isoliert zu bleiben, aber man eröffnete uns gleich nach unserem Eintreffen, die Abnahme der Rechtsabweichlermütze bedeute nicht, daß wir automatisch unser früheres Leben wiederaufnehmen könnten.

Die Literarhistorische Gruppe meiner Abteilung hatte früher siebenunddreißig Mitglieder umfaßt. Vor der Bewegung gegen Rechtsabweichler waren elf davon junge Lehrer gewesen, die gleich mir ihr Studium nach der Befreiung beendet hatten. Zehn dieser elf jungen Lehrer hatten 1958 irgendeine Strafe erhalten, acht davon die Rechtsabweichlermütze. Einige hatte man aufs Land geschickt; andere waren entlassen und als Korrektoren in Verlage versetzt worden, auf Positionen, wo sie keinerlei Kontakt mit Studenten hatten. Ein einziger Junglehrer in unserer Abteilung war der Bestrafung entgangen, ein Mensch, der sich überhaupt nicht für Politik interessierte und seine ganze Zeit dem Studium der Poesie aus der

Tang-Dynastie widmete. Dieser Lao Ting war kritisiert worden, weil er den Weg «Weiß und Experte» ging, hatte jedoch die Angriffe ignoriert und seine Gelehrtenarbeit unbeirrt fortgesetzt. Im Frühling 1957, als zur Kritik an der Partei aufgerufen worden war, hatte er sich so wenig wie möglich daran beteiligt. Jetzt sagten viele, sein Weg sei wahrscheinlich der beste, denn all jene, die sich für die Revolution eingesetzt und sich bemüht hätten, dem Land zu helfen, seien bestraft worden. «Fachidioten» wie Lao Ting würden zwangsläufig ab und zu kritisiert, aber auf lange Sicht sei ein solches Verhalten sicherer als politisches Engagement.

Hätte ich mich nicht so engagiert, sinnierte ich, während ich auf den Beginn der Versammlung wartete, hätte ich in den vergangenen zwei Jahren irgendwelche Studien betreiben können, statt meinen Geist weitgehend brachliegen zu lassen. Jetzt, wo ich wieder der akademischen Welt angehörte, konnte ich nicht anders, als alle jene zu beneiden, die ihr Wissen weiter ausgebaut hatten. In meinem Verlangen, das Versäumte nachzuholen, begann ich sogar zu vergessen, was mir das Land an Wertvollem gebracht hatte. Ich gestand mir ein, daß ich von Natur aus zu spontan und in politischen Dingen zu unerfahren war, um der Kritik zu entgehen. Aus der Erkenntnis heraus, daß ein politisch naiver Mensch leicht zum Opfer wird, beschloß ich, mich künftig ausschließlich auf meine Studien zu konzentrieren.

Wir vierzehn Rechtsabweichler aus unserer Abteilung, von denen zwei ihre Mütze noch nicht hatten ablegen dürfen, waren für die Versammlung in den gesonderten Raum gewiesen worden, weil wir unseren neuen Führer kennenlernen sollten. Als ich sah, daß es der im Parteikomitee unserer Abteilung für Sicherheitsfragen zuständige Mann war, begriff ich sofort, daß wir noch immer als Feinde betrachtet wurden. Er sprach uns sehr förmlich an und forderte uns auf, unsere Verbrechen wirklich einzusehen und ein neues Leben zu beginnen. Man werde uns nicht erlauben, vor die Studenten zu treten, erklärte er, weil man zum gegenwärtigen Zeitpunkt unserem Denken noch nicht trauen könne. Wenn wir bewiesen, daß wir tatsächlich auf den sozialistischen Weg zurückgekehrt seien, dürften wir vielleicht zu einem späteren Zeitpunkt unsere Lehrämter wieder übernehmen.

Die Aufgaben, die man uns zuteilte, waren sehr unterschiedlich. Die beiden mit den Rechtsabweichlermützen mußten körperliche

Arbeit auf dem Universitätsgelände leisten, sie sollten die Anlagen und die Blumenbeete pflegen. Vier von uns, darunter Lao Shi und ich, wurden in die Bibliothek geschickt, um Kommentare zu klassischen Gedichten zu schreiben, damit die Studenten, die an der neuen Literaturgeschichte arbeiteten, diese alten Werke auch verstünden.

Mir übertrug man die Poesie der Tang-Dynastie, ich war somit für die Werke von Tu Fu und Li T'ai-po zuständig. Meine Aufgabe bestand darin, zu jedem Wort eine Erläuterung zu geben. Es störte mich keineswegs, mit einer so mühseligen Arbeit betraut zu werden, ganz im Gegenteil, ich war begeistert über die Chance, meine Kenntnis der Klassiker zu vertiefen. Jeden Tag arbeitete ich ruhig in der Bibliothek, allein mit den poetischen Meisterwerken. Ich verglich verschiedene Texte und gelangte zu einer neuen, tieferen Sicht ihrer Bedeutung.

Eine Rechtsabweichlerin aus meiner Abteilung, die Studentin Lin Chao, erlitt dagegen ein wirklich schreckliches Schicksal. Im Frühling 1957 hatte sie aus Protest gegen die Privilegierung und Schichtung in der Partei mehrere aufrüttelnde Gedichte geschrieben und war natürlich prompt dafür verurteilt worden. Wegen ihrer angegriffenen Gesundheit hatte man sie nicht aufs Land geschickt, sondern an die Volksuniversität in Peking, wo sie bestimmte untergeordnete Arbeiten machen sollte. Dort hatte sie mit zwei anderen Rechtsabweichlern insgeheim das Manifest der jugoslawischen KP übersetzt, das sie für besser hielt als das chinesische Gegenstück, weil es weniger diktatorisch war und dem Volk mehr Rechte zusprach. Die drei schafften es irgendwie, ihre Übersetzung sowie zwei Broschüren zur Erläuterung ihrer Ansichten zu drucken. Ihre Aktivitäten wurden jedoch bald entdeckt, und weil sie bereits als Rechtsabweichler eingestuft waren, hatte man sie sofort als «aktive Konterrevolutionäre» verurteilt und ins Gefängnis gesteckt.

Die Nachricht von Lin Chaos Verhaftung verbreitete sich 1961 mit Windeseile in meiner Abteilung und steigerte noch meine Bewunderung für den Mut dieser jungen Frau. Sie hatte sich auch nach ihrer Einstufung als Rechtsabweichlerin nicht unterworfen. Während der ganzen Monate, in denen ich bei den Bauern ein einfaches Leben geführt und versucht hatte, nicht zu denken und mich darauf einzustellen, nie mehr zu kämpfen, hatte sie außergewöhnlich mutig gehandelt. Aber sie mußte ihren trotzigen Widerstand teuer bezahlen. 1971 erfuhr ich, daß Lin Chao nach zehnjähriger Haft durch

Arthritis verkrüppelt war und die Feuchtigkeit ihrer Zelle ihren Zustand noch verschlimmerte. Sie sah angeblich sterbenselend aus in ihrer weißen Gefängnisuniform, das Haar ungeschnitten, das Gesicht bleich, abgemagert zum Skelett. Trotz ihrer schlechten Verfassung schrieb sie offenbar weiter Gedichte, auf Klopapierstücke, manchmal sogar mit ihrem Blut. 1975 wurde Lin Chao wegen des Verbrechens, den Vorsitzenden Mao angegriffen zu haben, zum Tode verurteilt und erschossen. Sie war auch im Gefängnis nicht von ihrer Meinung abgewichen, daß sich die Politik des Vorsitzenden Mao seit der Kampagne gegen Rechtsabweichler zum Unglück Chinas auswirke.

1978 gehörte ich zu den dreihundert Menschen, die an einer Gedenkversammlung für Lin Chao teilnahmen. Auf der mit weißen Chrysanthemen eingefaßten Plattform stand eine große Fotografie der achtzehnjährigen, hübschen, glücklich lächelnden Lin. Flankiert wurde das Bild von zwei großen Schriftrollen, einem Beitrag ihres Freundes. Auf eine hatte er ein Fragezeichen gemalt, auf die andere ein Ausrufungszeichen, sonst nichts. Ich betrachtete die eindrucksvollen Schriftrollen und lauschte dem erschütternden Bericht des jungen Mannes über seine kurze Zusammenkunft mit Lin in ihrer Zelle, wo er sie körperlich schwach, aber geistig ungebrochen vorgefunden hatte. Es war das letzte Mal, daß er sie sah. «Sie ist die Wahrheit selbst», erklärte er, «und schon bald werden alle die Richtigkeit ihrer Überzeugungen erkennen.» Zum Abschluß der Versammlung sang jemand eines der vertonten Gedichte von Lin Chao, in dem es heißt: Auch wenn der Herbstwind stetig weht und der Herbstregen niederprasselt, bricht manchmal die Sonne doch tapfer durch.

Für jene unter uns Rechtsabweichlern, die unterwürfiger als Lin Chao gewesen und nach der Bestrafung gehorsam geblieben waren, verlief 1961 das Leben bald wieder ziemlich normal; für mich verstrichen die Tage in in der Bibliothek überaus friedlich. Von der Studentenschaft war ein Teil an der Universität geblieben, die meisten hatte man jedoch aufs Land, in Fabriken oder Bergwerke geschickt. Viele Studenten der chinesischen Literatur schufteten beispielsweise in den Kohlebergwerken westlich von Peking. Man glaubte, es sei für Studenten der Literatur und Geschichte heilsam, die unter den größten Entbehrungen lebende Klasse kennenzulernen und die schwierigsten, belastendsten, gefährlichsten Arbeiten auch selbst zu übernehmen. Hätten die Intellektuellen erst einmal das Leben des Volkes und die Bitterkeit seines Tagwerks geteilt, würden sie nicht mehr von den Massen getrennt sein, so hoffte man.

Während mein akademisches Leben 1961 in angenehmer Routine verlief, brachte die Heirat von Lao Tangs Bruder Unruhe in unseren harmonischen Haushalt. Für die Hochzeit, die Anfang des Jahres stattfinden sollte, wurden Vorbereitungen getroffen, die ich angesichts des nach wie vor herrschenden Mangels übertrieben fand. Die großen Bücherregale, die Tang Yongtongs Studierecke vom übrigen Wohnzimmer trennten, baute man ab, um mehr Platz für die Feier zu schaffen, man brachte neue Vorhänge an, der Boden wurde geputzt und für den Tanz mit Kerzenwachs eingerieben. Am Tag der Hochzeit befestigte man rote und grüne Streifen aus Kreppapier an der Decke. Auf den Tischen standen Schalen mit Süßigkeiten und Obst aus dem Spezialgeschäft, das die privilegierte Elite belieferte, und die Braut trug ein neues Kleid aus teurer roter Seide.

Die Feier selbst verletzte mein Gefühl für Schicklichkeit. Immer wieder lösten althergebrachte Spiele das derbe Gelächter der Gäste aus. Jemand ließ beispielsweise einen Apfel an einer Schnur baumeln und befahl dem Brautpaar, gleichzeitig davon abzubeißen, zog dann jedoch im entscheidenden Moment die Schnur mit einem Ruck nach oben, so daß die Gesichter der beiden zusammenstießen. Als nächstes mußte die Braut eine brennende Zigarette im Mund halten und ohne Zuhilfenahme der Hände eine zwischen den Lippen des Bräutigams steckende Zigarette anzünden. Die etwa dreißig Gäste schrien und lachten bei diesen Possen vor Vergnügen. Später begannen sie zu tanzen und Schlager zu singen. Ein größerer Kontrast zu meiner eigenen Hochzeit war kaum vorstellbar.

Während der Feier redete als einziger der Brautvater mit mir. Er war selbst ein Rechtsabweichler und erinnerte mich an ein altes chinesisches Sprichwort: «Leiden zwei an der gleichen Krankheit, bezeigen sie einander großes Mitgefühl.» Leise fügte er hinzu: «Wir beide fühlen uns einsam hier angesichts dieser Frivolität.» Vor der Befreiung war er Kulturattaché der Kuomintang-Botschaft in Indien gewesen, danach Englischprofessor an der Pekinger Volksuniversität, die unter dem Namen Renda bekannt ist. Während des herzlichen, von Verständnis geprägten Gesprächs mit ihm dachte ich, daß sich zwischen seiner Tochter und mir vielleicht eine enge Beziehung entwickeln könnte. Weil sie einen Rechtsabweichler zum Vater hat, überlegte ich, fühlt sie bestimmt mit mir und versteht meine Situation. Meine Hoffnungen wurden jedoch schnell zerstört, denn ich erfuhr, daß sie ihren Vater abgrundtief haßte und überzeugt war, seine politischen Fehler hätten ihre Zulassung zur Universität verhindert. Sie ließ keine Gelegenheit aus, ihm Vorwürfe zu machen; ihre Verbitterung und ihr Groll führten dazu, daß sie einen Strich zwischen ihrem Vater und sich zog. Natürlich wollte sie auch zwischen sich und mir einen ziehen, um nicht durch politisch mißliebige Familienbande noch mehr benachteiligt zu werden. Wenn ich ihre Anklagen hörte, dachte ich voller Angst an meine Tochter und fragte mich, ob auch sie eines Tages mir gegenüber eine solche Abneigung empfinden würde.

Zwei Jahre nach der Hochzeit, 1963, wurde der Vater meiner Schwägerin unerlaubter Beziehungen zu Ausländern beschuldigt und verhaftet. Angeblich hatte er an sein Radio einen Sender-Empfänger angeschlossen, dessen Besitz verboten war, und so Funkverkehr mit dem Ausland pflegen können. Obwohl die Durchsuchung seines Hauses und die Überprüfung seines Radiogeräts keine solche illegale Anlage zutage brachte, verurteilte man ihn zu zehn Jahren Gefängnis. Später wurde bekannt, daß er einem Freund im Ausland geschrieben hatte, das Leben in China sei unerträglich, er suche einen Weg zum Verlassen des Landes und bitte um Hilfe bei der Beschaffung eines Flugtickets. Irgendwie war der Brief in die Hände der Sicherheitsbehörden gelangt. Aus diesem Grund hatte er die Haftstrafe erhalten; die Geschichte mit dem Funkgerät war reine Erfindung. Bei unserer ersten Begegnung nach seiner Entlassung im Jahr 1971 überraschte mich sein Aussehen; er wirkte viel kraftvoller als einst. Weil die Pekinger Gefängnisse überfüllt gewesen waren, hatte man ihn in eine Haftanstalt seiner im Süden gelegenen Geburtsstadt geschickt, wo keine so strengen Bedingungen herrschten wie im Norden. Er hatte dort als Keramikmaler gearbeitet und täglich in seinem *Oxford English Dictionary* lesen können, den ihm seine Frau vor seiner Verurteilung gebracht hatte. Von ihm gingen nach den acht Jahren Haft eine erstaunliche Heiterkeit und Gelassenheit aus. Nachdem er diese schwere Prüfung überlebt habe, erklärte er, betrachte er die ihm noch verbleibenden Jahre als unerwartetes Geschenk.

Die Frau von Lao Tangs Bruder ähnelte ihrem Vater kaum. Gleich ihrem Mann interessierte sie sich nicht für Bücher, sondern verbrachte ihre Zeit lieber im Kino und auf Tanzpartys; außerdem war sie Stammkundin in den Spezialgeschäften für die Elite. Wir hatten vom

Tag ihrer Hochzeit an ein gespanntes Verhältnis zueinander, dessen ungeachtet mußten wir alle Mahlzeiten gemeinsam einnehmen. Sie war hübsch und klug, war aber, da sie ja die Zulassung zur Universität nicht erhalten hatte, «nur» Russischlehrerin an einer Mittelschule geworden. Nach ihrer Heirat hatte sie Lao Tangs Vater gebeten, ihr zu einer Stellung an der Peita zu verhelfen, und er hatte ihr Arbeit in der Bibliothek vermittelt. Trotzdem verwand sie es nicht, daß sie keine höhere Bildung besaß, und ließ ihren Ärger darüber an mir aus.

Tang Yongtongs Zuneigung zu mir blieb ihr nicht verborgen, und es kränkte sie, daß er mich um Mithilfe bei den Artikeln bat, die er schrieb. Sie begann, um seine Aufmerksamkeit zu buhlen. «Ich habe bisher nie väterliche Liebe kennengelernt», sagte sie immer wieder zu ihm, «denn mein Vater war ein Schurke und immer grausam zu seinen Kindern. Jetzt habe ich endlich einen wirklichen Vater gefunden.» Tang Yongtong lächelte zur Antwort nur, ungerührt von ihren Schmeicheleien. Weil ihr Ringen um seine Zuneigung erfolglos blieb, versuchte sie oft, mich in seiner Gegenwart irgendwie zu übertreffen oder auszustechen, doch ich ließ mich auf einen solchen Wettstreit nicht ein, sondern schwieg einfach.

Als sie 1963 ihr Kind zur Welt brachte, lehnten ihr Mann und sie es ab, Yang Dama für das Kleine sorgen zu lassen, obwohl diese Zeit hatte, weil Tang Shuang mittlerweile fast sechs war. Sie behaupteten, Yang Dama liebe Tang Shuang zu sehr und könne ihrem Kind unmöglich die gleiche Zuneigung entgegenbringen. Auf ihr Drängen engagierte Lao Tangs Mutter ein zusätzliches Kindermädchen, eine ehemalige Prostituierte aus Tientsin, die unseren Haushalt noch weiter vergrößerte. Unter unserem Dach lebten nun die beiden Kindermädchen, Daolan und der Assistent von Tang Yongtong sowie die Familie, die aus drei Kindern und sieben Erwachsenen bestand; als siebte hatte sich zu uns drei Ehepaaren die Schwester von Tang Yongtong gesellt. Kam ich aus der Bibliothek nach Hause, fühlte ich mich stets als Fremde, denn meine Schwägerin fällte alle häuslichen Entscheidungen, während ich bei der Arbeit war. Jede Mahlzeit empfand ich als Last, ein Gespräch ließ sich nur schwer in Gang halten. Lao Tangs Eltern waren jedoch immer gut zu mir gewesen, darum brachte ich es nicht über mich, den Umzug in ein eigenes Heim vorzuschlagen.

Im Laufe des Jahres 1962 erholte sich die Landwirtschaft, vor allem dank einer Politik, die zur Entfaltung einer gewissen Privatinitiative ermutigte. Die Führung gelangte in der gleichen Zeit zu dem Schluß, es sei der Produktion abträglich, die besten Studenten des Landes zur körperlichen Arbeit in die Fabriken und Bergwerke zu schicken. Sie formulierte eine neue Erziehungspolitik, leitete eine Art Bewegung des «Zurück zum Grundlegenden» ein und betonte dabei vor allem drei Dinge: Grundkenntnisse auf irgendeinem Gebiet, die grundsätzliche Fähigkeit zu analysieren und die Beherrschung der Grundtechniken des Schreibens und der Durchführung von Experimenten.

Im Herbst eröffnete man mir, ich dürfe wieder lehren, aber mein früheres Gebiet, die moderne Literatur, sei für eine Rechtsabweichlerin politisch zu problematisch. Vielmehr sollte ich einen Lehrgang über die Satzkonstruktion bei der Abfassung politischer Essays abhalten. Ich fand es irgendwie komisch, daß man die moderne Literatur als zu politisch für mich ansah und mir darum die Aufgabe übertrug, Unterricht in politischer Schriftstellerei zu geben. Natürlich sollte der Auftrag eine Strafe für mich sein. Dieser neue zweijährige Lehrgang galt nämlich als besonders schwierig, weil noch keine Methodologie dafür entwickelt worden war und keinerlei Lehrmaterial vorlag. Ich widmete dem neuen Amt meine ganze Zeit und Energie, las viel und praktizierte die verschiedenen Schreibtechniken selbst. Die neuen Studenten fanden den Lehrgang interessant, und ich genoß es, die Herausforderung zu meistern.

Zur Feier des wirtschaftlichen Aufschwungs sollte 1963 der Nationaltag besonders festlich begangen werden. Lao Tangs Vater erhielt eine Einladung zu den Veranstaltungen auf dem Platz des Himmlischen Friedens, an denen der Vorsitzende Mao und die gesamte Führungsspsitze des Landes teilnehmen wollten. Tang Yongtong sollte auf der Ehrentribüne sitzen und hatte die Erlaubnis, fünf Familienmitglieder mitzubringen. Natürlich wollten alle mit, denn jeder wünschte sich sehnlichst, den Vorsitzenden Mao in eigener Person zu sehen und ihm vielleicht sogar die Hand drücken zu können. Mein Schwiegervater entschied sich schließlich für mich, Lao Tang und unsere Kinder sowie seine Frau. Wir waren überglücklich, hielten die Einladung für eine große, ganz besondere Ehre und freuten uns auch darauf, mit einem Wagen zum Platz des Himmlischen Friedens gefahren zu werden.

Als wir dort eintrafen, herrschte bereits freudige Erregung, Gruppen von Sängern und Tänzern füllten den riesigen Platz. Während der Darbietungen dachte ich an meine Studienzeit und meine erste

Einladung auf diesen Platz im Jahre 1950 zurück. Damals, am ersten 4. Mai nach der Befreiung des Landes, hatten zwei junge Frauen Liu Shao-ch'i einen riesigen Blumenstrauß überreichen dürfen. Ich hatte die Studenten des Landes repräsentiert, die andere junge Frau Chinas Arbeiter. Aufgeregt hatte ich damals in meiner roten Bluse und dem blauen Overall auf der Plattform gestanden, die Zukunft unseres Landes sah hoffnungsvoll und vielversprechend aus.

Nach der Kampagne gegen Rechtsabweichler hatte ich gemeint, mir würde nie wieder eine solche Ehre zuteil. Aber dank der Güte Yongtongs saß ich nun in der mittleren Reihe der Ehrentribüne unter lauter berühmten Persönlichkeiten. Plötzlich spielte die Kapelle «Der Osten ist rot», und es erschien der Vorsitzende Mao in Begleitung seiner Spitzenfunktionäre. Er ging durch die Reihen der Ehrengäste, kam zu unserer atemlos wartenden Familie, drückte jedem von uns die Hand, auch den Kindern, und sagte zu Tang Yongtong, er freue sich sehr, ihn wieder bei guter Gesundheit zu sehen.

Ich kannte das Gesicht des Vorsitzenden Mao von vielen Bildern, aber im wirklichen Leben war er größer und imposanter, als ich ihn mir vorgestellt hatte. Nun sah ich ihn ganz aus der Nähe, und mir fiel auf, daß seine Haut von irgendeiner Schminke unnatürlich glänzte. Warum muß sich ein so großer Mann verstellen und eine Art Maske tragen? überlegte ich voller Unbehagen. Sein Gesicht wirkte bei diesem öffentlichen Auftritt weniger ausdrucksvoll und gütig als auf den Fotografien, doch seine Hand fühlte sich warm an, und er bedachte uns mit seinem ganz besonderen Lächeln. Ich schob den unguten Gedanken von vorhin beiseite und überließ mich ganz der ungewöhnlichen Stimmung des Augenblicks. Die persönliche Begegnung mit diesem Mann, den ich als Retter meines Landes verehrte, schien mir alles wert, was ich erlitten hatte. Mit meinen Landsleuten in einem Gefühl der Hingegebenheit an ein gemeinsames Ziel vereint, sagte ich mir, daß vielleicht sogar die Kampagne gegen Rechtsabweichler ihren Sinn hatte, wenn das Land jetzt wieder stabil und von seinen inneren Feinden befreit war, wenn der Weg des sozialistischen Aufbaus wieder klar vorgezeichnet war. Als ich den Platz des Himmlischen Friedens verließ, brannte neue Leidenschaft in mir. Erneut glaube ich, daß eine leuchtende Zukunft vor uns liege, und ich gelobte, mich mit frischer Energie der Sache der Revolution zu widmen.

Lao Tangs Zukunft wurde durch die Begegnung mit dem Vorsitzenden Mao sogar noch unmittelbarer beeinflußt. Einige Tage danach besuchte uns ein Funktionär und berichtete, der Vorsitzende Mao habe unserer Familie ein Kompliment gemacht. Wir wußten bereits, daß Mao Tse-tung aus Interesse am Buddhismus vor längerer Zeit mehrere von Tang Yongtongs Büchern gelesen hatte. Nach dem Zusammentreffen mit uns auf dem Platz des Himmlischen Friedens hatte der Vorsitzende Mao gegenüber diesem Funktionär die Bemerkung gemacht, Tang Yongtong habe offensichtlich einen sehr begabten Sohn, der in seiner eigenen akademischen Laufbahn sicher das wichtige Werk seines Vaters fortsetzen werde.

Nach der Kampagne gegen Rechtsabweichler, in der er verwarnt und ich bestraft worden war, hatte Lao Tang es für nötig gehalten, seine Position an der Peita zu festigen. Um seine wissenschaftlichen Fähigkeiten und seine Parteitreue unter Beweis zu stellen, hielt er sich streng an die Linie des Zentralkomitees und wirkte begeistert mit an dem Versuch einer Neubewertung der alten Philosophen. Als Folge davon spiegelten seine damaligen Artikel manchmal seine eigenen Ansichten wider und manchmal die Haltung der Partei, was gelegentlich zu Widersprüchen führte. Anfang der sechziger Jahre beispielsweise betonte er die progressiven Aspekte der Gedankengänge des Konfuzius, und ein paar Jahre später unterstrich er die reaktionären Tendenzen der gleichen Texte; er veränderte seine Sicht der Dinge in Übereinstimmung mit den Veränderungen der offiziellen Standpunkte. Nach dem Lob des Vorsitzenden Mao bemühte er sich ganz besonders, die Partei zu unterstützen und sich des in ihn gesetzten Vertrauens würdig zu erweisen.

Während Lao Tangs Hochstimmung nach der Begegnung mit dem Vorsitzenden Mao anhielt, flaute meine Begeisterung rasch wieder ab, und schon bald bedauerte ich es sogar, überhaupt zu der Nationaltagsfeier mitgegangen zu sein. Etwa zwei Wochen nach dem Fest erschien meine Schwägerin eines Abends ganz aufgeregt und platzte mit der Neuigkeit heraus, daß die Leute mißbilligend über Lao Tangs Vater redeten, weil er eine Rechtsabweichlerin zu einer so wichtigen Feier eingeladen hatte. Ihren Worten zufolge hielten die Leute Tang Yongtongs Entschluß, mich mitzunehmen, für eine schlimme Sache, weil eine Rechtsabweichlerin auch ohne Mütze noch gefährlich sei und eine versteckte Waffe hätte bei sich haben können. Sie berichtete, daß die Leute sagten, es sei wichtig, nicht in der Wachsamkeit nachzulassen, und es sei falsch gewesen von Lao

Tangs Vater, einer ehemaligen Feindin des Volkes zu erlauben, so nahe an den Vorsitzenden Mao heranzukommen. Ich spürte die Schadenfreude meiner Schwägerin hinter dem gespielten Mitgefühl.

Einige Tage danach sprach ein Kader vom Parteikomitee der Peita bei Tang Yongtong vor und erklärte in höflicher, ehrerbietiger Weise, es sei nicht richtig gewesen, daß Yue Daiyun an der Feier teilgenommen habe, auch wenn sie keine Rechtsabweichlermütze mehr trage. Sie hätte sich rächen können, sagte er behutsam; man könne nicht wissen, was sie denke. Der Kader versicherte Tang Yongtong der unveränderten Achtung der Partei, drängte ihn zu größerer Wachsamkeit in Dingen des Klassenkampfs und drückte die Hoffnung des Parteikomitees aus, daß er künftig von derart unüberlegten Handlungen Abstand nehme. Kein schlimmer Tadel, aber Tang Yongtong fühlte sich zutiefst getroffen. Er behandelte mich danach mit unveränderter Herzlichkeit, aber ich wußte, daß ihn die Kritik sehr verletzt hatte. Die Liste der geladenen Gäste war von Lu Ping, dem Präsidenten der Universität, und vom Sicherheitsbüro der Peita genehmigt worden, darum hatte Tang Yongtong vielleicht gemeint, man werde an meiner Anwesenheit keinen Anstoß nehmen. Ein Trugschluß, wie sich jetzt zeigte. Während der Kulturrevolution, lange nach seinem Tod, spielten sogar noch einige Wandzeitungen auf diesen Zwischenfall an und benutzten ihn, um Lu Ping den Vorwurf zu machen, er begünstige die Intellektuellen dermaßen, daß er ihnen erlaube, Rechtsabweichler auf den Platz des Himmlischen Friedens einzuladen, damit sie dem Vorsitzenden Mao die Hand reichen könnten.

Ende 1963 wurde Tang Yongtong wieder bettlägerig, diesmal wegen eines Herzleidens und Arteriosklerose. In den nächsten Monaten pflegte ich ihn zu Hause, doch im März 1964 mußte er ins Krankenhaus eingewiesen werden. Er kam in die Spezialklinik für hohe Kader, wo man den Angehörigen die Nachtwache übertrug. Weil meine Schwägerin schwanger war, übernahm ich es, abwechselnd mit meiner Schwiegermutter an seinem Bett zu wachen. Ich benutzte die langen Nachtstunden dazu, die Arbeiten meiner Studenten zu korrigieren. Tang Yongtong wußte, daß er nicht mehr lange zu leben hatte. Eines Nachts schlug er einen ungewohnt vertraulichen Ton an und sprach mit einer Intensität, die ich an ihm noch nie erlebt hatte. «Du mußt dich um Mutter kümmern», sagte er, «denn nur dir kann ich vertrauen. Du mußt mir aber versprechen, dich auch um meine Schwester zu kümmern, trotz der Eifersucht der beiden Frauen aufeinander.»

Leise erzählte er dann von seiner Schwester, die wir Vierte Tante nannten. Er beschrieb sie als gütige, großzügige Frau und schilderte mir ihr hartes Los. Sein Vater, ein Beamter in der Provinz Kansu, hatte einen Hauslehrer eingestellt, um ihn und seine Schwester daheim unterrichten zu lassen. Vierte Tante hatte soviel Talent und Klugheit gezeigt, daß der Hauslehrer sie als weibliche Gelehrte pries. Später hatte man sie mit einem reichen Mann verheiratet, aber weil sie ihm keine Söhne schenkte, war sie bald von einer Konkubine verdrängt worden, die den ersehnten Sohn gebar. Im Laufe weniger Jahre hatte ihr Mann sein Geld mit Opium und Frauen durchgebracht, die Konkubine war mit den noch vorhandenen Wertgegenständen davongelaufen und hatte es Vierter Tante überlassen, für ihren Jungen zu sorgen. Während der Landreform war Vierte Tante als Grundbesitzerin hart kritisiert und angegriffen worden und hatte ihre restliche Habe verloren. Erst 1960, nach Tang Yongtongs Schlaganfall und der damit verbundenen Lähmung, hatte man ihm erlaubt, sie zu sich zu holen. Er hatte gehofft, seiner Schwester zum Ausgleich für die bitteren Jahre ein friedliches Leben bieten zu können, doch seine Frau, die nicht fähig war, an den Gesprächen von Bruder und Schwester teilzunehmen, hatte sich ausgeschlossen gefühlt und aus ihrem Groll heraus Vierter Tante nie das Gefühl gegeben, willkommen zu sein.

Ich versprach meinem Schwiegervater, seine Wünsche zu erfüllen. Als Lao Tangs Mutter mich um sechs Uhr ablöste, machte ich mich mit dem Bus auf den zweistündigen Heimweg. Ich hoffte, vor Beginn der Tagesarbeit noch eine Stunde schlafen zu können. Aber bereits um acht Uhr rief Lao Tangs Mutter an, um uns zu sagen, daß Tang Yongtong gestorben sei. Das große, feierliche Begräbnis leitete Ch'en Yi, ein ehemaliger Marschall der Roten Armee, Außenminister der Volksrepublik und Mitglied des Politbüros. Er hielt eine ergreifende Rede und pries darin besonders Tang Yongtongs Freundlichkeit, seine Liebe zum Land sowie zur Partei und das Beispiel, das er allen Intellektuellen Chinas gegeben habe. Vierundzwanzig Musiker spielten getragene Musik, während die Trauernden am Sarg vorbeidefilierten. Anschließend wurde Tang Yongtong auf dem Revolutionsfriedhof Papaoshan beigesetzt, ein ganz besonderes Privileg, das nur bedeutenden Würdenträgern zuteil wurde.

Als Schmuck für sein Grabmal bestellte Lao Tangs Mutter in der Provinz Kiangsi ein Porzellanbildnis Tang Yongtongs. Zu ihrer großen Enttäuschung wurde es nie geliefert, aber später erkannte ich, daß das ein Glück für uns war. Während der Kulturrevolution schändeten die Rotgardisten in diesem Teil des Friedhofs nämlich viele Gräber. Tang Yongtongs Grabstätte blieb jedoch verschont, vermutlich wegen ihrer Unauffälligkeit; ihr einziger Schmuck war ein offenes Buch. Wir beschlossen, sie so zu lassen, schlicht und bescheiden.

Lao Tangs Vater hatte sich an der Peita die Achtung aller errungen. Der ungewöhnlich disziplinierte Mann hatte nie geraucht oder getrunken und war seiner Frau immer treu gewesen, obwohl er mehrere Jahre außerhalb Chinas verbrachte. Er hatte der ersten Gruppe von der Ch'ing-hua-Universität angehört, die im Ausland studierte, war 1921 nach Erlangung seines Magisters der Philosophie an der Harvard University in die Heimat zurückgekehrt und hatte sein Leben ganz dem Studium des Buddhismus und der indischen Philosophie gewidmet.

Nach dem Zweiten Weltkrieg, im Jahre 1947, war er ins kalifornische Berkeley eingeladen worden, um Vorlesungen über Buddhismus sowie indische und chinesische Philosophie zu halten. Im Sommer 1948 hatte er seine Gastprofessur beendet und war nach China zurückgekehrt, obwohl dort der Bürgerkrieg tobte und seine amerikanischen Freunde ihn drängten, seine Familie in die Vereinigten Staaten zu holen. Als man ihm nach der kommunistischen Machtübernahme Flugtickets zur Flucht nach Taiwan anbot, hatte Tang Yongtong sich geweigert, das Land zu verlassen. Er wollte seinen Beitrag zur Zukunft Chinas leisten.

In den Jahren nach meiner Rückkehr aus Chaitang erfüllte mich einerseits Stolz auf Lao Tangs wachsende Bedeutung, andererseits zunehmende Enttäuschung über meine Position an der Universität. Im Laufe der Zeit mußte ich erkennen, daß die Politik unser Familienleben zerstörte; ich war meinem Mann nicht mehr ebenbürtig, sondern hatte jetzt einen weit niedrigeren politischen und akademischen Status.

Als Lu Ping im Herbst 1963 Maßnahmen ergriff, um das Bildungsniveau an der Peita zu heben, reihte er Lao Tang in eine kleine Schar von Fakultätsmitgliedern ein, die von sämtlichen politischen Verpflichtungen befreit werden sollten, um sich ausschließlich auf ihre wissenschaftliche Arbeit konzentrieren zu können. Diese Gelehrten waren sämtlich dazu ausersehen, in einigen Jahren Professoren zu werden. Lao Tang genoß unter den aus der philosophischen Abteilung ausgewählten Fakultätsmitgliedern das größte Ansehen. Man erwartete von ihm, daß er die Arbeit seines Vaters fortsetzte, wie der Vorsitzende Mao es wünschte. Ich war ehrlich stolz auf die Anerkennung, die er fand, aber wie sollte es mit mir weitergehen? Mein Mann schien nicht mehr stolz zu sein auf meine Leistungen, und ich selbst fühlte mich ihm weit unterlgen. Er war ständig beschäftigt und von Menschen umgeben, besonders von Junglehrern, die oft in unser Haus kamen und mit ihm bis Mitternacht über die Neubewertung der Schriften von Konfuzius, Chuang-tsu und Lao-tsu redeten. Während dieser Gespräche bereitete ich Tee und belegte Brötchen zu, beherrscht von der Angst, daß es mir nie mehr gelänge, Eingang in ihren Kreis zu finden oder von ihnen als Intellektuelle akzeptiert zu werden. Besonders traurig stimmte mich die Erkenntnis, daß meine Beziehung zu Lao Tang, die von Anfang an auf gegenseitiger Achtung und Gleichwertigkeit aufgebaut gewesen war, durch meine berufliche Zurückstufung litt.

Inzwischen war eine neue Bewegung in vollem Gang, die Sozialistische Erziehungsbewegung, und die Peita war wie üblich ein Versuchsgelände. Im Rahmen dieser Kampagne begannen die Vier Säuberungen, die eine Verbesserung auf den Gebieten Politik, Wirtschaft, Organisation und Ideologie bewirken sollten. Sie führten zu einer radikalen Veränderung des Klimas auf dem Bildungssektor, denn Hauptziel der neuen Bewegung war es, so sagte man uns auf diversen Versammlungen, die Vereinheitlichung des Denkens zu erreichen.

Im Frühling 1964 hatte das Zentralkomitee ein Arbeitsteam an die Peita geschickt, das alle Abteilungen überprüfen sollte und seine Angriffe bald auf Lu Ping konzentrierte. Er war 1958, nach der Kampagne gegen Rechtsabweichler, zum Präsidenten der Peita ernannt worden, ein hochangesehener Mann damals wegen seiner Fähigkeiten als Untergrund-Studentenführer im Krieg gegen Japan. Jetzt wurden seine früheren Verdienste vollkommen ignoriert. Lu Pings Bemühungen, das Bildungsniveau durch Förderung der Rückkehr zum «Grundlegenden» sowie durch Wiedereinführung von Prüfungen zu heben, interpretierte man nun als Versuch, die Studenten an politischer Aktivität zu hindern und vor allem den Arbeitern, Bauern und Soldaten den Zugang zur Universität zu verwehren. Darum beschuldigte man Lu Ping jetzt, sich der Unterdrückung der Proletarierklasse schuldig gemacht zu haben, eine bürgerliche Erziehungslinie zu verfolgen und sich nur der Bildung von Kindern der Elite zu widmen.

Außerdem hatte Lu Ping der politischen Unterweisung nicht genügend Aufmerksamkeit gezollt, denn er hatte die Zahl der politischen Kurse von vier auf zwei reduziert, das Studium politischer Ökonomie sowie der internationalen kommunistischen Bewegung abgeschafft und nur die kommunistische Parteigeschichte und die marxistische Philosophie im Lehrplan belassen. Darüber hinaus hatte er darauf gedrungen, daß in den verbleibenden politischen Vorlesungen Informationen gegeben und nicht nur das Denken umgemodelt werde. Für das Arbeitsteam bewies er damit, daß seine ganze Sorge dem Erwerb von Wissen galt und die Entwicklung des politischen Bewußtseins der Studenten ihn nicht interessierte.

Die Denunziation Lu Pings war nur das sichtbarste äußere Zeichen einer neuen Ausrichtung in den drei Gruppen, aus denen sich der Lehrkörper der Peita zusammensetzte. Die erste Gruppe umfaßte jene, die sich bereits vor der Befreiung als Fakultätsmitglieder und Verwaltungsleute etabliert hatten, unter dem alten System ausgebildet worden waren und darum trotz ihrer oft beispielhaften Arbeit für den kommunistischen Untergrund in den «weißen» oder städtischen Gebieten des Landes angeblich noch bürgerliche Standpunkte vertraten. Die zweite Gruppe bestand aus Menschen wie mir, die ihre Ausbildung weitgehend nach der Befreiung erhalten und oft voller Begeisterung in der Untergrundbewegung mitgearbeitet hatten, aber auch noch von der älteren Intellektuellengeneration beeinflußt worden waren und einige der Ideale dieser Generation vertraten. Die dritte Gruppe umfaßte Arbeiter, Bauern und Soldaten, die während der Revolution größtenteils in «roten» oder ländlichen Gebieten gearbeitet hatten, nach der Befreiung an die Peita gekommen und nach ihrem Studium als Lehrer und Parteikader geblieben waren. Von dieser dritten Gruppe hatte sich der Vorsitzende Mao eine Veränderung des Charakters der Universitäten erhofft.

Während der Vier Säuberungen standen sich die Mitglieder der drei Gruppen im sogenannten «Kampf zwischen zwei Linien» als erbitterte Gegner gegenüber. Die Verfechter der sogenannten reaktionären Linie wollten angeblich die alte Bildungsform beibehalten und dadurch den Sozialismus unterminieren; die Verfechter der sogenannten progressiven Linie bestanden auf der Abschaffung aller Relikte aus der kapitalistischen Vergangenheit des Landes. Erstere waren gewöhnlich der Partei aufrichtig ergeben, standen aber trotzdem im Verdacht, die Ziele der neuen Gesellschaft zu sabotieren; obwohl sie, gleich Lu Ping, das Bildungsniveau nur heben wollten, um zur sozialistischen Zukunft beizutragen. Sie wurden jedoch von den weniger gebildeten Universitätsmitgliedern heftig bekämpft, die Vorherrschaft durch politische statt wissenschaftliche Sachkenntnis zu erlangen versuchten. Jedes der beiden feindlichen Lager rang um Einfluß auf die jüngere Generation, denn jedes wollte Nachfolger heranbilden. Der Kampf zwischen den beiden Erziehungslinien war also tödlich ernst, es war ein Kampf um die Bestimmung der Zukunft Chinas.

Die Partei fürchtete, die jungen Leute könnten vom bürgerlichen Denken beeinflußt werden, die Prinzipien der Demokratie übernehmen und sich gegen die Diktatur wenden; darum schmähte und verleumdete sie jene Mitglieder des Lehrkörpers, in denen sie Verbreiter solcher giftigen Ideen sah, und versuchte, die Einheitlichkeit des Denkens durchzusetzen. In ihrem Bemühen, potentielle Gegner auszuschalten, schmähte sie die älteren Professoren als «bürgerliche akademische Autoritäten»; die jüngeren Lehrer, die bei diesen studiert hatten, nannte sie «Sprößlinge bürgerlicher Autoritäten»; und die Lehrer, die in der Sowjetunion studiert und nach der Verschlechterung der Beziehungen zwischen den beiden Ländern die Heimreise angetreten hatten, waren «Sprößlinge des Revisionismus». Unter letztere reihte man auch all jene ein, die, wie Lao Tang, mit Lu Ping zusammengearbeitet hatten. In jeder Abteilung erhielten Personen mit akademischem Einfluß solche herabwürdigenden Etiketten; man beschuldigte sie, die Partei des Präsidenten Lu Ping zu ergreifen und den Zielen der Kommunistischen Partei an der Peita entgegenzuarbeiten.

Bis Winterbeginn 1964 waren zu den ursprünglich zehn Mitgliedern des Arbeitsteams so viele weitere gekommen, daß in jeder Abteilung eine Parteizweigstelle eingerichtet werden konnte. Das Ergebnis ihrer Untersuchung, das sie nie öffentlich bekanntgaben, erreichte uns auf mündlichem Weg. Sie stuften die Peita als «durch und durch bürgerliche Institution» ein, als «reaktionäre Festung», die in den vergangenen zehn Jahren ihren traditionellen Weg fortgesetzt habe, sich zunächst auf das europäische und amerikanische Bildungsmodell und dann auf das Beispiel der Sowjetunion stützte, aber nie auf die Einführung einer neuen, ausschließlich chinesisch ausgerichteten Bildungsform hinarbeitete. Sie befasse sich nur mit «alten, ausländischen und hochgespannten Dingen», hieß es, nie dagegen mit proletarischen Idealen, habe also die Bedürfnisse des Volkes völlig ignoriert. Lu Pings Amtszeit als Präsident sei die dunkelste Periode in der langen Geschichte der Universität, behauptete der Vizepräsident, der in Amerika ausgebildete Physiker Chou Pei-yüan, der an den Untersuchungen des Arbeitsteams mitgewirkt und so dessen Vertrauen errungen hatte. Nach der Kulturrevolution wurde er Präsident der Peita. Die heftigen Denunziationen machten alle unter uns, die im vergangenen Jahrzehnt ihr ganzes Leben der Peita gewidmet und aufrichtig an die Sache des Sozialismus geglaubt hatten, buchstäblich sprachlos.

Zu diesem Zeitpunkt war absolut unverständlich, warum es zur Bildung zweier derart tief gespaltener Lager gekommen war. Ich wußte, daß bis 1964 Einfluß und Macht bei Personen wie Lu Ping gelegen hatten, Männern, die vor der Befreiung in den weißen Gebieten tätig gewesen waren und hinter denen die Autorität von Liu Shao-ch'i stand, dessen Position das Debakel des Großen Sprungs nach vorn erheblich gestärkt hatte. Ich wußte auch, daß die Macht des Vorsitzenden Mao, die Anfang der sechziger Jahre wegen des Scheiterns seiner Wirtschaftspolitik beträchtlich geschwunden war, weitgehend von der Unterstützung der in den roten Gebieten aktiven Menschen abhing, also von der Landbevölkerung. Um Chinas Zukunft planen und steuern zu können, versuchte der Vorsitzende Mao nun entschlossen, seinen Einfluß auf die Bildung zu verstärken und Leute seines Vertrauens in Führungspositionen wie die Schlüsselstellungen an der Peita und in den Ministerien zu bringen. Zu seiner Strategie gehörte unter anderem, daß er von K'ang Sheng, dem mächtigen Chef der Parteiorganisation für öffentliche Sicherheit, ein Arbeitsteam an die Universität schicken ließ, um Liu Shao-ch'is Anhänger zu stürzen.

Das Urteil des Arbeitsteams erschreckte mich, aber von noch größerem Entsetzen wurde ich erfaßt, als P'eng Chen, der Pekinger Bürgermeister und Vorsitzende des städtischen Parteikomitees, und Teng Tuo, der stellvertretende Vorsitzende, das scheinbar definitive

Urteil des Arbeitsteams zurückwiesen und erklärten, die Peita sei eine wahrhaft sozialistische Institution. Der Vorsitzende Mao bestätigte natürlich das Verdikt, daß Lu Ping viele Verbrechen begangen habe. Doch P'eng Chen und Teng Tuo weigerten sich mit stillschweigender Unterstützung Liu Shao-ch'is zu kapitulieren; sie behaupteten beharrlich, wie man uns sagte, daß die Erkenntnisse des Arbeitsteams unrichtig seien, daß die Peita eine durch und durch sozialistische Institution sei und ihr Präsident Lu Ping ein loyaler Genosse. Weil das Arbeitsteam vom Zentralkomitee entsandt worden war, fand ich es unvorstellbar, daß jemand sein Urteil anzuzweifeln wagte. Ich hatte immer geglaubt, im Zentralkomitee herrsche unerschütterliche Einigkeit, es stehe da wie ein Fels. Zu jenem Zeitpunkt konnte ich unmöglich erkennen, welcher Machtkampf in den höchsten Höhen der Partei tobte. Erst als der Vorsitzende Mao 1966 die Massen aufrief, die Parteizentralen anzugreifen, ganz offensichtlich eine Attacke auf Liu Shao-ch'is Autorität, begann mir klarzuwerden, was zu den Feindseligkeiten bei den Vier Säuberungen geführt hatte.

Wir wußten es 1964 nicht, aber der erbitterte Kampf zwischen den zwei Linien markierte den Beginn der Kulturrevolution. Später, in der Rückschau, erkannten wir, daß die unversöhnlichen, gegensätzlichen Standpunkte der beiden Lager, von denen eines seine Anhänger unter den Stadtbewohnern und das andere die seinen unter der Landbevölkerung fand, zwangsläufig zu einer Explosion führen mußten.

In jenen Anfangstagen konnten wir jedoch nicht ahnen, welche Formen der Kampf annehmen würde. Wir spürten im Herbst und Winter 1964 lediglich, daß eine äußerst angespannte Atmosphäre herrschte und die relative Entspannung des Jahres 1963 der Vergangenheit angehörte. Jeden Tag zitierten wir nun den berühmten Befehl des Vorsitzenden Mao: «Vergeßt nie den Klassenkampf!» Diese Warnung war im Sommer 1962 an die Parteiführer ergangen, jetzt erinnerte sie uns daran, daß die Klassenwidersprüche und der Klassenkampf «jedes Jahr, jeden Monat und jeden Tag» der Aufmerksamkeit bedurften. Es gab unübersehbare Signale dafür, daß uns eine unruhige Zeit bevorstand.

# 6 Säuberung auf dem Land

Anfang 1965 bekam ich persönlich zu spüren, daß die Bewegung der Vier Säuberungen an Stärke gewann. Im Herbst des Vorjahres war ich beauftragt worden, in der Rechtsabteilung einen neuen Lehrgang über Satzkonstruktion abzuhalten. Knapp drei Wochen nach Semesterbeginn sagte man mir jedoch plötzlich, ein jüngerer Dozent löse mich ab, und ich solle ihm erklären, wie am besten vorzugehen sei. Die brüske Entlassung aus meinem Lehramt bestürzte mich, doch zunächst vermutete ich, ich könne im Zuge der jüngsten Bemühungen der Partei, Literatur und Kunst zu revolutionieren, wieder eine Art literarische Arbeit aufnehmen. Kurz vor Beginn der Winterferien fand dann eine Versammlung statt, die mich gründlich von meiner naiven Vorstellung befreite.

Gleich nach Beginn der Versammlung mußte ich erkennen, daß die für meine Abteilung zuständigen Mitglieder des Arbeitsteams beschlossen hatten, mich als warnendes Beispiel für die Verfolgung der falschen Linie in Organisation und Politik auszuwählen, weil ich die Arbeit eines Studenten, die als systemkritisch betrachtet werden konnte, gelobt hatte. Im Herbst 1963 hatte ich die Studenten aufgefordert, Arbeiten über ihre Familien und ihre Heimatstädte zu schreiben und ein lokales politisches Problem zu erörtern, das während der Sommerferien aufgetaucht war. Die meisten Studenten schilderten, auf welche Weise die Volkskommunenbewegung die Produktion gesteigert hatte, wie die Hungersnot überwunden worden war und welch herrliche Zukunft das Land erwartete. Doch mein Lieblingsstudent, ein begabter, nachdenklicher junger Mann namens Wang Ming, schrieb über das Scheitern der «Drei Roten Banner» und gelangte zu dem Schluß, daß die Situation auf dem Land nicht wegen ungünstiger klimatischer Bedingungen schwierig sei, sondern aufgrund einer verfehlten Politik. Nach Darlegung seiner Beweise folgerte er, daß die Ungeduld, mit der man das Stadium des Kommunismus zu erreichen versuche, sehr schädlich sei. weil der Kommunismus unmöglich ohne Mechanisierung und ohne ein höheres Produktionsniveau erreicht werden könne.

Angesichts meiner persönlichen Erfahrungen auf dem Land in den Hungerjahren hielt ich Wangs Schlußfolgerunge für richtig und lobte seine Darstellung, in der Überzeugung, daß seine Arbeit eine gute Gelegenheit böte, den Studenten die Fehler der Vergangenheit zu erläutern. Schon während der Hundert-Blumen-Periode von 1957 war ähnlich gelagerte Kritik laut geworden, aber niemand hatte darauf gehört, und die Folge waren drei bittere Leidensjahre gewesen. Weil Wangs Arbeit solides Beweismaterial, eine gründliche Analyse und überlegte Schlußfolgerungen bot, benotete ich sie gut, las sie vor und lobte Exposition sowie Gliederung.

Natürlich wußte ich, daß es gefährlich war, die «Drei Roten Banner» zu kritisieren. Auf dem ZK-Plenum im August 1959 hatte Verteidigungsminister P'eng Te-huai behauptet, diese Wirtschaftspolitik habe auf dem Land eine Katastrophe verursacht, und sich damit eine heftige Rüge des Vorsitzenden Mao eingehandelt, der ihn früher stets seinen engen Waffengefährten genannt hatte. Meine Wahl der Arbeit von Wang Ming als Modell war folglich riskant, aber nach meinem Dafürhalten verdiente sie die Anerkennung. Außerdem war die Arbeit nur indirekt kritisch, es hieß darin taktvoll, in unserem Land sei irgend etwas fehlgeschlagen, weil wir auf manchen Gebieten zu rasch vorgegangen seien. Ich bemühte mich zudem, nur Wang Mings Schreibtechnik zu loben, und vermied sorgfältig, meine persönliche Meinung zu den behandelten Fragen zu äußern.

Trotzdem griff man mein Lob dieser Arbeit heraus, als die Bewegung der Vier Säuberungen an Intensität zunahm und alle Lehrer erneut überprüft wurden; man bezeichnete es als typisches Verhalten einer Rechtsabweichlerin, die junge Studenten in eine antisozialistische Richtung führen wolle. Mein Fall wurde als warnendes Beispiel für die Fortdauer des Klassenkampfs behandelt, nicht nur 1965, sondern ein zweites Mal im folgenden Jahr, als man ihn zur Begründung der Notwendigkeit der Kulturrevolution wieder aufgriff, und ein drittes Mal 1969 während der Bewegung zur Säuberung der Klassenränge. Mehrere Lehrer, die in der einst von mir geleiteten Parteizweigstelle aktiv mitarbeiteten, brachten sorgfältig formulierte Kritiken gegen mich vor, in denen sie mich beschuldigten, meine Position als Dozentin zu benutzen, um die «Drei Roten Banner» anzugreifen. «Eine neue Tendenz im Klassenkampf wird hier sichtbar», hieß es wiederholt in den drei Versammlungen, die einberufen wurden, um mich zu kritisieren. «Man erlaubt einer Feindin, in den Hörsaal zu gehen, zu lehren und sich dort mit potentiell gefährlichen Elementen unter den Studenten zu verbünden, die den Sturz der Kommunistischen Partei wollen. Wenn die Vier Säuberungen nicht gründlich durchgeführt werden, läßt sich nicht absehen, was mit der Erziehung in China geschieht.»

«Das Stadium des Klassenkampfs ist offensichtlich noch nicht zu Ende», rief einer der Lehrer in Erinnerung an das berühmte Wort des Vorsitzenden Mao. «Yue Daiyun ist eine Rechtsabweichlerin, die entlassen wurde und der man später großzügig erlaubte, ans Lehrpult zurückzukehren. Sie zeigt aber keine Dankbarkeit, sondern hat vielmehr erneut versucht, die Kommunistische Partei zu zerrütten.» Ein anderer Lehrer warnte: «Wenn wir nicht ständig auf der Hut sind, wird unser sozialistisches Land bestimmt von solchen Klassenfeinden unterminiert, die zu erreichen versuchen, daß sich die Menschen von der Führung der Partei abwenden.»

Die Drohung des Arbeitsteams, man könne mir die Rechtsabweichlermütze jederzeit zurückgeben und mich erneut aus den Reihen des Volkes entfernen, war furchterregend und zutiefst deprimierend. Das eigentliche Ziel der Sozialistischen Erziehungsbewegung, das auch die Strenge meiner Ankläger erklärte, war die Kontrolle über die junge Generation; um sie zu erlangen, mußte man der Jugend beibringen, die Wertvorstellungen der unter dem alten System geschulten Intellektuellen abzulehnen. Anhand der Arbeit meines Studenten veranschaulichte man die Gefährlichkeit der Politik Lu Pings, erlaubte sie doch einer noch nicht vollkommen umerzogenen Person, Lehraufgaben zu übernehmen, was ihr die Möglichkeit zur Indoktrination anderer gegen die Partei erschloß. Einmal mehr verbot man mir, in den Hörsaal zurückzukehren.

Einige Monate nach meiner Entlassung aus dem Lehramt erhielt ich den Auftrag, Material für die neue Bewegung zur Kritik bürgerlicher literarischer Standpunkte zu sammeln. Für völlig inakzeptabel hielt man zum Beispiel, daß in einem Roman Menschen als «mittlere Charaktere» auftreten; damit meinte man Figuren, die weder Helden noch Schurken sind. Arbeiter, Bauern und Soldaten sollten als beispielhaft geschildert werden, als Personen ohne jeden Fehl und Tadel. Alles andere betrachtete man als bürgerlich. Ambivalenz wurde in der Literatur nicht geduldet; das leiseste Anzeichen von Sympathie für einen Schurken würde angeblich verwirrend auf die Leser wirken und sie auf Abwege führen. Meine Aufgabe war es nun, Zeitungen und Zeitschriften nach Artikeln zu durchforschen, in denen derartige «schwarze Standpunkte» sichtbar wurden, damit man die Autoren kritisieren konnte. Ich erledigte meine neue Arbeit mechanisch, wohl wissend, daß solche Schriftsteller vor der laufenden Kampagne nicht beschützt werden konnten; sammelte ich das belastende Material nicht, machte es jemand anderer.

Wieder war ich eine nicht dazugehörende Person, isoliert von meinen Kollegen und von den Studenten, die ich angeblich vergiftet hatte. Weil ich glaubte, sowieso niemandem vertrauen zu können, fand ich mich mit dem einsamen Leben ab und tat, was man von mir verlangte.

Der Fortgang der Bewegung der Vier Säuberungen verwirrte mich zunehmend. Ich konnte nicht mehr erkennen, welche Politik richtig war, konnte Recht nicht mehr von Unrecht unterscheiden und meinen eigenen Weg nicht mehr klar ausmachen. Die Zeitungen vergrößerten mein Dilemma noch, denn ihre Artikel widersprachen regelmäßig dem, was ich aus eigener Erfahrung wußte. Ich las beispielsweise von einer Kommune, deren Getreide-Ertrag angeblich 7500 Kilogramm pro Hektar betrug, eine Leistung, die voll Übertreibung dem Start eines Satelliten gleichgesetzt wurde; oder ich las über den Erfolg der Kampagne, tief zu graben, ein Verfahren, von dem in lautesten Tönen verkündet wurde, es habe die Produktion phantastisch gesteigert. Aus meinen Jahren auf dem Land wußte ich, daß die Bauern über solche großsprecherischen Ertragsstatistiken nur lachten, und ich hatte beim «Tiefgraben» mit eigenen Augen den Sand unter dem Mutterboden gesehen. Weil ich das, was ich las, nicht mit meinen Erlebnissen in Einklang bringen konnte, wußte ich beim besten Willen nicht mehr, wie ich für eine bessere Zukunft meines Landes arbeiten sollte.

Zu meiner Niedergeschlagenheit trug auch die häusliche Situation bei, die sich mit Tang Yongtongs Tod verändert hatte. Lao Tangs Mutter trauerte unvermindert um ihren Mann, und weil sie nur 200 Yuan Pension erhielt, etwa ein Drittel der Bezüge meines Schwiegervaters, mußte die Familie sich einschränken. Uns blieb keine andere

Wahl, als Daolan und eine *ayi* zu entlassen. Ich übernahm danach einen Teil der Kinderpflege und der Hausarbeit. Auf die Bitte meiner Schwiegermutter hin übernahm ich auch die Verantwortung für die Familienfinanzen. Gegen alle Entscheidungen, die ich traf, protestierte meine Schwägerin, und sie ließ keine Gelegenheit aus, an der Qualität des Essens herumzumäkeln oder sich darüber zu beschweren, daß sie ihre beiden kleinen Kinder versorgen mußte, wenn deren *ayi* mit Einkaufen oder Kochen beschäftigt war. Es sah so aus, als sei in unserer Familie, wie in der Gesellschaft überhaupt, die Periode des Optimismus und der Harmonie zu Ende.

Meine eigenen Eltern, im Augenblick unberührt von den politischen Stürmen, hatten im Sommer 1964 die Erlaubnis erhalten, für die Zeit ihres Ruhestands nach Peking zu übersiedeln. Meine Schwester hatte im Sommer ihren Abschluß an der Szechwan-Universität gemacht und glücklicherweise in Peking einen Posten als Chemikerin im Eisenbahninstitut erhalten, so daß meine Eltern ihre drei Kinder in der Hauptstadt vorfanden. Überglücklich über die Wiedervereinigung der Familie, gaben meine Eltern ihr ganzes Pensionierungsgeld für ein kleines Haus aus Adobeziegeln und ein Stück Land aus, das sie von einem Bauern erwerben konnten. Es lag auf halber Strecke zwischen der Peita und der benachbarten Ch'ing-hua, an der mein Bruder Physik lehrte. Damals durfte man ein eigenes Haus besitzen, sofern man es nicht vermieten oder weiterverkaufen wollte. Meine Eltern richteten sich voll Freude mit meiner Schwester in den einfachen vier Räumen ein.

Immer wieder sagte meine Mutter, nun hätten sich alle ihre Hoffnungen erfüllt. Ihre Kinder hätten gute Stellungen, ihre Enkel wohnten in der Nähe, und sie könne ihre restlichen Tage damit zubringen, auf ihrem Land Gemüse, Blumen und Weintrauben zu ziehen. Ich freute mich sehr, daß sie endlich innere Zufriedenheit gefunden hatte. Mein Vater begann, seine Memoiren zu schreiben und einige seiner liebsten Kurzgeschichten von Somerset Maugham ins Chinesische zu übersetzen. Das glückliche Familienleben währte jedoch nur ein Jahr, dann fand ich mich auf dem Land wieder. Ich sollte in einer blühenden Kommune östlich Pekings, in der Kohl angebaut wurde, bei der Durchführung der Vier Säuberungen mithelfen.

Nicht nur an der Universität wurde der politische Kampf immer heftiger, die Säuberungskampagne erreichte auch auf dem Land einen Höhepunkt. Genau wie in der Zeit der Landreform teilte man die Intellektuellen in Arbeitsgruppen auf, die in ländlichen Gebieten die Politik der Regierung durchsetzen sollten. Im September 1965 fuhr ich mit der zweiten, sechzig Personen umfassenden Gruppe ab, um laut Weisung der Peita an der sogenannten «zweiten Landreform» mitzuwirken. Unser Bestimmungsort war Hsiao-hongmen, «Kleines Rotes Tor», etwa drei Busstunden südlich Pekings gelegen. Dort teilten wir uns in mehrere Teams auf und fuhren mit Pferdewagen in unsere jeweiligen Dörfer. Zu meinem Team gehörten außer mir noch fünf Personen, ein Lehrer der Ch'ing-hua, der unser Führer war, sowie vier Studenten, einer aus der Ch'ing-hua, einer vom Pekinger Technischen Institut und zwei aus meiner Abteilung.

Weil ich als Rechtsabweichlerin galt, die einen neuen Fehler begangen hatte, betraute man mich anfangs nicht mit politischen Aufgaben. Ich sollte zu meiner Umerziehung die Bedingungen und Zustände im Dorf beobachten. Am meisten verblüffte mich anfangs der Wohlstand dieser Produktionsbrigade; das Leben hier war sehr viel bequemer als in Chaitang. Auf der weiten, fruchtbaren Ebene gedieh der größte Teil des Kohls, den die Hauptstadt benötigte. Ich blickte bewundernd über die sorgfältig bepflanzten Äcker und auf die mit Weidenruten ausgekleideten Bewässerungskanäle, die das Land in einer Art Schachbrettmuster unterteilten. Der Lebensstandard lag beträchtlich über jenem in der weiter entfernten Gebirgsregion westlich Pekings, zu der Chaitang gehörte. Hier in Hsiao-hongmen bewohnten die meisten Familien drei Räume statt einem; zwei Schlafzimmer flankierten die in der Mitte gelegene Küche, die *kangs* waren durch Heizröhren aus Ziegeln mit zwei großen, erhöhten Öfen in der Küche verbunden. Der Kohl brachte dem Dorf ansehnliche Einkünfte, was man auch daran sah, daß die Menschen Kleidung von guter Qualität trugen und komfortabel eingerichtete Wohnungen hatten; ich sollte jedoch bald erfahren, daß sie keineswegs glücklich lebten.

Die Bauernfamilie, bei der ich untergebracht war, gehörte der Hui- oder Muslimminderheit an. Der Vater, seit vielen Jahren blind, bereitete das Essen zu und besorgte den Haushalt, während die Mutter und die beiden Töchter die Feldarbeit erledigten. Die Töchter, siebzehn und zwanzig Jahre alt, hatten nach der Grundschule keine Chance zur Weiterbildung erhalten, sondern sofort für den Lebensunterhalt der Familie arbeiten müssen. Jetzt war es ihr sehnlichster Wunsch, Arbeiterinnen in der Stadt zu werden. Wenn wir zusammen auf den Feldern waren, sprachen sie von ihrem Traum, in der Stadt zu leben. Ich versuchte erneut das Glück zu empfinden, das ich unter den Bauern in Chaitang kennengelernt hatte, doch diesmal fiel es mir viel schwerer, mich im ländlichen Alltagsleben zu verlieren, vielleicht weil ich weniger isoliert war. Da ich jeden Tag Zeitung las und Radio hörte, konnte ich meine Angst wegen der politischen Situation, die sich in Peking entwickelte, nie ganz verdrängen.

Vor der Abfahrt hatte man uns eine Liste der guten Bauern im Dorf gegeben, wozu alle gehörten außer den Grundbesitzern, den reichen Bauern und den unmittelbar politisch Belasteten. Jeden Abend gingen wir zu einem von ihnen zum Essen. Sie tischten stets das Beste auf, was sie hatten, manchmal sogar eine Portion Fleisch, um unsere Gunst zu gewinnen. Aber wenn sie uns auch immer sehr freundlich willkommen hießen und höflich behandelten, so betrachteten sie uns doch als Autoritäten und nie als Familienmitglieder. Das Gefühl der Nähe, das ich in Chaitang kennengelernt hatte, stellte sich hier nicht ein.

Ich zog jeden Morgen mit den Frauen auf die Felder und leistete die gleiche anstrengende Arbeit wie sie. Manchmal grub ich mit einer schweren Hacke den Boden um, ein andermal säte ich, lockerte den Boden um die jungen Pflänzchen oder jätete Unkraut. Nach dem Abendessen in irgendeinem der Häuser kehrte ich zu meiner Bauernfamilie zurück. Bei dieser täglichen Routine lernte ich eine Menge über Hsiao-hongmen, und ich merkte bald, daß unter den Leuten alles andere als harmonische Beziehungen herrschten. Wenn sich jedoch einmal jemand über eine Ungerechtigkeit beklagte, bestrafte der stellvertretende Brigadeführer den Betreffenden so, daß es niemand merkte. Dies nannte man, einer Person «einen engen Schuh anziehen». Der Führer behauptete dann beispielsweise, er brauche jemanden für eine schwierige Arbeit an einem weit entfernten Ort.

Nach mehreren Wochen in dem Dorf sah ich klar, wie grausam der inzwischen von seinem Posten entfernte stellvertretende Führer die Bauern behandelt hatte. Er schickte beispielsweise junge Männer, die er nicht mochte, zum Straßenbau, eine unbeliebte Arbeit wegen der Abwesenheit von zu Hause, der schlechten Bezahlung und der Plackerei. Widersetzte sich jemand dem kleinen Tyrannen, wurde der nur noch rachsüchtiger. Ein Mittelbauer stritt oft mit ihm, und die beiden haßten einander zutiefst. Dieser Bauer erhielt immer die übelsten Arbeiten und die wenigsten Arbeitspunkte. Er mußte unter anderem den Nachtkot auf dem Rücken von den Latrinen zu weit draußen liegenden Gruben tragen, wo daraus durch Gärung Dünger entstand; eine besonders unangenehme Arbeit an heißen Tagen, mit der man gewöhnlich einen ehemaligen Grundbesitzer bestrafte. Die wiederholte Bitte des Mannes, in das Dorf der Familie seiner Frau übersiedeln zu dürfen, lehnte der Führer beharrlich ab.

Je gründlicher ich Hsiao-hongmen kennenlernte, desto wichtiger erschienen mir die Vier Säuberungen. Die beiden Schwestern in meiner Bauernfamilie berichteten über andere Fälle von Unterdrükkung seitens des stellvertretenden Führers. Eine verheiratete Frau im Dorf hatte seine Annäherungsversuche zurückgewiesen und erklärt, sie wolle ihrem Mann treu bleiben. Aus Rache für die Abfuhr schickte sie der Stellvertreter oft zum Arbeiten an weit vom Dorf entfernte Stellen. Aus Angst, er werde ihr folgen und sie zwingen, ihm gefügig zu sein, hatte die Frau wiederholt Urlaub genommen und dadurch weit weniger Arbeitspunkte erzielt als im Vorjahr. Wollten die Bauern Häuser für ihre Kinder bauen, damit diese heiraten konnten, mußten sie bei den Führungskadern Land beantragen. Um ein gutes Grundstück zu erhalten, gaben die Antragsteller hohe Summen für Bestechungen und Festessen aus, denn die Kader konnten ganz nach eigenem Gutdünken Grundstücke zuteilen, von der Qualität, die ihnen gerade paßte.

Mich entsetzte die Erkenntnis, wie stark die Widersprüche zwischen Führern und Geführten geworden waren. Meines Wissens hatten während der Landreform nie Kämpfe wie jene stattgefunden, die mir die Frauen schilderten, wenn wir vornübergebeugt auf den Feldern jäteten. Damals hatten Bauern und Kader Seite an Seite gearbeitet und das Land gemeinsam besessen. Seit der Kollektivierungsbewegung waren die Bauern jedoch nur noch Arbeiter, die den Befehlen ihrer Führer gehorchten und viel weniger Verantwortung für die Produktivität des Landes trugen als ein Jahrzehnt zuvor. Als die Bauern das Gefühl gehabt hatten, die Herren ihres Landes zu sein, waren die Kader viel weniger autoritär und despotisch gewesen, doch inzwischen war alles anders geworden.

Einige der Dorfführer hatten begonnen, sich wie Fabrikdirektoren zu gebärden, von denen ich vor der Befreiung gehört hatte, daß sie ihre Untergebenen unterdrückten und sogar schlugen. Die Kader mußten jetzt nicht mehr körperlich arbeiten, sondern verbrachten ihre Zeit damit, andere zu beaufsichtigen, Befehle zu geben und organisatorische Fragen zu klären. Oft nutzten sie ihre Position dazu aus, die Männer im Dorf zu piesacken und die Frauen zu beleidigen. Manchmal gaben sie sogar sich selbst zu viele Arbeitspunkte, fälschten Konten oder erklärten den unwissenden Bauern kurz und bündig, dieses Jahr seien die Löhne niedriger. In den frühen fünfziger Jahren hatte man zu Funktionären aufgeschaut wie zu fürsorglichen Eltern, jetzt aber nannte man sie «örtliche Kaiser». Weil es keine Möglichkeit zur Verhinderung solcher Übergriffe gab, gelangte ich zu der Überzeugung, daß die Bewegung der Vier Säuberungen nötig sei, um die Lage der Bauern zu verbessern.

Für uns war augenfällig, daß die Zustände im Dorf nach einer Reform schrien. Wir besaßen jedoch keine Möglichkeit, mit Sicherheit festzustellen, welche der Führer anständig waren und welche ihre Macht mißbraucht hatten, denn die Bauern zögerten, Mitgliedern des Arbeitsteams zu vertrauen oder Außenstehenden über die Verstöße der Kader zu berichten. Die Dorfbewohner benutzten Chinas beliebteste Fahrradmarken als Metapher, um ihr Schweigen zu begründen. «Das Arbeitsteam ist wie die Marke *Fliegende Taube*», sagten sie, «es wird bald fort sein. Die hiesigen Kader dagegen sind wie die Marke *Immerwährend*, sie bleiben ewig bei uns.» Nicht ohne Grund fürchteten die Bauern, daß die Kader später einen Weg finden würden, sich an jedem zu rächen, der gegen sie sprach.

Es war deshalb nicht leicht für uns, die Lage in Hsiao-hongmen richtig zu beurteilen. Und so kam es, daß wir einige Kader, die im Umgang mit den Bauern immer anständig gewesen waren, durch unsere Untersuchungen verletzten. Wir hatten Anweisung erhalten, keinem der örtlichen Kader zu trauen, sondern anzunehmen, daß sie alle Anhänger des kapitalistischen Wegs seien; erst nach sorgfältiger Beobachtung und Nachforschung werde es uns möglich sein, die Zuverlässigen zu erkennen. Darum hielt unser Führer noch an unserem Ankunftstag eine Versammlung ab, auf der er zuerst einmal alle örtlichen Funktionäre ihrer Ämter enthob. Dann gab er bekannt, daß jeder im Dorf ab sofort eine klare Linie ziehen müsse, um sich von jenen zu trennen, die überprüft wurden, und daß jeder dem Arbeitsteam alles berichten müsse, womit die Kader der sozialistischen Sache geschadet hatten. Als nächstes befahl er, den

Dorfbuchhalter einzusperren, weil er fürchtete, dieser werde seine Unterlagen vernichten, bevor wir sie auf Beweise für Verstöße hin untersuchen konnten. Die Frau des Buchhalters durfte ihrem Mann Essen bringen, wurde aber ständig überwacht. Mich erstaunte, daß ein Universitätsteam solche Autorität haben sollte, aber es besaß tatsächlich absolute Macht. Es wurde als Verkörperung der obersten Führung angesehen, und darum wagte niemand, sich ihm zu widersetzen.

Die Untersuchungen des Arbeitsteams schienen mir im Prinzip wichtig, doch die angewandten Methoden fand ich zu hart. Um beispielsweise den Buchhalter zu dem Geständnis zu bringen, daß er Löhne der Bauern unterschlagen hatte, verhörten ihn drei Männer rund um die Uhr, ohne ihn schlafen zu lassen. Schließlich war er so erschöpft, daß er alles zugab, was sie wollten, und diverse Verbrechen gestand. Allerdings konnte kein einziges je bewiesen werden.

In unserem Dorf wurde niemand körperlich verletzt, während man anderswo die Leute zwang, einen «Düsenflug» zu machen: Sie mußten mit vorgebeugtem Oberkörper dastehen, während man ihnen den Kopf an den Haaren nach hinten zog und ihre Arme hinter dem Rücken nach oben drehte. Diese Technik, später in der Kulturrevolution bei Verhören allgemein üblich, wurde während der Vier Säuberungen in einem Dorf der Provinz Hopeh erfunden, wo Liu Shao-ch'is Frau das Arbeitsteam anführte. Unser Teamführer, humaner und vernünftiger als andere, zwang nie jemanden zu dieser überaus schmerzhaften Position und hängte auch niemanden an den Handgelenken auf. Er unterwarf die örtlichen Kader jedoch starkem psychischem Druck, verhörte sie endlos, zweifelte ihre Wahrhaftigkeit an und entfernte sie aus ihren Ämtern, so daß sie in der Öffentlichkeit das Gesicht verloren.

Später stellte sich heraus, daß der Brigadeführer seine Stellung sehr gewissenhaft ausgefüllt hatte, daß er tüchtig und ehrlich war, wenn auch manchmal hart gegenüber den Bauern. Bei unserer Ankunft entließen wir ihn jedoch mit all den anderen und verletzten so seine Selbstachtung, weil wir ihn wie einen Kriminellen behandelten. Wir verdächtigten ihn, nachts heimlich Öl aus der Vorratsscheune, zu der er einen Schlüssel besaß, genommen zu haben, weil einige Dorfbewohner aussagten, einmal hätte es bei seinem Haus nach Krapfen gerochen, die in schwimmendem Öl gebacken wurden. Er behauptete unerschütterlich, daß er von der Familie seiner Frau

Öl gekriegt habe und bestimmt nicht auf die Idee käme, das Dorf zu bestehlen. Wir ignorierten seine Proteste, entließen ihn und lehnten ein weiteres Gespräch mit ihm ab.

In diesen ersten Wochen machten wir viele Fehler. Wir vertrauten einem Kader, der bestraft gehört hätte, entließen die anständigen Kader zusammen mit den schlechten und setzten untaugliche, unerfahrene Ersatzleute ein, die nichts von der Führung einer Brigade verstanden. Die Auswahl neuer Kader war unsere vordringlichste Aufgabe, denn man hatte uns gesagt, wir dürften erst nach Peking zurückkehren, wenn eine Mannschaft verantwortungsbewußter Dorfführer fest im Sattel sitze. Wir bemühten uns redlich, Leute zu finden, die alle geforderten Kriterien erfüllten. Es sollten wirklich arme Bauern sein, die unter der Kuomintang gelitten hatten und deshalb loyal gegenüber den Kommunisten sein würden; sie sollten aber auch zu den entlassenen örtlichen Kadern keine Verbindung gehabt haben und außerdem noch absolut ehrlich sein. Eine schwierige Aufgabe.

Einige Wochen nach unserer Ankunft ernannten wir einen ehrlichen alten Bauern, der in hohem Ansehen stand, zum neuen Brigadeführer. Doch bald zeigte sich, daß er weder das technische Wissen noch die organisatorischen Fähigkeiten besaß, die man zur Leitung eines großen Produktionsteams nun mal braucht. Er war ein Fachmann für die Versorgung von Kühen und Schafen, hatte jedoch wenig Erfahrung im Ackerbau und eignete sich deshalb überhaupt nicht für seinen neuen Posten. Wir suchten vergeblich nach einem Ersatz.

Als ein halbes Jahr verstrichen war und die Bewegung der Vier Säuberungen sich ihrem Ende zuneigte, kam eine Gruppe Bezirksführer nach Hsiao-hongmen, um unsere Fortschritte zu überprüfen. Sie fragten, ob wir konterrevolutionäre Elemente entdeckt hätten, ob die Politik des Widerstands gegen den Kapitalismus durchgesetzt worden sei und ob sich noch Leute mit kapitalistischen Neigungen in Machtpositionen befänden. Als Anhänger des kapitalistischen Wegs galt ein Bauer, wenn er beispielsweise mehr als zwei Schweine mästete, obwohl er zusätzlich eine kleine Zahl Hühner und Kaninchen halten durfte, was damals noch jedem Haushalt erlaubt war. Der wichtigste Maßstab für die Bewertung des Erfolgs eines Arbeitsteams war jedoch die Qualität der zur Leitung des Dorfes ausgewählten Kader. Dieser Punkt hatte uns vor ein unlösbares Problem gestellt. In unserem Dorf wollte niemand ein Kader werden, seit die Leute gesehen hatten, wie wir die früheren Führer behandelten. Die Männer fürchteten, man könnte auch sie als Kader irgendwann einmal zwingen, Dinge zu sagen, die sie nicht sagen wollten, man könnte sie demütigen oder bestrafen; und die Frauen erklärten standhaft, sich scheiden zu lassen, wenn ihre Männer Kader würden.

Meine Hauptaufgabe während dieser Monate auf dem Land bestand darin, mit den Dorffrauen zu arbeiten und ihre Standpunkte kennenzulernen. Als ersten Sonderauftrag übertrug man mir die Überprüfung einer Mittfünfzigerin, die angeblich eine Leitfigur in der religiösen Bauerngeheimgesellschaft Yiguando oder «Weg der allgemeinen Harmonie» war. Die Gesellschaft sollte in den ländlichen Regionen Nordchinas immer noch einflußreich sein, obwohl die meisten ihrer Führer 1955 als Konterrevolutionäre eingestuft und zum Tode verurteilt worden waren. Weil derartige religiöse Geheimgruppen bei den früheren Bauernaufständen eine wichtige Rolle gespielt hatten, waren sie heftig angegriffen worden. Vor unserer Abfahrt hatte man uns gesagt, daß in der Gegend von Hsiaohongmen die Sekte besonders aktiv gewesen sei und daß dort die Witwe eines der Sektenführer, der kurz vor der Befreiung an irgendeiner Krankheit gestorben war, das Werk ihres Mannes fortsetze.

Ich sollte herausfinden, welchen Einfluß die Sekte in Hsiaohongmen noch besaß, wie viele Mitglieder sie zählte und welche Rolle besagte Witwe spielte. Meine Erkundigungen erbrachten anfangs nichts, die Dorffrauen wichen allen Fragen aus. Erst nachdem ich mehrere Wochen mit ihnen auf den Feldern gearbeitet hatte, wurden sie offener. Sie lachten mich immer aus, weil ich nicht wie sie stundenlang in der Hocke verharren konnte, sondern auf den Knien arbeiten mußte, aber sie faßten bald Zuneigung zu mir und schwatzten ungeniert über ihre Kinder und die Dorfaffären.

Nun erfuhr ich, daß die Witwe Huang tatsächlich eine Sektenführerin war und daß vor einigen Jahren in ihrem Haus eine Zusammenkunft stattgefunden hatte, an der Sektenmitglieder aus den umliegenden Dörfern teilnahmen. Die ehemaligen Schüler ihres Mannes hatten dem verstorbenen Lehrer gehuldigt, und nach dem Abbrennen von Räucherstäbchen hatten die Teilnehmer drei Mädchen im Alter zwischen sechzehn und achtzehn Jahren zu den drei Mächten Himmel, Erde und Mensch bestimmt. Die drei Jungfrauen hatten dann rätselhafte Sätze geäußert und geheime Verwünschungen ausgesprochen, während sie mit geschlossenen Augen auf dem *kang* saßen. Damit hatten sie sich als Medien ausgewiesen. Die anderen hatten schließlich durch sie Verbindung mit ihrem toten Führer aufgenommen und seinen Geist angerufen, durch die Medien zu ihnen zu sprechen, sie zu beschützen und ihnen Frieden zu bringen.

Man erzählte mir auch, daß die Witwe mit einem ehemaligen Landarbeiter ihres Mannes intim befreundet sei und daß die beiden in dessen Haus einen unterirdischen Gang gegraben hätten, um notfalls aus dem Dorf fliehen zu können. Während des Kriegs gegen Japan war in jenem Teil Chinas ein kunstvolles Netzwerk solcher Geheimgänge geschaffen worden, zu denen es zahlreiche Eingänge gab, manchmal verborgen unter dem Wok, der in einen Lehmherd eingelassen war, oder unter der Zisterne. Die Witwe und ihr Freund hatten angeblich versucht, das Haus mit einem dieser alten Fluchtwege zu verbinden. Außerdem behaupteten die Frauen, sie habe in ihrem Haus ein großes Messer versteckt. Ich berichtete die alarmierenden Gerüchte dem Teamführer. Er hielt die Lage für sehr ernst und rief die Volksmiliz zu einer nächtlichen Hausdurchsuchung zusammen.

Im Vorratsraum des Hauses der Witwe fanden wir einen schweren Sarg, den sie für sich vorbereitet hatte und dessen Deckel die übliche Dicke von fünfundzwanzig Zentimetern besaß, um den Leichnam vor Verwesung zu schützen. Den Bauern zufolge enthielt der Sarg Gewehre aus der Kriegszeit, darum beobachteten wir atemlos, wie die vier Milizsoldaten den schweren Deckel öffneten. Doch der Sarg war leer. Die gründliche Durchsuchung der Vorratsbehälter brachte das Messer zum Vorschein. Wir beschlagnahmten es triumphierend, obwohl die Witwe erklärte, ihr Mann sei Wassermelonenhändler gewesen und habe das Messer dazu benutzt, die Melonen zum Verkauf zu zerteilen.

Am nächsten Morgen nahmen wir uns das Haus des Freundes der Witwe vor, fanden jedoch weder unter dem Wok noch unter der Zisterne die Spur eines Tunneleingangs. Daraufhin teilten wir unsere Gruppe. Drei Milizsoldaten schickten wir auf die Felder, um den Freund zur Befragung holen zu lassen, die restlichen vier Leute sollten die Suche fortsetzen. Der Freund der Witwe, ein starker, muskulöser Mann, weigerte sich mitzugehen, weil er fürchtete, verhaftet zu werden. Er stellte sich mit dem Rücken an einen

Bewässerungsbrunnen und wehrte die Milizsoldaten mit einer Schulterstange ab. Mehrere Leute erlitten Verletzungen, bevor es gelang, ihn zu überwältigen. Man schaffte ihn dann sofort ins Kommunengefängnis. Unterdessen kratzte ich mit einem Stock den Lehmboden in seinem Haus auf und entdeckte schließlich ein mit einem Brett abgedecktes Loch. Die Höhle führte nicht weiter als bis zur Hausmauer, enthielt jedoch wirklich, wie es gerüchteweise geheißen hatte, einen Kasten Korn.

Tags darauf erhielt die Witwe Anweisung, die Namen der drei Medien und der anderen Teilnehmer an der Zeremonie aufzuschreiben. Die Namensliste leiteten wir an die Teamführer in den umliegenden Dörfern weiter, die daraufhin Untersuchungen anstellten und die drei Mädchen vernahmen. Die Witwe Huang gab zu, Mitglied der Geheimgesellschaft zu sein, erklärte aber, sie habe das bereits bei der Befreiung gemeldet, habe nichts verheimlicht und nie etwas Ungesetzliches getan. Die Zusammenkunft habe nur dazu gedient, den Göttern zu huldigen, wehrte sie sich, die Gesellschaft sei Sache ihres Mannes gewesen, und sie habe seinen Schülern die Bitte, ihr Haus als Treffpunkt benutzen zu dürfen, nicht abschlagen können. Sie schwor, bei solchen Riten nie mehr mitzumachen. Die Frauen, die an der Zusammenkunft teilgenommen hatten, wurden zweimal kritisiert und bekamen warnend gesagt, ihr Aberglauben sei gefährlich und sie sollten sich hüten, etwas Illegales zu tun. Das war alles. Der Teamführer verkündete schließlich, die Angelegenheit sei gründlich untersucht und dann erledigt worden, und er lobte mich für meine Bemühungen bei der Lösung dieses schwierigen Falles.

Unterdessen brüteten die anderen aus unserem Team über den Kontobüchern der Brigade, um festzustellen, ob den Bauern Geld gestohlen worden war. Der Buchhalter, seit einigen Monaten in Haft, wurde wiederholt vernommen und gefragt, wieviel er unterschlagen habe. Man sagte ihm, wenn er seine Schuld gestehe, seien seine Schwierigkeiten bald vorüber. Der Bursche wußte, daß nach Abreise des Arbeitsteams in der Sache nichts mehr geschehen würde, darum gestand er schließlich den Diebstahl einer großen Summe, wahrscheinlich einer höheren, als er in Wahrheit unterschlagen hatte, und versprach, sie den Bauern innerhalb der nächsten fünf Jahre zurückzuzahlen.

Die Teammitglieder mußten sein Geständnis akzeptieren, weil es ihnen nicht gelang, aus seiner komplizierten, unvollständigen Buchführung schlau zu werden. Unserem Führer blieb nichts anderes übrig, als ihn aus der Haft zu entlassen. Leider hatten wir keine Möglichkeit, ihn zur Einhaltung seines Versprechens zu zwingen oder die Einhaltung später zu kontrollieren. Wir wußten nur, daß derartige Diebstähle häufig vorkamen und daß die Bauern, die nicht lesen und schreiben konnten, betrogen und ausgebeutet wurden.

Meinen zweiten Sonderauftrag erhielt ich im Spätherbst, als die Ernte der riesigen Kohlköpfe begann, für die Hsiao-hongmen berühmt ist. Die gesamte Ernte muß innerhalb von drei Tagen eingebracht werden, wenn die Kohlköpfe voll ausgereift sind und bevor der erste Frost ihnen schaden kann. Wegen des Zeitdrucks wurde jedes Jahr ein spezielles Lohnsystem angewandt, das die Arbeitspunkte nach der Zahl der geschnittenen Kohlköpfe zuteilte; für jeweils hundert geerntete Köpfe gab es einen Arbeitspunkt. Wegen dieses Anreizes gingen einige Dorfbewohner, besonders Frauen, sehr früh auf die Felder, arbeiteten bis spät nachts und erzielten dadurch oft dreimal so viele Arbeitspunkte wie an einem gewöhnlichen Tag.

Im Jahr 1965 kritisierte man dieses Stückzahlsystem jedoch als eine Form kapitalistischer Ausbeutung. Der Einsatz solcher materieller Anreize zur Steigerung der Produktion, statt auf das soziale Gewissen der Leute zu vertrauen, wurde als bourgeoise, nichtsozialistische Praxis verurteilt. Wir verfügten darum eine gleichmäßige Verteilung der Arbeitspunkte, nämlich zehn pro Tag für Männer und acht pro Tag für Frauen, obwohl letztere oft mehr arbeiteten. Niemand konnte offen etwas dagegen einwenden, daß unser Führer darauf bestand, den sozialistischen Weg zu gehen, aber die Bauern leisteten einfach stumm Widerstand, indem sie sehr langsam arbeiteten. Es zeigte sich schnell, daß die Ernte bei diesem Tempo nie und nimmer fristgerecht eingebracht würde, und wir fürchteten, der Frost könnte die Kohlköpfe verderben. Weil unser Führer die Verantwortung dafür nicht übernehmen wollte, gab er nach und führte das Stückzahlsystem wieder ein.

Meine Aufgabe war es nun, zu untersuchen, was während der Erntezeit tatsächlich geschah, um auf diese Weise festzustellen, ob die Zuteilung der Arbeitspunkte nach Tagen oder die Zuteilung nach der Stückzahl vorzuziehen sei. Die Bauern gaben einhellig dem zweiten System den Vorzug; weil aber das Arbeitsteam darin nach wie vor eine kapitalistische, ausbeuterische Methode sah, sollte ich

Beweise für die Richtigkeit des offiziellen Standpunkts suchen, der es verurteilte. Nach meinen Beobachtungen traf zu, daß unter dem Stückzahlsystem die Bauern sehr früh aufstanden, kaum ausruhten, manchmal sogar nachts beim Schein einer Lampe auf den Feldern arbeiteten und dann völlig erschöpft waren. Es traf weiter zu, daß die Kinder ohne Aufsicht blieben und dadurch manchen Gefahren ausgesetzt waren und daß gelegentlich Frauen vor Überanstrengung auf den Feldern zusammenbrachen. Einmal war auch ein Haus abgebrannt, weil niemand das Kochfeuer beaufsichtigt hatte. Andererseits traf ebenfalls zu, daß die Zuteilung der Arbeitspunkte nach Stückzahlen sehr effektiv war. Ich legte schließlich einen ausgewogenen Bericht vor. Darin bestätigte ich, daß das angeblich ausbeuterische System manchmal die Gesundheit der Bauern beeinträchtige und zu Unfällen führen könne, dann aber erklärte ich, dieses System sei trotzdem äußerst beliebt und ermögliche die rasche, erfolgreiche Einbringung der Ernte.

Mein dritter Auftrag war der schwierigste. Ich sollte die Dorffrauen, die sich einmütig dagegen wehrten, daß ihre Männer Kader wurden, zum Einlenken überreden. Manchmal sprach ich mit einer Frau eine ganze Nacht lang und versuchte, ihr die Sache verständlich zu machen. Wenn nicht die qualifiziertesten Bauern die Führungspositionen übernähmen, erläuterte ich, werde man weniger fähige Leute damit betrauen, was letztendlich allen schade. Die Frauen blieben jedoch fest und entgegneten immer nur, jemand anderer als ihre Männer solle die Posten übernehmen.

Bald stellte sich heraus, daß viele der Dorfbewohner den einstigen Brigadeführer als den besten Mann für die Leitung dieses Produktionsteams betrachteten. Trotz seiner groben, despotischen Art, seines hitzigen Temperaments und der Tatsache, daß er einmal sogar einen Bauern wegen irgendeiner Missetat geschlagen hatte, galt er als fair, verständig und erfahren. Der Mann konnte lesen, er wußte, wann man was säen oder pflanzen und wann man welche Menge Kunstdünger ausbringen mußte. Darum wollten die Bauern ihn wiederhaben; in ihren Augen verstand er es am besten, die Produktion und damit das Einkommen der Dorfbewohner zu steigern.

Die Frau dieses einstigen Brigadeführers, bekannt für ihren starken Willen, widersetzte sich jedoch besonders hartnäckig der Rückkehr ihres Mannes in sein Amt. Mehr als eine Woche lang ging ich täglich zu der Familie, spielte mit den Kindern und redete mit der

Frau, um ihr Vertrauen zu gewinnen. Endlich stimmte sie der Wiedereinsetzung ihres Mannes zu. Schließlich wurden der Brigadeführer, der Milizführer und der Buchhalter kritisiert und letztere durch zwei junge Männer ersetzt, die vor kurzem von der Mittelschule abgegangen waren. Unsere Aufgabe war damit abgeschlossen. Ich erfuhr jedoch nie, was nach unserer Abreise geschah. Meiner Ansicht nach fanden die Kader, die wir während dieses halben Jahres angegriffen hatten, später bestimmt einen Weg, sich zu rächen.

Bei diesem Landaufenthalt hatte ich ständig Sehnsucht nach zu Hause. Ich fühlte mich nicht nur ausgeschlossen vom Leben der Bauern, sondern machte mir auch Sorgen über das, was in Peking während meiner Abwesenheit geschah. Monat für Monat war unser Arbeitsteam zweimal wöchentlich zusammengekommen, um die jüngsten politischen Entwicklungen zu diskutieren. Bereits im November hatten wir in der *Volkszeitung* vom Angriff des Shanghaier Literaturkritikers Yao Wen-yüan* auf das historische Stück *Die Entlassung des Hai Jui* gelesen. Autor war Wu Han, Vizebürgermeister Pekings und angesehener Historiker. Das Stück, 1961 kurz aufgeführt und dann abgesetzt, handelte von einem loyalen Beamten der Ming-Dynastie, der die Leiden der Bauern zu lindern versuchte, dadurch das Mißfallen anderer Beamter erregte und vom Kaiser entlassen wurde. Man sah darin einen allegorischen Angriff auf den Großen Sprung nach vorn und auf die Entlassung von Verteidigungsminister P'eng Te-huai. Während der ganzen Wintermonate wurde das Stück aufs heftigste kritisiert. Gleichzeitig verurteilte man auch mehrere Filme, so *Der Laden der Familie Lin* vom Ende der fünfziger Jahre. Viele Punkte in den offiziellen Schmähreden konnte ich nicht akzeptieren; ich fand zum Beispiel keineswegs, daß diese mitfühlende Darstellung der Leiden eines kleinen Ladenbesitzers während des Boykotts japanischer Produkte im Jahr 1931 – nach meinem Dafürhalten eines der großartigsten Werke chinesischer Filmkunst – das Volk auf den kapitalistischen Weg zu führen versuchte. Alle Teammitglieder in Hsiao-hongmen hüteten sich natürlich, eine persönliche Meinung zu den Kritiken zu äußern, doch wir lasen die Zeitungsartikel genau und versuchten zu erken-

* Er gewann durch seine Angriffe gegen viele Schriftsteller und Kulturführer das Vertrauen von Maos Frau Chiang Ch'ing und gehörte später zur Viererbande.

nen, was diese Attacken auslöste. Fest stand für uns nur das eine: daß es sich um eine ernste Angelegenheit handelte.

Im Frühling 1966 wurden die Leitartikel der Zeitungen immer schärfer und bissiger. Im Mai dann geriet Teng Tuo unter Beschuß, ein Mann, den ich seit langem als guten Schriftsteller und beispielhaften Führer bewunderte. Wenn Teng Tuo fiel, waren ohne Zweifel alle jene gefährdet, die seine Partei ergriffen hatten; und bestimmt gehörte auch Lao Tang zu denen, die man für schuldig hielt. Nach Zurückweisung der Behauptung des Arbeitsteams, die Peita sei eine «reaktionäre Festung», hatten P'eng Chen und Teng Tuo im Sommer 1965 eine Konferenz über Erziehung im Hotel International in Peking abgehalten. Dies war ein Versuch gewesen, durch Entkräftung der Behauptungen der Opposition die Macht Liu Shao-ch'is zu stärken. Etwa zweihundert Anhänger Lu Pings und achtzig Gegner waren eingeladen worden, um das Urteil der Arbeitsteams neu zu bewerten und ein endgültiges Urteil darüber zu fällen, ob die Peita eine bourgeoise oder eine sozialistische Institution sei. Unter den achtzehn Geladenen aus der philosophischen Abteilung waren auch Lao Tang und die Parteisekretärin Nieh Yüan-tsu.

Den vorsichtigen Kommentaren in den Briefen, die mir Lao Tang aufs Land schrieb, konnte ich seine Ansichten über den politischen Kampf in etwa entnehmen. Er bewunderte Lu Ping wegen seiner revolutionären Vergangenheit und wegen seiner Bemühungen, das Erziehungsniveau zu heben; daß der ehemalige Universitätspräsident bourgeoise Ansichten habe oder untreu gegenüber der Kommunistischen Partei gewesen sei, konnte er nicht glauben. Während der Konferenz hatte Teng Tuo mehrere vertrauliche Gespräche mit Lao Tang geführt, ihn gedrängt, Lu Ping zu unterstützen und nach Möglichkeit andere in der philosophischen Abteilung davon zu überzeugen, daß die Schlußfolgerungen des Arbeitsteams zurückgewiesen werden müßten. Solche persönlichen Kontakte mit der Führungsspitze zogen Lao Tang jetzt zweifellos in den sich entfaltenden politischen Kampf hinein. Ich spürte seine wachsende Unruhe. Er schrieb mir, daß er an den Samstagen immer Tang Shuang zum Liftfahren mit ins Hotel nehme; dieser Zeitvertreib bereitete unserem siebenjährigen Sohn solchen Spaß, daß sein Vater vorübergehend die gespannte Atmosphäre dieser Versammlungen vergessen konnte. Ich versuchte, zwischen den Zeilen der Briefe zu lesen, und machte mir große Sorgen um Lao Tangs Gesundheit, denn ich wußte, daß Arbeit und Schlafmangel ihn an den Rand der Erschöpfung gebracht hatten.

Nach Ende der Konferenz kehrte Lao Tang an die Universität zurück und wurde noch tiefer in die politischen Auseinandersetzungen verstrickt. Inzwischen hatte man ihn zum Sekretär der Parteizweigstelle für die Lehrer seiner Abteilung ernannt. Dieser Posten verlangte von ihm die Leitung von Diskussionen, die P'eng Chen größere Unterstützung sichern sollten, und zwar durch Hervorhebung der progressiven Ausrichtung in den Philosophievorlesungen des letzten Jahrzehnts. Unterdessen vertrat Nieh Yüan-tsu, die Parteisekretärin der gesamten Abteilung, die gegensätzliche Position; sie erklärte, daß die Schlußfolgerungen des Arbeitsteams richtig seien und daß die Peita im letzten Jahrzehnt eine reaktionäre Periode durchlaufen habe, die man entschieden verurteilen müsse.

Als Lao Tang am 1. Juni, genau zehn Tage vor unserer Rückkehr nach Peking, in einem Brief die jüngsten Vorkommnisse auf dem Universitätsgelände in allen Einzelheiten schilderte, war ich beunruhigter denn je. Nieh Yüan-tsu, Lao Tangs Hauptgegnerin innerhalb seiner Abteilung, stand plötzlich im Rampenlicht. Am 25. Mai hatte sie sechs Kollegen aufgefordert, zusammen mit ihr einen Anschlag zu schreiben, später «Sieben-Personen-Wandzeitung» genannt. Es handelte sich um eine geharnischte Denunziation Lu Pings, des Parteikomitees der Peita und des Mannes, der im Pekinger Parteikomitee für die höhere Bildung zuständig war.

«Viele Menschen betrachten diese Wandzeitung als rechtsabweichlerische Erklärung», schrieb Lao Tang, «und sie haben eigene Wandzeitungen angeschlagen, in denen sie Nieh Yüan-tsu angreifen. Vielleicht entwickelt sich eine neue Kampagne, aber man kann im Moment unmöglich sagen, was als nächstes geschieht.» Nieh Yüantsu behauptete, Lu Ping sei ein Agent des Kapitalismus und die halbe Peita befinde sich in den Händen der Bourgeoisie. Die als Reaktion darauf erscheinenden Wandzeitungen denunzierten ihre provokativen Anschuldigungen vom 25. Mai als Angriff auf die Führung der Kommunistischen Partei selbst. Lao Tangs Bericht jagte mir Angst ein.

Am selben Abend forderte man uns auf, die Bauern zu veranlassen, sich eine wichtige Radiosendung anzuhören. Mein Magen zog sich krampfhaft zusammen, als der Sprecher erklärte, am 25. Mai sei in der Peita ein revolutionärer Anschlag erschienen, die erste wahrhaft marxistische Wandzeitung! Dann brachte der Sender den Leitartikel, der am folgenden Tag in der *Volkszeitung* stehen sollte. Er pries Nieh Yüan-tsus Wandzeitung in den höchsten Tönen und erklärte warnend: «Jeder, der gegen den Vorsitzenden Mao opponiert, wie alt oder prominent er auch sein mag, muß gestürzt werden.»

Weil ich wenig über Nieh Yüan-tsus Hintergrund wußte, verstand ich nicht, wie sie eine solche Bedeutung erlangen konnte. Ich legte mich völlig erschöpft zu Bett, versuchte, die Neuigkeiten aus Lao Tangs Brief und die Rundfunksendung zu verdauen und die offizielle Entscheidung zu begreifen, daß Nieh Yüan-tsus Wandzeitung marxistisch und nicht rechtsabweichlerisch sei. Auf der Konferenz im Hotel International hatte Lao Tang scharf gegen diese Frau opponiert, doch jetzt würde ihr von höchster Stelle Anerkennung gezollt. Bislang hatten Lao Tangs Briefe in erster Linie von persönlichen und familiären Angelegenheiten gehandelt; sein abruptes Abweichen von dieser Gewohnheit signalisierte mir seine außerordentliche Besorgnis über die jüngsten Ereignisse. Sicher sein konnte ich mir jedoch nur des einen: daß die Lage ernst war und eine Krise bevorstand.

In den folgenden Tagen versuchte ich voll wachsender Frustration und Bangigkeit, die Eskalation des politischen Kampfes zu erfassen. Die Zeitung vom 4. Juni meldete, daß das gesamte Pekinger Parteikomitee reorganisiert würde, ebenso das Parteikomitee der Peita, und daß Bürgermeister P'eng Chen seines Amtes enthoben worden sei. Der ganze Pekinger Stadtrat, las ich entsetzt, sei durch eine «dicke schwarze Linie mit einer antisozialistischen Antiparteibande verbunden». Wieder einmal kehrten meine beunruhigten Gedanken in die Vergangenheit zurück.

Ich empfand seit 1950, meinem zweiten Jahr an der Universität, große Achtung vor P'eng Chen. Damals hatte um Mitternacht jemand an meine Tür geklopft, ein Bote war es gewesen, der mir mitteilte, P'eng Chen wünsche mich zu sehen. Aufgeregt und voller Angst hatte ich mich eilends angekleidet und war zu dem wartenden Wagen gegangen. Mit drei anderen Studenten war ich in sein Büro gebracht worden, einem beeindruckenden, westlich eingerichteten Raum mit schönen Teppichen und einem großen Kamin, in dem ein fröhliches Feuer brannte, das die Winterkälte vertrieb.

P'eng Chen und sein erster Sekretär hatten uns begrüßt und mit uns ein Gespräch über die politischen Vorlesungen in unserem Lehrplan geführt. In jenem Jahr hatte ich Kommunistische Parteigeschichte sowie Marxismus gehört. Ich war gefragt worden, ob die Studenten den Lehrer mochten und was er lehrte. «Sag mir deinen ehrlichen Eindruck», hatte P'eng Chen mich aufgefordert und mir die Schulter getätschelt, «hab keine Angst.» Ich hatte geantwortet, die Vorlesungen seien zweifellos wichtig, aber nicht immer interessant, manche der zweihundert Studenten im Auditorium würden dösen oder Romane lesen. Nach dem Gespräch war uns ein köstliches Essen serviert worden, sogar ein Gericht aus Erdnüssen, die man damals kaum bekam. Ich hatte einen sehr positiven Eindruck von P'eng Chen gewonnen, ihn als Funktionär gesehen, der wirklich zu verstehen versuchte, was andere dachten, und der dem Volk nahebleiben wollte.

Kurz vor meiner Graduierung hatte das Pekinger Parteikomitee mein Dossier angefordert und der Peita mitgeteilt, man ziehe mich für den Posten der Privatsekretärin P'eng Chens in Betracht. Als ich jetzt an diese Zeit zurückdachte, war ich im nachhinein froh, damals nichts mehr vom Parteikomitee gehört zu haben. Wie konnte jemand P'eng Chen als Gegner der Kommunistischen Partei angreifen, fragte ich mich, und was bedeutete dieser Angriff für Lao Tang, der jetzt öffentlich mit P'eng Chen und Teng Tuo in Verbindung gebracht wurde?

In einem der nächsten Leitartikel der *Volkszeitung* hieß es, die Entsendung von Lehrern und Studenten aufs Land sei nur eine List, um die Führungskräfte vor Kritik zu schützen. Ich war darum nicht überrascht, als wir die Anweisung erhielten, am 10. Juni in die Universität zurückzukehren. An diesem Tag stieg ich nach dem Mittagessen mit den anderen auf die Plattform eines Lastwagens, voller Angst, was ich zu Hause wohl vorfinden würde. Ich hatte erwartet, daß Lao Tang am Tor sein würde, um mir beim Transport meiner schweren Bettzeugrolle zu helfen. Aufmerksam durchforschte ich die Menge nach seinem Gesicht, entdeckte es aber nicht. Auf dem Universitätsgelände überfielen mich schreiende Parolen, und ich gewahrte voll Entsetzen die völlig mit Anschlägen bepflasterten Wände des Schlafsaals. Bambusmatten waren in langen Reihen aufgespannt worden, um zusätzliche Anschlagflächen zu schaffen, und auch diese waren mit rosarotem und grünem Papier beklebt. Es drängte mich, die Wandzeitungen sofort zu lesen, um mich über das Geschehen ins Bild zu setzen, aber ich konnte mit meinem unhandlichen Gepäck nicht davor stehenbleiben. Endlich erschien meine Tochter mit einem Fahrrad. So rasch es ging, eilte ich nach Hause und warf meine Sachen neben der Tür meines Schlafzimmers auf den Boden. Ich begrüßte nur schnell Lao Tangs Mutter, nahm mir nicht einmal Zeit, mein von der Fahrt staubiges Gesicht zu waschen und mich nach Tang Shuang zu erkundigen, sondern hastete sofort zurück zur Universität, um die Wandzeitungen zu lesen.

# 7 Entfesselung der Gewalt

Nie zuvor hatte ich auf dem Universitätsgelände einen solchen Betrieb oder ein solches Tohuwabohu erlebt. Das Semester war im Mai zu Ende gegangen, und der Großteil der Studenten war noch auf dem Land oder in den Fabriken, wo sie die Vier Säuberungen durchführten; aber die Peita, diese Geburtsstätte des neuen revolutionären Kampfes, hatte Menschen aus allen Teilen der Stadt angelockt. Kontingente von Arbeitern, Bauern und Soldaten, die man zur Unterstützung der Wandzeitung vom 25. Mai hierher entstandt hatte, standen in kleinen Gruppen herum und riefen: «Die Arbeiter, Bauern und Soldaten applaudieren Nieh Yüan-tsus revolutionärer Tat!» Mit Lautsprechern ausgerüstete Delegationen von Studenten und Lehrern aus anderen Bildungsanstalten riefen Schlagworte, zitierten den Vorsitzenden Mao oder erklärten ihre Solidarität mit Nieh Yüan-tsu: «Wir unterstützen deine revolutionäre Tat; wir werden von dir lernen!» Auf dem normalerweise ruhigen Universitätsgelände ging es turbulenter zu als auf einem Jahrmarkt.

An den Wänden des Speisesaalgebäudes forderten Anschläge und Parolen: «Die bourgeoise Linie von Lu Ping muß bloßgestellt werden!» Oder sie erklärten Lu Pings Unterdrückung der Arbeiter und Bauern zu einem «Verbrechen, das eine Million Tode verdient». Die Heftigkeit der Anwürfe machte mir Angst.

Die Anschläge in der philosophischen Abteilung bestätigten meine schlimmsten Befürchtungen. Ich versuchte, die Menschen zu ignorieren, verschloß die Ohren gegen das Stimmengewirr und ging wie benommen von einer Anschuldigung zur nächsten. Ein spezieller Abschnitt der aufgestellten Bambusmatten war den Angriffen auf die Konferenz im Hotel International vorbehalten, und Lao Tangs Name sprang mir sofort in die Augen. Einige der Wandzeitungen behaupteten, er habe zu den Leitern dieser Konferenz gehört, zu der kleinen Gruppe jener, die für alles, was dort geschehen war, verantwortlich seien; sie forderten, er müsse sich öffentlich zu seiner Rolle auf der Konferenz bekennen. Andere argumentierten, er habe Nieh Yüantsus Wandzeitung vom 25. Mai als rechtsabweichlerische Erklärung bezeichnet und damit bewiesen, daß er selbst ein Rechtsabweichler sei, weil inzwischen der Vorsitzende Mao in einer eigenen Wandzeitung gesagt habe, Nieh Yüan-tsus Anschlag sei die «erste marxistisch-leninistische Wandzeitung» und damit wirklich links. Wieder andere beschuldigten ihn, bereits 1957 ein Rechtsabweichler gewesen zu sein, als er seine Frau geschützt und sich geweigert habe, einen Strich zwischen sich und ihr zu ziehen, und als er außerdem in schriftlichen Erklärungen die Parteibürokratie kritisiert habe. Warnend hieß es auf den Wandzeitungen, er sei zwar damals entwischt und der Strafe entgangen, aber jetzt, nachdem er sein wahres Gesicht gezeigt habe, werde das anders sein. Unser beider Namen waren mit einem kräftigen roten X durchgestrichen, was lange ein Zeichen für Todesstrafe gewesen war, inzwischen jedoch «nur» noch bedeutete, daß jemand als politischer Feind verurteilt war.

Nachdem ich alle Wandzeitungen in der philosophischen Abteilung gelesen hatte, besaß ich nicht mehr die Kraft, zur Abteilung für chinesische Literatur weiterzugehen, obwohl ich unbedingt hätte wissen müssen, gegen welche meiner Kollegen sich die Angriffe richteten. Ich versuchte mich damit zu beruhigen, daß ich ja schon früher angegriffen worden sei und daß wohl kaum neue Beschuldigungen gegen mich erhoben würden; aber Gewißheit hatte ich natürlich keine. Es dunkelte bereits, und meine Beine waren so schwer, daß ich kaum gehen konnte. Auf dem Heimweg begann ich, mir die Bedrohlichkeit der neuen Situation klarzumachen. Während meiner Zeit als Rechtsabweichlerin hatte ich wenigstens einen sicheren Hafen besessen, doch jetzt schützte uns Tang Yongtongs Ansehen nicht mehr. Wenn Lao Tang fiel, konnte ich mich an niemanden um Hilfe wenden.

Bei meiner Rückkehr aus Chaitang vor sechs Jahren war ich nicht ganz ohne Hoffnung gewesen. Ich hatte mich an den Gedanken geklammert, daß die Zukunft heller sein würde als die Vergangenheit, daß ich immer noch eine Chance haben könnte, etwas zum Wohle meines Landes zu tun. Die Rückkehr aus Hsiao-hongmen jetzt war anders, denn ich sah nichts Positives, keinerlei Hoffnung, keine Zukunft, nur Leiden. Alles, woran ich geglaubt hatte, wurde jetzt angegriffen; die ganzen siebzehn Jahre seit der Befreiung sollten eine einzige «schwarze Linie» gewesen sein. Während der Kampagne gegen Rechtsabweichler hatte ich das Gefühl gehabt, daß das System noch in Ordnung sei und ich versuchen könne, mich selbst zu ändern; jetzt aber fand ich nichts, was mir Rückhalt geboten hätte. Es war eine verwirrende, bedrückende Zeit, in der alles, wofür ich gearbeitet hatte, abgelehnt zu werden schien.

Krank vor Sorge traf ich zu Hause ein. Ich war nicht fähig, etwas zu essen, darum blieb ich mit Tang Shuang in meinem Zimmer. Die mitfühlenden, aber verständnislosen Augen meines kleinen Sohnes wichen nicht von meinem Gesicht. Als die Abendessenszeit verstrich, ohne daß Lao Tang kam, wuchs meine Sorge ins Unermeßliche. Endlich ging die Tür auf, und Lao Tang trat langsam ins Zimmer. Er setzte sich neben mich und sagte nur: «Jetzt bin ich an der Reihe.»

Inmitten des unbeschreiblichen Durcheinanders auf dem Universitätsgelände begann sich eine völlig neue, beängstigende Verfahrensweise abzuzeichnen. Lao Tang mußte sich jeden Morgen in seiner Abteilung melden und wurde dann von Mitgliedern des Arbeitsteams und von Anhängern Nieh Yüan-tsus über die Konferenz im Hotel International vernommen. Erst abends kam er wieder, unglücklich und stumm. Wenn die Kinder schlafen gegangen waren, saßen wir beisammen, unfähig, über Belanglosigkeiten zu reden oder zu lesen; jeder hing seinen Gedanken nach. Lao Tang sprach nie über das, was er durchmachte, oder über seine seelischen Qualen; er klagte nur ab und zu über das Unvermögen des Menschen, sein eigenes Schicksal zu beherrschen.

Ich selbst wurde am Tag nach meiner Rückkehr zu einer Versammlung in meine Abteilung gerufen. Dort sprach der für unsere Gruppe von Rechtsabweichlern zuständige Führer zu uns. «Jetzt ist eine ganz besondere Zeit der Prüfung eurer Treue zur Partei», erklärte er, «eine Zeit, in der sich jeder selbst erziehen muß, damit er versteht, was geschehen ist. Wir alle sind dabei, Zeugen einer großen Sache für die ganze Nation zu werden, einer Angelegenheit, die der Vorsitzende Mao persönlich organisiert hat. Ihr habt nicht das Recht, Wandzeitungen zu schreiben», sagte er warnend, «aber ihr seid verpflichtet, alles zu lesen, was die anderen geschrieben haben. Wenn ihr Rechtsabweichler etwas mitzuteilen habt, müßt ihr mich informieren, und ich werde eure Meinungen aufschreiben. Jeder muß sich engagieren, und dieses Engagement wird zeigen, wer der Partei wirklich ergeben ist. Ihr könnt nicht sagen oder tun, was ihr wollt, sondern müßt diese Anweisungen befolgen. Ich hoffe, daß eure Bereitschaft, alles zu enthüllen, was ihr über Anhänger des kapitalistischen Weges wißt, euch das Vertrauen des Volkes zurückbringt.» Wie in China üblich, verband er eine Drohung mit einer Hoffnung.

Ich hatte bereits erfahren, daß als Ersatz für das 1964 von K'ang Sheng entsandte Arbeitsteam vor kurzem auf Wunsch Liu Shao-ch'is und des Zentralkomitees ein neues eingetroffen war, das die instabile Lage an der Peita untersuchen und steuern sollte. Weil man wollte, daß dieses zweite Arbeitsteam in keiner Weise mit dem früheren in Verbindung gebracht wurde, hatten die Behörden viele Mitglieder des neuen Teams außerhalb Pekings rekrutiert. Die scharfen Denunziationen, die ich überall auf dem Universitätsgelände gesehen hatte, waren zwar von Studenten geschrieben, vermutlich aber vom neuen Arbeitsteam initiiert worden.

In den folgenden chaotischen Wochen sah ich Nieh Yüan-tsu fast täglich auf dem zentralen Platz des Universitätsgeländes, wo sie zu den Massen sprach. Einmal rief sie: «Wir müssen alle dem Vorsitzenden Mao folgen und die Kulturrevolution bis zum Ende fortsetzen, ein Ereignis, das die ganze Welt bewegen wird.» Die Leute applaudierten wild, brüllten Parolen und sangen, daß sie dem Vorsitzenden Mao folgen und sich dem kapitalistischen Weg widersetzen würden. Als ich die jubelnden jungen Leute beobachtete, die Nieh Yüan-tsu auf die Schultern gehoben hatten und durch die Menge trugen, dachte ich über die Absurdität der Situation nach. Die neue Bewegung sollte von der Jugend Chinas durchgeführt werden, und da kam diese Frau, über fünfzig, eine dicke Brille auf der Nase, und rief sich zur Führerin aus. «Der Vorsitzende Mao hat gesagt, daß ich das erste rote Banner bin», verkündete sie lauthals, «wer also gegen mich opponiert, opponiert gegen den Vorsitzenden Mao selbst.» Wie arrogant sie ist, dachte ich; wie seltsam, daß die Geschichte manchmal jemand absolut Unbedeutenden nach oben katapultiert.

Gemäß den Instruktionen bei der Versammlung in meiner Abteilung verbrachte ich täglich viele Stunden damit, Wandzeitungen zu lesen. Davon gab es auf dem Universitätsgelände zweierlei Arten: Die Wandzeitungen im Freien waren zentral plaziert und konnten von jedermann gelesen werden; jene im Inneren der Gebäude befanden sich dagegen im abgelegeneren südlichen Teil des Geländes, etwa im Speisesaal der graduierten Studenten, und konnten nur von jenen gelesen werden, die sich durch eine Ansteckndel der Peita auswiesen. Nicht für die Augen der Öffentlichkeit bestimmt waren zum Beispiel Wandzeitungen, die versuchsweise eine unbewiesene Beschuldigung erhoben oder Fehler ranghoher Parteifunktionäre aufdeckten, also Meinungen äußerten, die nach Ansicht der Verfasser nicht jedermann zugänglich sein sollten. Im Speisesaal fiel mein Blick sofort auf die riesige, vom Boden bis zur Decke reichende Vergrößerung eines «schwarzen Gemäldes», das in der Zeitschrift *Chinesische Jugend* veröffentlicht worden war. Es stellte eine Herbstlandschaft dar, in der fröhliche, fleißige Bauern Reis ernteten und auf Wagen luden. Ich verstand nicht, warum das Gemälde einer solchen Aufmerksamkeit wert sein sollte. Der Begleittext klärte mich auf. Darin hieß es, daß der Künstler nur zwei und nicht drei rote Flaggen in seine Landschaft gemalt habe, was ein klarer Hinweis auf seine Opposition gegen die «Drei Roten Banner» sei, die Menschen müßten wachsam sein, weil im kulturellen Bereich viele Feinde der Partei zu schaden versuchten.

An der gegenüberliegenden Wand hing eine große Zeichnung, die aus der Ferne gesehen nur ein Gewirr von Linien zu sein schien. Als ich genauer hinschaute, erkannte ich, daß in mühseliger Kleinarbeit die Rillen einer gewöhnlichen Schuhsohle dargestellt waren. Angeblich bildeten die Linien die Schriftzeichen für «Mao» und waren eine bewußte Beleidigung Mao Tse-tungs, den jemand mit Füßen treten wollte. Aus Neugier studierte ich die Linien, konnte aber keine Ähnlichkeit mit den Schriftzeichen entdecken, die laut Kommentar verunglimpft wurden.

Neben solchen Gemälden und Zeichnungen hingen im Speisesaal zahllose Wandzeitungen. Einige davon griffen die Konferenz im Hotel International an, einige andere erwähnten P'eng Chen namentlich, was die für die Allgemeinheit bestimmten Wandzeitungen im Freien wegen seiner hohen Position in der Parteiführung nicht wagten. Hier in der Abgeschiedenheit warf man ihm vor, er wolle den kapitalistischen Weg schützen und sei dem Vorsitzenden Mao gegenüber untreu – eine schwere Anschuldigung. Andere Wandzeitungen griffen außer P'eng Chen auch Teng Tuo und weitere Mitglieder des Pekinger Zentralkomitees an und forderten sie auf, zu bekennen, auf welche Weise sie gegen den Vorsitzenden Mao opponiert hatten.

Weil normalerweise niemand einen so mächtigen Mann wie P'eng Chen zu kritisieren wagte, sagte ich mir, daß die Angriffe von einer führenden Persönlichkeit genehmigt sein mußten – ein Hinweis darauf, daß der Kampf nun auf höchster Ebene geführt wurde.

Am Morgen des 18. Juni erhielt ich Anweisung, in meine Abteilung zu gehen und dort zu bleiben. Unsere ganze Gruppe versammelte sich. Wir lasen nervös Zeitung, während wir angstvoll überlegten, was uns wohl bevorstünde. Um neun Uhr stürmten zehn Studenten herein, laut schreiend, die Gesichter zornige Grimassen. Einer von ihnen rief Maos geflügeltes Wort, daß eine Revolution keine Zeit des Deckchenstickens oder Teetrinkens sei, dann packten sie den Parteisekretär Lao Chen, der mir in Chaitang auf so nette Weise Mut zugesprochen hatte, schimpften ihn einen Feind des Volkes, stülpten ihm einen Bambuspapierkorb auf den Kopf und beschmierten ihm den Rücken mit Kleister, um ein Plakat anzukleben, auf dem stand: «Feind des Volkes, Anhänger des kapitalistischen Weges.» Das Plakat hielt in der Sommerhitze nicht an seinem hellblauen Polyesterhemd. Einer der Studenten kippte ihm kurzerhand den ganzen Eimer Kleister über den Rücken, so daß die klebrige Flüssigkeit an seinen Beinen hinunterlief. Nun hielt das Plakat.

Auf Befehl der Studenten stellten wir uns im Korridor an beiden Wänden auf, dann suchten sie die anderen Feinde auf ihrer Liste heraus. Ich stand zufällig neben der Tür zur Damentoilette und sah eine junge Lehrerin blitzschnell in die Toilette verschwinden. Sie war eine bevorzugte Schülerin Lu Pings und wurde nach einem bekannten Filmtitel verächtlich eine seiner «fünf goldenen Blumen» genannt. Lu Ping hatte sie während der Kampagne zur Hebung des Erziehungsstandards nicht nur ein Beispiel für andere Frauen genannt, sondern sie sogar als Hauslehrerin für seine Kinder ausgewählt. Ihr Mann war ebenfalls ein Günstling Lu Pings; nach dem Erscheinen von Nieh Yüan-tsus erster Wandzeitung hatte er die Namen jener aufgeschrieben, die Anschläge zu ihrer Unterstützung anbrachten, und sie als Rechtsabweichler denunziert. Außerdem hatte er gemäß Lu Pings Befehl Studenten mit schlechten akademischen Leistungen, gewöhnlich vom Land stammende junge Leute, von der Universität gewiesen und andere wegen angeblicher Denkschwierigkeiten kritisiert.

Einige der militanten Studenten, die an diesem Tag eine universitätsweite Parade zur Bloßstellung von Mitgliedern der «schwarzen Bande» organisierten, hatten seine Vorlesungen besucht und es voller Groll gerade auf dieses Ehepaar abgesehen, das sie «schwarze Zähne und Klauen» nannten, was ausdrücken sollte, daß es ein Werkzeug der «schwarzen Bande» war. Die beiden sollten mit anderen, noch schlimmeren Feinden öffentlich bloßgestellt werden. Weil ich dies ahnte, trat ich wie zufällig vor die Toilettentür. Die wütenden Studenten fragten, ob ich die Frau gesehen hätte, und ich verneinte leise. Der Gedanke, sie könnte diesen aufgebrachten Rebellen in die Hände fallen, war entsetzlich, darum versuchte ich, sie zu schützen, obwohl ich sie kaum kannte. Ich wagte nicht daran zu denken, was mir selbst passieren würde, wenn die Studenten hinter meine Lüge kamen. Wunderbarerweise gingen sie weiter die Reihe entlang, und die junge Lehrerin war einstweilen gerettet. Ihren großgewachsenen Mann hatte man unterdessen gezwungen, sich so weit vornüberzubeugen, daß er wie eine zusammengerollte Garnele aussah; er hatte einen Papierkorb auf dem Kopf, und sein bleiches Gesicht war schweißnaß.

Die Idee, Feinde öffentlich bloßzustellen, stammte aus den zwanziger Jahren, als die Kommunistische Partei auf dem Land gearbeitet hatte. Damals wurden die Grundherren oft gezwungen, mit hohen Papierhüten, auf denen ihre Verbrechen standen, an jenen vorbeizugehen, die sie einst unterdrückt hatten. In der Raserei des Augenblicks fanden die Studenten keine Zeit, Papierhüte zu machen, darum benutzten sie Papierkörbe und klebten ihren Opfern die Plakate auf den Rücken. Manchmal schütteten sie ihnen sogar Tinte ins Gesicht, um zu zeigen, mit welcher Verachtung die einstigen Inhaber akademischer Macht jetzt betrachtet wurden. Tatsachenmaterial, Beweise oder eine Erörterung der Schuld waren nicht länger erforderlich. Die Menschen wurden einfach als Mitglieder der «schwarzen Bande» etikettiert, weil sie in irgendeiner Verbindung zu Lu Ping standen, der wiederum ein Teil jener «schwarzen Linie» war, die zum Pekinger Parteikomitee und weiter bis zu Liu Shao-ch'i führte.

Die meisten Opfer in meiner Abteilung an jenem Morgen waren Kader mit verantwortungsvollen Posten, Männer wie Lao Chen und der stellvertretende Vorsitzende sowie Mitglieder des Parteizweigstellenkomitees. Schließlich hatten die Studenten vielleicht zehn «Feinde» gepackt, mit Papierkörben gekrönt und ihnen Plakate angeklebt, die allerdings zum Teil wieder herunterfielen. Jeder von uns hatte Angst, und ich war überzeugt, ebenfalls ergriffen zu werden. Doch plötzlich zogen die Studenten wieder ab, nachdem sie uns übrigen scharf befohlen hatten, hinauszukommen und zuzuschauen, damit wir «erzogen» würden.

Ich wußte, daß Lao Tang in dieser Parade von Lu Pings Komplizen vorgeführt würde. In meiner Abteilung hatten die Studenten niemanden geschlagen, aber ich hatte gesehen, daß Studenten aus der historischen Abteilung mit ihren Ledergürteln auf die Beine des Mannes am Ende ihrer Reihe von Feinden einschlugen, um ihn anzutreiben. Ich wußte nicht, was in der philosophischen Abteilung vorging oder was Lao Tang erdulden mußte. Aber ich wußte, was immer es war, er wollte auf keinen Fall, daß ich es erfuhr. Es hätte seine Verzweiflung ins Unendliche gesteigert, hätte ich seine Erniedrigung mitansehen müssen. Darum benutzte ich die erstbeste Gelegenheit, wieder ins Gebäude zu schlüpfen, und hoffte, nicht erwischt zu werden. Ich wartete die alptraumhafte nächste Stunde im Lehrerbüro ab und schaute immer wieder kurz zum Fenster hinaus, wenn eine neue Gruppe Feinde um unseren viereckigen Hof geführt wurde, begleitet vom Geschrei der Studenten und von hallenden Gongschlägen.

Ich sah die Feindeskolonnen aus den verschiedenen Gebäuden kommen, flankiert von jubelnden Studenten, die rote Armbinden trugen und die Fäuste in die Luft stießen. Gongschläge untermalten ihre Rufe: «Kommt heraus und schaut die Feinde an!» – «Schleppt die schwarze Bande heraus und zeigt sie dem Volk!» – «Nieder mit den Warlords im akademischen Bereich!» Manchmal drehten sie den Opfern die Arme grob auf den Rücken oder drückten ihnen die Köpfe nach unten. Ich sah dann die bestürzten Gesichter der Unglücklichen.

Endlich war die öffentliche Bloßstellung vorbei, und die Gongs verstummten. Ich eilte nach Hause. Es war spät, aber ich wartete mit dem Mittagessen auf Lao Tang, in der sehnlichen Hoffnung, daß er bald käme. Als er schließlich erschien, sagte er kein Wort, sondern zog nur rasch seine Jacke aus und warf sie in den Korb für schmutzige Wäsche. Ich wußte, daß etwas passiert war, daß man vielleicht auch seine Kleider mit Kleister beschmiert hatte, aber ich wollte nicht fragen. Wir aßen stumm. Er hielt die Augen beharrlich gesenkt, sein Gesicht war müde und ausdruckslos.

Am Nachmittag, auf dem Weg zu einer Universitätsvollversammlung im zentralen Speisesaal, kam ich an vielen neuen Wandzeitungen vorbei. Darauf wurde das Arbeitsteam gerügt, weil es der falschen Linie folge und Mitleid mit der «schwarzen Bande» zeige. Ich las: «Nieder mit dem Arbeitsteam!» – «Vertreibt das Arbeitsteam von der Peita!» – «Wir machen die Revolution selber, ohne daß uns ein Kindermädchen hilft!» Diese unverhüllten Angriffe auf die Vertreter der Parteimacht entsetzten mich. Die Versammlung begann damit, daß eine Schar Studenten auf dem Podium erschien. Sie kritisierten das Arbeitsteam heftig und warfen ihm vor, ihnen die Hände binden und sie daran hindern zu wollen, gegen den Feind zu kämpfen. Das Arbeitsteam sei zu milde, erklärten sie; jeder wisse, daß eine Massenbewegung gewalttätig sein müsse. Die Studenten forderten das Arbeitsteam auf, seinen revolutionären Standpunkt zu beweisen, indem es die Massenaktion vom Vormittag unterstütze. Entweder billige das Arbeitsteam ihre Methoden, sagten sie, dann werde man die Kulturrevolution gemeinsam durchführen, oder es müsse sofort das Universitätsgelände verlassen. Damit brachten sie das Arbeitsteam in ein arges Dilemma: Wenn es die Studenten unterstützte, passierten weitere Gewalttaten; wenn es sich ihnen widersetzte, würde dies als Opposition gegen die Massen ausgelegt werden.

Weil das Arbeitsteam bestrebt war, die Leute vor der Gewalttätigkeit der Studenten zu schützen, hoffte ich, es würde bleiben, auch wenn seine Autorität ernstlich gefährdet war. In den folgenden Tagen versuchte es, eine gewisse Kontrolle auszuüben; seine Mitglieder prüften an den Toren die Peita-Kennadeln der Studenten und verweigerten ihnen die Erlaubnis, sich zu versammeln und Reden zu halten. Doch inzwischen herrschte eine derart leidenschaftliche revolutionäre Stimmung, daß ihre Bemühungen nichts fruchteten.

Diesmal hatte es von Anfang an so ausgesehen, als bestünde keine Möglichkeit, Gewalttaten zu verhindern. Als die Studenten in unsere Abteilung gekommen waren, hatte der Führer des Arbeitsteams vernünftig mit ihnen zu reden versucht und ihnen angeboten, eine Versammlung, eine Diskussion oder auch eine Kampfsitzung abzuhalten, aber die aufgewühlten jungen Rebellen hatten ihn ignoriert. Ich wußte, daß er unermüdlich weitere Versuche unternommen hatte, die Initiatoren der «Parade zur öffentlichen Bloßstellung» abzulenken oder wenigstens milder zu stimmen, aber die Ereignisse waren längst außer Kontrolle geraten. Als Folge davon hatte man etwa hundert «Feinde» mehr als eine Stunde lang auf dem Universitätsgelände herumgeführt. Erst später erkannte ich, daß die Ereignisse dieses Tages, des 18. Juni 1966, keineswegs von einem spontanen Ausbruch revolutionären Eifers bei den Studenten ausgelöst, sondern von Nieh Yüan-tsu und ihrer Freundin Cao Yi'ou, der Frau des mächtigen Sicherheitschefs K'ang Sheng, bewußt in Gang gesetzt worden waren. Die beiden hatten am Abend vorher Vertreter aus jeder Abteilung versammelt und sie angestiftet, andere zur Unterstützung ihrer Sache zusammenzutrommeln und eine Gemeinschaftsaktion zur Entmachtung des Arbeitsteams zu unternehmen.

Dieser «Vorfall vom 18. Juni», wie er später genannt wurde, markierte den Beginn der Gewalttaten, die sich rasch auf dem ganzen Universitätsgelände ausbreiten und von dort auf die Stadt übergreifen sollten. Am 18. Juni wurden zum ersten Mal Menschen geschlagen, herumgestoßen und zur öffentlichen Bloßstellung vorgeführt, eine neue Revolutionsmethode, die sofort Schule machte. Die Studenten an anderen Lehranstalten handelten oft sogar noch brutaler, um ihren revolutionären Eifer zu beweisen.

Einige Tage später erlebte ich aus nächster Nähe einen Akt dieser offenbar ansteckenden Grausamkeit. Meine Abteilung sollte ihre erste große Kampfsitzung abhalten, und alle wurden zur Teilnahme aufgefordert. Das Auditorium war voll, achthundert Leute starrten ängstlich auf Lao Chen, der zwischen gereizten Studenten auf dem Podium stand. Sie schrien Beschuldigungen, stießen ihm den Kopf nach unten und packten ihn dann an den Haaren, um den Leuten sein Gesicht zu zeigen, bogen ihm auch noch die Arme nach hinten und drehten sie schmerzhaft nach oben. Angeblich trug er die Schuld an allen Problemen, die während des vergangenen Jahres in der Abteilung für chinesische Literatur aufgetreten waren.

Als beispielsweise eine Studentin aus der Bauernschaft, Mutter eines kleinen Kindes, beim Examen durchgefallen war, hatten sich die Führer der Abteilung nicht um sie gekümmert, sondern sie nach Hause geschickt, ein schlagender Beweis für ihre Mißachtung der Bauern. Andererseits hatten sie die Tochter eines Kuomintang-Offiziers zum Studium zugelassen, also die Brut eines Nationalisten über eine Bauerntochter gestellt. Zu alledem hatten sie einer Rechtsabweichlerin erlaubt, wieder zu lehren und dabei die Studenten zu vergiften. Ich hielt den Atem an, als ich diesen Hinweis auf die Arbeit meines Studenten aus dem Vorjahr hörte, die ich gelobt hatte. Ich fürchtete, erneut angegriffen zu werden, aber die Studenten waren ganz mit Lao Chens Verbrechen beschäftigt und interessierten sich im Augenblick nicht für mich.

Als nächstes führten sie den Fall eines dreiundzwanzigjährigen Studenten an, der unstatthafte sexuelle Beziehungen zu einer vierzigjährigen Witwe geknüpft hatte. Eine skandalöse Affäre, die ihrer Ansicht nach daraus resultierte, daß man in der Abteilung den Studenten erlaubte, «gelbe Romane» zu lesen, von denen ihre sozialistische Moral zersetzt würde. Außerdem hatten sich in meiner Abteilung ein verheirateter Mann und eine verheiratete Frau ineinander verliebt und gemeinsam Selbstmord verübt. Eine Studentin hatte ein Röhrchen Schlaftabletten geschluckt und bei Kerzenlicht ein Gedicht geschrieben, in dem es hieß, sie sage der Welt Lebewohl, wenn die Kerze niedergebrannt sei und verlösche, sei auch ihr Leben zu Ende. Ihre Zimmergenossin hatte sie jedoch noch rechtzeitig gefunden und ins Krankenhaus geschafft. Der Fall enthüllte angeblich die Verderbtheit des Denkens der Studenten unter Lao Chens Führung.

Die Studenten machten ihn für alle diese Ereignisse verantwortlich, brachten sie zueinander in Beziehung und behaupteten, seine revisionistische Linie habe zugelassen, daß giftige Literatur die Abteilung infizierte und sie zu einem Ort machte, an dem die jüngere Generation schlicht korrumpiert worden sei. Einige unter ihnen erhoben dann brüllend die Anklage, daß auch Lao Chens Vergangenheit verdächtig sei, denn er sei im Krieg gegen Japan in die Kuomintang-Armee eingetreten und zur Ausbildung nach Indien geschickt worden. «Eine klare Linie muß gezogen werden zwischen dem bourgeoisen Denken des Parteisekretärs und echter proletarischer Ideologie», forderten sie lautstark. Von meinem Platz in einer der vorderen äußeren Reihen des Auditoriums konnte ich Lao Chen deutlich sehen. Schweiß tropfte ihm vom Gesicht, das seine Furcht und seine Scham über die Demütigung verriet. Vor Entsetzen über das, was man diesem engagierten, starken Revolutionär antat, fühlte ich mich schwach und hilflos, dazu krank vor Sorge und Angst.

An einem der nächsten Tage wurde Lao Tang zum «großen schwarzen Element» erklärt. Das veranlaßte meine Schwägerin, darauf zu dringen, daß unsere Familien die Mahlzeiten getrennt einnahmen; sie wollte sich von einem erklärten Feind distanzieren.

Ich mußte von nun an ohne Hilfe der einen verbliebenen *ayi* die Mahlzeiten für meine Kinder zubereiten und ging darum auf dem Heimweg von meiner Abteilung stets zum Einkaufen in ein nahe gelegenes Lebensmittelgeschäft. Eines Nachmittags sah ich zu meiner Überraschung Lao Chen in dem Geschäft. Er wirkte so niedergeschlagen, daß ich nicht wagte, ihn anzusprechen. Ich fürchtete auch, jeder Kontakt zwischen uns könne für uns beide gefährlich sein, nachdem er jetzt derart heftig bekämpft wurde und ich noch immer als Rechtsabweichlerin galt. Voll Bitterkeit dachte ich, daß ich ihm keinen Trost spenden konnte, während er mich in schwierigen Zeiten immer wieder ermutigt und beruhigt hatte.

Ich erinnerte mich noch genau, wie optimistisch er gewesen war, als er uns junge Leute auf unserer ersten Reise nach Peking begleitet hatte. Seine Einsatzbereitschaft, Aufrichtigkeit und Warmherzigkeit hatten ihm allgemeine Achtung eingetragen und sogar dazu geführt, daß sich meine beste Freundin heftig in ihn verliebte. Jetzt gewahrte ich in seinen Augen etwas Fremdes, einen verlorenen, leeren, für die Umwelt blinden Blick. Er schien mich nicht zu bemerken. Ich beobachtete, daß er eine Flasche starken, teuren Schnaps kaufte, sonst nichts. Weil ich wußte, daß Lao Chen nicht trank, erfaßte mich Sorge, vor allem aber unendliches Mitleid mit diesem schwergeprüften Menschen.

Am nächsten Tag erfuhr ich von seinem Selbstmord. Er war mit dem Bus auf die Wohlriechenden Hügel gefahren, hatte sich ein Zimmer genommen und sich dort eine Weile ausgeruht; dann war er bis spät in die Nacht im Hügelland umhergegangen und hatte abwechselnd aus der Schnapsflasche und einer Flasche DDT getrunken. Ein Parkwächter hatte am Morgen dann seinen Leichnam und die beiden leeren Flaschen gefunden. Die Nachricht von dieser Tragödie verbreitete sich rasch, sie erfüllte alle, die Lao Chen gekannt und geschätzt hatten, mit Trauer und Zorn. Die Initiatoren der Kampfversammlung, auf der er so gedemütigt worden war, verkündeten kalt, Lao Chen sei nicht bereit gewesen, sich zu bessern, sondern habe es vorgezogen, ewig ein Feind der Partei zu bleiben. Sie sagten, seine Frau könne sich die Leiche holen, wohl wissend, daß das für sie fast unmöglich war. Die Frau bat überall um Hilfe, weil der Tote wegen der Hitze dringend abtransportiert werden mußte. Es gelang ihr schließlich, vier Erdarbeiter zu überreden, den Toten mit ihr zur nächsten Straße zu tragen; dann erreichte sie, daß ein

Lastwagenfahrer die Leiche zum Krematorium des Papaoshan-Friedhofs brachte. Die vielfältigen Talente dieses außergewöhnlichen Menschen waren endgültig für die Revolution verloren.

Das Arbeitsteam weigerte sich, Akte der Grausamkeit wie die Kampfsitzung, die Lao Chen in den Tod getrieben hatte, im nachhinein gutzuheißen; es behauptete, konterrevolutionäre Studenten wollten die Kulturrevolultion in eine falsche Richtung lenken, indem sie versuchten, die Menschen mit Gewalt statt Überzeugungskraft auf den sozialistischen Weg zu führen. In dem Bemühen, seine Autorität zu retten, sonderte das Arbeitsteam einige Studenten aus, die etwas Nachteiliges über die Kommunistische Partei gesagt oder deren Eltern politische Schwierigkeiten hatten, und stellte sie als warnende Beispiele für den konterrevolutionären Trend hin. Solche Aktionen brachten jedoch die Studenten, die sich tatkräftig an dem Gewaltakt vom 18. Juni beteiligt hatten, nur noch mehr gegen das Arbeitsteam auf.

Am 1. Juli, dem Geburtstag der Kommunistischen Partei, kam ein Berater der Gruppe Kulturrevolution im ZK an die Peita und hielt im Speisesaal eine Massenversammlung ab. Er wiederholte zwar mehrmals, daß die revolutionären Aktivitäten beim Vorfall vom 18. Juni seine volle Unterstützung hätten, erklärte aber genauso fest, das Arbeitsteam werde auf dem Universitätsgelände bleiben, um den Studenten bei der Durchführung der neuen Bewegung zu helfen. In den folgenden Wochen verhielten sich die meisten Studenten ruhig, weil sie nicht wußten, was als nächstes passieren würde. Die fanatischsten unter ihnen schlugen jedoch weiterhin Wandzeitungen an und kritisierten darauf die Aktionen des Arbeitsteams, zweifellos ermutigt von Cao Yi'ou. Nach und nach gewannen sie eine ansehnliche Zahl Anhänger.

Am Abend des 22. Juli fand auf dem östlichen Sportplatz eine riesige Versammlung statt, an der etwa zehntausend Menschen teilnahmen, obwohl es heftig regnete. Außer der Peita-Gemeinde hatten sich Studenten von der Ch'ing-hua und Schüler der an die Peita angeschlossenen Mittelschule eingefunden. Zu meiner Verwunderung erschien Mao Tse-tungs Frau Chiang Ch'ing auf der Plattform vorn. Es war ihr erster öffentlicher Auftritt. Einem Gerücht zufolge hatte ihre Einwilligung, sich nicht in politische Angelegenheiten einzumischen, zu der Abmachung gehört, die der Vorsitzende Mao 1939 mit hohen Parteiführern traf, um deren

Widerstand gegen seine Heirat mit der für ihre Männerbekanntschaften berüchtigten Schauspielerin zu überwinden. Trotzdem stand sie nun da.

Obwohl ich weit hinten saß und nur eine Gestalt in einem grauen Kostüm sah, hörte ich ihre schrille, zitternde Stimme deutlich: «Die ganze Peita steht unter der Diktatur akademischer Warlords! Die Peita ist vollkommen okkupiert von bourgeoisen Autoritäten! Es ist Zeit, die bourgeoise akademische Bande zu stürzen! Unsere Hoffnungen ruhen auf der jüngeren Generation!» Jede ihrer Parolen löste donnernden Applaus aus. Nach ihr sprach eine Mittelschülerin über die Liebe der Studenten zu Chian Ch'ing, die alle auf Maos Spuren führe. Als lautes Klatschen und lebhafte Beifallsrufe erklangen, umarmte Chiang Ch'ing die Studentin und nannte sie «eine kleine rote Sonne», eine Bezeichnung, die oft auf den Vorsitzenden Mao angewandt wurde. Die Menge geriet fast außer sich.

Ich konnte die allgemeine Begeisterung nicht teilen, und Chiang Ch'ings anschließende Suada steigerte mein Unbehagen noch. Es dürfe nicht geschehen, begann sie, daß der Klassenkampf in ihre eigene Familie Eingang fände. «Ich werde diese Frau nicht als meine Schwiegertochter akzeptieren», schrie sie, «ich werde sie nicht als Mitglied meiner Familie anerkennen.» Ihr wütender Angriff galt Chang Shao-hua, der Frau von Mao Tse-tungs zweitem Sohn Mao An-ch'ing, die in meiner Abteilung studierte. «Die Mutter dieses Mädchens ist eine Verräterin», fuhr Chiang Ch'ing fort und verdächtigte die Frau, die sich der Revolution sehr früh angeschlossen und deren Mann sein Leben für die Revolution gelassen hatte, der Kollaboration mit der Kuomintang, weil sie sich dem Feind ergeben habe und dann mit ihrer kleinen Tochter nach Yenan geflohen sei. Die seltsamen Umstände rund um die Flucht der Mutter bedeuteten nach Chiang Ch'ings Logik, daß auch die Tochter eine Verräterin war und den Sohn des Vorsitzenden Mao mit ganz bestimmten Absichten geheiratet hatte. Während dieser endlosen Tirade über Familienangelegenheiten fragte ich mich wiederholt, wie ich Chiang Ch'ing, die nur an persönlicher Rache interessiert schien, je als Revolutionsführerin hatte bewundern können.

Auf dem Podium bei Chiang Ch'ing saßen K'ang Sheng, wichtigster Verbindungsmann zwischen dem Vorsitzenden Mao und seiner Frau und Berater der Gruppe Kulturrevolution im ZK, sowie Ch'en Po-ta, Guan Feng und Chi Penyu, sämtlich Mitglieder dieser wichtigen ZK-Organisation. Guan Feng erklärte in seiner Ansprache, daß in der laufenden Revolution die Prinzipien der Pariser Kommune beachtet werden müßten, daß alle an Wahlen teilnehmen und sich an dieser großen revolutionären Bewegung beteiligen müßten, die beispiellos sei in der Geschichte Chinas und vom Vorsitzenden Mao selbst angeführt werde. Seine Worte rissen sogar mich mit; ich dachte, wenn die Prinzipien der Pariser Kommune verwirklicht werden könnten, wenn alle den gleichen Lohn erhielten und die hohen Führer den Facharbeitern gleichgestellt wären, käme die Sache des Sozialismus weit voran. Schließlich war die Abschaffung von Privilegien 1957 das Hauptanliegen der Rechtsabweichler gewesen, und ich hielt sie auch heute noch für ein wichtiges Ziel. Guan Feng betonte, eine Revolution habe begonnen, die zwangsläufig gewalttätig sei. Ich war mir darüber im klaren, daß meine Familie und meine Freunde wahrscheinlich einen hohen Preis würden bezahlen müssen; trotzdem hoffte ich, daß sich die neue Bewegung für das Land in seiner Gesamtheit als bedeutsamer Schritt nach vorn erweisen würde.

Nach Lu Pings Arretierung in seinem Zimmer, wo er seine Verbrechen gegen das Volk niederschreiben sollte, und nach der fast völligen Ausschaltung des Arbeitsteams besaß im Augenblick an der Peita eigentlich niemand Macht außer Nieh Yüan-tsu, die offensichtlich von höchster Stelle unterstützt wurde. Auf immer mehr Anschlägen erschien die Parole: «Werft das Arbeitsteam hinaus und überlaßt die Revolution den Massen!» Am 26. Juli dann befahl man allen hundert Mitgliedern des Arbeitsteams, diesen einflußlos gewordenen Vertretern des Zentralkomitees, zu ihren Einheiten zurückzukehren und dort die Kulturrevolution zu fördern, statt deren Fortschreiten zu behindern. Sogleich wurde an der Peita ein Vorbereitungskomitee der Kulturrevolution gegründet und Nieh Yüan-tsu zur Vorsitzenden ernannt. Die übrigen sechs Mitunterzeichner der ersten Wandzeitung vom 25. Mai teilten sich in die Kontrolle über die Universität und wählten Vertrauensleute zu Leitern der Zweigstellenkomitees in jeder Abteilung. Auf diese Weise wurde Chiang Ch'ings Macht an der Peita gefestigt.

In der drückenden Hochsommerhitze erschienen zunehmend mehr Studenten in olivgrünen Jacken, Hosen und Mützen, dazu leuchtend rote Armbinden als Zeichen ihrer Autorität. Diese Aufmachung wurde zur Standarduniform, nachdem im August der

Vorsitzende Mao in der gleichen Kleidung auftrat, um seine Solidarität mit der Jugend der Nation zum Ausdruck zu bringen. Die jungen Leute nannten sich «Rotgardisten» – ein Ausdruck, den Schüler der an die Ch'ing-hua angeschlossenen Mittelschule geprägt hatten – und begannen nun, in der ganzen Stadt die Revolution selbst in die Hand zu nehmen.

# 8 Lang lebe der rote Terror

Im August 1966, nachdem das Arbeitsteam aufgelöst und jede Beschränkung aufgehoben war, machten die Studenten den Ruf «Lang lebe der rote Terror» zu ihrer Parole. Das Komitee zur Vorbereitung der Kulturrevolution verkündete, sein Hauptziel sei die Zerschlagung der «Vier Alt», nämlich der alten Ideen, alten Kultur, alten Sitten und alten Gebräuche. Damit billigte es stillschweigend sämtliche Formen der Zerstörung und ließ den jungen Leuten freie Hand, nach eigenem Gutdünken einen Kreuzzug zur Auslöschung der Vergangenheit zu führen. Weil keine Grenzen gesetzt wurden, niemand die Verantwortung für die Vorgänge übernahm und die Rotgardisten sich einzig von ihren Impulsen leiten ließen, gerieten ihre Angriffe auf das Alte und die Zerstörung von Eigentum vollkommen außer Kontrolle. Bei ihrer Suche nach konterrevolutionärem Beweismaterial verlangten sie manchmal sogar Geld, sehr wohl wissend, daß niemand ihren Aktionen Einhalt gebieten konnte, daß niemand da war, der sie überwacht oder getadelt hätte.

Ihre revolutionäre Mission richtete sich vorwiegend gegen jene Familien, in denen bereits schwarze Elemente identifiziert worden waren. Natürlich stand auch unser Haus auf der Liste der Rotgardisten. Eines späten Abends hämmerte es an unsere Tür, und sieben oder acht junge Leute, von denen ich keinen kannte, drängten herein. Sie befahlen uns, alle Bücherschränke zu öffnen, und warfen den Inhalt auf den Boden. Die wertvollste Ausgabe in unserer Hausbibliothek war der vielbände *Buddhistische Kanon*, von dem im ganzen Land nur noch vier Exemplare existierten. Tang Yongtong hatte die Bände im Laufe seines Lebens zusammengetragen. Die Studenten erklärten nun barsch, solche Bücher seien Aberglauben und Religion sei das Opium der Massen. Sie beschlagnahmten einen Band aus jedem Schuber und sagten, die Bücher müßten gründlich untersucht werden. Die anderen Bände beförderten sie rüde in die Schränke zurück, dann versiegelten sie die Glastüren mit Papierstreifen, damit solches Gift keine weitere Verbreitung finden und wir kein Beweismaterial zerstören könnten.

Als sie mit Tang Yongtongs Büchern fertig waren, verlangten sie, daß wir unsere anderen konterrevolutionären Besitztümer vorzeigten, beispielsweise Briefmarken. Ich besaß tatsächlich eine Markensammlung, doch zum Glück enthielt sie nichts politisch Anstößiges. Da ich die Kuomintang so sehr haßte, hatte ich deren Marken nie gesammelt, ein Vorurteil, das mir jetzt zustatten kam, denn andere wurden allein wegen des Besitzes von Marken mit dem Bild Chiang Kai-sheks geschlagen. Der Durchsuchungstrupp forderte uns auf, auch unsere Schallplatten herzuzeigen. Zögernd holte ich unseren kostbaren Stapel von Platten mit klassischer Musik, die kleine Sammlung, die Lao Tang in den fünfziger Jahren aus zweiter Hand erworben hatte. Methodisch zerschlugen die Rotgardisten jede Platte mit einem großen Stein.

Während dieser Maßnahmen versuchte meine Schwägerin, von Lao Tang und mir abzurücken. Protestierend sagte sie, meine Schwiegermutter und sie seien wirklich revolutionär und hätten mit Lao Tang nichts zu tun. Die Studenten ignorierten jedoch ihre Worte und verkündeten, unser Haus sei das Heim eines «reaktionären gelehrten Warlords» und werde als warnendes Beispiel dienen, das sich alle Leute ansehen sollten. Von jetzt an müßte unsere Tür bis acht Uhr abends für jedermann offen sein. Dann verließen sie das Haus, zufrieden mit ihrer revolutionären Aktion. Ich las betäubt die Bruchstücke der Schallplatten zusammen, schichtete sie auf eine Kehrrichtschaufel und trug sie zum Abfallhaufen hinaus.

Die Studenten nahmen außer den Büchern auch einen Kasten mit einem schönen, in Indien hergestellten Tranchierbesteck mit, Messer und Gabel mit prächtig verzierten Griffen. Tang Yongtong hatte es vor langer Zeit einmal als Geschenk erhalten, jetzt wurde es als gefährliche Waffe deklariert. Plötzlich fiel mir das Melonenmesser in Hsiao-hongmen wieder ein, das wir mit einer ähnlichen Begründung beschlagnahmt hatten, und mir wurde klar, wie kindisch solche Gesten doch sind.

An mehreren Abenden der folgenden Woche sahen wir Feuer

lodern und hörten Jubelgeschrei, als die Studenten zur Feier ihres Sieges die Bücher ihrer Feinde verbrannten. Wir erfuhren nie, ob Tang Yongtongs kostbare Bände ein Raub der Flammen wurden oder einfach in dem allgemeinen Durcheinander verlorengingen. Jedenfalls sahen wir sie nicht wieder. Ich war froh, daß mein Schwiegervater diesen Tag nicht mehr erleben mußte.

Während der drückend heißen Augustwochen stürzten sich die Rotgardisten in fieberhafte Aktivität. Sie machten Hausdurchsuchungen bei sämtlichen verdächtigen Familien und verkündeten auf dem Universitätsgelände über einen Lautsprecher, den sie auf ein hohes Gebäude montierten, was sie bei ihren Streifzügen gefunden hatten. Immer wieder berichteten sie beispielsweise, daß sie eine Kuomintang-Fotografie aufgespürt hätten. In Wirklichkeit handelte es sich dabei jedoch um eine Briefmarke mit dem Bild Chiang Kaisheks aus irgendeiner Sammlung. Manchmal meldeten sie den Fund einer Waffe, wie des Wildbretmessers von Tang Yongtong oder der Fotografie eines Kuomintang-Offiziers, und erklärten triumphierend, diese Gegenstände bewiesen, daß ihr Besitzer die Wiederherstellung der Kuomintang-Herrschaft unterstütze. Manchmal fanden die Rotgardisten einen «reaktionären» Roman oder belastende historische Unterlagen, beispielsweise ein Tagebuch, das wenig schmeichelhafte Bemerkungen über den Vorsitzenden Mao enthielt. In dem Tagebuch stand vielleicht nur eine Notiz über die Hungersnot von 1959, die schlimmste jener Jahre, doch die Rotgardisten faßten solche Aussagen als Beweis für die Unzufriedenheit mit der neuen Gesellschaft auf. Immer wieder behaupteten die Rebellen selbstgerecht, ihre Funde bestätigten nur, daß der Klassenkampf hart geführt werden und lange währen müsse.

Einer ihrer Überfälle, den sie anschließend besonders groß herausstellten, galt dem Haus einer Mongolenprinzessin. Sie war die Witwe eines Professors der Ch'ing-hua-Universität und hatte nach dem Tod ihres Mannes die Erlaubnis erhalten, mit ihren beiden halbwüchsigen Töchtern in der behaglichen Wohnung zu bleiben. Jetzt schmähte man sie als Vertreterin des Feudalismus und steckte sie in einen schäbigen kleinen Raum unweit des Hauses meiner Eltern. Ich sah sie oft, wenn ich meine Eltern besuchte. Die Rotgardisten hatten sie mit dem sogenannten *Yinyang*-Haarschnitt bestraft, ihr also den halben Schädel kahlgeschoren. Diese erniedrigende Strafe hatten sie übrigens auch über etwa ein halbes Dutzend Leute an der Peita verhängt. Ein schrecklicher Anblick, die rosige Haut ihres blanken Schädels, doch die Frau und ihre Töchter verloren trotz dieser Demütigung nicht ihren Lebensmut. Sie schmückten sogar in ihrer elenden Bleibe, einem ehemaligen kleinen Laden und folglich nahe an der Straße gelegen, die Fenster mit leuchtendbunten Papierblumen. Die meisten Menschen begegneten der Frau mit Verachtung, mein Vater jedoch besuchte sie oft und brachte den beiden Mädchen Süßigkeiten mit, um seinen Abscheu vor einer solch groben Behandlung auszudrücken.

Aus Angst vor den gewalttätigen Hausdurchsuchungen versuchten die Menschen natürlich, Gegenstände zu beseitigen, die Verdacht erregen konnten. Es war jedoch verboten, irgend etwas zu verbrennen. Wer es heimlich tat, mußte damit rechnen, daß jemand den Rauch roch oder die Asche fand und diese «Beweise» meldete. Die Rotgardisten befahlen dann dem Beschuldigten, seine Tat zu gestehen, und glaubten nichts, was er zu seiner Verteidigung vorbrachte. Ungeachtet dieser Gefahr hatte ich an einem Tag im Juli beschlossen, meine sämtlichen Gedichte zu verbrennen. Ich war überzeugt, daß die Verse einer Rechtsabweichlerin verdreht oder als Beweismaterial für irgendeinen schweren konterrevolutionären Verstoß betrachtet werden könnten. Lao Tang war mit meinem Vorhaben nicht einverstanden gewesen. «Jemand wird den Rauch riechen», hatte er mir zornig vorgeworfen, «sie werden kommen und nachschauen. Die Gedichte sind nicht so wichtig, aber es wird unmöglich sein, glaubhaft zu machen, daß du keine ‹Beweise› verbrannt hast.» Ich riskierte es trotzdem, und zu meinem Glück bemerkte niemand etwas.

Die Ungewißheit, wo die Rotgardisten als nächstes auftauchen, wen sie verurteilen oder welche harmlosen Besitztümer sie verdächtig finden würden, machte die Menschen zunehmend nervös und auf Selbstschutz bedacht. Das führte zu einer großen Belastung der zwischenmenschlichen Beziehungen. Viele Leute lieferten den Rotgardisten freiwillig Informationen über Nachbarn und Bekannte, in dem verzweifelten Versuch, durch solche Treuebeweise sich selbst vor Leid und Schaden zu bewahren. Andere händigten den Rebellen ganze Pakete mit suspekten Gegenständen aus, in der Hoffnung, dadurch dem Schrecken einer Hausdurchsuchung zu entgehen. Auch meine Schwägerin versuchte, ihre politische Vertrauenswürdigkeit zu beweisen und weitere Angriffe auf ihre Familie zu verhindern. Sie ging zum Komitee zur Vorbereitung der Kulturrevolution und erklärte, ihrer Meinung nach sei es ungerecht, daß die Mutter ihres Mannes eine so hohe Witwenpension bekomme; ihr Vorschlag, die monatlichen Zahlungen einzustellen, wurde als revolutionäre Tat gepriesen. Danach mußte Lao Tangs Mutter von ihren Ersparnissen und den zwanzig Yuan leben, die wir jeden Monat beisteuerten.

Das Komitee zur Vorbereitung der Kulturrevolution benutzte einen der Hörsäle dazu, die parasitäre Natur der Kapitalistenklasse zu veranschaulichen. Es organisierte dort eine Ausstellung des von den Rotgardisten beschlagnahmten Materials, und wir alle statteten dieser Sammlung von Fotos, Gemälden, Büchern, Zier- sowie Kunstgegenständen, Briefmarken und Ausweispapieren ehemaliger Kuomintang-Funktionäre einen Pflichtbesuch ab. An den Wänden hingen Aufstellungen, die zeigten, wie viele Studenten aus der Arbeiter- und Bauernschaft von der Peita gewiesen und wie viele Kuomintang-Kinder zugelassen worden waren. Den eigentlichen Blickfang stellte jedoch eine straff gespannte Schnur mit daran aufgehängten hochhackigen Schuhen dar, die in verschiedenen Häusern auf dem Universitätsgelände beschlagnahmt worden waren. Die Ausstellung diente drei erklärten Zielen: Sie sollte erstens die Ernsthaftigkeit des Klassenkampfes an der Peita veranschaulichen, zweitens die Leiden der Arbeiter, Bauern und Soldaten aufzeigen und drittens den bürgerlichen Lebensstil der Fakultätsmitglieder und Kader entlarven.

Ich wußte, daß meine Tochter zu den Schülern zählte, die man als Ausstellungsführer ausgewählt hatte, vielleicht wegen ihrer schulischen Leistungen oder ihrer Redegewandtheit, vielleicht auch als Modell für Kinder mit Feind-Eltern, um zu demonstrieren, daß solche jungen Leute trotz ihrer Herkunft bei der Durchführung der Revolution mitwirken konnten. Als ich den Hörsaal betrat, sah ich Tang Dan mit einem Stock hantieren und die Bedeutung eines der Ausstellungsstücke erklären. Ihre sichtliche Tüchtigkeit und Unabhängigkeit machten mich stolz und ließen mich hoffen, daß sie dank dieser Eigenschaften in unserer chaotischen Welt überleben würde.

Beim Rundgang durch die Ausstellung entdeckte ich zu meinem Erstaunen auf einem Tisch Tang Yongtongs Tranchierbesteck. Neben das Messer hatte man etwas rote Tinte geschüttet, die Blut darstellen sollte; der Begleittext besagte, Mitglieder der Kapitalistenklasse würden in der Hoffnung, «ihren Himmel wiederzuerlangen», nämlich das bequeme Leben aus der Zeit vor der Befreiung, sogar Waffen aufbewahren, mit denen sie gegen das Proletariat kämpfen konnten. Nachdem ich mir die Halsketten, Ohrringe, gestickten Seidenkleider und anderen Luxusdinge, darunter eine in Amerika hergestellte Konfektdose, angesehen hatte, verließ ich die Ausstellung mit gemischten Gefühlen. Ich wußte, daß die Erklärungen übertrieben und an den Haaren herbeigezogen waren, denn ich hatte kein einziges Beweisstück für konterrevolutionäre Aktivitäten gesehen, aber mir war auch klargeworden, daß zwischen den Menschen in privilegierten Stellungen und dem einfachen Volk wahrlich eine große Kluft bestand.

Ein anderes Unternehmen des Komitees zur Vorbereitung der Kulturrevolution aus diesem Sommer berührte mich persönlich. Man erklärte den Hausangestellten auf dem Universitätsgelände, sie würden von ihren Arbeitgebern ausgebeutet, und forderte sie auf, im einzelnen anzugeben, auf welche Weise sie mißbraucht worden seien. Mißbräuche waren beispielsweise: kein freier Sonntag oder kein Urlaub, nicht das gleiche Essen wie die Arbeitgeber oder keine Entschädigung für ärztliche Behandlung. Arbeitete eine *ayi* schon seit vielen Jahren für eine Familie, stand ihr jetzt eine hohe Geldsumme zu. Die Führerin des neugeschaffenen Komitees für Familienhilfen war eine *ayi*, die seit mehr als zehn Jahren im Haushalt meines Onkels arbeitete, dem Leiter der geologischen Abteilung. Obwohl meine Tante nicht gesund war, weigerte sich die *ayi* nun, im Haus mitzuhelfen. Statt dessen verbrachte sie ihre Zeit damit, andere zu überreden, von ihren Arbeitgebern Entschädigung zu verlangen. Sie forderte für die Jahre, in denen sie ausgebeutet worden war, die riesige Summe von tausend Yuan, doch meine Tante weigerte sich hartnäckig, zu zahlen. Die Folge war, daß man meine Tante beschuldigte, eine bourgeoise Dame zu sein, und ihr androhte, sie auf einer Kampfversammlung zu lehren, sich ihrer *ayi* nicht mehr überlegen zu fühlen. Eingeschüchtert durch diese Drohung, bezahlte meine Tante schließlich die geforderte Summe. Ihre Kapitulation wurde als großer Sieg für die Arbeiterklasse gefeiert. Von da an kochte meine Tante für die *ayi*, die von ihren Versammlungen und revolutionären Aktivitäten nur zum Essen heimkam, ein Zustand, der meine Tante zutiefst unglücklich machte. Sie starb etwa ein Jahr später an einer Hirnblutung.

Stellvertretende Führerin des Komitees für Familienhilfen war die *ayi* von Meng Kun, dem Professor, bei dem ich als Lehrassistentin gearbeitet hatte und der mehrere Jahre mein Fachaufseher gewesen war. Weil Meng Kun kein Abteilungsleiter war, sondern nur Professor, hielt man den Fall anfangs für weniger wichtig, doch seine *ayi* forderte ebenfalls einen hohen Betrag. Er selbst glaubte, kaum gefährdet zu sein, da man ihn nicht als «akademischen Warlord» gebrandmarkt hatte, und lehnte die Bezahlung ab. Als Reaktion darauf suchten die *ayi*-Führerinnen einen Weg, dieses arrogante Mitglied der Oberschicht zu zwingen, seine Haltung gegenüber den Arbeitern zu ändern. Eines Tages brachte Meng Kuns *ayi* triumphierend eine zerknüllte Zeitungsseite mit dem Bild des Vorsitzenden Mao zur Roten Garde unserer Abteilung und behauptete, Meng Kun hasse offensichtlich den Vorsitzenden Mao, weil er dessen Bild mit schwarzer Tinte verunstaltet und das Blatt dann im Badezimmer in den Abfalleimer geworfen habe. Die Rotgardisten begaben sich sofort zu Meng Kuns Haus und nahmen ihn in Gewahrsam. Sie erklärten, ein sehr ernster politischer Zwischenfall habe stattgefunden, und riefen die ganze Abteilung zu einer Versammlung. Mich forderte man gesondert zur Teilnahme an dieser Versammlung auf, weil sie meinen Professor betraf.

Im Hof zwangen die Rotgardisten Meng Kun, vor ihnen niederzuknien, und beschuldigten ihn dann, den Vorsitzenden Mao beleidigt zu haben – eine überaus ernste Angelegenheit! Um die Sache endgültig gegen ihn zu entscheiden, berichtete Mengs *ayi*, wie sie die zusammengeknüllte Zeitungsseite im Abfalleimer gefunden hatte. Daraufhin brüllten die Rotgardisten, niemand dürfe den Vorsitzenden Mao dermaßen beleidigen, und begannen, Meng Kun brutal mit ihren Ledergürteln zu schlagen. Die ganze Zeit über saß ich in der vordersten Reihe und mußte zuschauen. Mein Lehrer war Ende Fünfzig und litt bekanntermaßen an Diabetes, trotzdem schlugen ihn diese Studenten etwa zehn Minuten lang, manchmal sogar mit den schweren Gürtelschnallen, die auf seinem Gesicht dicke, rote Striemen hinterließen. Ich konnte nichts tun, ihm nicht helfen. Schließlich sagten sie triumphierend, so ergehe es Beleidigern unseres Führers, und schickten Meng Kun nach Hause.

Meng Kuns Leiden waren nach seiner Rückkehr jedoch keineswegs zu Ende. Seine Kinder befestigten ein Schild an seinem Haus, auf dem stand, daß seine sämtlichen Angehörigen eine Linie zögen, um sich von ihm zu trennen. Das Verhältnis zu seiner Frau war schon lange schlecht, und weil er seine Kinder immer streng behandelt hatte, waren sie ihm nicht sehr zugetan. Jetzt schrieben sie auf ein Plakat, daß ihr Vater sich in der Familie als Faschist gebärdet habe und sie nichts mehr mit ihm zu tun haben wollten. Diese Denunziation lieferten sie bei der Roten Garde in unserer Abteilung ab. Ein ganzes Jahr lang, bis er zur Einzelhaft in den sogenannten «Kuhstall» auf dem Universitätsgelände gebracht wurde, durfte Meng Kun nicht mit seiner Familie essen, sondern bekam irgend etwas Einfaches, wie heiße Brötchen, auf sein Zimmer gebracht.

In jenen Wochen waren unerfreuliche Überraschungen fast an der Tagesordnung und Krisen normale Ereignisse in unserem Leben. Eines Abends, nachdem wir gerade gegessen hatten, erschien der dreizehnjährige Enkel des Peita-Vizepräsidenten Chou Pei-yüan an unserer Tür und brüllte wütend, Lao Tang solle hinauskommen. Chou Pei-yüan befand sich damals von all unseren Nachbarn in der besten Situation, weil er sich Lu Ping stets heftig widersetzt hatte und jetzt als treuer Revolutionär galt. Sein Enkel und meine Tochter waren zusammen aufgewachsen, in die gleiche Schulklasse gegangen und darum enge Freunde. Dem Jungen, häufig zu Gast in unserem Haus, hatte die besondere Zuneigung Tang Yongtongs gehört.

Als Lao Tang hinausging, um zu fragen, was los sei, klebte der Junge gerade einen Anschlag an unsere Hauswand. Darauf erklärte er meinen Mann zum Mitglied der schwarzen Bande, die immer gegen den Vorsitzenden Mao opponiert habe, und forderte, jeder müsse eine Trennlinie zu ihm ziehen. Das Plakat, vollkommen im Rahmen des Üblichen und sichtlich ein Werk von Kinderhand, endete mit dem Schlagwort: «Nieder mit der schwarzen Bande.» Doch als der Junge sprach, war er ganz Rotgardist. Er forderte lautstark, Lao Tang solle gestehen, und zwar sofort, welches Verbrechen er begangen habe. Lao Tang sagte nur: «Ja, ja, ich habe ein Verbrechen begangen.» Daraufhin zog der Junge ab, stolz und zufrieden, weil er wie ein Rotgardist gehandelt, ein Plakat angeklebt, gegen ein Mitglied der schwarzen Bande gekämpft und ihm sogar ein- oder zweimal den Kopf niedergedrückt hatte. Entsetzt und erschüttert hatte ich die Szene beobachtet, fassungslos angesichts dieses Kindes, das einen Älteren und Freund der Familie derart behandelte. Ich wußte jedoch, daß wir nichts tun konnten als schweigen. Jeder Protest hätte nur noch Schlimmeres ausgelöst, denn zweifellos wäre das Kind zur Roten Garde gegangen, um zu melden, daß Lao Tang sich dagegen wehre, bekämpft zu werden. Wir wagten nicht einmal, das Plakat zu entfernen, doch nach einigen Tagen rissen Regen und Wind es ab.

Der Zwischenfall bedrückte unsere Tochter mehr als Lao Tang oder mich, denn sie hatte mitansehen müssen, wir ihr Kindheitsgefährte ihren Vater angriff. Tang Dan äußerte sich nie über ihre Gefühle, aber ich konnte sie in ihren Augen lesen. Von dem Moment an schien sie verändert, es gelang ihr sichtlich nicht, die Erinnerung an diese Demütigung zu verdrängen. Obwohl man ihr aufgetragen hatte, wie ich wußte, eine Trennlinie zwischen sich und ihrer Familie zu ziehen, war sie den ganzen Sommer über jeden Tag zum Essen und Schlafen nach Hause gekommen und niemals grob oder unfreundlich zu uns gewesen. Ich fragte nie, wohin sie tagsüber ging, denn mir war klar, daß sie mit dem Strom schwimmen und nicht von ihren Freunden isoliert sein wollte, daß sie, um ihren Platz an der Spitze ihrer Klasse zu behalten, ihre Treue zur Kulturrevolution beweisen mußte. Aber seit diesem Angriff auf ihren Vater wirkte sie weniger selbstsicher, weniger optimistisch, weniger gleichgültig gegenüber den Problemen zu Hause.

Doch der Zwischenfall mit Chou Pei-yüans Enkel machte mich zunehmend besorgt um meine Kinder. Um sie vor unvorhersehbaren Angriffen zu schützen, beschloß ich, sie vorübergehend bei meinen Eltern unterzubringen, fern der gewaltgeladenen Atmosphäre an der Peita. Meine Mutter war sofort bereit, sie zu sich zu nehmen, und mein Bruder versprach, bei ihrer Betreuung zu helfen. Mein Vater aber protestierte, er sagte, die beiden würden Lärm machen und ihn bei seinen Studien stören, er brauche ein bißchen Frieden in dieser chaotischen Zeit. Nach erbitterten Vorwürfen meiner Mutter lenkte er jedoch ein. Sein Zögern verletzte mich, trotzdem blieb ich bei meinem Vorhaben, denn es war der beste Weg, meine Kinder vor Gewalt zu schützen.

Wenige Tage später fand ich beim Nachhausekommen an der Wand neben der Tür einen Anschlag vor mit den gebieterischen Worten «Gesetzliche Anordnung». In kleineren Schriftzeichen hieß es, die Hausbewohner hätten kein Recht, luxuriös zu leben, sie müßten ihre schöne Wohnung der arbeitenden Klasse abtreten. Wir sollten unsere ganze Habe in drei Zimmer pro Familie umräumen und den Rest unseres Hauses leerstehen lassen. Um diesen unerwarteten Befehl zu erfüllen, arbeiteten wir die ganze Nacht hindurch fieberhaft. Wir teilten den uns verbliebenen Wohnraum auf, so gut es ging. Lao Tang und ich behielten ein Drittel des großen Wohnzimmers und das ehemalige Zimmer unserer Hausgehilfin Daolan, sein Bruder nahm sich zwei der Schlafzimmer, seine Mutter ein Schlafzimmer und seine Tante das zweite Dienstbotenzimmer.

Zwei Tage später klebte eine weitere «Gesetzliche Anordnung» neben der ersten. Sie erklärte, wir hätten nicht länger das Recht, eine Grundbesitzerin in unserem Haus zu beherbergen, diese Feindin müsse weggeschickt werden, damit Bauern sie überwachen könnten. Mir drehte sich das Herz im Leibe um. Es machte mir wenig aus, meinen Wohnraum aufzugeben, aber die Vorstellung, Tang Yongtongs Schwester wegzuschicken und das Versprechen zu brechen, das ich dem Sterbenden gegeben hatte, ging über meine Kraft. Ich wußte, daß Vierte Tante nirgends hinkonnte. Ihre Tochter, längst verwitwet und für eigene Kinder verantwortlich, war bereits überlastet, und der Sohn der Konkubine war zum Rechtsabweichler erklärt worden und konnte nichts für sie tun. Den neuen Bestimmungen zufolge hatten Grundbesitzer an den Ort zurückzukehren, an dem sie früher die Bauern ausgebeutet hatten. Das bedeutete, daß Vierte Tante in die Gegend von Wuhan mußte, wo sie mit ihrem Mann gelebt hatte.

Wir alle kannten die Gefahren einer so weiten Reise und wußten, daß Grundbesitzer überall geschlagen und zu schwerer körperlicher Arbeit gezwungen wurden. Ich baute darauf, daß die Rotgardisten Vierte Tante vergaßen, weil ihnen in dem Eifer, mit dem sie zur nächsten revolutionären Tat weitereilten, so etwas manchmal passierte. Meine Schwägerin jedoch sagte warnend, wir dürften nicht riskieren, eine Grundbesitzerin unter unserem Dach zu verbergen, denn die Rotgardisten würden bestimmt wiederkommen, uns noch größeres Leid zufügen und Vierte Tante dann doch zur Abfahrt zwingen; es sei besser, meinte sie, Vierte Tante ginge, bevor das geschehe. Zögernd pflichtete Lao Tang seiner Schwägerin bei, weil die Fünf schwarzen Elemente tatsächlich überall aufgespürt und aufs Land verfrachtet wurden. Wir sahen keinen Weg, die alte Frau zu schützen, für die ich große Zuneigung empfand. Darum sagte ich ihr schließlich, daß sie uns verlassen müsse, daß es keine andere Möglichkeit gebe. Ihre Tränen brachen mir schier das Herz.

Voll Schmerz über mein Unvermögen, das Schicksal von Vierter Tante abzuwenden, nahm ich einen Tag Urlaub und brachte sie zum Bahnhof. Dort herrschte totales Chaos, das riesige Gebäude wimmelte von Menschen, Schmutz und Unordnung überall. Die Anweisung des Vorsitzenden Mao, daß die Studenten des Landes «Erfahrungen austauschen» und von ihren revolutionären Aktionen wechselseitig lernen sollten, wurden mit solcher Begeisterung ausgeführt, daß das Verkehrssystem völlig zusammengebrochen war.

Während junge Leute zu Hunderttausenden in die Hauptstadt strömten, um das Angebot freier Kost und Unterbringung auszunutzen und nach Möglichkeit den Vorsitzenden Mao leibhaftig auf dem Platz des Himmlischen Friedens zu sehen, benutzten wiederum Studenten aus Peking die Gelegenheit, sich Teile des Landes anzusehen, in die sie normalerweise bestimmt zeitlebens nicht gekommen wären. Züge und Busse durften kostenlos benutzt werden. Die jungen Leute drängten sich in bereits überfüllte Waggons, einige kletterten sogar auf die Dächer und viele erlitten unterwegs Verletzungen. Weil keine Fahrpläne mehr eingehalten wurden, hörten wir immer wieder von Zusammenstößen, bei denen Hunderte den Tod fanden. Als ich das Chaos auf dem Bahnhof sah, war ich froh, daß ich Tang Dan verboten hatte, zum Erfahrungsaustausch nach Südchina zu fahren, auch wenn sie mir deshalb böse gewesen war, weil ihr gleichaltriger Cousin die Erlaubnis erhalten hatte.

Auf die Außenseiten der Waggons waren Parolen gemalt, die oft irgendeine bestimmte Person als Konterrevolutionär angriffen. Drinnen sah ich durch die Fenster nichts als zusammengedrängte Leiber. Die jungen Leute auf dem Bahnsteig trugen alle olivgrüne Uniformen mit schweren Gürteln und über den Schultern Leinwandtaschen mit Verpflegung und einem Exemplar der Worte des Vorsitzenden Mao. Die Jackenärmel hatten sie wegen der Sommerhitze hochgerollt, so weit es ging. Bei einigen hielten hellgrüne Baumwollstreifen die Hosenbeine zusammen, und alle hatten drei oder vier verschiedene Plaketten mit Bildern des Vorsitzenden Mao angesteckt, auf die sie sichtlich stolz waren. Während sie einander grüßten, ihre Roten Bücher hochgereckt, schienen sie ihre Umgebung nicht wahrzunehmen vor Begeisterung darüber, daß ihnen der Vorsitzende Mao unbegrenzte Macht zur Durchführung der Revolution verliehen hatte.

Nachdem ich in einer langen, unordentlichen Schlange am Fahrkartenschalter angestanden hatte, bahnte ich uns beiden einen Weg durch die Menge auf dem Bahnsteig. Rotgardisten kletterten überall zu den Waggonfenstern hinein und heraus. Ich mußte Vierte Tante mit Gewalt in einen Wagen schieben und in eine Ecke zwängen. Sitzplatz gab es in dem überfüllten, verschmutzten Wagen längst keinen mehr, sogar in den Toiletten drängten sich die jungen Reisenden. Mir kamen die Tränen bei dem Gedanken, was der sechsundsiebzigjährigen Frau mit den gewickelten Füßen und dem ordentlich zu einem Knoten geschlungenen Haar in den nächsten Tagen bevorstand. Ich hatte ihr etwas Geld gegeben, und ich wußte, daß sie in Wuhan eine Verwandte aufsuchen würde, die gleich ihr mit einem Grundbesitzer verheiratet gewesen war und bei der sie leben konnte. Jeden Monat schickte ich zehn Yuan an die Adresse dieser Frau. Ich bekam nie eine Antwort, aber mir war ohnedies klar, daß Vierte Tante ein schweres Leben hatte. Ungefähr ein Jahr später erhielt ich dann die Nachricht, daß sie gestorben sei.

1970 traf ich zufällig den Sohn der Konkubine von Vierter Tantes Mann. Der Sohn war nach seiner Verurteilung als Rechtsabweichler auf dem Land geblieben und erzählte mir jetzt, daß Vierte Tante während des einen Jahres in Wuhan zu krank gewesen sei, um mir zu schreiben. Ihre Tochter habe sie zwar gelegentlich besuchen und ihr etwas zu essen bringen können, aber nach ihrer Erkrankung habe es niemanden gegeben, der für sie einkaufte oder sie pflegte. Ihm habe man nur erlaubt, nach Wuhan zu fahren, um für ihre Einäscherung zu sorgen.

Lao Tang selbst war damals nicht in der Lage, seiner Tante zu helfen. Er wurde jeden Morgen abgeholt, in seine Abteilung gebracht, dort kritisiert und dann aufs Gelände der Universität geschickt, wo er mit anderen Mitgliedern der schwarzen Bande, darunter einige ältere Professoren, körperliche Arbeit leisten mußte. Ihre Aufgabe war es, die Straßen zu reinigen oder in der heißen Sommersonne Gras auszureißen. Weil aus allen Landesteilen Rotgardisten über die Peita hereinbrachen, um Erfahrungen auszutauschen, war das Gelände immer voller Menschen und der Boden übersät mit Melonenschalen und Hülsen von Erdnuß- und Sonnenblumenkernen. Während Lao Tang und die anderen diese Abfälle beseitigten, konnten die fanatischen Rotgardisten sie belästigen, wann immer sie wollten.

Die neugierigen jungen Leute aus den Provinzen wollten wissen, wie diese berüchtigten «akademischen Warlords» denn so waren; sie befahlen ihnen, aufzustehen und ihre Fragen zu beantworten: «Welches Verbrechen hast du begangen?» – «Warum bist du gegen die

Kommunistische Partei?» – «Welches Gift hast du in deinem Hörsaal den Studenten eingeträufelt?»

Natürlich konnten sie den Fragestellern keine befriedigenden Antworten geben. Sie neigten darum nur einfach die Köpfe und sagten: «Ja, ich habe ein Verbrechen begangen, und ich bitte um Verzeihung.» Lao Tang mußte diese Tortur tagtäglich ertragen. Wir übrigen Rechtsabweichler galten jetzt als «tote Tiger», darum blieb uns diese schlimme Kränkung erspart.

Die Peita-Mitglieder, die in diesem Sommer körperlich arbeiten mußten, wurden in zwei Kategorien eingeteilt. Zur ersten Gruppe «aktiver Konterrevolutionäre» gehörten Personen wie Lao Tang, die eine verantwortungsvolle Position innegehabt hatten, beispielsweise die des Parteisekretärs einer Abteilung, oder die eng mit Lu Ping verbunden gewesen waren. Die zweite Gruppe bestand aus Leuten wie mir, ehemaligen Rechtsabweichlern oder sogenannten «Sprößlingen des Revisionismus», «Helfershelfern von Lu Ping» und «Werkzeugen der schwarzen Bande». Drei Personen aus meiner Abteilung arbeiteten in der ersten Gruppe und achtzehn in der zweiten. Die zweite Gruppe wurde nicht auf dem Universitätsgelände beschäftigt, sondern beim Bau eines neuen Gebäudes für eine der Peita angeschlossene Grundschule. Wir halfen dort den regulären Bauarbeitern, trugen Ziegel herbei und schleppten Schmutz in riesigen Körben weg, die wir an Seilen über die Schultern hängten.

Gewalt, Brutalität und menschliche Tragödien waren in jenem August etwas Alltägliches an der Peita. Zu jeder Tages- und Nachtstunde konnte es geschehen, daß kleine Gruppen von Leuten abgeholt, in ihren Abteilungen kritisiert und dann auf dem Universitätsgelände herumgeführt wurden, um «den Kampf der Massen zu akzeptieren». In diesen «Massen-Kampfversammlungen» wurden die Opfer immer gezwungen, auf einer der hohen, schmalen Bänke aus dem Eßsaal zu balancieren, während sie Fragen beantworteten. Fand man eine Antwort unbefriedigend, stieß man dem Opfer den Kopf nach unten, befahl ihm, sich vornüberzubeugen, oder hielt es in der schmerzhaften Düsenflugposition, wobei das Opfer ständig das Volk um Verzeihung für seine vergangenen Missetaten bitten mußte. Weil ich im Bereich der Studentenschlafsäle wohnte, sah ich jeden Abend, wenn ich nach dem Essen hinausging und im Schein der Laternen die neuesten Wandzeitungen las, mehrere Gruppen von zwanzig bis dreißig Leuten solche Kampfversammlungen durchführen. Gewöhnlich dauerten sie etwa eine Stunde, dann erlaubte man dem Opfer, heimzugehen.

Eines späten Abends gewahrte ich auf dem Weg zu den neuen Wandzeitungen eine Gruppe Studenten, die eine Lehrerin aus der Abteilung für Mathematik umringten. Die Frau, die im gleichen Semester graduiert worden war wie ich, stand auf einer dieser Bänke, das Haar zerzaust, vor der Brust ein großes Schild mit der Aufschrift «aktive Konterrevolutionärin». Wie ich später erfuhr, hatte sie ein einziges Mal die Kulturrevolution als falsch bezeichnet und war, nachdem jemand ihre Bemerkung gemeldet hatte, in Gewahrsam genommen und irgendwo auf dem Gelände, vermutlich in einem Hörsaalgebäude, festgehalten worden. Plötzlich hörte ich aus der Menge die Stimme ihres Mannes, der voll eisiger Loyalität erklärte, er könne nicht mehr mit der Frau zusammenleben und breche die Beziehung zu ihr ab, sie sei nicht länger die Mutter seiner drei Kinder. Nach dieser Denunziation befahlen ihr die Rotgardisten erneut, ihre Schuld zu bekennen. Provoziert durch ihr Schweigen, stießen sie ihr den Kopf tief nach unten, so daß die Haarnadeln sich lösten, das Haar nach vorn fiel und ihr Gesicht bedeckte. Ich hatte mittlerweile zahllose solcher Szenen der Erniedrigung und Schmähung gesehen, aber noch nie eine derart herzlose Verstoßung seitens eines Ehemannes erlebt.

Obwohl die tägliche Beobachtung solcher Grausamkeiten abstumpfend wirkte, gab es doch immer wieder Ereignisse, die mich fassungslos machten. Lao Tangs Cousine, Lehrerin an einer unweit der Peita gelegenen Mädchenmittelschule, besuchte uns eines Tages und schilderte, was dort passiert war, als die Mädchen versucht hatten, dem Beispiel der Peita-Revolutionäre zu folgen und den Klassenkampf gegen ihre eigenen Feinde durchzuführen. Voller Begeisterung für die neue Bewegung hatten sie die Rektorin, die eine der ersten akademisch gebildeten Frauen Chinas gewesen und dadurch berühmt geworden war, gnadenlos gezwungen, durch ein enges unterirdisches Abflußrohr zu kriechen. Als die Rektorin endlich am anderen Ende auftauchte, hatten die Mädchen sie brutal erschlagen. Die meisten der Schülerinnen stammten aus führenden Intellektuellenfamilien, und ich sagte mir traurig, daß sie sich vermutlich deshalb gezwungen fühlten, ihren totalen Einsatz für revolutionäre Ziele zu demonstrieren. Irgend etwas hatte diese normalerweise schüchternen, sanften und lieben jungen Dinger zu unvorstellbarer Grausamkeit getrieben. Die Anführerin dieser Gruppe militanter Schulmädchen war als Tochter eines ZK-Mitglieds eingeladen worden, beim ersten Auftritt Mao Tse-tungs vor den Rotgardisten auf dem Platz des Himmlischen Friedens am 18. August neben dem Großen Vorsitzenden zu stehen. Bei diesem Ereignis hatte Chiang Ch'ing sie nach ihrem Namen gefragt, und sie hatte geantwortet: «Hu Bing-bing», was soviel wie «sehr sanft» bedeutet. Chiang Ch'ing hatte daraufhin gemeint, dieser Name eigne sich für eine feine Dame, nicht aber für eine Revolutionärin, und sie werde ihr einen anderen Namen geben, nämlich Hu Yao-wu oder «die Stärke eines Soldaten wünschend». Nach dieser Auszeichnung durch Chiang Ch'ing hatte das Mädchen versucht, seinem neuen Namen Ehre zu machen, und die Mitschülerinnen zu der grausamen Tat aufgestachelt.

Die Menschen starben in diesen Wochen sehr leicht. Fast täglich hörten wir von Selbstmorden. Fast täglich verkündete eine Wandzeitung, daß jemand sich geweigert habe, reformiert zu werden, und statt dessen lieber ewig ein Feind bleibe. Wir wußten dann, daß die betreffende Person sich angeblich das Leben genommen hatte, aber wir wußten nicht, ob sie wirklich selbst Hand an sich gelegt hatte, oder ob sie von den Rotgardisten umgebracht worden war. Als man beispielsweise die Leiche des berühmten Romanciers und Dramatikers Lao She aus einem Pekinger See zog, behaupteten die Rotgardisten beharrlich, er habe sich das Leben genommen; doch die Leute waren überzeugt, daß man ihn zu Tode geprügelt hatte. Gegen Ende August herrschten derart schreckliche Zustände, daß wir keinen Ausweg und keine Zukunft mehr sahen, keinerlei Hoffnung mehr hatten. Jeder versuchte nur noch, von einem Tag zum nächsten zu überleben.

Meine Tage verliefen inzwischen sehr geregelt. Ich ging jeden Morgen vor acht Uhr aus dem Haus, um mich zur Arbeit zu melden, und nahm mir zum Mittagessen ein Stück Brot mit. Vom Baugelände aus konnte ich die Kinder in der Nachbarschaft beobachten. Sie waren völlig ohne Aufsicht und wußten nicht, was sie mit ihrer Zeit anfangen sollten, zumal man alle Schulen geschlossen hatte. Meist spielten oder rauften sie miteinander. Langweilten sie sich, kamen sie zu uns und fragten, welche Verbrechen wir begangen hätten; sie genossen es, uns zwingen zu können, die Köpfe zu neigen und zu gestehen, daß wir etwas Unrechtes getan hatten. Am Ende des Arbeitstages, wenn wir in einer Reihe zum Universitätsgelände zurückgingen, spuckten sie uns oft an oder hielten uns auf und ließen uns das «Lied des heulenden Wolfes» singen, das eigens für Mitglieder der schwarzen Bande und für Klassenfeinde ersonnen worden war. Gewöhnlich sagten die Kinder zu denjenigen, die an der Spitze des Zuges gingen, sie sollten stehenbleiben und singen:

Ich habe ein Verbrechen gegen das Volk begangen;
Ich bin ein Feind des Volkes;
Ich verstehe mein Verbrechen;
Ich werde von der Partei reformiert.

Einmal befahlen sie einem älteren Professor, das Lied zu singen, doch er konnte keine Melodie halten und sprach die Worte darum nur. Wegen seines Ungehorsams ließen ihn die Kinder das Lied zur Strafe endlos wiederholen.

Als wir den Text zum ersten Mal singen mußten, fühlten wir uns so gedemütigt und erniedrigt, daß uns ohnmächtige Wut packte. Später faßten wir die Befehle der Kinder einfach als Scherz auf, und oft begann ein Mitglied unserer achtzehnköpfigen Gruppe beim Nahen der Jungen unaufgefordert zu singen. Wir drei Frauen in der Gruppe brachten es nie fertig, die Sache auf die leichte Schulter zu nehmen, doch viele der Männer ergriffen häufig selbst die Initiative und riefen: «Ihr wollt also, daß wir heute wieder für euch singen.» Dann stimmten sie fröhlich die Melodie an und lachten den Kindern beim Singen zu. Bald lachten die Kinder mit uns, und wenn sie uns auch weiterhin beleidigten oder mit Steinen bewarfen, so konnte ich ihnen doch nicht mehr böse sein. Eines Abends trat einer der Jungen zu dem Mann in der Reihe vor mir und fragte: «Onkel, könntest du mir eine Patronenhülse geben?» Bei dieser arglosen Frage wurde mir klar, wie sehr diese Kinder nach Spielsachen und verständnisvollen Gefährten hungerten und daß sich unter ihrer von der politischen Situation hervorgerufenen Unverschämtheit noch kindliche Unschuld verbarg.

Am Ende meines Arbeitstages ging ich immer direkt zum Haus meiner Mutter, um meine Kinder zu besuchen. Oft gab mir meine Mutter dann Essen mit, das sie für uns zubereitet hatte, damit ich nicht extra nur für Lao Tang und mich einzukaufen und zu kochen brauchte. Eines Abends fand ich meine Mutter in Tränen aufgelöst vor. Das Straßenkomitee hatte sie am Nachmittag besucht und erklärt, diese Kinder seien «Bastarde der schwarzen Bande» und wenn sie weiter in diesem Haus blieben, werde man die beiden zwingen, Pappschilder mit der Aufschrift «Hundegezücht» zu tragen, dann erkenne jeder ihre wahre Identität und sie könnten nicht länger andere beschmutzen. Auch meine Tochter weinte, nur der erst neunjährige Tang Shuang, der das alles noch nicht verstand, schlug fröhlich Purzelbäume auf dem Bett.

Mir drehte sich das Herz um; ich wußte nicht, was ich tun sollte, um meine Kinder vor Schmähungen zu schützen. Es überstieg mein Verständnis, daß unschuldige Kinder angegriffen und mit so grausamen Strafen bedroht wurden. Mein Vater, wie stets auf seinen Frieden bedacht, hielt es für das beste, daß ich die Kinder wieder mit nach Hause nahm. Bis spät in die Nacht hinein überlegte ich mit meiner Mutter, was zu tun sei; schließlich wurde mir klar, daß es die einzige Möglichkeit war, die beiden mitzunehmen. Ich lud mir ihre Steppdecken auf, und zu dritt machten wir uns im strömenden Regen auf den Heimweg.

Als wir müde und naß zu Hause eintrafen, merkte ich, daß ich am Morgen meinen Schlüssel nicht eingesteckt hatte. An den dunklen Fenstern erkannte ich, daß Lao Tang noch nicht von seiner Kampfversammlung zurück war. Also klopfte ich und bat Lao Tangs Bruder, uns einzulassen. Niemand reagierte auf unser Klopfen und unsere Rufe. Ich fühlte mich sehr allein und verlassen in dem niederpasselnden Regen, und dazu kam noch die Angst um Lao Tang, der normalerweise um diese Zeit längst daheim war. Meine Tochter wurde immer wütender, sie begann schließlich, an eines der Fenster zu trommeln und nach ihrer Großmutter zu rufen. Endlich hörte uns Lao Tangs Mutter, die nicht gesund war und darum ihre Tage weitgehend im Bett verbrachte; sie befahl ihrer Schwiegertochter, die Tür zu öffnen. Voller Zorn fuhr ich meine Schwägerin an, wie sie nur so herzlos sein könne, uns nicht einzulassen. Sie entgegnete, ich sei immer noch genauso arrogant wie früher, dabei sei ein solches Benehmen in meiner Situation höchst unangebracht. Ich nannte sie ein grausames Frauenzimmer und sagte, sie werde hoffentlich eines Tages noch merken, wie sehr sie sich im Hinblick auf meine Familie irre.

Endlich erschien Lao Tang. Meine Schwägerin überfiel ihn gleich mit der Beschwerde, ich sei arrogant und beleidigend und habe sie grob angeredet. Daraufhin kam es zu einer furchtbaren Auseinandersetzung zwischen Lao Tang und seinem Bruder. Der Streit dauerte mehr als eine Stunde, und als er endlich beigelegt war, weinte Lao Tang bitterlich, wie ich es bei ihm noch nie erlebt hatte. Die Heftigkeit seiner Gefühle erschreckte mich, und ich sagte nichts mehr. Es gab ja auch nichts zu erwidern auf die zornigen Vorwürfe meines Schwagers und meiner Schwägerin, daß sie unseretwegen viel gelitten hätten, obwohl sie immer auf der Seite des Volkes gewesen wären, und daß es uns wohl anstünde, sie bescheiden um Verzeihung zu bitten für das, was sie durch unsere Schuld durchmachen müßten. Wir schluckten unseren Groll hinunter und gingen schlafen. Mittlerweile war es jedoch schon drei Uhr früh, und uns blieben ganze drei Stunden, bis wir aufstehen und uns für den Arbeitsbeginn um acht fertigmachen mußten. Durch die äußeren Umstände hatten die Spannungen ein solches Ausmaß erreicht, daß unsere Familienbande völlig zerbrachen; die kleinste Provokation genügte, und es kam zu einer heftigen Explosion.

Am 12. September sagte meine Mutter, daß sie mir für den nächsten Tag, an dem wir unseren Hochzeitstag begingen, ein besonderes Abendessen vorkochen werde. Bei meiner Ankunft in ihrem Haus tags darauf erwartete mich ein großer Topf mit geschmortem, köstlich riechendem Schweinefleisch. Ein solches Gericht war angesichts der Fleischknappheit ein wahrer Luxus, und ich trug es dankbar heim. Obwohl die Kinder nun nicht mehr bei ihr wohnten, bereitete meine Mutter oft das Abendessen für uns zu, weil mir nach der Arbeit wenig Zeit blieb zum Einkaufen und Kochen. Wir genossen das abendliche Festmahl, doch unser kleines Glück war von kurzer Dauer. Am nächsten Morgen um sechs erwachten wir, weil jemand an unsere Tür klopfte. Da wir stets mit dem Erscheinen der Rotgardisten rechnen mußten, jagte uns das Klopfen Angst ein. Doch diesmal stand meine Schwester da, bleich und mit verzweifelter Miene. Sie sagte, unsere Mutter sei schwer erkrankt und habe mitten in der Nacht ins Krankenhaus gebracht werden müssen.

Als ich am Bett meiner Mutter eintraf, erkannte sie mich nicht mehr. Ich blickte fassungslos auf ihr aschfahles Gesicht und den gräßlichen Schlauch in ihrem Mund, der ihr das Atmen erleichterte, aber ihr Gesicht verzerrte und entstellte. Sie war erst sechsundfünfzig und immer gesund und kräftig gewesen. Mein Bruder erstattete mir wütend und voller Erbitterung Bericht. Unsere Mutter hatte um elf Uhr plötzlich über stechende Kopfschmerzen geklagt, worauf er sie hinten auf sein Rad gesetzt und ins Krankenhaus gebracht hatte. Der Arzt hatte sie untersucht und gesagt, es sei nichts Ernstes, ihr ein paar Pillen gegeben und sie nach Hause geschickt. Zwei Stunden später war es ihr viel schlechter gegangen, und sie hatte begonnen, sich zu erbrechen. Inzwischen war sie zu schwach gewesen, um sich hinter ihm auf dem Fahrrad zu halten, darum war er verzweifelt herumgeradelt, um ein Taxi aufzutreiben, das sie ins Krankenhaus fuhr. Bei ihrer Einlieferung hatte sie heftige Schmerzen gehabt, war aber bei Bewußtsein gewesen.

Ich sah, was die Kulturrevolution der Klinik angetan hatte. Die Wände waren mit Anschlägen beklebt, vom medizinischen Personal fehlten viele der fähigsten Kräfte, offenbar weggeholt zur Verurteilung durch die Rotgardisten. Nur wenige Ärzte waren im Krankenhaus geblieben, und auf jeden davon kam in dieser Zeit der Krankheiten und Verletzungen eine absolut unbewältigbare Zahl von Patienten. Der Arzt, der meine Mutter behandelte, war jung und unerfahren. Er hatte ihre Krankheit zunächst als Gehirnentzündung diagnostiziert. Um eine Bestätigung seiner Diagnose zu erhalten, hatte er eine Rückenmarkspunktion angeordnet, was sich als fataler Fehler erwies. Meine Mutter hatte eine Gehirnblutung erlitten, die unter günstigeren Umständen zu behandeln gewesen wäre. Doch die Rückenmarkspunktion hatte den Hirnschaden verschlimmert, denn dadurch war ein Blutgefäß in ihrem Kopf geplatzt. Jetzt, bei meiner Ankunft im Krankenhaus hatte sie die Augen offen, nahm aber nicht mehr wahr, was um sie vorging.

Ich rief in meiner Abteilung an, bat um einen Tag Urlaub und blieb mit meinem Vater und meinem Bruder an ihrem Bett, in der Hoffnung, sie würde wenigstens noch einmal erwachen und uns erkennen. Einen Tag und eine Nacht lang wechselten wir uns an ihrem Bett ab. Ihre Augen blieben offen, aber sie reagierte nicht auf unsere Anwesenheit. Um Mitternacht stand ich mit meinem Bruder auf dem Korridor, während meine Schwester bei unserer Mutter saß und mein Vater sich daheim ausruhte. Unsägliche Trauer erfüllte mich, das Leben erschien mir so schmerzlich, daß ich nicht wußte, wie ich es weiter ertragen sollte. Als mein Bruder in Tränen ausbrach, war mir klar, daß er nicht nur um unsere Mutter weinte, sondern um alle, die soviel gelitten hatten. Die Schluchzer stiegen tief aus seiner Brust auf, sie entsprangen einem Leid, für das es keinen Trost gab. Mit meiner Mutter starb der einzige Mensch, der ihn wirklich geliebt hatte; er verlor jemand unendlich Wertvollen und mußte gleichzeitig die Last der Verantwortung für die Familie auf seine Schultern nehmen. Ich griff nach seiner Hand, weil ich wußte, daß Worte seinen Schmerz nicht lindern konnten. Hartnäckig versuchte ich, mich auf ein Dichterwort zu konzentrieren, das mir mein Vater nach meiner Verurteilung als Rechtsabweichlerin in einem Brief geschrieben hatte. «Alles ist vergänglich, nichts währt ewig», wiederholte ich ein ums andere Mal stumm in diesen qualvollen Minuten. Meine Mutter starb früh am nächsten Morgen.

Wir bedeckten die Tote mit einem weißen Laken, legten sie auf eine Bahre und fuhren sie zur Leichenhalle des Krankenhauses. Die Halle war voll. Eine Schwester schob eine Bahre herein, auf der ein totes Mädchen im Mittelschulalter lag, das offensichtlich furchtbar geschlagen worden war. Weil das Mädchen bei der Einlieferung bereits tot gewesen war, hatte sich niemand die Mühe gemacht, es mit einem Tuch zu bedecken. Auf der Brust hatte es zwei Papierfahnen, von denen eine es als «konterrevolutionären Hundebastard» auswies, während die andere verkündete: «Jeder, der sich der Kulturrevolution widersetzt, nimmt ein schlimmes Ende.» Gesicht und Haar des Mädchens waren voller Blut.

Wir hatten den Leichnam unserer Mutter in eine Kühlschublade gelegt, die letzte, die noch frei war. Für das Mädchen gab es keine mehr. Niemand war gekommen, um die junge Tote zu versorgen, und die Schwester fragte nun, was man bei der Hitze mit ihr tun solle. Eine andere Schwester antwortete: «Mach dir keine Sorgen, laß sie einfach da stehen; vielleicht wird sie später ins Krematorium geschafft. Schließlich ist sie nur eine kleine konterrevolutionäre Hündin.» Voll Panik dachte ich daran, daß auch meinen Kindern so etwas passieren konnte und ich keinerlei Möglichkeit hatte, sie vor Leid zu schützen. Junge Leute werden unschuldige Opfer dieser wahnsinnigen Gewalttätigkeit, überlegte ich hilflos, während ich auf das tote Mädchen blickte.

Nun begann ein langer, herzzerreißender, nervenzermürbender Kampf um die Erledigung der Beisetzungsformalitäten. Als erstes ging ich mit meinem Bruder zur Krankenhausverwaltung, um die nötigen Anordnungen zu treffen. Es waren jedoch so viele Menschen gestorben, daß wir in einer langen Schlange warten mußten. Schließlich informierte uns der Krankenhaussekretär, daß wir den Leichnam innerhalb von zwei Tagen wegbringen müßten, weil der Platz in der

Leichenhalle für andere benötigt würde. Wir fuhren also mit dem Bus zu dem weit im Südwesten gelegenen Papaoshan-Friedhof. Der furchterregende Ort wirkte jetzt noch schrecklicher als gewöhnlich, weil zahllose verzweifelte Menschen die Einäscherung ihrer geliebten Verstorbenen einzurichten versuchten. Im Büro sagte man uns, die Asche meiner Mutter dürfe nicht in dem für Revolutionäre vorbehaltenen Teil des Friedhofs beigesetzt werden, denn um sich dafür zu qualifizieren, müsse man ein Kader über dem dreizehnten Grad sein; auf ihrem Pensionierungsschein stehe jedoch, daß sie nur Rang fünfzehn erreicht habe. Das war der übliche Rang für Lehrer. Dagegen konnten wir nichts vorbringen, also fragten wir nur, was wir tun sollten. Wenn wir ihre Asche nicht mit heimnehmen wollten, erklärte uns der Funktionär ungeduldig, müßten wir in den anderen Teil des Friedhofs gehen, in den für gewöhnliche Leute.

Wir folgten einem von der Straße abbiegenden Weg und gelangten schließlich zu einem Hügel. Eine lange Reihe Stufen führte hinauf zu einem Gebäude in japanischem Stil, das auf der Hügelkuppe stand. Das Gebäude, einst von den Japanern als Gedenkmausoleum für ihre Soldaten erbaut, befand sich in schlechtem Zustand; die rote Farbe an Türen und Fensterrahmen blätterte ab, der Rasen rundum war von der Sonne versengt und wies Löcher auf. In dem kleinen Büro sagte man uns, daß die Leiche unserer Mutter zusammen mit anderen verbrannt würde. Wenn wir wollten, daß man sie separat verbrenne, müßten wir eine Bestätigung vorlegen, daß sie eines natürlichen Todes gestorben sei, denn Mitglieder der schwarzen Bande, die erschlagen worden seien oder Selbstmord verübt hätten, besäßen keinen Anspruch auf individuelle Einäscherung.

Die Beschaffung der nötigen Dokumente war nicht einfach. Der im Krankenhaus ausgestellte Totenschein gab nur das Sterbedatum und die Sterbezeit an, nicht aber die Todesursache. Es schien ein aussichtsloses Unterfangen, einen Arzt zu finden, der bereit war, die Verantwortung für die Bestätigung der Todesursache zu übernehmen. Außerdem verlangte das Krematorium ein Dokument von der Arbeitseinheit irgendeiner Person. Weil mein Bruder weder als Mitglied der schwarzen Bande noch als Klassenfeind eingestuft war, drängte ich ihn, in seiner Abteilung um das erforderliche Zertifikat nachzusuchen, während ich mich gleichzeitig in meiner Abteilung darum bemühte.

Nach der Rückkehr aufs Universitätsgelände suchte ich den Sekretär auf, der in meiner Abteilung für alle persönlichen Angelegenheiten zuständig war, wie die Zuteilung von Stoff-Coupons bei der Geburt eines Kindes, Urlaubsgenehmigungen und eben die Bestätigung, daß jemand nach dem Tod verbrannt werden könne. Ich hatte immer ein gutes Verhältnis zu dem Mann gehabt, und zu meiner Erleichterung erfüllte er meine Bitte, ohne lange zu fragen. Er bot mir sogar an, es beim Führer der Roten Garde einzurichten, daß ich noch einige Tage Urlaub bekäme. Ich konnte meiner Dankbarkeit gar nicht genug Ausdruck verleihen in dieser Zeit, in der rücksichtsvolle Behandlung und menschliches Verständnis fast völlig verschwunden waren. Bisher hatten wir im Zusammenhang mit dem Tod meiner Mutter nichts als Gleichgültigkeit und Kälte erlebt. Mein Bruder fand in seiner Abteilung niemanden, der ihm die nötige Bestätigung ausstellte, denn so etwas konnte später vielleicht als Verbrechen ausgelegt werden; darum drückte sich jeder vor der Verantwortung für Dinge, die normalerweise Routineangelegenheiten waren.

Mit dem erforderlichen Dokument in Händen kehrten wir ins Krematoriumsbüro zurück, gaben es ab und kauften ein kleines schwarzes Kästchen für die Asche. Wir wußten aber noch keine Lösung für den Transport des Leichnams vom Krankenhaus zu dem weit entfernten Friedhof. Nach einigem Hin und Her beschlossen wir, uns an einen nahe gelegenen Lastwagenpark zu wenden. Dort sagte man uns jedoch, erst am nächsten Tag sei wieder ein Fahrzeug verfügbar. Wir konnten aber nicht so lange warten, weil inzwischen die Frist, die uns das Krankenhaus zur Abholung des Leichnams meiner Mutter gesetzt hatte, verstrichen war. In der Hoffnung, den Sekretär in der Verwaltung überreden zu können, die Leiche noch einen Tag in dem Kühlfach zu lassen, fuhren wir wieder ins Krankenhaus. Es erbitterte uns, einen derart herzlosen Menschen um diese Gunst bitten zu müssen. Er hörte sich unsere Geschichte ungerührt an und gab uns dann die halbe Zusage, daß man den Leichnam noch einen Tag behalte, wenn der Platz nicht anderweitig benötigt werde. Weil dies eine nur sehr bedingte Garantie war, kehrten wir zu dem Lastwagenpark zurück und baten noch einmal um ein früheres Fahrzeug. Ein Fahrer erklärte sich schließlich bereit, den Leichnam in seiner zweistündigen Mittagspause zum Friedhof zu bringen. Erschöpft fuhren wir mit ihm ein letztes Mal zum Krankenhaus, um die Verstorbene zur Einäscherung zu holen.

Der Lastwagen wirbelte ganze Wolken gelben Staubs auf, als er hinter dem Mausoleum auf dem Schotterweg zu dem kleinen Gebäude fuhr, aus dessen riesigem Kamin ununterbrochen Rauch quoll. Viele Leichname lagen auf dem Boden, darauf wartend, an die Reihe zu kommen. Man erlaubte uns nicht, die Einäscherung zu verfolgen. Wir sahen nur, wie Arbeiter den Leichnam in einen eisernen Kasten legten und in den angrenzenden Raum schoben. Als ich meine Mutter zum letzten Mal sah, waren ihre Augen immer noch offen, und mir schien, sie habe diese makabre Kette von Ereignissen beobachtet. Fünf Minuten später händigte man uns einen kleinen Leinwandsack mit verkohlten Stückchen aus. Wir wußten nicht, ob es tatsächlich die sterblichen Überreste unserer Mutter waren, aber Zweifel führten zu nichts. Darum gaben wir die Asche in unser Kästchen und gingen zum Mausoleum.

Es war ein düsteres, muffiges Gebäude mit vielen großen Räumen, in denen an jeder Wand etwa zwanzig schmale Regale standen, unterteilt in kleine Fächer. Der uns zugewiesene Platz, das letzte noch freie Fach, befand sich auf dem allerobersten Regal. Also stieg ich auf die vorhandene Leiter und stellte das schwarze Kästchen in die leere Nische. Die ganze Zeit über umringten uns Trauernde, von denen viele darüber wehklagten, daß es keinen Platz für ihre Aschekästchen gab – was bedeutete, daß sie die Asche mit nach Hause nehmen mußten.

Wir bezahlten einen Betrag von dreißig Yuan, der uns die Nische für drei Jahre sicherte. Danach, so erklärte man uns, werde unser Kästchen in einem Gemeinschaftsgrab der Erde übergeben. Als wir das unserem Vater berichteten, lösten sich endlich seine angestauten Emotionen. Er begann heftig zu schluchzen und stieß hervor, wir wüßten doch, daß unsere Mutter jede Art von Gemeinschaftsbehausung verabscheue. Während ihrer Zeit als Lehrerin an der Landwirtschaftsuniversität von Kweichou hatte sie sogar eine Dreizimmerwohnung auf dem Universitätsgelände ausgeschlagen und war lieber täglich die zwanzig Minuten von dem kleinen Haus, das sie mit meinem Vater bewohnte, zu den Vorlesungen gegangen. Er ertrage den Gedanken nicht, sie für ewig mit Fremden zusammengedrängt zu wissen, sagte er bitter und bat uns flehentlich, eine andere Lösung zu suchen.

Erst vier Jahre später, nach meiner Rückkehr vom Land, von wo aus ich den Verbleib der Asche im Mausoleum durch eine weitere

Zahlung sichergestellt hatte, konnten wir den Wunsch meines Vaters erfüllen. Ein Vetter machte uns mit dem für sämtliche Wälder auf den Wohlriechenden Hügeln zuständigen Mann bekannt und verriet uns, daß der Mann liebend gern Wein trank. Es gelang mir, mit den vom vorhergehenden Frühlingsfest aufgesparten Bons drei gute, teure Flaschen zu kaufen. Dieses Geschenk überreichte ich ihm zusammen mit einer beträchtlichen Geldsumme, woraufhin er sich bereit erklärte, ein Stück Land zu suchen, auf dem wir die Asche meiner Mutter begraben konnten.

Er vermittelte uns einen schönen Platz an einem Hang, von dem aus man ganz Peking überblickte. Hinter meiner Mutter lag ein berühmter chinesischer Geiger und hinter diesem einer der besten Opernsänger Chinas. Endlich war mein Vater getröstet. Er sagte, vielleicht könne meine Mutter sich im Mondschein an der Musik ihrer Nachbarn erfreuen und mit ihnen singen. Die Grabstelle maß etwa einen Meter im Quadrat. Wir trugen Zement und Wasser hinauf, um einen schlichten Stein zu formen. Mein Vater hatte zwei Jahre zuvor eine von Mutters Klassenkameradinnen geheiratet, deren Mann als Rechtsabweichler jedes Geständnis eines Verbrechens abgelehnt hatte und im Gefängnis gestorben war. Diese alte Freundin meiner Mutter gravierte die Namen meiner Eltern in den Stein, unter dem sie eines Tages vereint in Frieden liegen werden.

Während der ungeheuren emotionalen Anspannung der furchtbaren Tage rund um den Tod meiner Mutter vergoß ich keine einzige Träne, denn die Geschehnisse machten mich völlig benommen. Ich bemühte mich nur, alles zu tun, was getan werden mußte, um die Beisetzung zu regeln und nach Möglichkeit den Schmerz meines Vaters zu lindern. Seit meiner Rückkehr aus Hsiao-hongmen waren erst drei Monate vergangen, doch in dieser kurzen, chaotischen Zeit waren über meine Familie und die Menschen in unserer Umgebung unvorstellbare Leiden hereingebrochen. Man hatte meinen Mann zum Ziel heftiger Angriffe gemacht, meinen Lehrer geschlagen, meine Kinder bedroht, meine Familie gespalten und Vierte Tante zu einem Leben ungekannter Härten verurteilt. Rundum hatte sich eine Art Wahnsinn, ein unvorstellbares, unerträgliches Maß extremster Gewalttätigkeit und Grausamkeit entfaltet. Ich dachte weder an die Vergangenheit noch an die Zukunft, sondern hielt mich nur durch den festen Entschluß aufrecht, alles dafür zu tun, daß meine restliche Familie am Leben blieb.

# 9 Himmel und Erde

Im Herbst, wenn sich das glühende Rot der Ahornbäume und das leuchtende Gelb der Weiden und Ginkgos funkelnd im Ohne-Namen-See spiegeln, ist die Peita immer besonders schön. Die Luft ist dann frisch und klar, einige Wochen lang frei von dem Staub, der oft das Blau des Himmels in mattes Grau verwandelt. Jedes Jahr nahmen wir im Oktober einen Tag frei, um mit unseren Kindern die Wohlriechenden Hügel zu besuchen. Wir wanderten das Tal entlang, um die prächtige Herbstfärbung des Laubs zu bewundern, machten anschließend ein Picknick oder leisteten uns ein Essen in einem der westlichen Restaurants, wo es so ausgefallene Gerichte wie Hähnchen Kiew oder Gemüsecremesuppe gab. Dieses Jahr war alles anders. Blickte man zu der kleinen Insel mitten im Universitätssee, sah man kein buntes Laub, sondern ein riesiges Schild, auf dem schwarze Schriftzeichen in weißen Quadraten forderten: «Fegt alle die Ochsengespenster und Schlangengeister hinweg!» Rund um den See klebten an sämtlichen Hauswänden Anschläge, oft beherrscht von einem großen roten X quer über dem Namen eines Feindes. In dieser Atmosphäre verstrich der Herbst unbemerkt. Lao Tang und ich meldeten uns jeden Morgen zur Arbeit, unsere Kinder waren mit revolutionären Aktionen beschäftigt, und ich hatte zudem die Erschütterung über den Tod meiner Mutter noch nicht überwunden. Keiner von uns dachte an die Herbstlandschaft oder an einen Ausflug zu den Hügeln.

Im September gab es an der Peita kaum mehr eine Familie, die nicht von irgendeiner Tragödie heimgesucht worden war. Der Vorsitzende Mao erschien immer wieder auf dem Platz des Himmlischen Friedens, sprach zu Millionen leidenschaftlich erregter Rotgardisten und schürte ihren revolutionären Eifer; daraus ersahen wir, daß die

Akte abstoßender Grausamkeit, die wir erlebt hatten, allerhöchste Billigung fanden. Im Laufe der Sommermonate begann sich jedoch eine neue Situation zu entwickeln, die zwei Jahre später den Vorsitzenden Mao zwingen sollte, drastische Maßnahmen zur Eindämmung der von ihm saktionierten Anarchie zu ergreifen.

Nieh Yüan-tsu hatte den Bogen überspannt, und aus Unmut über ihr autoritäres Gebaren begannen einige radikale Studenten, Wandzeitungen zu schreiben und Schlagworte zu prägen, mit denen sie Nieh Yüan-tsus Komitee zur Vorbereitung der Kulturrevolution angriffen und ihre ganze Gruppe als illegal bezeichneten, weil sie nicht von den Massen gewählt worden sei. Jene Kühnen, die Nieh Yüan-tsus Macht in Frage zu stellen wagten, waren mit ihrer Ablehnung des Arbeitsteams einverstanden gewesen und wehrten sich jetzt gegen ein neues «Kindermädchen». Sie würden die Revolution allein durchführen können, verkündeten sie und forderten die Jugendlichen auf: «Handelt aus eigener Initiative; laßt euch nicht von einer Diktatorin beherrschen.» Der Widerstand der radikalsten Studenten gegen Nieh Yüan-tsu hatte schließlich die Spaltung der Universität in zwei einander bekriegende Lager zur Folge.

Zum wachsenden Widerstand gegen die von Nieh Yüan-tsu beanspruchte Autorität trug auch die immer stärkere Betonung der Bedeutung unabhängigen Denkens bei. Sogar Yao Wen-yüan und Chang Chun-ch'iao* hatten das bisherige Erziehungssystem kritisiert, das nach ihren Worten nur übergehorsame Studenten hervorbrachte, die «gehorsamen 5+-Schafe»**, denen es einzig um gute Noten ging. Das Wort des Vorsitzenden Mao, die Menschen müßten «ihre eigenen Köpfe benutzen», wurde häufig zitiert, um die Jugend des Landes nachdenklicher, kritischer und unabhängiger von den älteren Menschen zu machen.

Unmittelbarer Auslöser der Feindseligkeit gegenüber Nieh Yüantsu war jedoch ihre Politik, zahllose Lehrer, Kader und Studenten als Feinde zu identifizieren; viele erkannten, daß diese Praxis die Universität für immer zu zerstören drohte. Jeden Tag verkündeten die Lautsprecher die Namen neuer Mitglieder des Feindeslagers, die

* Er war ursprünglich Journalist, wurde Sekretär der Propaganda-Abteilung des Shanghaier Parteikomitees, dann Mitglied der Gruppe Kulturrevolution beim ZK und gehörte schließlich zur Viererbande; viele sahen in ihm den nächsten Ministerpräsidenten Chinas.

** Im chinesischen Notensystem ist 5+ die beste Note.

entweder als «revolutionäre akademische Autoritäten» oder als «Verfolger des kapitalistischen Weges» tituliert wurden. Als Reaktion auf die ständigen Angriffe schlug die in der Abteilung für Chemie entstandene Rotgardistengruppe, die sich «Pekinger Kommune» nannte, eine provokative Wandzeitung an; darin kritisierte sie Nieh Yüan-tsu offen und behauptete, Nieh Yüan-tsus Politik, viele Menschen zu Feinden zu erklären, widerspreche den Anweisungen des Vorsitzenden Mao und solle nur ihre eigene Autorität ohne Rücksicht auf das Wohlergehen der Universität festigen. Die noch radikalere Gruppe «Flatternde Rote Fahne», die größtenteils aus Studenten der Rechtsabteilung bestand, trat bald öffentlich für die Einhaltung der Prinzipien der Pariser Kommune ein und verlangte, daß die Mitglieder des Komitees zur Vorbereitung der Kulturrevolution von der ganzen Universität gewählt würden.

Inzwischen besaß Nieh Yüan-tsu ihre eigene Rotgardistenorganisation, «Neue-Peita-Kommune» genannt; sie bestand aus Leuten, die sich ihr im Juni angeschlossen hatten, um Lu Ping und seine Anhänger zu stürzen. Neue Peita, beherrscht von Parteikadern sowie Studenten und Lehrern aus der Bauern- und Arbeiterschaft, versuchte alle in Mißkredit zu bringen, die das alte Erziehungssystem unterstützt hatten, denunzierte sie als Mitglieder der schwarzen Bande, erniedrigte und mißhandelte sie.

Darauf reagierten die radikalen Rotgardistengruppen mit einer Demonstration vor dem Zentralen Speisesaal; sie setzten sich auf die Stufen, fest entschlossen, erst von der Stelle zu weichen, wenn ihre Forderungen anerkannt worden waren. Diese Sitzdemonstration fand eine überraschend große Unterstützung, denn viele Studenten, die bislang geschwiegen hatten, schlossen sich nun den wagemutigeren Rotgardistengruppen an. Mehrere Stunden lang sangen die etwa zweihundert Demonstranten revolutionäre Lieder und lasen Worte des Vorsitzenden Mao vor. Nieh Yüan-tsu hatte bisher die Legitimität der gegen sie opponierenden radikalen Gruppen bestritten, doch die Demonstration zeigte, daß ihre Gegner immer mehr Anhänger gewannen und sich zu einer Kraft entwickelten, mit der sie rechnen mußte.

Im Winter schlossen sich die radikalen Gruppen mit anderen Organisationen und sogar einigen enttäuschten früheren Anhängern Nieh Yüan-tsus zum «Chingkang-Gebirge-Korps» zusammen; den Namen leiteten sie von der berühmten Bergfestung der Roten Armee des Vorsitzenden Mao in der Provinz Kiangsi ab, und als Ziel setzten sie sich den Sturz Nieh Yüan-tsus.

Im Laufe der Sommermonate waren meine Kinder gut Freund geworden mit jenen Rotgardisten, die sich Nieh Yüan-tsu widersetzten. Tang Dan, obwohl erst dreizehn, befaßte sich engagiert, fast fanatisch, mit politischen Angelegenheiten und hatte sich besonders an die radikale «Flatternde Rote Fahne» angeschlossen. Ihre heftige Opposition gegen Nieh Yüan-tsu rührte zum einen daher, daß die Frau die Feindin ihres Vaters war; zum anderen erwuchs sie aus ihrer rebellischen Natur und ihrer instinktiven Parteinahme für die unterdrückte, schwächere Seite – Eigenschaften, die wir gemeinsam hatten. Sie war noch nicht alt genug, um bei den Aktivitäten der Rebellen mitzumachen, aber sie hatte sich zur eifrigen Helferin entwickelt. Sogar Tang Shuang spannte sie ein, als es galt, Tee und abgekochtes Wasser von unserem Haus zu den Teilnehmern an der Sitzdemonstration vor dem Speisesaal zu tragen.

Dieser Opposition schlossen sich auch viele Kinder an, die gerade erst die Grundschule verlassen hatten, oft als Reaktion auf Nieh Yüan-tsus Verfolgung ihrer Angehörigen. Chingkang-Gebirge erklärte, jeder könne Revolutionär sein, aus welcher Familie auch immer er komme; seine Eltern könne man sich nicht aussuchen, aber man könne sich dafür entscheiden, die Revolution voranzubringen. Neue Peita dagegen wies die Abkömmlinge «schlechter Familien» voll Verachtung zurück und schimpfte sie «Hundegezücht»; in ihre Reihen fanden nur Kinder der «Fünf roten Elemente» Aufnahme, Kinder von Arbeitern, Bauern, Soldaten, revolutionären Kadern und revolutionären Märtyrern.

Drei von den mit Chingkang-Gebirge verbündeten Kindern wurden im Herbst berühmt durch ihren unermüdlichen, höchst effektiven Einsatz. Dieses Dreiergespann «kleiner revolutionärer Generale» bestand aus Tang Dan, der Tochter eines bekannten Geschichtsprofessors und der Tochter des Parteisekretärs der historischen Abteilung. Die Väter aller drei Mädchen waren heftig als Feinde angegriffen worden. Es erfüllte die Mädchen mit Stolz, von den älteren Kindern als Revolutionäre anerkannt zu werden. Sie hatten rote Armbinden erhalten und durften den Mitgliedern von Chingkang-Gebirge auf vielerlei Weise helfen, beispielsweise Wandzeitungen anschlagen, die Zeitung der Gruppe verkaufen, Handzettel verteilen und die Passanten bitten, sie aufmerksam zu lesen. Wenn sie neue Wandzeitungen der Gegenseite entdeckten, argumentierten sie mit jedem, der ihnen zuhörte, eindringlich gegen die darin aufgestellten Behauptungen.

Der neunjährige Tang Shuang half seiner Schwester bei einigen ihrer Aufgaben. Manchmal kletterte er auf ein hohes Dach und warf einen großen Packen Handzettel in die Menge hinunter. Nachdem er gezeigt hatte, wie hervorragend er klettern konnte, wurde er zum Stehlen von Lautsprechern rekrutiert, über die anfangs nur die Gegenseite verfügte, weil Nieh Yüan-tsu ihren Widersachern derart wichtige Propagandawaffen natürlich verweigerte. Mit ein paar anderen jungen Leuten zog Tang Shuang nachts los, wenn die Lautsprecher unbewacht waren, schnitt die Kabel durch und trug die kostbare Beute ins Hauptquartier von Chingkang-Gebirge. Als ich von den Aktivitäten meiner Kinder erfuhr, war ich stolz auf ihre Unabhängigkeit und Entschlossenheit, aber auch besorgt um ihre Sicherheit. Tang Shuang konnte von einem Baum stürzen, von einem hohen Dach oder aus einem Fenster fallen; schlimmer noch: Falls man ihn erwischte, wurde er bestimmt heftig verprügelt. Ging er an andere Universitäten, um die Zeitung der Gruppe zu verkaufen, folgte ich ihm manchmal heimlich. Ich sagte mir, wenn er geschlagen würde, könnte ich ihn beschützen oder wenigstens Hilfe holen. Versuchte ich ihn von seinen revolutionären Streifzügen abzubringen, tat er meine mütterlichen Bedenken immer als unbegründet ab; er war Feuer und Flamme für die wichtigen Aufgaben, die man ihm anvertraute.

Gegen Ende 1966 herrschte innerhalb der beiden Fraktionen bedingungslose Loyalität, obwohl die Unterschiede zwischen ihnen oft kaum zu erkennen waren. Jede Seite behauptete, die Massen zu vertreten, und jede Seite fühlte sich darum berechtigt, der anderen, diesen Reaktionären oder Verfolgern des kapitalistischen Weges, die Macht streitig zu machen; immer heftigere Feindschaft entbrannte. Jede Seite war entschlossen, dem Vorsitzenden Mao ihre Treue zu beweisen und ihre Verpflichtung zu erfüllen, die Kulturrevolution bis zum Ende durchzuführen; jede war entschlossen, ihre unnachgiebige Opposition gegen die Feinde der Partei und des Volkes zu demonstrieren. In diesem von Feindseligkeit beherrschten Klima begann bald ein stillschweigender Wettstreit darüber, wer mehr revolutionären Eifer, größere Treue zum Vorsitzenden Mao und glühenderen Haß auf politische Gegner beweise. Es war eine chaotische Situation, in der ständig neue Gruppierungen entstanden, während andere sich wieder auflösten.

Als die Gruppen der Peita Verbindung zu vergleichbaren Organisationen an anderen Universitäten aufnahmen, an denen die Studenten, Fakultätsmitglieder und Kader inzwischen ähnlich polarisiert waren, kristallisierten sich in Peking zwei Hauptfraktionen heraus. Neue Peita übernahm eine vorrangige Rolle in der «Himmel»-Gruppierung, die diesen Namen erhielt, weil ihr Führer ein Student am Aeronautischen Institut war und weil Nieh Yüan-tsu angeblich «den Himmel berühren» konnte – also einen besonderen Zugang zur obersten Führung besaß. Daraufhin schloß sich Chingkang-Gebirge der wenig später gegründeten «Erde»-Gruppierung an, die diesen Namen erhielt, weil ihr Führer Student am Geologie-Institut war. In der Zeit von September 1966 bis Januar 1967 schwärmten die jungen Mitglieder beider Gruppierungen in der ganzen Stadt aus, um Erfahrungen auszutauschen; sie suchten zuerst Schulen auf, dann Regierungsinstitutionen und Fabriken, um die Schüler und Arbeiter zu organisieren, den Sturm der Revolution anzufachen und gleichzeitig den Einfluß ihrer eigenen Gruppe auszudehnen.

Obwohl die Studenten damit beschäftigt waren, die Revolution außerhalb der Universität durchzuführen, mußte Lao Tang nach wie vor zu vielen Versammlungen in seiner Abteilung, von denen jede wie ein Prozeß ablief. Ich machte mir ständig Sorgen, weil ich wußte, daß nach den Versammlungen oft Leute eingesperrt wurden, damit sie ihre Geständnisse niederschrieben, und daß man andere schlug. Darum saß ich während jeder Versammlung vor dem Zimmer am Ende des Korridors im zweiten Stock auf der obersten Treppenstufe, in der Hoffnung, hören zu können, was drinnen geschah. Ich wollte wissen, wohin man Lao Tang brachte, falls er eingesperrt wurde, damit ich ihn notfalls mit Essen und Kleidung versorgen konnte, doch zum Glück erlaubte man ihm Nacht für Nacht, heimzugehen. Manchmal dauerten die Versammlungen bis halb zehn, manchmal bis Mitternacht, und ich saß da, wartete und wartete und überlegte, welches Schicksal uns beschieden sein würde.

Im Dezember merkte ich, daß ich schwanger war. Die Entdeckung freute mich nicht, sondern deprimierte mich zutiefst. Ich hatte das Gefühl, Lao Tangs Schwierigkeiten nicht noch vergrößern zu dürfen, und sah keinen anderen Ausweg als eine Abtreibung. Schweren Herzens ging ich ins Krankenhaus, um einen entsprechenden Antrag zu stellen, aber die Klinikbehörden verlangten, daß entweder mein Mann oder meine Abteilung die Antragsformulare unterschrieb. Meine Abteilung wollte ich nicht um die Unterschrift bitten, denn damit wäre mein Zustand publik geworden. Ich mußte es Lao Tang also sagen. Als ich ihm meinen Entschluß mitteilte, drängte er mich, das Kind zu behalten. Ich hätte seinem Drängen gern nachgegeben, empfand jedoch Grauen bei dem Gedanken an eine Schwangerschaft in dieser Zeit, in der sich absolut nicht voraussehen ließ, was kommen würde. Meine Arbeitsgruppe war zwar aufgelöst worden, aber ich konnte jederzeit wieder zu schwerer körperlicher Arbeit eingeteilt werden, und dann hätten nicht nur meine Gesundheit und die Gesundheit meines Kindes gelitten, sondern ich wäre auch Schmähungen und Beleidigungen seitens der Rotgardisten ausgesetzt gewesen. Eine Schwangerschaft schien mir unter den gegebenen Umständen unmöglich durchzustehen. Also überredete ich Lao Tang, die Formulare zu unterschreiben.

Wir gingen an einem der nächsten Tage während seiner Mittagspause in die Klinik, damit er nicht extra um Urlaub nachsuchen mußte. Nachdem Lao Tang die Papiere unterschrieben hatte, kehrte er rasch an seine Arbeitsstelle zurück, und ich blieb im Krankenhaus. Die Abtreibung, mittels der Absaugmethode durchgeführt, dauerte nur eine Stunde und war viel weniger schmerzhaft, als ich befürchtet hatte. Sie war vorbei, bevor ich wirklich erfaßte, was geschah. Zu Hause dann fühlte ich mich matt und schwach von dem Blutverlust. Völlig leer, keiner Bewegung fähig, lag ich auf dem Bett. Schließlich kam Lao Tang heim. Seine Mutter erschien und fragte, warum ich das Abendessen nicht zubereitet hätte. Bei ihrem besorgten Ton brach ich in Tränen aus und weinte hemmungslos; das Gefühl eines schmerzlichen Verlusts machte sich endlich Luft. Als ich ihr sagte, was ich getan hatte, schaute sie mich entgeistert an. Vorwurfsvoll meinte sie, eine Abtreibung sei unmoralisch, ich hätte mit ihr darüber reden sollen, ich hätte so etwas nicht tun dürfen. Auch sie war verzweifelt, und wir weinten zusammen. Am folgenden Tag fühlte ich mich kräftig genug, aufzustehen und meine normale Beschäftigung wiederaufzunehmen. Den Gedanken, daß ich mein Kind getötet hatte, konnte ich jedoch nicht abschütteln. Später, während ich meine Zeit damit zubrachte, Versammlungen zu besuchen, Worte des Vorsitzenden Mao zu lesen, Essen zu kochen, Wäsche zu waschen und aus Tang Dans abgetragenen Hosen Overalls für Tang

Shuang zu nähen, dachte ich oft traurig, wie schön es nun doch wäre, ein Baby zu haben.

Aber am Ende des tumulthaften Jahres 1966 war mir das Leben so unwägbar und die Gefahr für meine Familie so groß erschienen, daß ich es für unmöglich gehalten hatte, ein Kind zur Welt zu bringen. Und dabei mußten wir uns, trotz allem, was uns in den letzten Monaten zugestoßen war, noch glücklich schätzen. Schließlich waren wir beide am Leben; wir waren nicht geschlagen oder eingesperrt worden wie so viele unserer Freunde, und Lao Tang hatte sogar jeden Abend heimgehen dürfen und sich zu Hause von den Anstrengungen der Arbeit und der zahllosen Kampfversammlungen erholen können. Welches Unglück auch über unsere Familie hereingebrochen war, wir wußten, daß andere viel mehr gelitten hatten.

Nach dem «Januarsturm» von 1967, mit dem in Shanghai Chang Chun-ch'iao, Yao Wen-yüan und Wang Hung-wen* die Kontrolle über die Stadtverwaltung an sich rissen, unternahm der Vorsitzende Mao einen weiteren Schritt, um seine Macht im Lande zu festigen. Er pries voll Dankbarkeit die revolutionäre Aktion und die «vorbildliche» Machtübernahme seiner Anhänger in Shanghai, woraufhin die *Volkszeitung* auf der Titelseite einen ausführlichen Bericht darüber brachte und die Menschen drängte, nach diesem Vorbild überall die Verfolger des kapitalistischen Weges in der Regierung zu stürzen. Eine derart überschwengliche Reaktion auf die Tat der Shanghaier Radikalen regte natürlich zur Nachahmung an, und die meisten jener Rotgardisten, die noch nicht ausgezogen waren, um den Sturm der Revolution anzufachen, verließen jetzt die Universitäten, in der Absicht, ihren Auftrag der Machtübernahme zu erfüllen.

Junge Leute mit roten Armbinden, willkürlich verteilten Autoritätszeichen, strömten in die Pekinger Regierungsbüros, um nach dem Beispiel ihrer Shanghaier Mentoren alle Machtinhaber zu stürzen. Nachdem sie die Spitzenpolitiker zur Vernehmung und Inhaftierung abgeführt hatten, sperrten sie die älteren Kader in einen Raum, befahlen ihnen, das Rote Buch des Vorsitzenden Mao zu lesen, und erklärten, daß ab sofort die Roten Garden die Macht übernähmen.

Auf dem Universitätsgelände befanden sich zu diesem Zeiptunkt

* Wang Hung-wen, Arbeiter und mittlerer Kader in einer Shanghaier Baumwollspinnerei, wurde Mitglied der Gruppe Kulturrevolution im ZK und gehörte später zur Viererbande.

nur noch rund zweitausendfünfhundert Menschen, etwa ein Viertel der früheren Bewohner. Nach dem Auszug der militanten Studenten gab es kaum mehr genügend Rotgardisten zur Überwachung der ersten Arbeitsgruppe, zu der Lao Tang gehörte. Die an der Peita verbliebenen rotgardistischen Kämpfer hatten ihre Überwachungsaufgabe satt, sie wollten mit den anderen das erregende Gefühl genießen, Revolution zu machen. Darum beschlossen sie, die Mitglieder der schwarzen Bande aufs Land zu schicken, wo sie von den dortigen Roten Garden überwacht werden konnten. Nur ein gefährlicher Unfall verhinderte, daß Lao Tang mit seiner Gruppe fortgeschickt wurde.

An einem besonders kalten Tag dachte ich, Lao Tang würde vielleicht baden wollen, wenn er nach Hause kam. Eine Stunde lang heizte ich vor seiner Rückkehr ein, und er verschwand dann auch gleich dankbar in die Wanne. Die einzige Lüftung vom Bad führte ins Wohnzimmer, und wir mußten immer sehr vorsichtig sein, weil die Abgase des Kohleofens tödlich sein konnten. Als ich das Gefühl hatte, Lao Tang bleibe ungewöhnlich lange im Bad, ging ich hinein, um nach ihm zu schauen. Er lag bewußtlos in der Wanne. Voller Panik rief ich Tang Dan und Tang Shuang. Zusammen gelang es uns, ihn aus der Wanne zu heben und seinen triefenden Körper in einen dicken wattierten Mantel zu wickeln. Vor allem war wichtig, daß er sofort an die frische Luft kam. Jedes der Kinder faßte ihn an einem Bein, ich ergriff ihn unter den Achseln, und halb ziehend, halb tragend schafften wir ihn in den Hof. Nachdem wir ihn mit Steppdekken zugedeckt hatten, konnten wir nichts tun als warten. Eine halbe Stunde später erwachte er endlich aus der Ohnmacht. Zwei weitere Stunden später, als er sich aufsetzen konnte, halfen wir ihm ins Bett. Von dem Moment an jedoch, da er das Bewußtsein wiedererlangte, klagte er über heftige Rückenschmerzen. In unserem Bemühen, ihn möglichst schnell ins Freie zu bringen, hatten wir ihm einen der unteren Rückenwirbel ausgerenkt.

Drei Monate blieb er zu Hause, unfähig, sich zu bewegen, und ständig von Schmerzen geplagt. Ich machte mir heftigste Vorwürfe, weil ich so überstürzt gehandelt und nicht nach einer besseren Transportmöglichkeit gesucht hatte. Doch ein Gutes brachte der Unfall: Der Arzt sagte, Lao Tang dürfe unter keinen Umständen aufs Land geschickt werden. Wir hatten gehört, daß die körperliche Arbeit an dem Ort, wohin Lao Tangs Gruppe kommen sollte, sehr anstrengend sei, härter als jene, die seinerzeit die Rechtsabweichler hatten leisten müssen; aber erst später erfuhren wir, wie sehr die anderen litten. Man hatte die jungen Bauern zu Roten Garden organisiert und ihnen gesagt, diese Mitglieder der schwarzen Bande seien der elementarste Feind; damit war die grausamste Behandlung gerechtfertigt. Lao Tang entging also dieser Zerreißprobe, aber seine Rückenverletzung war äußerst schmerzhaft, und ich konnte nicht einmal daheim bleiben, um ihn zu pflegen, denn ich bekam just zu diesem Zeitpunkt neue Arbeit zugeteilt.

Auf dem Universitätsgelände herrschte seit dem Weggang des Großteils der Studenten und Junglehrer wieder wesentlich mehr Ruhe. Nicht alle machten Revolution. Etwa die Hälfte der Mitglieder meiner Abteilung war einfach zu Hause geblieben, alles Leute, die eine Beteiligung an den Kämpfen ablehnten. «Freie, ungezwungene Menschen» nannte man jene, die sich nicht an der rasenden Aktivität beteiligten. Der Vorsitzende Mao hatte gesagt, in der Kulturrevolution müsse jeder folgende drei Dinge tun: kämpfen (*dou*), um den Feind niederzuzwingen; kritisieren (*pi*), um zu lernen, was richtig und was falsch ist; und verwandeln (*gai*), um das Falsche in Richtiges zu verändern. Die unbeteiligten Studenten, deren Zahl mit zunehmender Heftigkeit der Kämpfe wuchs, erklärten hintersinnig, sie würden *dou*, was auch heiße, mit Kindern spielen; *pi*, was auch heiße, Holzhacken und Hausarbeiten verrichten; und *gai*, was auch heiße, Veränderungen im persönlichen Leben herbeiführen, beispielsweise durch das Erlernen des Zimmerhandwerks, damit man ein neues Sofa oder einen neuen Tisch herstellen könne. In meiner Abteilung wurden diese Studenten zusammen mit mehreren an der Universität verbliebenen Junglehrern und mit Feinden wie mir nun zum Drucken verschiedener Materialien eingesetzt.

Einige erhielten die Aufgabe, sämtliche unveröffentlichten Worte des Vorsitzenden Mao zu drucken, andere mußten Dokumente vervielfältigen, die von Rotgardisten bei der Durchsuchung der Häuser hoher Funktionäre beschlagnahmt worden waren. An vielen anderen Universitäten fand eine ähnlich rege Drucktätigkeit statt. Die so entstandenen Broschüren wurden manchmal ausgetauscht, manchmal auf der Straße verkauft. Weil ich nicht sonderlich schön schrieb, mußte ich die Druckerschwärze auftragen, während andere Rechtsabweichler aus meiner Abteilung die Schablonen anfertigten. Später half ich beim Drucken und Binden, Aufgaben, die mich täglich acht Stunden beschäftigten. Wir arbeiteten angestrengt, und ich lernte viel aus den Worten des Vorsitzenden Mao, den Darstellungen der Korruption hoher Funktionäre, den Berichten über andere von den Roten Garden aufgedeckte Missetaten und den Kritiken «giftiger» Literatur.

Die Kämpfe zwischen den beiden Fraktionen nahmen unterdessen an Heftigkeit zu. Beide Seiten verfügten nun über Lautsprecher und lieferten sich jeden Abend Wortgefechte, wobei sie Worte des Vorsitzenden Mao als Waffen benutzten. Wenn der Lautsprecher von Neue Peita verkündete, wir bräuchten die Diktatur des Volkes über den Feind und die Revolution sei keine Teegesellschaft, wußten wir, daß ein neues Opfer gefaßt werden sollte oder zumindest der Name eines neuen Feindes bekanntgegeben würde. Chingkang-Gebirge konterte sofort mit einem anderen Zitat und erklärte, der Vorsitzende Mao habe gesagt, wir müßten das Volk einen und nicht so viele Menschen zu Feinden abstempeln; darauf folgte dann ein Angriff auf Neue Peita, die eigenmächtig handele und die Weisung des Vorsitzenden Mao ignoriere, derzufolge nur ein bis drei Prozent des Volkes schlecht seien. Jeden Abend nach dem Essen begannen die Lautsprecher zu plärren und uns mit immer neuen Zitaten zu bombardieren. Die verbalen Schmähungen liefen stets nach dem gleichen Schema ab: Neue Peita nannte den Namen eines Feindes und beschuldigte Chingkang-Gebirge, solche Leute zu schützen, worauf Chingkang-Gebirge behauptete, Neue Peita betrachte jedermann als Feind und hindere die Leute daran, sich zur Durchführung der Revolution zusammenzuschließen.

Alle Schmähungen erschallten aus voll aufgedrehten Lautsprechern, und normalerweise zogen sich die gegenseitigen Beschuldigungen bis elf Uhr nachts hin. Ging einer Seite die verbale Munition aus, hörte der Sprecher eine Zeitlang auf zu reden und spielte statt dessen revolutionäre Lieder. Niemand, der auf dem zentralen Universitätsgelände wohnte, konnte schlafen, bevor dieser Lärm endlich verstummt war.

Am Morgen setzte das Plärren der Lautsprecher wieder ein. In aller Frühe vernahmen wir, welche Aktionen die Trupps der Roten Garde in der Nacht durchgeführt hatten, und wir bekamen die Namen der neuen Feinde genannt. Dann begann unser normaler Alltag. Um neun Uhr meldeten sich alle, die auf dem Universitätsgelände geblieben waren, in ihren Abteilungen, um «Anweisungen des

Vorsitzenden Mao zu erhalten». Die Versammlungen begannen immer mit einem vom Führer ausgewählten Mao-Zitat, das wir zuerst gemeinsam aufsagten und dann zu Musik sangen. Man hatte uns beigebracht, daß es sehr wichtig sei, «die Bücher des Vorsitzenden Mao zu lesen, den Worten des Vorsitzenden Mao zu lauschen und fleißige Schüler des Vorsitzenden Mao zu sein». Und die meisten Menschen hielten einen derartigen kollektiven Gehorsam auch wirklich für nötig, weil wir uns in einer Revolution befanden. Wer diese Überzeugung nicht teilte, schwamm einfach mit dem Strom mit, weil er wußte, daß der Glaube an den Vorsitzenden Mao eine Voraussetzung fürs Überleben und abweichlerisches Denken eine ernste Gefahr war.

Nach dem Aufsagen und Singen der Gedanken des Vorsitzenden Mao analysierten wir das jeweilige Zitat im einzelnen. Man fühlte sich fast in eine Bibelstunde versetzt, wenn wir beispielsweise zusammen aufsagten: «Es ist richtig, Reaktionäre zu bekämpfen», und dann diskutierten, warum es richtig war. Oder wir debattierten darüber, warum eine Revolution nicht die richtige Zeit sei, Tee zu servieren. Vielleicht bekannten wir auch, was wir früher gedacht hatten, zum Beispiel daß man human zu seinen Mitmenschen sein solle; und wir erklärten, daß wir jetzt verstünden, warum ein erbitterter Kampf gegen die Klassenfeinde notwendig sei. Die Diskussionsversammlungen umfaßten also immer auch Selbstkritik, eine Untersuchung unseres früheren falschen Denkens und die Erklärung, weshalb wir jetzt den neuen, vom Vorsitzenden Mao übernommenen Standpunkt akzeptierten.

Um elf Uhr begann unsere Pause, und alle, selbst die älteren Professoren, mußten an einem «Treuetanz» teilnehmen, der zu überlauter Musik aus den allgegenwärtigen Lautsprechern getanzt wurde. Man durfte nicht abseits stehen und zuschauen; es war gefährlich, sich abzusondern. Darum bewegten auch jene, die nicht tanzen konnten, Arme und Beine im Takt der Musik. Sinn des Tanzes war es, uns allen die Worte des Vorsitzenden Mao ins Gedächtnis zu rufen und die Treue zu unserem Führer zu demonstrieren. Die Schritte entstammten einem Volkstanz aus Sinkiang, aber der Text war neu:

Geliebter Vorsitzender Mao,
Wir haben so viele Worte im Herzen, die wir dir sagen,

Und so viele Lieder, die wir dir singen wollen;
Tausend, tausend rote Herzen schlagen für dich,
Tausend, tausend rote Herzen blicken zur roten Sonne;
Wir wünschen dir allezeit ein langes Leben.

Viele Professoren mochten diesen Tanz nicht, sie kamen sich töricht vor dabei. Ich dagegen freute mich immer, an der frischen Luft sein zu können, zu singen und zu tanzen und den langweiligen Versammlungen zu entrinnen. Andere, die ähnlich empfanden wie ich, versuchten, die Pause auszudehnen, und es gelang ihnen manchmal, sie von zehn Minuten auf eine Stunde zu verlängern. Bei mir kam noch hinzu, daß ich dem Vorsitzenden Mao nach wie vor ergeben war, darum sang ich den Text voll aufrichtigem Gefühl. Nach der Pause ging die Versammlung bis mittags weiter; den zweiten Teil verbrachten wir damit, die Tageszeitung oder ein Propagandaheft zu lesen oder die draußen angeschlagenen neuen Wandzeitungen zu studieren.

An den Nachmittagen konnten wir, wenn keine Druckarbeiten zu erledigen waren, nach Belieben umhergehen und Wandzeitungen lesen. Manchmal mußten wir uns zu Gruppen zusammenschließen und eine andere Institution besuchen, etwa den Literaturverband, der sich im Stadtzentrum in einem großen Gebäude befand, dessen Wände mit Schlagworten und Denunziationen bepflastert waren. Manchmal gingen wir auch zum Ersten und Zweiten Fremdspracheninstitut oder zur Volksuniversität, um deren Wandzeitungen zu lesen. Auf diese Weise sollten wir die Propaganda kennenlernen, die außerhalb unseres Universitätsgeländes erschien, damit wir begriffen, wie viele Feinde sich in unserer Mitte aufhielten, wie sehr unsere Gesellschaft verändert werden mußte und wie wichtig darum die Kulturrevolution war.

In den letzten Monaten des Jahres 1966 wurde von jedermann erwartet, daß er drei Schriften des Vorsitzenden Mao, die sogenannten «Drei ständig zu lesenden Artikel», auswendig lernte: «Yü Gung versetzt Berge», «Dem Gedenken Bethunes» und «Dem Volke dienen». Manchmal hielten die Rotgardisten einen auf der Straße an und ließen sich Textstücke aufsagen. Wollte man telefonieren, konnte es geschehen, daß die Vermittlerin nicht «Guten Tag» sagte, sondern: «Diene dem Volk.» Darauf mußte man erwidern: «Gründlich und vollkommen.» Erst danach fragte sie, welche Nummer man anrufen wolle. Gab man nicht die richtige Antwort, bekam man gesagt, man solle heimgehen und die Werke des Vorsitzenden Mao studieren. Beim Einkaufen traf man unweigerlich auf Verkäufer, die Rotgardisten waren und Fragen über die drei Artikel oder das Rote Buch stellten. Bevor man etwas kaufen konnte, mußte man erst mit dem richtigen Zitat antworten. Man nannte das, «die Lehren des Vorsitzenden Mao verbreiten und jedermann bekanntmachen».

Die übertriebene Art, dem Vorsitzenden Mao zu schmeicheln, und die erzwungene Fügsamkeit störten mich damals nicht. Ich wollte nur mit dem Strom schwimmen, weil ich wußte, daß eine Rechtsabweichlerin ohne Mütze jederzeit wieder ausgesondert und kritisiert werden konnte, daß Lao Tang jederzeit verhaftet werden konnte, daß meine Kinder grausam geschlagen werden konnten. Ich hatte nichts anderes im Sinn, als ungeschoren durch diese Zeit zu kommen, und war weit weniger nachdenklich und kritisch als in Chaitang. Gleich den anderen quälte mich schreckliche Angst. Alles war neu, unwägbar, bedrohlich; darum fehlten mir Motivation und Energie, mir über die gegenwärtige Politik Gedanken zu machen und zu überlegen, warum die Menschen so handelten, wie sie handelten. Außerdem traute ich mir selbst nicht, ich hielt meine Ansichten für unzuverlässig, weil in meiner Umgebung alle in bestem Einvernehmen miteinander zu stehen schienen. Schließlich wußte ich, daß es gefährlich war, unabhängig zu denken, denn man hatte uns wiederholt gesagt, wenn wir abweichlerische Gedanken hätten, würde diese Schuld deutlich sichtbar werden. Solche Warnungen waren ein wirksames Abschreckungsmittel. Die meiste Zeit dachte ich überhaupt nicht, sondern ging einfach mit den anderen durch die Tage und tat, was von mir erwartet oder verlangt wurde.

Währenddessen eskalierte auf dem Universitätsgelände der Kampf um die Vorherrschaft. Wohl wissend, daß man zur Leitung einer Universität nun mal Professoren und Verwaltungsleute brauchte, und in der Hoffnung, nach dem Ende der Kulturrevolution die Richtlinien der Erziehung bestimmen zu können, gliederte Chingkang-Gebirge in seine Reihen einige der berühmtesten Professoren ein, eben jene «akademischen Autoritäten», die Nieh Yüan-tsu bekämpfte. Die Reaktion von Neue Peita bestand darin, sofort nach politischen Fehlern aller Personen zu suchen, die von der Gegenseite Unterstützung erhielten. Falls man belastendes

Material fand, konnte Neue Peita behaupten, Chingkang-Gebirge sei eine konterrevolutionäre Organisation.

Der Geschichtsprofessor Pang Wenchun, dessen Tochter zu den drei «kleinen revolutionären Generalen» gehörte, war wegen seiner bürgerlichen Herkunft und weil viele seiner Verwandten vor der Befreiung Beamte gewesen waren, als vorrangiges Angriffsziel von Nieh Yüan-tsus Anhängern ausgesucht worden. Chingkang-Gebirge behauptete dagegen, dieser Professor habe immer die Revolution unterstützt und sei ein treuer Genosse, außerdem dürfe man einen Menschen nicht nach seinem Herkommen beurteilen, sondern nur nach seinen Taten.

Nach dieser Aussage von Chingkang-Gebirge beschloß Neue Peita, den Beweis zu erbringen, daß Pang ein Feind des Volkes war. Die Mitglieder von Neue Peita saßen stundenlang in der Bibliothek und lasen jeden Artikel, den Pang je geschrieben hatte, um irgendeinen Beweis für seine Opposition gegen die Kommunistische Partei vor der Befreiung aufzuspüren. Weil sie nichts fanden, was ihn als «reaktionäre akademische Autorität» ausgewiesen hätte, durchsuchten sie sein Haus und nahmen ihn schließlich mit, um ihn in einer großen Zurschaustellung zu bekämpfen.

An einem eisig kalten Tag – ich glaube, es war im Februar 1967 – sah ich mit an, wie dieser Mann, der seinen Doktor der Philosophie an der Harvard University gemacht hatte, zusammen mit einigen anderen auf dem Universitätsgelände herumgeführt wurde. Vor seiner Brust hing ein schweres Holzschild, dessen dünne Haltedrähte so in seinen Nacken schnitten, daß er blutete. Das Schild prangerte ihn als «reaktionäre Macht» an, und sein Name war mit einem roten X durchgestrichen. Für eine andere «reaktionäre akademische Autorität», die in dieser Prozession als zweiter Feind zur Schau gestellt wurde, hatte man sich eine subtilere Erniedrigung ausgedacht. Der Vorsitzende Mao hatte einmal gesagt: «An der Peita ist der Tempel nicht so groß, aber der Buddha ist sehr groß; der See ist sehr tief, und der im Schlamm vergrabenen Schildkröten sind viele.» Eine Warnung im Hinblick auf die einflußreiche Rolle der Universität in der Gesellschaft und die vielen in ihren Mauern lauernden Feinde. Dieser zweite Feind war ein ehemaliger Vizepräsident der Peita, ein bekannter Professor für indische Sprachen und indische Philosophie, der seinen Doktor der Philosophie in Deutschland gemacht hatte; ihn zwangen die Rotgardisten. einen riesigen eisernen Wok auf dem

Rücken zu tragen. Der Topf wurde von Seilen gehalten, die man ihm um Hals und Hüften geschlungen hatte. Wegen der schweren Last mußte er sich vornüberbeugen und sollte durch diese Haltung und den Topf auf dem Rücken eine Schildkröte verkörpern, die man aus ihrem Versteck an der Peita getrieben hatte.

Die Studenten, von denen die fünf oder sechs Feinde vor dem Volk bloßgestellt wurden, schlugen einen Gong und brüllten: «Nieder mit diesen reaktionären Mächten. Sie müssen bezahlen für das, was sie getan haben. Chingkang-Gebirge unterstützt diese Reaktionäre und ist für ihre Verbrechen verantwortlich.» Wer gleich mir zufällig Zeuge des Vorfalls wurde, stand einfach starr da, unfähig, etwas zu sagen oder zu tun, um der Schmähung Einhalt zu gebieten. In jenen Monaten revolutionärer Aktivität konnte jeder nach Belieben einen Feind kritisieren und bestrafen, und keiner der Zuschauer wollte Grund für einen Angriff auf seine eigene Person geben.

Chingkang-Gebirge hatte keine Möglichkeit, seine Mitglieder vor einer solchen Behandlung zu schützen, konnte sich jedoch rächen, und in solchen Fällen ging Chingkang-Gebirge genauso rigoros vor wie Neue Peita und stellte genauso übertriebene Behauptungen auf.

Aufgrund Nieh Yüan-tsus Macht als Leiterin des Universitätskomitees zur Vorbereitung der Kulturrevolution beherrschte die Neue Peita fast das gesamte Universitätsgelände, einschließlich der Transportmittel und der Versorgung mit Lebensmitteln und anderen Bedarfsgütern. Den Mitgliedern von Chingkang-Gebirge war es gelungen, drei Studentenschlafsäle zu besetzen, in denen sie nun schliefen und fast ununterbrochen Strategieversammlungen abhielten, um Wege zur Bekämpfung ihrer Gegner und zur Ausweitung ihrer eigenen Macht zu suchen. Die beiden feindlichen Hauptquartiere waren nur drei Gehminuten voneinander entfernt, und jede Gruppierung hatte auf ihren Dächern mächtige Schleudern aus Fahrradschläuchen befestigt, mit denen sie große Steine, Ziegel und andere Geschosse ins feindliche Lager katapultierte. Es war sehr gefährlich, sich in diesem Bereich zu bewegen, der unweit unseres Hauses begann, und so machte ich mir ständig Sorgen um meine Kinder.

Im Frühling 1967, nach meiner Erinnerung im Mai, erreichten die Gewalttätigkeiten einen neuen Höhepunkt. Neue Peita war entschlossen, den Gegner zu eliminieren und die vollkommene Kontrolle über die Universitätsgemeinde zu erlangen. Zu diesem Zweck setzten ihre Mitglieder Chingkang-Gebirge weiter unter Druck. Erwischten sie einen Anhänger von Chingkang-Gebirge, sperrten sie ihn ein, schlugen ihn und verlangten Informationen von ihm. Der Kampf wurde mit jedem Tag erbitterter. Die Mitglieder beider Fraktionen sahen oft aus wie Gestalten aus dem europäischen Mittelalter, denn sie staffierten sich, weil es jederzeit zu überraschenden Scharmützeln kommen konnte, mit Feuerwehrhelmen, dicken Westen und Schienbeinschützern aus: Brauchte Neue Peita Nachschub an Schutzausrüstungen, überfielen und plünderten ihre Mitglieder die Sportabteilung oder sie baten die Himmel-Gruppierung am nahe gelegenen Institut für Körperertüchtigung darum. Chingkang-Gebirge beschaffte sich die Ausrüstungen von Erde-Gruppierungen in anderen Stadtteilen, war aber klar in der Defensive.

Neue Peita versuchte immer, irgendwie prominente Mitglieder von Chingkang-Gebirge in Mißkredit zu bringen. Eines Abends prangerten die Lautsprecher eine neue Person an, schimpften sie einen «schwarzen Sprößling», «Hundegezücht» und «aktiven Konterrevolutionär». Es handelte sich um einen für seine ausgezeichneten akademischen Leistungen bekannten Physikstudenten im vierten Studienjahr, um Teng Pufang, den Sohn von Teng Hsiao-ping, der damals neben Liu Shao-ch'i das Hauptangriffsziel der Roten Garden war. Die Lautsprecher drohten, dieser Anhänger von Chingkang-Gebirge werde gefangengenommen und gezwungen, alles preiszugeben, was er weiß. Eines Abends rückte eine Gruppe von dreißig bis vierzig militanten jungen Leuten, angetan mit Rüstungen und Helmen, bewaffnet mit Speeren, vor das Gebäude von Chingkang-Gebirge, wo Teng Pufang im dritten Stock wohnte. Die Krieger von Neue Peita durchsuchten systematisch Raum für Raum, entschlossen, die wertvolle Beute aufzuspüren. Teng Pufang beschloß in seiner Angst, aus dem Fenster zu springen, das auf die Haidianstraße führte. Er hoffte, in der Menschenmenge vor der Universitätsmauer untertauchen zu können und zu entkommen. Es gelang ihm tatsächlich, seinen Häschern zu entwischen, doch bei dem Sprung verletzte er sich so schwer, daß er für immer von der Taille abwärts gelähmt blieb.

In dem Versuch, Chingkang-Gebirge die Legitimität abzusprechen, unternahm Neue Peita immer häufiger derartige Angriffe. Die Attackierten wurden dann wegen ihrer vergangenen Verbrechen oft in den gefürchteten «Kuhstall» gesperrt, das überfüllte Gefängnis, das man 1967 in einem provisorischen Hörsaalgebäude für die schlimmsten Feinde Nieh Yüan-tsus eingerichtet hatte.

In diesem ungeheizten Betonbau wurden während des harten Pekinger Winters etwa hundert Menschen, darunter acht aus meiner Abteilung, in Gewahrsam gehalten. Sie mußten morgens sehr früh aufstehen, Worte des Vorsitzenden Mao studieren, danach körperlich arbeiten und anschließend zu Vernehmungen gehen, die bis spät in die Nacht dauerten. Die Professoren und Kader, von denen einige fast ein Jahr in Haft blieben, wurden aus dem geringsten Anlaß geschlagen, allein schon dann, wenn ihren rotgardistischen Bewachern ihre Antworten nicht paßten. Erst später erkannte ich, welch großes Glück Lao Tang gehabt hatte, diesem Schicksal zu entgehen. Möglicherweise verdankte er das seiner Rückenverletzung, möglicherweise auch der Tatsache, daß er immer gehorsam und gefügig war und auf Verlangen der Fragesteller in seiner philosophischen Abteilung endlose Geständnisse schrieb.

In dem von Gewalt beherrschten Sommer 1967 wurden sogar Menschen, die kein politisches Problem hatten und nicht im geringsten Verdacht irgendeiner vergangenen Treulosigkeit standen, Opfer des Fraktionsstreits. Zu jenen, die von Neue Peita einzig wegen ihrer Berühmtheit angegriffen wurden, zählte Chou Peiyüan, nach Ansicht vieler der bedeutendste Führer von Chingkang-Gebirge und wahrscheinlich der einzige Mensch über sechzig, der Mitglied einer rotgardistischen Organisation war. Chou hatte nie mit der Kuomintang in Verbindung gestanden, nie etwas geschrieben, das man als Opposition gegen die Kommunistische Partei auslegen konnte, und sich heftig gegen Lu Ping gewandt. In der Zeit vor Nieh Yüan-tsus Wandzeitung vom 25. Mai hatte er sich jener Gruppe angeschlossen, die gegen P'eng Chen auftrat, war aber später zur Gegenseite übergegangen. Vielleicht empfand er Sympathie für die Studenten von Chingkang-Gebirge, die von Nieh Yüan-tsu unterdrückt wurden, vielleicht hielt er Nieh Yüan-tsu für diktatorisch und gefährlich, vielleicht meinte er, Chingkang-Gebirge werde letztendlich siegen. Niemand wußte Genaues, jedenfalls wechselte er die Seiten und wurde zur Symbolgestalt der Gegner Nieh Yüan-tsus.

Um Chou keine Gelegenheit zur Flucht zu geben, kündigte Neue Peita diesmal ihre Absichten nicht vorher an. Eines Abends gegen zehn Uhr erschienen zwei ihrer Kampfeinheiten einfach vor Chous

Haus, wie ich von meiner Tür aus beobachten konnte, um eine Durchsuchung vorzunehmen. Offensichtlich hofften sie, irgend etwas Belastendes zu finden. Die Rotgardisten wirkten sehr bedrohlich. Ich wußte, wie diese jungen Studenten sich aufputschen mußten, bevor sie überhaupt fähig waren, Haussuchungen durchzuführen. Sie ermutigten einander, riefen revolutionäre Schlagworte und versicherten sich gegenseitig, daß sie entschlossen gegen den Feind kämpfen würden; auf diese Weise gelang es ihnen, ihr Unbehagen zu verdrängen und ihren Zorn zu entfachen. Dieses Vorgehen, das ich erstmals vor mehreren Monaten bei der Versammlung zur Kritik an Meng Kun beobachtet hatte, schien mir vor allem charakteristisch für junge Frauen, die normalerweise kaum zu solchen Gewalttätigkeiten bereit gewesen wären.

An diesem Abend sah ich, daß die Studenten Chous Frau ins Gesicht schlugen, einmal links und einmal rechts. Die einst für ihre Schönheit, ihren Reichtum und ihre Arroganz berühmte Frau hatte vielleicht etwas gesagt, was diese Mißhandlung herausforderte. Ich hatte allerdings nichts gehört, sondern sah nur, wie die Rotgardisten sie in eine Ecke stießen und sich auf die Suche nach ihrem Mann machten. Das Unternehmen war ein Fehlschlag, denn Chou hatte von den Plänen erfahren und sich versteckt. Wir wußten, daß jede Seite Spione im Lager der anderen hatte. Später hörten wir, daß Chous Zufluchtsort ein kleiner Pavillon in einem abgelegenen Teil des Sommerpalastes gewesen war, wo die Erde-Gruppierung dominierte und Sympathisanten ihm halfen. Nach der Durchsuchung seines Hauses mußten die Kämpfer von Neue Peita unverrichteter Dinge wieder abziehen.

Eines Abends dröhnten die Lautsprecher noch lauter als üblich, beide Fraktionen bedrohten einander leidenschaftlich, sie verkündeten warnend, in der Nacht finde ein großer Kampf statt und die Leute sollten vorsichtig sein. In dem Gebiet rund um unser Haus herrschte fieberhafte Aktivität, und wir sahen, daß alle Rotgardisten Helme aufsetzten und Rüstungen anlegten. Sie trugen selbstgemachte Speere und Dolche, sogar Kriegskunstschwerter, die sich Neue Peita leicht beschaffen konnte, weil sie die Sportabteilung und die Metallwerkstatt besetzt hatte. Die ganze Nacht warteten wir angespannt auf die entscheidende Konfrontation. Der Morgen zog herauf, ohne daß etwas geschehen wäre; die Gefahr war vorbei. Trotzdem beschloß ich, wegen der Lage unseres Hauses im Gefahrenbereich, einen Weg zu suchen, meine Familie von hier wegzubringen.

In meinem Entschluß bestärkte mich ein Fund, den ich am nächsten Sonntag machte, als ich wie üblich die Sachen meiner Familie in einem großen Metallzuber wusch. Beim Leeren der Taschen einer Jacke meiner Tochter stieß ich auf den Brief eines jungen Mannes namens Hsia Chang. Er war ein Chingkang-Gebirge-Führer, dessen Name auf den Wandzeitungen immer an prominenter Stelle erschien. Der begabte Geologiestudent verstand sich hervorragend auf Elektronik und hatte fast allein die gesamten Lautsprecher von Chingkang-Gebirge zusammengebaut. Tang Shuang vergötterte Hsia und kletterte für ihn auf hohe Bäume oder stieg zu hochgelegenen Fenstern hinaus, um die Sendeanlagen des Feindes zu stehlen. Ich kannte und schätzte Hsia, aber es traf mich völlig unvorbereitet, als ich las, daß er sich unsterblich in Tang Dan verliebt hatte. Ich war strikt dagegen, daß meine Tochter mit gerade vierzehn schon eine Liebesaffäre hatte, und ich machte mir Sorgen um sie, denn Hsias exponierte Stellung konnte für sie Schaden oder Leid bedeuten. Wenn sie merkte, daß ich ihr Geheimnis entdeckt hatte, würde sie zweifellos böse sein; darum überlegte ich lange, wie ich reagieren sollte. Schließlich entschied ich mich für ein Briefchen. Ich schrieb ihr, sie habe eben die Grundschule abgeschlossen und in dieser chaotischen Zeit könne alles passieren, deshalb hoffte und vertraute ich darauf, daß sie vorsichtig sei und ihr Verhalten sorgfältig abwäge, damit sie nicht zusätzliche Schwierigkeiten über ihre Familie oder sich selbst bringe.

Mir fielen meine eigenen romantischen Gefühle ein, die mich in ihrem Alter erfaßt hatten, als meine Familie wegen der japanischen Luftangriffe in das Dorf Hua-hsi unweit Kweiyangs gezogen war. Jeden Sonntagnachmittag hatten sich drei Priester, ein Italiener und zwei Chinesen, auf den kleinen Dorfplatz gestellt, um den Menschen Bibelbilder zu zeigen, Bibelverse zu erklären und geistliche Lieder zu singen. Und jeden Sonntagnachmittag war ich auf einen Hügel gestiegen, um zu warten, bis die Priester erschienen, und ihnen dann in den Ort gefolgt. Ihre sanften Worte und schönen Stimmen hatten mich immer ergriffen, und der junge italienische Priester war zum Mittelpunkt meiner jugendlichen Phantasien geworden. In meinem Herzen war eine leidenschaftliche Liebe zu ihm entbrannt, obwohl er nicht einmal meinen Namen kannte. Nach der Rückkehr meiner

Familie in die Stadt hatte ich ihn nie wiedergesehen, aber sein Gesicht, seine Stimme und sein Wagen waren mir in kostbarer Erinnerung geblieben. Weil ich die Gefühle meiner Tochter nicht verletzen und sie nicht der bittersüßen Erfahrung einer jungen Liebe berauben wollte, verlieh ich in dem Briefchen nur meiner Sorge um die Verwundbarkeit der Familie in dieser unglückseligen Zeit Ausdruck. Ich legte das Briefchen auf ihren Schreibtisch und beobachtete sie genau, als sie sich zum Abendessen an den Tisch setzte, doch sie ließ keinerlei Reaktion erkennen. Ich erfuhr nie, ob sie meine Zeilen überhaupt gelesen hatte.

Meine letzten Zweifel, ob wir umziehen sollten oder nicht, wurden einige Abende später ausgeräumt, als die Lautsprecher erneut verkündeten, es käme zu einer Entscheidungsschlacht, die klarstellen solle, welche Fraktion im Recht sei. Der Sprecher jeder Seite betonte die enge Beziehung seiner Gruppierung zum Vorsitzenden Mao und die Anerkennung durch dessen Frau Chiang Ch'ing, jeder sagte den totalen Sieg seiner Seite voraus. Immer wieder erklärten beide warnend, die Leute sollten sich auf diese letzte große Auseinandersetzung vorbereiten. Als meine Kinder nicht zum Abendessen heimkamen, wurde ich immer unruhiger. Ich sah, daß junge Leute Steine auf die Dächer schichteten und Holzklötze in ihre jeweiligen Hauptquartiere trugen. Eine Stunde vor Mitternacht herrschte auf dem Gelände schier unerträgliche Spannung, und meine Kinder waren immer noch nicht zu Hause. «Stürzt Neue Peita!» kreischten die Lautsprecher. «Stürzt Chingkang-Gebirge!» – «Das wird die letzte Schlacht!» Ich hielt die Spannung nicht mehr aus und beschloß darum, ins Hauptquartier von Chingkang-Gebirge zu gehen und meine Kinder zu suchen. Weil ich eine Rechtsabweichlerin und Lao Tang ein Mitglied der schwarzen Bande war, sah man mich dort sicher nicht gern, vor allem nicht in diesen brisanten Minuten, aber ich nahm das Risiko auf mich, abgewiesen zu werden. Lao Tang versuchte, die rotgardistischen Zeitungen zu lesen, die ich besorgt hatte, doch die Abwesenheit der Kinder beunruhigte auch ihn so, daß er sich nicht konzentrieren konnte.

An der Tür zu unserem Hof zögerte ich. Die jungen Leute waren vielleicht schon so auf Abwehr eingestellt. daß sie mich für eine Spionin hielten. Und selbst wenn es mir gelang, in das Gebäude zu kommen, wie sollte ich in dem Durcheinander meine Kinder finden? Schließlich wischte ich meine Bedenken beiseite; meine Sorge war so groß, daß mich etwaige Folgen meines Tuns im Augenblick nicht interessierten. Zu meiner Erleichterung war der Posten an der Tür ein ehemaliger Student von mir. Auf meine Frage antwortete er höflich, meine Kinder seien drinnen, sie bauten eine zusätzliche Sendeanlage, und ich könnte zu ihnen hineingehen. Ich fand die beiden im dritten Stock, wo sie Hsia halfen. Tang Dan fragte in ängstlichem Ton, was ich hier wolle, Tang Shuang aber rief ärgerlich: «Ich bin kein Kind und will nicht, daß meine Mutter mich kontrolliert.» Aus verletztem Stolz schwor er, nie mehr nach Hause zu kommen, sondern als treuer Anhänger von Chingkang-Gebirge mit seinen Kameraden bis zum Tod zu kämpfen. Ich bestand jedoch darauf, daß die beiden mit mir nach Hause gingen, und sagte fest, ich würde so lange hierbleiben und ihnen helfen, bis sie bereit seien mitzukommen. Schließlich erklärte Hsia, um uns alle drei zu beruhigen, die Arbeit sei fast beendet, und er wolle sowieso zu Bett gehen. «Wenn wir dich brauchen», versprach er meinem Sohn, «komme ich dich holen, denn ich weiß, wie treu du Chingkang-Gebirge unterstützt.» Endlich gaben meine Kinder nach.

Die gefürchtete Schlacht fand zwar wieder nicht statt, aber ich wußte, daß die Entführungen und Prügeleien nicht aufhören würden, darum ging ich am nächsten Vormittag in meine Abteilung, um eine weniger vornehme Wohnung zu beantragen. Weil die Leute von Neue Peita auf gute Wohnungen erpicht waren, gaben sie meiner Bitte sofort statt. Ich brauchte nur zu sagen, daß meine Familie kein Recht habe, in einem so luxuriösen Haus zu leben, und daß wir uns außerdem die hohe Miete nicht mehr leisten könnten. Eine Woche nach Genehmigung meines Antrags legten wir unseren Umzug im einzelnen fest. Erst dann erlaubte ich mir Gefühle und gestand mir ein, daß eine entscheidende Phase meines Lebens zu Ende ging.

Ich bezahlte einigen Bauern einer nahe gelegenen Kommune achtzig Yuan – mehr als ein Monatsgehalt – für drei Wagen zum Transport unserer Habe, die größtenteils aus Büchern bestand. Viele Leute hatten in diesem Jahr ihre Bücher verkauft, zum üblichen Preis von sieben *fen** für zwei Kilo neuwertiger Bücher oder vier *fen* für alte oder beschädigte Bücher, selbst wenn es sich um wertvolle Exemplare handelte. Gründe für den Entschluß zum Verkauf gab es viele: Die Familien wurden auf engerem Wohnraum zusammenge-

* 100 *fen* = 1 Yuan.

drängt, die Menschen maßen den Büchern keinen Nutzen mehr bei oder wollten keine Intellektuellen mehr sein und ähnliches mehr. Wir hatten die unseren behalten, und so mußten wir sie jetzt zusammen mit den schweren Bücherschränken in die neue Wohnung transportieren. Lao Tang hatte drei Tage Urlaub genommen, und die Fahrer halfen uns beim Tragen.

Es regnete leicht, als ich auf einem der Maultierwagen hinter einem Stoß in Plastik eingeschlagener Bücher saß und an die Jahre zurückdachte, die ich im Haus meiner Schwiegereltern verbracht hatte. Ich wußte, daß ein Teil von mir dort zurückblieb. Seit meiner Heirat im Herbst 1952 hatte ich Freud und Leid in diesen vier Wänden erlebt, und jetzt sagte ich freiwillig meiner Vergangenheit Lebewohl, um neu zu beginnen. Nichts von dem, was ich für mein Leben geplant hatte, war Wirklichkeit geworden, gestand ich mir traurig ein, und es bestand wenig Aussicht, daß sich meine Hoffnungen in der Zukunft erfüllten. Mit schwerem Herzen schloß ich die Tür zu den vertrauten Räumen hinter mir.

# 10 Der nackte Fahnenmast

Unser neues Domizil lag am Rand des Universitätsgeländes, fünfzehn Gehminuten vom Studentenschlafsaal-Bereich entfernt. Zwar befand sich ein Lautsprecher in der Nähe, aber abgesehen davon merkte man in dem schmalen Gäßchen wenig vom Kampf zwischen den Fraktionen. Die Wohnung war klein, sie umfaßte die Hälfte des Hauses eines Professors, der als Reaktionär verurteilt worden war und Befehl erhalten hatte, sich mit seiner Familie auf eine Haushälfte zu beschränken. Zum ersten Mal im Leben teilte ich mein Heim nur mit Lao Tang und meinen Kindern. Ich faßte wieder etwas Lebensmut, während ich neue Vorhänge nähte, den Gartenhof säuberte und an die Blumen und das Gemüse dachte, die ich hier pflanzen konnte, wenn es wärmer wurde. Dankbarkeit für diese Zuflucht vor dem Chaos erfüllte mich.

Aber in den ersten Monaten des Jahres 1968 legten sich die Gewalttaten allgemein: auf eindringliche Anweisung der höchsten Führung hin. Weil die Kulturrevolution im Sommer 1967 derart extreme Formen der Gewalt angenommen hatte, war eine umfassende Propagandakampagne eingeleitet worden, die für die Bildung «großer Bündnisse» warb. Die Rotgardistenführer konnten nicht umhin, die Ermahnungen von oben zu beachten, denn sonst liefen sie Gefahr, der Opposition gegen die Anweisungen des Vorsitzenden Mao beschuldigt zu werden; darum registrierten wir vorübergehend ein Abflauen der Auseinandersetzungen. Eine willkommene Atempause, auch wenn wir wußten, daß sie nicht von Dauer sein konnte, weil der alte Haß unvermindert bestand und das Feuer weiterschwelte.

Aus der revolutionären Bewegung, die als Angriff auf bürokratische Privilegien begonnen hatte, war inzwischen ein Machtkampf im weitesten Sinn geworden; jedermann wollte Vorteile erlangen und sich eine Einflußsphäre schaffen. Dies führte zu einer Anarchie, die an vielen Orten einem Bürgerkrieg nahekam. Ursprünglich hatten die rivalisierenden Gruppen edle Ziele verfolgt; jede hatte geglaubt, dem Vorsitzenden Mao treuer ergeben zu sein als die anderen und China besser helfen zu können, revisionistische Tendenzen zu bekämpfen und sich dem wahren Sozialismus zu nähern. Die verschiedenen Rotgardistengruppen, die Lin Piaos Schlagwort beherzigten, man könne «alles vergessen außer das Wort ‹Macht›», hatten die Macht für das Proletariat zu ergreifen versucht, weil sie glaubten, dieses würde sonst von der Bourgeoisie vernichtet. Doch dann hatte die Fraktionsbildung um sich gegriffen, und die Ermittlung von Feinden war außer Kontrolle geraten. Nicht nur Freunde, Studien- und Arbeitskollegen unterstützten verschiedene Seiten, sondern auch Angehörige einer Familie wandten sich manchmal gegeneinander; ein Ehemann brachte beispielsweise Dokumente, die seiner Frau gehörten, als Beweismaterial gegen sie zu seiner Gruppe. Die Auseinandersetzungen waren so heftig geworden, daß in den Fabriken die Produktion stillstand, während die Arbeiter Kampfversammlungen abhielten oder, wie in einer Flugzeugfabrik in Kweichou, ihre Maschinen zur Herstellung automatischer Waffen benutzten.

Viele Menschen blickten dem sich nähernden Jahr 1968 ziemlich beklommen entgegen; sie waren der Gewalttätigkeiten auf dem Universitätsgelände müde und besorgt über die Kämpfe in den Provinzen, von denen wir immer wieder hörten. Die ursprünglichen revolutionären Ziele hatten alle längst aus den Augen verloren. Ein Ende des Alptraums, in dem wir dahinvegetierten, ließ sich nicht absehen, und es schien keine Hoffnung zu geben, daß wir je wieder ein normales Leben beginnen könnten. Die Mittelschulen nahmen zwar offiziell den Unterricht wieder auf, aber die Lehrer wurden ständig von den Schülern bekämpft, und die Schulleiter saßen im Gefängnis, standen unter Hausarrest respektive unter der Kontrolle der Massen, oder sie warteten zurückgezogen ab, was passieren würde, weil sie kein Risiko irgendwelcher Art eingehen mochten. Sofern wirklich Unterricht stattfand, konnten die Kinder immer noch selbst entscheiden, ob sie teilnehmen wollten oder nicht. Ein Lehrer, der eine richtige Stunde abzuhalten versuchte, wurde oft von Schülern unterbrochen, die ihm peinliche Fragen stellten oder den

Unterricht in anderer Weise störten. Einige junge Leute hatten den Wunsch zu lernen und verabscheuten die Unruhe im Klassenzimmer, aber sie befanden sich gewöhnlich in der Minderzahl.

Seit der Vorsitzende Mao im Herbst eine Rundreise durch die Provinzen unternommen und die Auswirkungen der tödlichen Fraktionskämpfe gesehen hatte, versuchte er, die Ordnung wiederherzustellen. Tag für Tag wiederholten die Lautsprecher nun seine Anweisungen: «Vereint euch» – «Innerhalb der Arbeiterklasse gibt es keinen grundsätzlichen Interessenskonflikt» – «Macht weiter Revolution, aber kehrt in die Schulen zurück». Die Studenten waren jedoch übers ganze Land verstreut und taten, was ihnen gerade paßte, natürlich im Namen der Revolution. Seit Monaten vermochte niemand mehr ihre Bewegungen oder Aktionen zu steuern. Die Roten Garden hatten sogar die strenge Anweisung der höchsten Führungsspitze ignoriert, den Erfahrungsaustausch zu beenden und sofort zu ihren Einheiten zurückzukehren. Vergebens hatte der Vorsitzende Mao versucht, die Universitäten wieder zu öffnen. Wir alle sahen mit wachsender Besorgnis, daß nicht einmal er die Dinge mehr im Griff hatte.

Der Aufruf des Vorsitzenden Mao, den Unterricht wiederaufzunehmen, zeitigte zwar nicht das gewünschte Ergebnis, veranlaßte aber die beiden Fraktionen an der Peita, mehr Kader und Lehrer zu rekrutieren, um ihrer Seite mehr Einfluß zu verschaffen, wenn die Vorlesungen endlich wieder begannen. Viele Professoren, die zuvor von Neue Peita unterdrückt worden waren, beschlossen jetzt, sich mit Chingkang-Gebirge zu verbünden. Es erschien eine Wandzeitung, die als «32-Kader-und-Lehrer-Wandzeitung» berühmt wurde. Ihre zweiunddreißig Unterzeichner, einst alle einflußreich an der Universität, hatten sich zusammengeschlossen und erklärt, Chingkang-Gebirge folge dem richtigen Weg, es versuche, die Menschen zu einen, und opponiere gegen jene, die sich nicht an die Anweisungen des Vorsitzenden Mao hielten. Die Wandzeitung war auf Initiative des stellvertretenden Leiters der Abteilung für chinesische Literatur entstanden, der zur schwarzen Bande gehörte und wie Lao Tang der ersten Arbeitsgruppe zugeteilt gewesen war. Seine Initiative stellte eine Reaktion auf das wiederholte Angebot von Chingkang-Gebirge dar, mit Lehrern und Kadern zusammenzuarbeiten. Lao Tang zählte ebenfalls zu den Unterzeichnern. Weil man die Unterstützung seitens der zweiunddreißig bedeutenden Persönlichkeiten als wichtige Voraussetzung für die Wiedereröffnung der Universität betrachtete, stärkte ihr öffentliches Eintreten für Chingkang-Gebirge die Legitimität dieser Gruppierung beträchtlich.

Der Befehl, die zerstrittenen Fraktionen sollten sich zu revolutionären Bündnissen zusammenschließen, wurde zwar ununterbrochen wiederholt, führte aber, trotz einiger Lippenbekenntnisse von beiden Seiten, zu nichts. Nach und nach schwanden alle Hoffnungen auf eine Einigung. Die Situation verschlechterte sich wieder, und die Kämpfe flackerten erneut auf.

Schließlich hielt Nieh Yüan-tsu den Zeitpunkt für gekommen, die Macht über die ganze Peita an sich zu reißen und dann den Lehrbetrieb wieder in Gang zu setzen. Im Mai 1968 stellte sie ein Ultimatum: Wenn Chingkang-Gebirge nicht binnen zwei Wochen sämtliche Waffen abliefere und mit Neue Peita zusammenarbeite, werde sie in den fünf Gebäuden der Fraktion Strom und Wasser abstellen und diese Enklaven von Neue-Peita-Studenten umzingeln und erstürmen lassen. Die Reaktion von Chingkang-Gebirge auf diese Drohung war vorhersehbar. Seine Führer erklärten, daß ihre Anhänger heldenhaft zu ihnen stünden, daß sie sich niemals ergeben oder der Diktatur Nieh Yüan-tsus beugen würden, daß sie sich bis zum Ende gegen deren Unterdrückung wehren würden, auch wenn es ihr Blut koste, daß sie Widerstand bis zum letzten Mann leisten würden. Sofort begann Chingkang-Gebirge seine Verteidigung auszubauen. Tag und Nacht arbeiteten die jungen Leute; sie errichteten nach den Plänen von Studenten des Ingenieurwesens verkleidete Verbindungsbrükken zwischen dem Zentralgebäude und zwei angrenzenden Gebäuden. Als Baumaterial benutzten sie Holz von den Schlafsaaldächern. Gleichzeitig gruben sie Tunnels, um die beiden äußersten Gebäude an dieses Verbindungsnetz anzuschließen.

Eines Tages kehrte ein Geographiestudent namens Liu Wei von einer Fahrt zu anderen Anhängern der Erde-Gruppierung zurück und wollte das Hauptquartier von Chingkang-Gebirge betreten. Die Posten von Neue Peita nahmen ihn fest und beschuldigten ihn, ein Spion zu sein. Bei dem anschließenden Verhör schlug man ihn wiederholt, um ihm Informationen zu entlocken, vor allem über die Lage der Tunnels und andere Einzelheiten der Befestigung. Man prügelte ihn so grausam, daß er an den Verletzungen starb. Liu Wei war der dritte Student, den Anhänger von Neue Peita auf diese Weise umbrachten. Diese Vorfälle entsetzten die ganze Universitätsgemeinde, obwohl wir damals, im Frühsommer 1968, wahrlich an Gewalt gewöhnt waren; sie bewogen noch mehr Menschen, sich auf die Seite von Chingkang-Gebirge zu schlagen.

Kurz nach Liu Weis Tod sah ich eines Abends noch sehr spät Licht in Tang Dans Zimmer und ging nach ihr schauen. Sie vollendete eben einen Blumenkranz aus zerknülltem Papier und Seide, ganz in Weiß. Auf die Schleifen, die von beiden Seiten herunterhingen, hatte sie geschrieben: «Für den Märtyrer Liu Wei, von deiner Waffengefährtin Tang Dan.» Sie hatte den jungen Mann nur flüchtig gekannt, trotzdem blickte sie sehr traurig und nachdenklich auf ihren Kranz. In diesem Moment erkannte ich, daß meine Tochter, obwohl erst fünfzehn, schon erwachsen war, ihre eigenen Ansichten und Wertvorstellungen hatte, ihr eigenes Leben lebte. Meine Gefühle waren eine Mischung aus Mitleid mit ihrem Kummer, Stolz auf ihre glühende Hingabe an eine Sache und Sorge um ihre Zukunft. Sie sagte mir an diesem Abend, daß sie beschlossen habe, sich den jungen Leuten in der Festung von Chingkang-Gebirge anzuschließen und an deren letztem Kampf teilzunehmen. Ich drängte sie, ihren Gefährten lieber weiterhin von außen die dringend benötigten Lebensmittel zu bringen, doch da stiegen ihr Tränen in die Augen, und sie entgegnete leidenschaftlich, daß sie bis zum Schluß an der Seite ihrer tapferen Kameraden kämpfen wolle. Mir blieb nichts anderes übrig, als sie zu bitten, sich noch einmal genau zu überlegen, wie sie den Kampf ihrer Kameraden am besten unterstützen könne, und vorsichtig zu sein.

Nicht lange nach der Gedenkfeier für Liu Wei Anfang Juni machte Nieh Yüan-tsu den ersten Teil ihrer Drohung wahr und schaltete in den Gebäuden von Chingkang-Gebirge den Strom ab. Die belagerten Studenten – mittlerweile nur noch etwa zweihundertfünfzig, nachdem alle bis auf die mutigsten abgerückt waren – weigerten sich unerschrocken, aufzugeben, und gingen am folgenden Morgen um zwei Uhr selbst zum Angriff über. Zuerst schlich sich ein Trupp zu verschiedenen Türen hinaus, überwältigte die nichtsahnenden Wachen von Neue Peita und sperrte sie in einem Raum. Dann streute ein zweiter Trupp ganze Körbe runder kleiner Bohnenkerne auf die angrenzende Haidianstraße, eine Verteidigungstaktik, die in dem klassischen, aus dem 17. Jahrhundert stammenden Roman *Am Rande des Wassers* beschrieben wird. Schließlich machten sich zwei junge Männer daran, die Gebäude wieder mit Strom zu versorgen.

Ausgerüstet waren sie mit einem von den Kameraden geflochtenen großen, geschlossenen Korb und einem daran befestigten Flaschenzug, einem Werk von Studenten der Erde-Gruppierung, die im Geologie-Institut die Werkstätten kontrollierten. Einer der beiden Männer stieg mit Hilfe einer Leiter auf den nächsten Strommast und hängte den Flaschenzug ein, dann zog er den anderen in dem Korb hinauf. Auf halber Strecke riß jedoch das Seil, und der Mann schlug hart auf dem Pflaster auf. Ein anderer treuer Anhänger von Chingkang-Gebirge ging das große Risiko ein, ungeschützt auf den Mast zu steigen, wo er es trotz des Geschoßhagels aus den Schleudern von Neue Peita schaffte, an der Hochspannungsleitung ein Kabel anzuschließen, das Strom für das belagerte Gebäude liefern sollte.

Inzwischen war die Führung von Neue Peita alarmiert worden, und viele Studenten liefen herbei. Sie rutschten jedoch immer wieder auf den verstreuten Bohnen aus und gelangten nicht bis zum Mast. Es dauerte dann fast zwanzig Minuten, die Gebäude über das Kabel an die Hochspannungsleitung anzuschließen und die Hochspannung in normale Spannung umzuwandeln, eine Aufgabe, die im Hauptquartier von Chingkang-Gebirge Techniker, Ingenieure und Naturwissenschaftsstudenten meisterlich erledigten. Plötzlich gingen in allen drei Gebäuden gleichzeitig die Lichter an. Das löste ein solches Jubelgeschrei aus, daß ich es bis zu unserem Haus hörte. Aus den Lautsprechern kam knisternd die Meldung von Neue Peita, ihre Mitglieder seien angegriffen worden – eine Taktik, mittels der man neue Anhänger gewinnen wollte. Tang Dan und ich waren nach draußen gegangen, als das Jubelgeschrei eingesetzt hatte. Nun lief meine Tochter los, um zu erfahren, was geschehen sei. Sie kam bald zurück und berichtete begeistert von dem Sieg. Sie steckte mich mit ihrer Begeisterung richtig an; ich staunte, was diese jungen Leute alles zuwege brachten. Meine Generation war immer gehorsam gewesen und hatte brav alles hingenommen, was ihr widerfuhr. Diese jungen Leute waren anders. Sie leisteten Widerstand, sie stritten für das, woran sie glaubten, und waren sogar bereit zum Kampf mit der Waffe. Ich bewunderte ihre Findigkeit, ihre Entschlossenheit, ihren Mut.

Das Ereignis erregte großes Aufsehen. Manche Leute äußerten die Vermutung, daß Nieh Yüan-tsu deswegen vom Vorsitzenden Mao kritisiert worden sei, denn er forderte in seinen Anweisungen ausdrücklich Einheit, wogegen sie durch die Abschaltung des Stroms die Feindseligkeit noch geschürt hatte. Offenbar wagte sie es nicht, noch einmal eine solche Konfrontationstaktik anzuwenden oder den Druck auf ihre Gegner zu verstärken; jedenfalls waren keine Drohungen mehr von ihr zu hören. Ihre aggressiven Methoden hatten zudem bewirkt, daß viele, die bisher mit keiner der Fraktionen verbündet gewesen waren, nun für Chingkang-Gebirge Partei nahmen. Die Feindseligkeiten gingen jedoch weiter, ein Ende oder eine Lösung zeichnete sich nicht ab.

Seit mehreren Monaten hörten wir immer wieder Berichte über Erfolge der Armee und der Arbeiterpropagandatrupps, die in verschiedene wichtige, durch Fraktionskämpfe gespaltene Pekinger Fabriken entsandt worden waren. Diese Trupps hatten Anweisung, die Ideen Mao Tse-tungs zu verbreiten; sie sollten die zerstrittenen Fraktionen einen, die Ordnung wiederherstellen und die Produktion erneut in Gang setzen. Wir erörterten jeden Morgen in unseren Studienversammlungen die von der Presse groß herausgestellten Leistungen der Propagandatrupps, weil wir ergründen wollten, ob an unserer Universität auf ähnliche Weise eine Beendigung der Feindseligkeiten erreicht werden könne. Wie eine Schale Wasser im Gleichgewicht gehalten werden müsse, damit nichts herausschwappte, so müßten jetzt beide Seiten gleich behandelt werden, hieß es in den Leitartikeln.

Während wir die Zeitungsberichte studierten und die Leistung der Propagandatrupps diskutierten, erwachte in mir neue Bewunderung für den Vorsitzenden Mao. Er hatte die studentische Macht benutzt, um die Flammen der Revolution anzufachen, und jetzt hatte er die Arbeiter und Soldaten mobilisiert, um die Situation wieder zu beruhigen. Ich teilte die hohe Meinung vieler Intellektueller über die Volksbefreiungsarmee (VBA), denn ich erinnerte mich dankbar an die Befreiung Pekings und an den triumphalen Einmarsch der Soldaten durch das Tschien-men-Tor. Außerdem achtete ich die Arbeiter, hielt sie für echte Proletarier und wollte meine Beziehung zu ihnen ausbauen. Gleich vielen Menschen in meiner Umgebung glaubte ich fest, daß es den Soldaten und Arbeitern mit vereinten Kräften gelingen werde, die Ordnung wiederherzustellen und die Fraktionskämpfe zu beenden.

Nicht alle empfanden wie ich. An der benachbarten Ch'ing-hua-Universität leisteten die Roten Garden heftigen Widerstand gegen die Propagandatrupps, diese Eindringlinge und neuen Kindermädchen. Das berichtete mir mein Vater Ende Juli eines Abends voll Entsetzen. Er hatte am Vormittag in der Nähe der Universität seinen täglichen Spaziergang gemacht und eine Gruppe Arbeiter mit einer riesigen roten Fahne gesehen. Die Arbeiter hatten beide Studentenfraktionen aufgefordert, die Waffen niederzulegen und mit Vernunft, nicht mit Gewalt zu kämpfen. Doch die Himmel-Gruppierung der Ch'ing-Hua-Universität, angeführt von dem feurigen Kuai Da-fu, hatte diesen Vermittlern den Zugang zum Universitätsgelände verwehrt und die Arbeiter mit Steinen, Spießen und Handgranaten angegriffen. Fünf der unbewaffneten Arbeiter waren bei der Schlägerei umgekommen, Hunderte hatten Verletzungen erlitten.

In der folgenden Nacht, wir lagen längst im Bett, klang es plötzlich aus dem Lautsprecher: «Kuai Da-fu, wo bist du? Der Vorsitzende Mao möchte sich mit dir treffen. Er hat dir etwas zu sagen. Bitte, kehre an deine Universität zurück.» Später erfuhren wir, daß der Vorsitzende Mao die fünf wichtigsten Rotgardistenführer der Stadt zu sich gerufen und sie hart kritisiert hat, weil sie die Schuld an der Spaltung des Volkes, an vielem Blutvergießen und an großer Zerstörung trugen. Danach beruhigte sich plötzlich alles. Die Leute sagten, es sei wie bei einem Hahnenkampf; wenn ein Hahn einmal scheitere, sinke sein Kamm zusammen und er leiste keinen Widerstand mehr.

Noch in derselben Woche zogen sämtliche Bewohner des Peita-Geländes mit Gongs und Trommeln aus, um die Propagandatrupps willkommen zu heißen, die unversehens an unserem Tor erschienen waren. Die Maßnahme, sie ohne vorherige Ankündigung anrücken zu lassen, sollte Widerstand seitens der Roten Garden verhindern. Die Trupps wurden in mehrere Gruppen aufgeteilt, eine für jede Abteilung, gewöhnlich mit einem VBA-Soldaten als Führer. Wir alle hofften, daß es jetzt endlich zur Einstellung der Kämpfe und zur Wiederaufnahme des Lehrbetriebs käme. Ich glaubte einmal mehr an eine bessere Zukunft. Die Belagerung des Hauptquartiers von Chingkang-Gebirge war bereits gelockert worden, die jungen Leute konnten unbehelligt in dem Gebäude ein und aus gehen, ohne eine Entführung fürchten zu müssen. Nun wurden beide Seiten aufgefordert, ihre Spieße, Piken, Messer und Schleudern abzuliefern. Endlich trug jemand die Verantwortung für das, was geschah, endlich führte jemand Aufsicht. Davor hatte man sich nirgendshin um Hilfe wenden können, weil keine Autoritätsperson von den Fraktionskämpfen unberührt geblieben war. Die Menschen fühlten sich deshalb jetzt sicherer als seit langem. Mein Optimismus erstreckte sich auch auf das Schicksal meiner Familie; ich baute darauf, daß die Propagandatrupps als Außenseiter die ganze Situation neu und mit mehr Fairneß untersuchen würden als das Vorbereitungskomitee. Vielleicht würde sogar Lao Tangs Etikettierung als Feind aufgehoben.

Als die Auflösung des «Kuhstalls» und die Freilassung der dort Inhaftierten verfügt sowie ein Verbot der Verwendung von Waffen und jeglicher Art von körperlicher Züchtigung erlassen wurde, schöpften viele Hoffnung. Doch wir wußten, daß es schwierig sein würde, die beiden verfeindeten Lager wieder zu versöhnen, daß keine Seite ihren Machtanspruch aufgegeben hatte und daß die Verhandlungen darüber, wie eine neue Organisation zur Leitung der Universität geschaffen werden sollte, noch nicht abgeschlossen waren.

Nachdem der Trupp in meiner Abteilung die Arbeit aufgenommen hatte, versammelten wir uns jeden Morgen in einem Hörsaal, um die Anweisungen des Vorsitzenden Mao zu diskutieren und zu überlegen, wie man sie am besten durchführte. Die Direktiven besagten, daß wir uns zusammenschließen und die Revolution fortsetzen, dabei aber in die Schulen und Hörsäle zurückkehren müßten, daß fortan die Arbeiterklasse die Führung übernähme und daß die Intellektuellen von den Arbeitern, Bauern und Soldaten umerzogen werden sollten. Immer wenn eine neue Weisung des Vorsitzenden Mao verkündet wurde, fand auf dem Gelände eine Parade statt, bei der Gongschläge und Beifallsrufe erklangen. Wir gingen dann alle ins Freie, um in die Rufe einzustimmen und so unsere Unterstützung zu bekunden. Vielleicht zwei-, dreimal in der Woche fanden derartige Paraden statt, oft spät in der Nacht, nachdem jemand im Nachrichtenbüro die neueste Weisung telefonisch durchgegeben hatte. Pflichtschuldigst standen wir jedesmal auf, um an der Demonstration teilzunehmen, denn die Menschen wetteiferten noch immer darin, dem Vorsitzenden Mao ihre Treue und Hingabe zu bezeigen.

Als die Propagandatrupps fest im Sattel saßen, begann eine Bewegung zur Säuberung der Ränge. Sie wurde für notwendig gehalten, weil vor Wiedereröffnung der Universität ermittelt werden mußte, wer vertrauenswürdig genug war, um ein Lehramt zu übernehmen, und wer als echter Feind zu gelten hatte. Weil während der Kulturrevolution viele als «Mitglieder der schwarzen Bande» und «akademische Warlords» eingestuft worden waren, hatte der Propagandatrupp Mühe, jetzt zu bestimmen, wer wieder eine verantwortungsvolle Stellung erhalten sollte. Mit der Durchführung der Säuberung, die aus den drei Phasen «Kampf – Kritik – Reform» bestand und die Kulturrevolution abschließen sollte, vollzogen die sorgfältig ausgewählten Gruppen von Soldaten und Arbeitern offiziell den Übergang zu einem wieder geordneten Leben. Man eröffnete uns, daß die Bewegung zur Säuberung der Ränge sehr streng durchgeführt werde; die Erfahrungen, die man an der Peita und der Ch'ing-hua machte – wie immer galten diese beiden Universitäten als «Durchbruchpunkte» –, sollten anschließend in den Universitäten des ganzen Landes angewandt werden.

Wenige Tage später bekamen wir zu spüren, wie streng die neue Kampagne war, denn wir erhielten Order, aus unseren Wohnungen in die Schlafsäle überzusiedeln. Dort sollten Lehrer, Kader und Studenten zusammenleben, nach Abteilungen organisiert. Essen sollten alle im Zentralen Speisesaal. Der vorgebliche Grund für diese Kasernierung lautete, wir müßten uns völlig auf die neue Bewegung konzentrieren und dürften nicht durch die Ablenkungen des häuslichen Lebens gestört werden. Der unausgesprochene Grund war, daß man uns so leichter kontrollieren und den Austausch von Informationen und Meinungen verhindern konnte. Weil man immer vier Personen in ein Zimmer einquartierte, waren Privatgespräche praktisch unmöglich; außerdem erwartete man, daß die Zimmergenossen einander überwachen und jedes verdächtige Verhalten getreulich melden würden. Die Anweisung des Propagandatrupps stieß auf wenig Gegenliebe, denn es war schwierig für uns, die Versorgung unserer Angehörigen und die Betreuung unserer Wohnungen zu arrangieren; außerdem behagte den wenigsten der Gedanke an ein solches Zusammenleben. Doch wir waren dankbar, daß die Propagandatrupps der willkürlichen Mißhandlung von Lehrern und Kadern ein Ende gemacht hatten, und wir hofften weiterhin, daß die Anwesenheit der Soldaten und Arbeiter trotz dieser unangenehmen ersten Maßnahme die Situation der Intellektuellen verbessern würde.

Meine unmittelbare Sorge galt praktischen Dingen, vor allem der Versorgung meiner Kinder, die allein blieben, weil Lao Tang mit Mitgliedern der philosophischen Fakultät in einem anderen Schlafsaal untergebracht werden sollte. Ich hatte keine andere Wahl, als meine Schwägerin zu fragen, ob meine Kinder in ihr früheres Heim zurückkehren könnten. Sie selbst mußte zwar in den Schlafsaal, den man Bibliotheksangestellten zugeteilt hatte, aber sie beschäftigte noch immer eine *ayi* zum Kochen und für Hausarbeiten. Zu meiner Erleichterung willigte sie ein, so daß ich nur unsere Haustür abzuschließen brauchte und mit den anderen aus meiner Abteilung in den Schlafsaal ziehen konnte.

Während wir die nötigen Vorbereitungen für den Umzug trafen, geschah jedoch etwas, das die Atmosphäre des Vertrauens und der Zuversicht veränderte. Etwa drei Tage vor dem festgesetzten Umzugstermin erging eines Abends eine neue Weisung des Vorsitzenden Mao. Im Gegensatz zu anderen Direktiven wurde diese nicht in den Zeitungen veröffentlicht, sondern gelangte auf mündlichem Weg von der obersten Führung zum Volk. «Der bürgerlich-revisionistische Standpunkt von Intellektuellen muß streng kritisiert werden», hieß es, «damit diese Leute ihre parasitäre Stellung in der Gesellschaft begreifen.» Die Intellektuellen, besonders ältere und einflußreiche wie Chian Bozan, sollten «erstens kritisiert und zweitens mit dem für den Lebensunterhalt Notwendigen versorgt werden». Anfangs hielt ich das für eine gute Nachricht, ließ sie doch auf eine entspanntere Haltung gegenüber den Intellektuellen schließen, denen man nun wenigstens das Lebensnotwendige zugestand. Künftig konnten sie angeblich sechzig Yuan im Monat als Gehalt beziehen, genug für ein einfaches Leben, und sie würden nicht mehr in Kampfversammlungen geschlagen oder anderen Mißhandlungen ausgesetzt, was mich sehr erleichterte. Dann hörte ich die schockierende Nachricht von Chian Bozans Selbstmord.

Chian, ein enger Freund von Lao Tangs Vater und Vizepräsident der Universität, war lange hochgeachtet gewesen als hervorragender marxistischer Historiker und aufrechtes Mitglied der Kommunistischen Partei. Er hatte während des Widerstands gegen die Kuomintang-Regierung viel riskiert und anschließend sein Leben ganz in den Dienst der Revolution gestellt. 1965 war er dann kritisiert worden. Aus seiner Theorie, derzufolge historischer Fortschritt aus einem Kreislauf von Unterdrückung, Rebellion und revolutionärer Veränderung erwuchs, sprach angeblich seine Überzeugung, daß die Partei die Bauern ausbeute, und seine Erwartung, daß die Bauern sich zu gegebener Zeit gegen die Autorität der Partei auflehnen würden. Diese Kritik aus dem Jahr 1965 hatte Chian zu Beginn der Kulturrevolution natürlich zur bevorzugten Zielscheibe der Studenten gemacht; sie hatten behauptet, weil er während des Kriegs gegen Japan in den von der Kuomintang beherrschten Gebieten mit Liu Shao-ch'i zusammengearbeitet habe, sei er ein wichtiges Glied in der «schwarzen Linie».

Chian und seine Frau waren aus ihrem bequemen Haus auf dem Universitätsgelände vertrieben und in ein schäbiges kleines Gebäude mit nur einem Raum eingewiesen worden, das in der gleichen Straße lag wie die ähnlich schäbige Behausung der Mongolenprinzessin. Ich ging oft dort vorbei und sah, unter welch schwierigen Umständen sie lebten. Sie hatten nicht einmal eine Küche, ihr Kohlenherd stand am Straßenrand unter dem Vordach, weil es wegen der Abgase zu gefährlich war, drinnen zu kochen. Die Kinder aus der Nachbarschaft quälten das ältere Paar oft. Sie riefen: «Weil ihr Konterrevolutionäre seid, ist es besser, wenn ihr gar nichts eßt», und warfen Händevoll Schmutz auf das Kochfeuer oder löschten es mit Wasser. Chians Frau mußte dann die mühselige Arbeit des Feuermachen von vorn beginnen.

Wie wir von einem Freund in der Abteilung für Geschichte erfuhren, hatten Mitglieder des Propagandatrupps nach ihrer Ankunft Chian aufgesucht und ihn gefragt, was sie zur Verbesserung seiner Lage tun könnten. Er hatte geantwortet, daß er sich nur zwei Dinge wünsche, erstens, daß die Kinder sein Kochfeuer nicht mehr auslöschten, und zweitens, daß man ihm sein Forschungsmaterial zurückgab. Wenige Tage später erhielten Chian und seine Frau eine bessere Wohnung mit zwei Zimmern und einer Gemeinschaftsküche, und ihr Gehalt wurde auf zweihundert Yuan im Monat erhöht. Alle meinten, nun beginne für die beiden ein angenehmeres Leben, doch dann erging die neue Weisung über das Vorgehen gegenüber Intellektuellen, und Chian Bozan wurde darin als warnendes Beispiel genannt.

Er hatte die Angriffe der Roten Garden ertragen, die harten Lebensbedingungen, die Beleidigungen der Passanten und die ablehnende Haltung seiner Kinder, aber die Direktive des Vorsitzenden Mao überstieg offenbar das Maß dessen, was er hinzunehmen gewillt war. In China gebietet eine tief verwurzelte Tradition, daß man, wenn man mit der Regierung nicht zusammenarbeiten will, auch die von ihr angebotene Unterstützung nicht annimmt. Eine berühmte Geschichte erzählt von einem Prinzen aus der alten Shang-Dynastie, der nach der Zerstörung seines Reichs in die Berge ging, sich von wildem Farn, Kräutern und Samen ernährte und ein zurückgezogenes Leben führte, weil er sich von den neuen Herrschern, die ihn besiegt hatten, nicht aushalten lassen wollte. Dieses Prinzip, bekannt als «Ablehnung der Verköstigung durch eine illegale Regierung», gilt bei den Intellektuellen seit Jahrhunderten als höchst ehrenwerte Haltung. Deshalb vermutete ich, daß die Anweisung des Vorsitzenden Mao eine vorsätzliche Beleidigung war, der Versuch, die Intellektuellen zu demütigen und so zu verhindern, daß sie ihre alte Rolle als maßgebende Kritiker der Regierungspolitik wieder übernahmen. Chian fühlte sich durch die unausgesprochene Tatsache, daß er künftig schlicht am Leben gehalten und vom Staat ernährt werden sollte, offenbar zutiefst gekränkt und erhob den denkbar massivsten Protest.

Einen Tag nach Maos Ankündigung fand man ihn und seine Frau nebeneinander auf dem Bett liegend, gestorben an einer Überdosis Schlaftabletten. Chians Lieblingsstudent, ein Freund Lao Tangs, berichtete mir voll Trauer, daß er die Toten gesehen habe, daß ihre Kleider ordentlich zurechtgezogen und ihre Gesichter entspannt und friedlich gewesen seien. Alle sprachen über den tragischen Vorfall, und er veränderte die Einstellung der Menschen zur Anwesenheit der Soldaten und Arbeiter auf dem Universitätsgelände. Die Ankunft der Propagandatrupps war ursprünglich als Beginn einer Zeit der Entspannung betrachtet worden, als Beendigung der schlechten Lage von uns Intellektuellen, doch jetzt argwöhnten wir, daß uns eine neue Periode der Unterdrückung drohen könnte.

Ich trauerte mit Lao Tang und überlegte laut, wie es wäre, dem Beispiel Chian Bozans zu folgen, welche Gedanken er wohl gehabt und welche Gefühle er wohl gegenüber seiner Frau geäußert habe, bevor sie zusammen ihrem Leben ein Ende setzten. Natürlich waren gemeinsame Selbstmorde schon öfter vorgekommen; Fu Lei beispielsweise, der berühmte Übersetzer Romain Rollands und Vater des Pianisten Fu Tsong, hatte in einer früheren Phase der Kulturrevolution mit seiner Frau Selbstmord verübt. Lao Tang und ich konnten uns nicht vorstellen, daß wir je den Entschluß fassen würden, gemeinsam aus dem Leben zu scheiden. Aber wir sahen in solchen Tragödien eine Art Omen, einen Hinweis darauf, daß die Anwesenheit der Armee nicht so positiv zu sehen war und daß sich die Probleme unseres Landes nicht so leicht lösen ließen, wie wir gehofft hatten.

Unter dem Eindruck dieses tragischen Ereignisses begannen wir unser Leben in den Schlafsälen. Die erste Phase der Säuberung der Ränge sollte klarstellen, wer tatsächlich ein Feind war und wo die notwendigen Linien gezogen werden müßten. Unser erstes Ziel sei es, erklärten die Propagandatrupps, alle Feinde in unserer Mitte aufzuspüren und sie so in Verruf zu bringen, daß sie nie mehr Einfluß auf das Volk erlangen könnten. Wenn diese Aufgabe erfüllt sei, sollten wir uns der Probleme innerhalb der Reihen des Volkes annehmen, Selbstkritik üben und lernen, den richtigen Weg zu erkennen. Danach könnten wir von der Kritikphase zur Reformphase übergehen und ein neues System entwickeln, das uns in die Lage versetzen würde, unser normales Leben wiederaufzunehmen. Damit sei die Kulturrevolution dann abgeschlossen. Mit diesem Ziel vor Augen machten wir uns daran, unsere Feinde zu identifizieren.

Die Bewegung war jedoch von Anfang an unglaublich heftig und gewalttätig und stand so sehr im Widerspruch zu meinen Erwartungen, daß ich zunächst gar nicht fassen konnte, was geschah. Die Rotgardisten durften jetzt zwar nur noch Entscheidungen ausführen, die von den Propagandatrupps getroffen wurden, doch man erlaubte ihnen nach wie vor, Kampfversammlungen abzuhalten, Feinde auf ein Podest zu stellen, sie zu zwingen, ihre Verbrechen zu gestehen sowie die Düsenflughaltung einzunehmen und sie von den Massen zu isolieren. Uns alle erfaßte Angst vor der Behandlung, die uns widerfahren würde, wenn man uns zu Objekten einer solchen Bekämpfung machte; doch noch mehr fürchteten wir die letztendlichen Folgen. Hatten einen früher die Rotgardisten als Feind gebrandmarkt, dann wußte man, daß dieses Urteil inoffiziell war. Heftete aber jetzt der VBA-Führer jemandem dieses Etikett an, war es offiziell; der Betreffende wußte dann, daß sein Schicksal für immer besiegelt war, daß er außerhalb der Reihen des Volkes leben mußte. Zu dem ständigen Druck, unter dem wir nun wieder standen, trug auch die Vagheit der Kriterien für die Bestimmung eines Konterrevolutionärs bei. Ein Feind war beispielsweise jemand, der «gegen die Kommunistische Partei opponiert», aber niemand wußte genau, welche Aktivität oder Haltung als Opposition gegen die Partei ausgelegt wurde. Diese Unsicherheit wirkte einschüchternd.

Eines Morgens um acht forderte der Truppführer zu Beginn unserer Abteilungsversammlung einen sehr fähigen Lehrer namens Guo Yanli auf, ein Mao-Zitat vorzulesen. Die Versammlung fing täglich damit an, daß jemand ein Zitat las, über das wir anschließend diskutierten. An dem Morgen jedoch war die Atmosphäre besonders gespannt, weil niemand wußte, was geschehen oder wer als Feind angeklagt würde. In seiner Angst, daß er das nächste Opfer sein könnte, versprach sich Guo Yanli bei einer Silbe; das Zitat lautete: «Der Vorsitzende Mao ist unser großer Führer, unser proletarischer Revolutionslehrer», doch durch die Verdrehung der einen Silbe wurde aus dem proletarischen ein «bourgeoiser» Lehrer. Der Truppführer sprang sofort auf und erklärte, genau diese Art konterrevolutionärer Personen müßte aufgespürt werden, Guo Yanli sei ein Feind, der vorgebe, ein treues Parteimitglied zu sein, aber jetzt sähen wir sein wahres Gesicht.

Guo hatte allen Grund gehabt, so nervös zu sein. Vor etwa eineinhalb Jahren waren ihm Bedenken über die Richtigkeit der Kulturrevolution gekommen, und er hatte eines Nachts seiner Frau gegenüber seine Bedenken geäußert. Die Frau, eine Verlagsangestellte und engagierte Rotgardistin war entsetzt gewesen über die treulosen Gedanken ihres Mannes und hatte bei der stellvertretenden Parteisekretärin unserer Abteilung, mit der sie seit ihrer Schulzeit bekannt war, Rat gesucht. Weil man Guo als ehrlichen Menschen, zuverlässigen Lehrer und treues Parteimitglied kannte, hatte die stellvertretende Sekretärin nichts unternommen, sondern der besorgten Ehefrau nur geraten, ihren Mann zu drängen, diese falschen, gefährlichen Gedanken abzulegen.

Guo wußte, daß seine Frau mit der stellvertretenden Sekretärin über ihn gesprochen hatte, und nahm an, daß der Truppführer über alle Personen informiert worden war, die im Verdacht standen, gefährliche Gedanken zu hegen. Darum hatte ihn die Aufforderung, das Zitat zu lesen, ungewöhnlich nervös gemacht. Auf die anklagenden Worte des Truppführers hin standen weitere Personen auf und erklärten, Guo sei in der Tat ein unaufrichtiger Mensch. Einmal, als sie zusammen ferngesehen hätten und auf dem Bildschirm der Treuetanz für den Vorsitzenden Mao begonnen habe, sei Guo hinausgegangen, was seine Ablehnung zeige. Ein andermal, als morgens alle angetreten seien, um Mao-Zitate zu singen und zu rufen: «Lang lebe derVorsitzende Mao», habe Guo Yanli den Mund nicht aufgemacht.

Nach diesen Beschuldigungen konstatierte einer von den etwa zehn aktivistischen Junglehrern der Abteilung, die das volle Vertrauen des Propagandatrupps genossen, Guo Yanli sei wirklich ein Konterrevolutionär und müsse überwacht werden. Andere riefen: «Er soll aufstehen!» Sie packten ihn an den Armen und zwangen ihn in die Düsenflughaltung. Ich sah sein schweißnasses Gesicht und die Tränen in seinen Augen. Er kannte sein Schicksal. Man führte ihn ab und sperrte ihn in einen kleinen Raum im Schlafsaal. Seine Frau, die ihm nur hatte helfen wollen, die Kulturrevolution zu verstehen und auf den revolutionären Weg zurückzufinden, war entsetzt über die Folgen ihres Tuns und empfand bittere Reue; sie hatte nicht damit gerechnet, daß ihre vertraulichen Worte zur Verurteilung ihres Mannes benützt würden. Später erlaubte man ihr, ihm Kleidung und Bettzeug zu bringen, und beide fielen sich weinend in die Arme.

Guos Fall ließ erkennen, daß der Propagandatrupp das unausgesprochene Ziel verfolgte, sämtliche Lehrer und Kader zu vernichten, die von Lu Ping wegen ihrer Leistung geschätzt worden waren. Man bezeichnete Guo als eine der Schildkröten, die nach den Worten des Vorsitzenden Mao tief im Schlamm der Peita verborgen lagen.

Am nächsten Morgen wurde ein noch weniger politisch engagierter Mann zum Feind erklärt, was uns alle im Hinblick auf unser eigenes Schicksal sehr nervös machte. Der Mann, Mei Kewen, war ein hochangesehener, erfolgreicher Lehrer für experimentelle Phonetik. Sprachlos vor Verblüffung vernahmen wir, daß er ein Konterrevolutionär sei. Der Truppführer, der unser Erstaunen sah, sagte triumphierend, das solle uns zeigen, daß selbst ein Mensch, der nie über politische Angelegenheiten rede, im Herzen ein Feind sein könne. Diese inneren Überzeugungen könne man nicht lange verbergen, darum sollten wir nicht glauben, daß Schweigen uns schütze. Unsere wahren Gefühle träten unweigerlich ans Licht.

Mei Kewen wurde wegen einer einzigen Bemerkung angeklagt, die er im November 1968 zu seinem Zimmergenossen gemacht hatte, nachdem man Liu Shao-ch'i als «großen Verräter», «großen Dieb an der Arbeiterklasse» und «großen Spion» abgestempelt hatte, drei Beschuldigungen, die von den Medien landesweit verbreitet worden waren. Mei hatte die aphoristische Bemerkung gemacht, wenn man im Meer des öffentlichen Amtes schwimme, trügen einen die Wogen manchmal sehr hoch, und manchmal sinke man tief in ein Wellental, genau wie Liu Shao-ch'i einmal der Führer der Nation gewesen sei und jetzt als Verräter verachtet werde. Der Zimmergenosse hatte Meis Bemerkung dem Führer des Propagandatrupps gemeldet, mit der Behauptung, Mei sei offensichtlich nicht mit der Partei einverstanden. Vermutlich hatte er seine Loyalität unter Beweis stellen wollen. Der Truppführer erklärte Mei zum aktiven Konterrevolutionär, ließ ihn in den kleinen Raum zu Guo bringen und stellte ihn anschließend als warnendes Beispiel dafür hin, daß man der Politik nicht entgehen könne.

Wenn wir zum Mittagessen und Abendessen in den Zentralen Speisesaal gingen, sahen wir stets die Feinde, die in den verschiedenen Abteilungen aufgespürt worden waren. Mit Spießen bewaffnete Rotgardisten führten sie in einer Reihe zum Essen. Eine solche Behandlung gilt in China als schwere Strafe, denn sie bedeutet Trennung von den Massen und Erniedrigung durch Zurschaustellung als Ausgestoßener. Die Propagandatrupps waren stolz auf ihren Erfolg und verkündeten, sie hätten viele Schildkröten aus dem Schlamm gegraben; sie genossen sichtlich die Vorführung von Leuten, die bis dahin keines politischen Fehlers verdächtigt worden waren. Ihnen ging es nicht um jene Menschen, die bereits als Verfolger des kapitalistischen Weges identifiziert worden waren, denn sie hielten es für uninteresannt, «tote Tiger zu schlagen». Sie wollten bei den bisher Unbescholtenen Fehler finden, weil dies angeblich eine wirksame Warnung an uns übrige darstellte, gehorsam zu sein und abweichlerische Gedanken aus unseren Köpfen zu verbannen.

In meiner Abteilung klagten sie acht Leute an, die noch nie angegriffen worden waren; sie konzentrierten sich besonders auf jene vier, die hohes akademisches Ansehen genossen, und erklärten sie zu «aktiven Konterrevolutionären». Unter fadenscheinigen Beschuldigungen wurden jetzt die loyalsten, gehorsamsten, brillantesten Intellektuellen als Konterrevolutionäre verurteilt. Wir vermuteten, daß die Propagandatrupps von Chiang Ch'ing und ihren Verbündeten Anweisung erhalten hatten, jede mögliche Opposition für immer zu ersticken. Das unausgesprochene Ziel der Bewegung zur Säuberung der Ränge bestand an der Peita offenbar darin, die früher mit Lu Ping verbundene schwarze Bande endgültig auszuschalten, jene Gruppe, die Chiang Ch'ing am meisten haßte und fürchtete.

Es war eine verwirrende, schreckliche, von Gewalt beherrschte Zeit. Jeder neue Feind mußte bekämpft werden, darum unterteilte der Propagandatrupp die Mitglieder der Abteilungen in Gruppen aus Lehrern und Studenten; damit gab er zu verstehen, daß man keinem der älteren Intellektuellen trauen könne. Die Beschuldigten mußten vor diese Gruppen treten und sich kritisieren lassen. Feindseligkeit lag spürbar in der Luft, doch in meiner Abteilung kamen bei diesen Versammlungen kaum körperliche Mißhandlungen vor. Selbstredend konnten die Intellektuellen nie befriedigende Antworten auf die zum Teil grotesken Beschuldigungen geben.

Wir nahmen täglich an drei solchen Versammlungen teil. Von acht Uhr morgens bis halb zwölf Uhr mittags lasen wir Mao-Zitate und diskutierten ihre Bedeutung, danach wurde ein Feind identifiziert und verhört, bis man eine Art Schuldgeständnis hatte. Von zwei bis fünf Uhr nachmittags und von sieben bis zehn Uhr abends wiederholten wir das Verfahren, manchmal mit dem gleichen Feind. Weil die Beschuldigten wenig zu bekennen hatten, standen sie einfach stumm da, während die Studenten sie anbrüllten und bedrohten. Wenn sie weiter schwiegen, erklärten die Studenten, werde man sie strengstens behandeln, doch wenn sie ihre Schuld geständen, dürften sie mit Nachsicht rechnen. Konnte man einem Feind keine Geständnisse mehr abringen, lasen wir weitere Mao-Zitate.

Ich war mit drei anderen Lehrern einer Gruppe von fünfundzwanzig Studenten des zweiten Studienjahrs zugeteilt worden. Bei den Versammlungen verhielten wir Lehrer uns still; während die Studenten die Kritik vornahmen, verfolgten wir nervös das Geschehen, stets darauf gefaßt, selbst angegriffen zu werden.

Die Hauptfeinde erfuhren eine besonders strenge Behandlung. Wer «große Probleme» hatte, wurde speziellen Gruppen zugeteilt, die solche Fälle übernahmen. Kurz nach Beginn der Bewegung verkündete der Führer des Propagandatrupps, daß alle Unterzeichner der «32-Personen-Wandzeitung» Konterrevolutionäre seien, denn sie hätten das Ziel verfolgt, die Macht über die ganze Universität an sich zu reißen, die Peita von der Parteipolitik wegzuführen und wieder auf den kapitalistischen Weg zu bringen. Die Kader erklärten, das sei ein Verbrechen; offenbar wünschten einige Leute immer noch, Lu Pings Dynastie wiederherzustellen. Natürlich gehörte Lao Tang zu diesen Feinden.

Mein Schlafsaal lag in der Nähe des Hauses meiner Schwiegermutter; sooft es mir die Zeit nach Ende einer Versammlung erlaubte, eilte ich hinüber, um meine Kinder zu besuchen. Einmal hörte ich aus dem Zentralen Speisesaal im Vorbeigehen laute Rufe und schaute zu einem der Fenster hinein. Zu meinem Entsetzen sah ich Lao Tang auf dem Podium stehen, den Oberkörper tief gebeugt, die Arme auf den Rücken gedreht. Verblüfft gewahrte ich, daß er zwischen Lu Ping, Feng Youlan und anderen der berühmtesten Akademiker der Universität stand. Man hatte ihn also zum «großen Feind» deklariert, was viel schlimmer war, als nur eines von vielen Mitgliedern der schwarzen Bande zu sein. In dieser von den Abteilungen für Geschichte und für Philosophie gemeinsam abgehaltenen Massenkampfversammlung wurden die Opfer ungewöhnlich grausam behandelt. Rotgardisten verdrehten allen die Arme hinter dem Rücken und stießen ihnen die Köpfe tief nach unten. Lao Tang hatte noch nie derartige körperliche Mißhandlungen erdulden müssen; der Ausdruck auf seinem Gesicht war eine unbeschreibliche Mischung aus Schmerz, Angst und Trauer.

Mir gefror das Herz im Leib. Die Studenten saßen auf dem Boden, reckten energisch die Fäuste und brüllten Schlagworte. Eine Szene wie aus einem Alptraum. Ich wollte nicht, daß Lao Tang mich sah, weil ich wußte, daß dies seine Erniedrigung nur vergrößert hätte. Darum wandte ich mich ab. Ich fühlte mich außerstande, meinen Kindern gegenüberzutreten, und kehrte benommen in mein Schlafsaalzimmer zurück. Nachdem Lao Tang als großer Feind ausgesondert war, gab es keine Hoffnung mehr für meine Familie.

Die Bewegung zur Säuberung der Ränge sprach meinen Erwartungen Hohn. Ich hatte auf eine Wende gehofft, auf ein Ende der Grausamkeit und eine Verbesserung der Lage der Intellektuellen; doch statt dessen wurden mehr Menschen angegriffen als in den ersten Phasen der Kulturrevolution. Auch auf dem Land gingen die Grausamkeiten weiter. Ein Freund Lao Tangs, dessen Eltern in einem Bezirk unweit Pekings lebten, erzählte uns von schrecklicher Brutalität in einer Produktionsgenossenschaft. Die örtliche Miliz brachte in einer Nacht alle «Fünf schwarzen Elemente» um, samt ihren Angehörigen und sogar den kleinen Kindern – angeblich um das Dorf von Feinden zu säubern. Die Regierung verurteilte diese Tat sofort, wie wir in einer kleinen Zeitung der Roten Garden lasen, aber trotzdem senkte sich Furcht in unsere Herzen. Selbst auf dem Höhepunkt des roten Terrors hatte es kein solches Massaker gegeben.

Am Tag nach der Mißhandlung Lao Tangs ging ich niedergeschlagen zu meinen Kindern. Ich erzählte ihnen nichts über das Leid ihres Vaters und versuchte, die Wogen der Erregung über ihre eigenen

Probleme zu glättern. Sie wurden immer unzufriedener mit ihrem derzeitigen Leben, das wußte ich, vor allem Tang Dan hielt es unter dem Dach ihrer Tante nicht länger aus. Sie ertrug es nicht, sich ständig Klagen darüber anhören zu müssen, wie sehr die Schwierigkeiten unserer Familie die Arbeit ihrer Tante in der Bibliothek erschwerten; sie konnte die Unfreundlichkeit ihrer Tante gegenüber ihrer Großmutter nicht mitansehen; und die beiden kleinen Kinder ihrer Tante gingen ihr auf die Nerven. Aber auch Tang Shuang war zornig. Er hatte sein Lieblingskaninchen mit ins Haus seiner Tante genommen; die verabscheute das Tier und hatte ihn vor kurzem dabei erwischt, daß er ihm nicht die äußeren harten Blätter eines Kohlkopfs gab, sondern innere; wütend hatte sie ihn angeschrien und ihm verboten, solch kostbares Gemüse an ein Vieh zu verfüttern, was ihn zutiefst kränkte. Wegen all dieser Probleme erklärte Tang Dan fest, müsse sie mit ihrem Bruder nach Hause zurückkehren, und ihre Großmutter werde sie mitnehmen. Zögernd erlaubte ich schließlich, daß sie und Tang Shuang heimkehrten und allein in unserer Wohnung lebten. Aber ich konnte nicht zulassen, daß meine Schwiegermutter auf die beiden angewiesen war; sie brauchte die Pflege der *ayi*.

Etwa einen Monat nach Beginn der täglichen Kampfversammlungen zeichnete sich deutlich ab, daß die angewandte Taktik nicht die gewünschten Ergebnisse bringen würde. Wir waren nicht nur erschöpft von der ständigen Anspannung und Unsicherheit, sondern sorgten uns auch zunehmend um unsere Wohnungen und unsere Kinder. Weil kein Geheimnis daraus gemacht wurde, daß man alle Erwachsenen auf dem Universitätsgelände in den Schlafsälen kaserniert hatte, war bereits in viele Häuser eingebrochen worden. Schließlich entschied der Propagandatrupp, der mit entsprechenden Bitten bestürmt wurde, daß alle bis auf die Feinde zum Schlafen nach Hause gehen könnten und nur an den täglichen drei Versammlungen teilnehmen müßten. Die Entscheidung bewirkte eine leichte Entspannung. Kurz darauf erhielten wir Anweisung, mit der zweiten Phase der Bewegung zu beginnen.

Lao Tang blieb noch in dem für Feinde reservierten kleinen Raum seines Schlafsaals inhaftiert, aber zwei Wochen später erlaubte man auch ihm, ohne jede Erklärung, nach Hause zu gehen. Vielleicht waren die Führer zu der Erkenntnis gelangt, daß sie zu viele Feinde zusammengebracht hatten. Zu Lao Tang und seinen Leidensgenossen sagten sie jedoch nur streng, ihre Fälle seien keineswegs abgeschlossen, ein endgültiges Urteil sei noch nicht gefällt, man werde weitere Untersuchungen anstellen und beobachten, wie sie auf Kritik reagierten, und ihr Verhalten habe Einfluß auf das endgültige Urteil. Wie dem auch sein mochte, wir waren wenigstens wieder alle beisammen und zu Hause.

Auch nach der Rückkehr der Menschen in ihre Häuser ebbte die Welle kleiner Diebstähle auf dem Universitätsgelände nicht ab. Als ich eines Tages von einer Versammlung zurückkam, stand unsere Tür offen. Das Schloß war aufgebrochen, und alle unsere Vorratsbehälter lagen umgekippt da. Wir hatten kurz zuvor, am Sechzehnten des Monats, unsere Gehälter und unsere Lebensmittelmarken für Getreide und Öl erhalten. Das Haus war leer, die Kinder nirgends zu sehen, ich fühlte mich völlig verloren und wußte nicht, was tun. Ein paar Minuten später erschien Tang Dan mit zwei Männern vom Sicherheitsbüro der Universität, die den Schaden begutachteten. Sie machten Fotos, nahmen Fingerabdrücke, und ich zeigte ihnen die Schublade, aus der mein Gehalt und unsere sämtlichen Lebensmittelmarken verschwunden waren. Als Lao Tang kam, stellte er fest, daß auch die goldene Taschenuhr seines Vaters fehlte; Tang Yongtong hatte sie während seiner Studentenzeit an der Ch'ing-hua-Universität einmal als Preis erhalten. Tang Shuang vermißte sein geliebtes selbstgebasteltes Radio, dessen Teile er mühsam einzeln zusammengekauft hatte. Die Sicherheitsbeamten versprachen, der Sache nachzugehen. Weil unsere Bankkonten eingefrorern waren, mußten wir uns Geld borgen, um unsere monatlichen Ausgaben bestreiten zu können.

Zu unserer Überraschung und Erleichterung wurde unser Fall nach zwei Monaten wirklich aufgeklärt. Der Dieb, Sohn eines Ch'ing-hua-Professors, erhielt Befehl, uns unsere Besitztümer zurückzugeben. Er hatte etwas von dem Geld und alle Lebensmittelmarken aufgebraucht, aber wir bekamen die Uhr, das Radio und einige Pullover wieder. Der Junge, gleich vielen anderen unbeaufsichtigten Jugendlichen zum kleinen Dieb geworden, kam für sein Verbrechen ins Gefängnis.

Von den Abendversammlungen, die manchmal bis elf Uhr dauerten, ging ich oft mit unserem Nachbarn Lao Wu nach Hause. Um zu vermeiden, daß man uns am nächsten Tag fragte, worüber wir gesprochen hätten, unterhielten wir uns nie. In einer eiskalten Nacht jedoch – es war wohl im Februar 1969 – sagte Lao Wu plötzlich wie zu sich selbst: «Warum betrachtet man mich eigentlich als Konterrevolutionär? Ich begreife diese Anklage nicht, weil ich der Partei oder unserem Land nie schaden wollte. Siehst du in mir wirklich einen Feind?» Er war früher Bergmann gewesen und hatte sein Studium an der Peita viel später aufgenommen als ich, obwohl wir gleich alt waren. Trotz seiner Zweifel an Lin Piaos Fähigkeit, das Volk zu führen, so erklärte er leise, und trotz seiner Äußerung, daß Lin Piao wegen seines schlechten Gesundheitszustands vielleicht nicht der Nachfolger des Vorsitzenden Mao werden könne, habe er sich immer für ein treues Mitglied der Arbeiterklasse gehalten; ganz bestimmt habe er weder Lin Piao noch der Partei schaden wollen.

Zu meiner Überraschung fuhr er fort: «Ich wußte im innersten Herzen immer, daß du keine Rechtsabweichlerin bist, und ich habe mich manchmal gefragt, was du in all diesen Jahren gedacht hast, wie du es geschafft hast, die Beschuldigungen zu akzeptieren, wie du damit fertig geworden bist, als Feind eingestuft zu sein.» Lao Wu war mir immer sehr verschlossen vorgekommen, ich hätte nie geglaubt, daß er einmal so offen und ehrlich reden könnte. Ich sah wegen seiner Gesichtsmaske nur seine Augen, in denen tiefe Trauer und Enttäuschung standen. Seine Aufrichtigkeit rührte mich und ich wollte ihm etwas sagen, das ihm half und seine Verzweiflung linderte.

«Manchmal kann man nicht ändern, was einem zustößt», antwortete ich. «Aber es war sehr schmerzlich für mich, vom Hauptstamm der Partei losgerissen zu werden wie Rinde von einem Baum.» Um ihn zu ermutigen, sagte ich dann: «Wir haben Revolution, und in einer solchen Zeit der Unruhe können die Menschen nicht so vorsichtig sein, wie sie möchten.» Ich erläuterte ihm meine Metapher vom chirurgischen Eingriff und erklärte sanft: «Es ist unvermeidlich, daß mit der Krebswucherung auch gesundes Gewebe entfernt wird. Du bist genau wie ich ein Stück dieses gesunden Gewebes, das herausgeschnitten und für die Revolution geopfert worden ist.» Zu meiner Überraschung begann Lao Wu zu weinen. Es war so ungewöhnlich, einen Mann weinen zu sehen, daß ich Angst bekam. Ich drängte ihn, sich nicht so viele Sorgen zu machen. Der Anblick dieses starken, wie ein Kind schluchzenden Mannes erschreckte mich. Traurig verließ ich ihn bei unserem Haus und ging hinein. Ich kannte seine Gefühle, und die Last, die er trug, drückte jetzt auch auf meine Schultern. Von diesem Abend an verband uns etwas, doch obwohl wir uns nun auf dem Heimweg manchmal unterhielten, sprachen wir nie mehr über Politik, weil dieses Thema einfach zu gefährlich war.

Als die zweite Phase der Bewegung voll einsetzte, wandten die Studenten ihre Aufmerksamkeit uns Lehrern zu. In drohendem Ton erklärten sie, ich sei eine Rechtsabweichlerin gewesen und sie hätten mir eine große Gunst erwiesen, indem sie mich die Mütze ablegen ließen, aber ich opponiere zweifellos noch immer gegen die Partei, darum müßte ich die Mütze wieder aufsetzen. Ich hätte vom Katheder aus die «Drei Roten Banner» kritisiert und die Studenten ermutigt, die Kommunenbewegung zu bekritteln, also anders zu denken als der Vorsitzende Mao. Durch mein Lob der Arbeit eines reaktionären Studenten hätte ich meine Absicht offenbart, den Geist der jüngeren Generation zu vergiften. Die Studenten redeten sich in Zorn, sie erhoben immer übertriebenere Beschuldigungen in immer heftigerer Sprache. Ich war ja schon früher mit diesen Beschuldigungen konfrontiert worden, aber mir fiel auch diesmal nichts ein, was ich zu meiner Verteidigung hätte vorbringen können. Die Überzeugung, daß sie die Macht hätten, mir meine Mütze erneut aufzuzwingen und mich als Feind einzustufen, stürzte mich in immer tiefere Depression. Als sie mir befahlen, aufzustehen und ihre Kritik anzuhören, verließ mich meine ganze Widerstandskraft. Nicht nur Lao Tang war ein Feind, sondern auch ich.

Am Spätnachmittag, als ich unter dem sich verdüsternden Winterhimmel heimging, kam ich an dem Fahnenmast vorbei, den mein Graduierungssemester 1952 gestiftet hatte. Der einst glatte, schimmernde Marmorsockel war jetzt zerkratzt und staubig, und niemand dachte mehr daran, eine Fahne zu hissen. Plötzlich überkam mich eine Schwäche, ich konnte nicht weiter. Des qualvollen Daseins müde, dachte ich zum ersten Mal ernsthaft daran, meinem Leben ein Ende zu setzen, und überlegte, ob das meine Kinder vor dem Verderben bewahren könnte. Wenn ihre Eltern tot waren, würden vielleicht die Schatten, die wir auf sie geworfen hatten, von ihnen genommen, und ihre Zukunft würde nicht sein wie unsere, ohne jede Hoffnung. Kraftlos sank ich auf den Marmorsockel. Ich versuchte mir ins Gedächtnis zu rufen, daß das Leben vor gar nicht so langer Zeit noch recht verheißungsvoll ausgesehen hatte. Doch bis zum Glück und zu der Zuversicht der früheren Jahre reichte mein Erinnerungsvermögen jetzt nicht mehr zurück.

Übermannt von der Trostlosigkeit der Lage, brach ich in Tränen aus. Ich weinte bitterlich, nicht nur um mich und meine Kinder, sondern auch um mein Land, um die Verluste, die Leiden, die Vergeudung dieser vierzehn Jahre. Sogar beim Tod meiner Mutter hatte ich meine Gefühle zu beherrschen vermocht, jetzt jedoch war ich vom Druck der letzten Wochen so erschöpft, daß ich zusammenbrach. Nach einiger Zeit raffte ich mich auf und ging heim. Mich erwartete am Abend eine weitere Kritikversammlung, und in der Zwischenzeit mußte ich für meine Kinder kochen.

Eine Stunde später saß ich wieder im Hörsaal und ließ weitere gebrüllte Beschuldigungen und weitere Drohungen, daß man mir meine Mütze wieder aufsetzen würde, über mich ergehen. Weil ich nichts zu sagen wußte, blieb ich die ganze Zeit über stumm. Am nächsten Tag widmete man meinem Fall eine dritte Versammlung, und einmal mehr wiederholten die Studenten meine ganze Geschichte; sie unterstrichen die Gründe, aus denen ich zur Rechtsabweichlerin erklärt worden war, und prangerten die Undankbarkeit an, mit der ich auf die Großzügigkeit der Partei meine Mütze ablegen zu dürfen, reagiert hatte. Am darauffolgenden Tag kam das nächste Opfer an die Reihe.

Wir vier Lehrer hatten keine andere Wahl, als passiv und unterwürfig dazusitzen. Wir wußten, daß das Urteil des Propagandatrupps, dieser persönlichen Vertretung des Vorsitzenden Mao, endgültig sein würde. Immer wieder fragte ich mich bang, welche Strafe ich diesmal bekäme und ob ich den Rest meines Lebens als Feind des Volkes in der Isolation würde verbringen müssen.

Doch plötzlich wurde diese Phase der Säuberungsbewegung für beendet erklärt, genauso unvermittelt wie die erste, und man wies uns an, darüber nachzudenken, wie wir unsere Universität reformieren könnten. Im Augenblick schien ich in keiner unmittelbaren Gefahr mehr zu schweben, aber das löste kaum Begeisterung bei mir aus. Die Erinnerung an alles das, was unser Fahnenmast einst symbolisiert hatte, lag schwer auf meiner Seele.

# 11 Aus Mühsal lernen

Im Frühsommer 1969 hatte die Bewegung zur Säuberung der Ränge ihren Schwung verloren, zumal sich abzeichnete, daß sie den Übergang von revolutionären Unruhen zurück zum normalen Leben nicht bewerkstelligen konnte. Gerüchte über neue Veränderungen kamen auf, und jeder, der sie hörte, sagte sie nervös weiter. Die Leute diskutierten ständig über die Möglichkeit, daß die ganze Peita-Gemeinde in eine Kaderschule «7. Mai» umgesiedelt würde. Die im Jahre 1966 an diesem Maitag ergangene Weisung des Vorsitzenden Mao, derzufolge die Intellektuellen von den Arbeitern, Bauern und Soldaten umerzogen werden müßten, sollte jetzt angeblich in die Praxis umgesetzt werden. Diese «höchste Weisung an das Volk vom Vorsitzenden Mao» legte fest, daß die Intellektuellen, die zur Zeit nicht fähig seien, ihre Nahrung selbst anzubauen oder auch nur Korn von Unkraut zu unterscheiden, in den ländlichen Gebieten, den Industriebetrieben und der Armee einer Reform unterzogen werden müßten. Dem allgemeinen Verständnis nach bedeutete dies, daß wir alle bald aufs Land geschickt würden.

Um die Durchführung der Weisung in die Wege zu leiten, sandte jede Universität und Regierungsbehörde Vertreter aus, die geeignete Standorte für die Errichtung von Kaderschulen suchen sollten. Keine leichte Aufgabe, denn zum einen war das gesamte kultivierbare Land in den ländlichen Regionen längst bebaut, und zum anderen schien die Eingliederung einer so großen Zahl Intellektueller in etablierte bäuerliche Gemeinschaften praktisch undurchführbar. Außerdem widersetzten sich die Bauern dem Zustrom der Stadtbewohner; sie erklärten protestierend, die Neuankömmlinge würden Nahrung und Land beanspruchen, seien aber nur ungeschulte und obendrein überflüssige Arbeitskräfte. Die Einwände der Bauern wurden jedoch ignoriert, weil die neue Verschickungspolitik den Propagandatrupps die Möglichkeit eröffnete, alle auszusondern, denen die Truppführer mißtrauten, und sie in einer genau kontrollierbaren Situation zu beobachten, und weil man gleichzeitig aus den Universitäten und Ministerien auf diese Weise alle entfernen konnte, die vielleicht eine gründliche Reform behindert hätten. Später konnten die Propagandatrupps dann diejenigen in die Stadt zurückrufen, die sich als treue Verfechter von Maos Ideen erwiesen, und jene für immer in der Verbannung auf dem Land lassen, bei denen mit Widerspruch gegen eine durchgreifende Erneuerung des alten Systems zu rechnen war. Man bezeichnete diese Politik als «Konservierung der Kader für spätere Verwendung».

Eine Gruppe von Führern des Armeepropagandatrupps der Peita und der Ch'ing-hua war schon im Herbst 1968 in ihre Heimatprovinz Kiangsi zurückgefahren, um sich nach einem geeigneten Ort für die Kaderschule umzusehen. Diese alten Veteranen, die bereits in den dreißiger Jahren mit Mao Tse-tung aus Kiangsi auf dem Langen Marsch nach Yenan geflohen waren, hofften nun, im Gebiet ihrer ursprünglichen Revolutionsbasis ein Gelände zu finden, auf dem sie die beiden Universitätsgemeinden unterbringen konnten. Sie wählten schließlich eine weite Schlammfläche an dem großen Poyang-See, ein Gebiet, das im Spätsommer Jahr für Jahr vom Hochwasser überflutet wurde. Die Bauern hatten den Versuch aufgegeben, dem See das Land abzuringen, weil es sehr schwierig und kostspielig war, den etwa eineinhalb Kilometer langen und zehn Meter hohen Deich, den sie am Ufer gebaut hatten, instand zu halten. Vor einiger Zeit hatte die Armee begonnen, diesen riesigen Wall provisorisch zu reparieren, und jetzt wurde beschlossen, daß unsere beiden Universitäten ein Projekt zur Umwandlung der Sommerschlammflächen in festes Land beginnen sollten. Ende 1968 war eine erste, rund fünfzig Arbeiter und Verwaltungsleute umfassende Gruppe abgereist nach Liyu-chou oder «Karpfenkreis» – so genannt wegen des Fischreichtums dort –, um bei der Deichreparatur zu helfen und die nötigen Vorbereitungen für die Ankunft der Kader und Lehrer zu treffen.

Außer den Kranken, Invaliden und Alten, die der Vorsitzende Mao von solchen anstrengenden Umerziehungsprojekten freigestellt hatte, sollten auch einige ausgewählte Lehrer und Kader, etwa zwanzig Prozent aus Fakultäten und Verwaltung, an der Universität bleiben, um Wege zur Revolutionierung des Erziehungssystems auszuarbeiten. Größtenteils waren es Leute aus den für diesen Zweck bereits in jeder Abteilung geschaffenen Studiengruppen, denen Anhänger Nieh Yüan-tsus und Gegner Lu Pings sowie Aktivisten der Bewegung zur Säuberung der Ränge angehörten. Diese Gruppen sollten mit den Propagandatrupps zusammenarbeiten und jene Studenten beaufsichtigen, die noch keine Stellung erhalten oder noch nicht aufs Land geschickt worden waren. Vielleicht weil Lao Tangs Mutter in schlechter gesundheitlicher Verfassung war und jemanden zur Pflege brauchte, vielleicht auch, weil ich in den letzten Monaten aus Angst, meine Rechtsabweichlermütze wieder aufgesetzt zu bekommen, sehr gehorsam gewesen war, fragten mich die Führer meiner Abteilung, ob ich an der Universität bleiben und an den Erziehungsreformen mitarbeiten wolle.

Lao Tang drängte mich, das Angebot anzunehmen, damit Tang Shuang unter meiner Obhut in der Stadt bleiben konnte. Ich zögerte jedoch und sprach eines Tages mit meinem Nachbarn und Freund Lao Wu über meine Vorbehalte. Wenn ich blieb, mußte ich zweifellos in einer sehr untergeordneten Stellung arbeiten; auf dem Land dagegen konnte ich mich dank meiner in Chaitang gesammelten Erfahrungen vielleicht auszeichnen. Außerdem würde ich auf dem Land, fern vom Druck der Politik, bestimmt entspannter leben. Als der Propagandatrupp von meinen Überlegungen hörte, reagierte er ärgerlich auf meine «mangelnde Dankbarkeit» und strich meinen Namen sofort von der Liste derer, die in der Abteilung bleiben sollten. Doch ich war froh, die politischen Spannungen der Universität hinter mir lassen zu können.

Die Monate vor unserer Abreise waren schwierig, denn niemand wußte, wie man sich auf das Kommende vorbereiten sollte, niemand konnte den Ausgang dieses neuen Abenteuers voraussagen, niemand ahnte, wann wir oder ob wir überhaupt wiederkommen würden. Meine Hauptsorge galt meinen Kindern und den Folgen unserer Übersiedlung für sie. Dann erfuhr ich jedoch, daß alle Sechzehn- bis Neunzehnjährigen in Peking ebenfalls aufs Land kämen, also jene Jahrgänge, die 1969 die Mittelschule Stufe I oder II abschlossen. Tang Dan hatte zwar nach Beendigung der Grundschule im Jahr 1966 keinen weiteren Unterricht genossen, sollte aber trotzdem in die nördlichste chinesische Provinz Heilung-kiang geschickt werden, sofern sie nicht lieber anderswohin zu Verwandten auf dem Land wollte. Einige junge Leute, Kinder von hohen Funktionären beispielsweise, konnten «durch die Hintertür» Aufnahme in der Armee finden, doch Tang Dan hatte keine solchen Beziehungen. Die einzige Alternative war, daß sie mit uns nach Kiangsi in die Kaderschule ging.

Wir diskutierten lange darüber, was besser für sie sei, und schließlich gab ihr Wunsch nach Unabhängigkeit den Ausschlag. Sie erklärte, sie wolle keine Schwalbe sein, die immer um ihr Nest herumflattere, sondern ein Adler, der frei am Himmel schwebe, und darum fahre sie mit ihren Kameraden auf die rund zweihundert Kilometer von der sowjetischen Grenze entfernte Militärfarm im Bezirk Tetu. Die Farm wurde von Männern geleitet, die wegen ihres Verhaltens, ihrer Einstellung oder ihres Alters als ungeeignet für weiteren Armeedienst galten. Je mehr ich über die Farm und ihre Lage erfuhr, desto besorgter wurde ich, aber Tang Dan war entschlossen zu fahren. Man händigte ihr zum Schutz gegen die Winterkälte, die dort oben häufig minus vierzig Grad erreichte, einen dicken Armeemantel aus, was sie mit großem Stolz erfüllte, weil sie sich in ihrer revolutionären Mission bestätigt sah. Ich wußte, daß ungeahnte Mühsal sie erwartete, darum schaute ich ihr traurig nach, als sie voller Begeisterung über die Wichtigkeit ihrer revolutionären Unternehmung mit ihren Kameraden auf offenen Lastwagen zum Bahnhof fuhr.

Nach Tang Dans Abreise wandten wir uns den praktischen Vorkehrungen für unseren Umzug zu. Manche wollten nicht für unabsehbare Zeit weiter Miete zahlen, sie gaben darum ihre Wohnungen auf, verkauften ihre Möbel und ihre Bücher. Wir beschlossen, auf dem Land so sparsam wie möglich zu leben, damit wir uns die Miete für unsere Haushälfte weiter leisten konnten, denn wir wollten unsere Bibliothek nicht veräußern. Die Miete war niedrig, sie betrug nur fünf Yuan im Monat, doch wir wußten nicht, ob wir je wieder Gelegenheit haben würden, zu unseren Büchern zurückzukehren. Deshalb war es ein Risiko, die Wohnung zu behalten.

Im Oktober 1969, während wir noch mit Vorbereitungen beschäftigt waren, gab Lin Piao bekannt, daß jederzeit mit einem Angriff der Sowjetunion auf China gerechnet werden müsse; er erließ seinen «Befehl Nummer eins», demzufolge man sich für den Krieg rüsten sollte. Wir müßten disziplinierter sein als je zuvor, sagte man uns, denn nur wenn das Volk entschlossen allen Befehlen der Führung gehorche, sei China stark genug, um dem Aggressor zu widerstehen.

Zweifellos zielte diese Weisung auch darauf ab, das Volk nervös und blind gefügig zu machen, dennoch glaubten wir, daß unbedingter Gehorsam erforderlich sei, um die Sicherheit unseres Landes zu garantieren. Als dann Ende November der Befehl erging, wir sollten unsere Wohnungen verlassen, meinten wir, der Krieg stehe unmittelbar bevor. Hastig packten Lao Tang, Tang Shuang und ich unsere Habseligkeiten, schlossen die Tür unseres Hauses ab und stiegen mit den anderen unserer Gruppe in den bereitgestellten Zug nach Kiangsi.

Mein erster Eindruck von Liyu-chou war der einer Landschaft in monochromem Gelb, das nur durch das Blau des Himmels und das Weiß der Fischerboote auf dem Poyang-See aufgelockert wurde. Das übermannshohe dürre Gras und die braunen Zuckerrohrstengel sahen aus wie mit gelbem Staub bepudert. Die schmale Straße, auf der wir unserem neuen Aufenthaltsort entgegengingen, verlief am Deich entlang, auf dem ehemaligen Seegrund, und wir sahen schräg über uns die Segel der Dschunken, die am Himmel zu schweben schienen. Ein seltsamer Anblick, der mich an das alte Volkslied von der Milchstraße erinnerte, worin der Mond mit einem Segelschiff verglichen wird, das auf einem Silberfluß aus Sternen dahingleitet. Schließlich stiegen wir den Deichabhang hinauf und gingen auf der oben verlaufenden dreispurigen Straße weiter, die gerade so breit war, daß zwei Lastwagen aneinander vorbeifahren konnten. Die Fahrzeuge bildeten vereinzelte grüne Farbtupfer in der flachen, gelben Landschaft. Wegen der ständig wiederholten Ermahnungen des Vorsitzenden Mao, daß wir Intellektuellen von den Arbeitern, Bauern und Soldaten lernen müßten, hatte ich erwartet, in der Nähe unseres Zielorts eine Art Dorf vorzufinden, doch außer den vier riesigen Schuppen, die von Peita-Arbeitern für uns gebaut worden waren, sah ich nirgends Gebäude; uns umgab reines Ödland. In einem der vier Schuppen verbrachte ich meine erste Nacht an unserer neuen Schule.

Die rohen Baracken waren fast ganz aus Bambus gebaut, der in Kiangsi reichlich wächst, wie ich von meinem Aufenthalt während der Landreform wußte. Ein Gerüst aus vertikalen, von Eisendrähten zusammengehaltenen Bambuspfosten trug ein Dach aus Bambusstangen, die mit dem hohen, zähen heimischen Gras abgedeckt waren. Die Wände bestanden aus verflochtenen Bambusstreifen, die man auf der Außenseite mit Schlamm beworfen hatte. Er stammte aus dem einstigen Seegrund und war ein jederzeit verfügbarer Mörtel, der auf dem Bambus hielt wie Kleister. Innen gab es einen aus Bambusstangen und Brettern bestehenden Hängeboden zum Schlafen, den gleich dem feuchten Erdboden niedrige Holzplattformen säumten, auf denen wir unsere Matten ausbreiteten und unsere Habe verstauten. Der gestampfte Lehmboden war so feucht, daß wir am Morgen oft frisch gewachsene Pilze und umherhüpfende Frösche entdeckten. Zwei dieser provisorischen Behausungen nahmen alle Frauen und die meisten Kinder auf, die sofort über die Leitern auf den Hängeboden kletterten, Burgen aus unserem Bettzeug bauten und voller Begeisterung Kissenschlachten veranstalteten, ohne auf die mahnenden Worte ihrer Mütter zu hören.

Der Bau festerer Häuser nahm in den Anfangswochen unsere ganze Zeit in Anspruch. Unsere erste Aufgabe bestand darin, das Gras zu schneiden, das hier überall üppig wuchs. Ladung um Ladung trugen wir in schweren Schulterkörben heran, um einen Vorrat an Brenn- und Dachdeckmaterial anzulegen. Als nächstes mußten wir die Bambusstangen, die auf dem See mit Flößen für uns herangeschafft worden waren, zu unserem Baugelände transportieren. Die manchmal bis zu vier Meter langen Stangen waren schwer und unhandlich, aber wir lernten, wie man einen einzigen Stamm auf der Schulter balancierte oder zwei kleinere trug, indem man sie vorn zusammenband und mit einer Tragestange stützte. Anschließend mußte ein Teil der Stangen mit einem Spezialmesser zerteilt und längs in dünne, eindreiviertel Zentimeter breite Streifen gespalten werden, die man zu Wänden verflocht. Keiner von uns hatte je zuvor solche Arbeiten verrichtet, dennoch schafften wir es, unsere neuen Unterkünfte in einem guten Monat fertigzustellen. Wir zogen ein, noch bevor der Schlamm an den Wänden trocken war.

Nun führte die Kaderschule eine militärische Organisation ein. Man trennte die Familien entsprechend der Abteilungszugehörigkeit der einzelnen und gliederte jede Abteilung in Schwadronen von je zehn Leuten; zehn Schwadronen bildeten eine Kompanie. Die einhundertsechs Frauen und Männer der siebten Kompanie, zu der ich gehörte, rekrutierten sich aus der Abteilung für chinesische Literatur, der Bibliothek und der Klinik; ihnen wurden zwei Gebäude zugewiesen, eines für Männer und eines für Frauen und Kinder. Meine Schwägerin hätte zu dieser Kompanie gehören sollen, aber sie war kurz vor der Abfahrt erkrankt und darum auf dem

Universitätsgelände geblieben. Tang Shuang kam mit Lao Tang in die achte Kompanie, die rund hundert Leute aus den Abteilungen für Geschichte und Philosophie umfaßte. Ich hätte in einer halben Stunde zu Lao Tangs Kompanie gehen können, aber man erlaubte uns gegenseitige Besuche nur an Feiertagen, und deren gab es zu Beginn unseres Landaufenthalts nur wenige.

Wir statteten unsere neuen Baracken so bequem wie möglich aus, fertigten Ständer für unsere Waschschüsseln an und spannten in regelmäßigen Abständen Seile zum Trocknen unserer Kleider. Wir wollten vor allem unsere Schlafplätze mit Plastikbahnen abteilen, doch soviel Privatsphäre erlaubten die Führer nicht. All unseren Anstrengungen zum Trotz waren auch diese Behausungen unzulänglich. Weil wir keine Erfahrung im Dachdecken besaßen, gelang es uns nicht, das Grasdach dicht zu bekommen. Bei jedem Regen sickerte Wasser durch, und bei jedem Gewitter konnten wir nichts anderes tun, als unsere Waschschüsseln unter die schlimmsten Lecks zu stellen. In solchen Nächten schliefen wir unter Plastikbahnen, die wir an den Bambustragestangen befestigten. Wir mußten sie immer wieder ausleeren, wenn sie sich gefüllt hatten, und horchten darum die ganze Zeit auf die Sinfonie des tropfenden Wassers.

In unserem Schlafsaal lebten siebzig Frauen auf engstem Raum zusammen, deshalb war es immer noch unsere vordringlichste Aufgabe, bessere Unterkünfte zu bauen. In dieser baumlosen Ebene waren die Winterstürme heftig, und die Führer bezweifelten, daß unsere Bambusschuppen dem Druck der Windstöße standhalten würden. Mein erster Auftrag lautete daher, Ziegel herzustellen, wofür sich der kompakte Boden der Gegend hervorragend eignete. Zu unserer Ziegelproduktionsmannschaft zählten zwanzig Leute, vorwiegend Männer, aber ich galt aufgrund meiner Chaitang-Erfahrungen als robust genug für die schwere Arbeit. Es war wirklich eine Plackerei. Als erstes mußten wir mit Spaten den harten Lehm ausgraben, dann Wasser aus dem Kanal herbeitragen, der neben dem Deich gegraben worden war, und die steinharten Lehmbrocken darin einweichen. Nach gründlicher Wässerung wurden aus dem Lehm glitschige Klumpen, die sich nur durch stundenlanges Stampfen mit bloßen Füßen zerkleinern ließen. Später kauften wir von den Bauern einen Büffel, denn oft waren nicht einmal unsere Füße dem widerspenstigen Lehm gewachsen. Hatten wir ihn endlich weich bekommen, klatschten wir ihn mit den Händen in rechteckige Holzformen.

Nach dem Trocknen trugen wir die Ziegel zum Brennofen, brannten sie zwei Tage lang und schafften sie schließlich zum Bauplatz.

Ich verrichtete täglich die gleiche Arbeit, und trotz ihrer Monotonie befriedigte sie mich auf seltsame Weise. Bislang hatte ich immer viel Zeit und Energie auf abstrakte Dinge verwandt, aber nie etwas mit den Händen geschaffen. Sogar in Chaitang hatte ich keine Früchte meiner Arbeit gesehen. Ich hatte Steine für ein Wasserreservoir geschleppt, das nicht fertiggestellt worden war, für Schweine gesorgt, die man vor der Zeit geschlachtet hatte, oder mit vielen anderen auf den Feldern gearbeitet. Hier in Liyu-chou sah ich zum ersten Mal ein Ergebnis meiner Bemühungen. Ich konnte ganz allein hundert Ziegel am Tag herstellen, sie in den Händen halten, mich an ihrer Glätte, Ebenmäßigkeit und Röte freuen und mir sagen, daß meine Arbeit der Gemeinschaft unmittelbar nütze.

Bei der Arbeit dachte ich immer wieder über das Schicksal der Bauern nach. Wenn sie ein solches Leben führten, sagte ich mir, warum sollten dann wir Intellektuellen nicht auch in ähnlicher Weise leben können? Es war erholsam, über nichts nachgrübeln zu müssen, keine Sorgen zu haben, nicht mit politischen Problemen belästigt zu werden, sondern einfache, niedrige Arbeiten zu verrichten. Ich wollte mich nicht an die Vergangenheit erinnern, an die Leiden, die hinter uns lagen, sondern nur ausruhen und den Frieden dieses einfachen Lebens genießen. Ich war dankbar dafür, daß man in der Kaderschule unsere persönliche Geschichte ignorierte und daß sogar Lao Tang, vor kurzem noch als großer Feind kritisiert, genauso behandelt wurde wie die anderen. Wir sollten alle zusammen körperliche Arbeit verrichten; für Strafarbeiten wurden nur einige wenige ausgesondert.

Im Juli 1968, als die Propagandatrupps an der Peita eingetroffen waren, um die Ordnung wiederherzustellen, hatten sie gleich am ersten Tag Nieh Yüan-tsu und ihren Hauptassistenten aus der Abteilung für Philosophie in Gewahrsam genommen und unter die Aufsicht der Peita-Behörden gestellt. Nieh Yüan-tsu war zwar nicht inhaftiert gewesen, hatte aber ihr Zimmer nicht mehr ohne Erlaubnis verlassen dürfen. Während der folgenden Monate hatte ich sie zweimal in der Klinik gesehen, mit blassem, ausdruckslosem Gesicht war sie an mir vorbeigegangen. In der Kaderschule gehörte sie zu den wenigen Ausgesonderten, denen man die unangenehmsten Aufgaben übertrug. Sie mußte die schweren Eimer mit Exkrementen leeren, die nachts in allen Schlafsälen gesammelt wurden; eine leicht überschwappende Last, die sie auf Schulterstangen zu den Feldern trug, wo daraus durch einen Gärungsprozeß Dünger entstehen sollte. Zu der anstrengenden, unerfreulichen Arbeit wurde noch eine zweite Frau eingeteilt, P'eng Peiyun, die unter Lu Ping stellvertretende Parteisekretärin gewesen war und später als Mitglied der großen schwarzen Bande gegolten hatte. Sie und Nieh Yüan-tsu waren erbitterte Gegnerinnen gewesen und wurden jetzt ironischerweise vom Propagandatrupp, der jegliche Macht der Anhänger Lu Pings sowie der Kulturrevolutionsführer zerstören wollte, beide als Feindinnen betrachtet. Wenn ich die beiden Frauen mit den schweren Nachtkoteimern sah, empfand ich immer Mitleid.

Wir übrigen wurden gleich behandelt, bekamen das gleiche Essen und pro Kopf sechzehn Yuan von unserem Monatslohn, die wir der Kochgruppe als Bezahlung für unsere Ernährung aushändigten. Die kleine Summe reichte dafür aus, weil unser Essen so einfach wie das der Bauern sein sollte, deren Lebensweise uns ja als Modell zu dienen hatte. Der Rest von Lao Tangs und meinem Gehalt wurde direkt in der Zweigstelle der Peita-Bank deponiert, die seit kurzem in Liyuchou bestand. Wir konnten unser Geld nicht ausgeben, es aber sparen; viele von uns brachten während der Monate an der Kaderschule eine ansehnliche Summe zusammen.

Ich empfand Erleichterung, ja Glück in dieser ersten Zeit fern den Unruhen der Universität, obwohl unser Leben wahrlich nicht leicht war. Im Spätherbst 1969, als kein Gemüse mehr wuchs, bekamen wir täglich zwar soviel Reis zu essen, wie wir wollten, aber sonst nichts außer einer dünnen Suppe aus Wasser und Sojabohnenöl. Das Küchenteam versuchte, den Speiseplan ein wenig zu variieren, und tischte uns ein- oder zweimal im Monat Fisch auf, den die Bauern gefangen hatten, aber andere Lebensmittel waren nicht zu bekommen, weil es in den umliegenden Dörfern weder Märkte noch Geschäfte gab. Wollte man abwechslungsreicher einkaufen, mußte man den See überqueren. Es standen uns zwar einige kleine Boote mit flachem Boden zur Verfügung, wie sie die Einheimischen benutzten, aber keiner von uns konnte mit diesen unhandlichen Gefährten umgehen.

Am Tag vor unserer Ankunft hatten sieben Mitglieder der vorausgeschickten Gruppe beschlossen, über den See zu fahren, um für uns Vorräte zu besorgen, doch mitten auf dem See war ihr Boot von einer heftigen Bö erfaßt worden, sie hatten es in den aufgepeitschten

Wellen nicht mehr manövrieren können und waren alle ertrunken. Nach diesem tragischen Ereignis wollte natürlich niemand mehr eine Fahrt über den See riskieren. Proviant konnten wir uns also nur in der drei Gehstunden entfernten Stadt Tiantsi-miao oder «Tempel des Himmelssohnes» beschaffen; die Stadt hatte diesen Namen nach dem Tempel erhalten, den dort der Mongolenbezwinger Chu Yüan-chang zur Zeit der Ming-Dynastie zum Dank dafür errichtet hatte, daß er mit dem Leben davongekommen war, als sein Boot in einem Sturm kenterte. Weil wir aber sogar die lebensnotwendigen Dinge wie Reis, Salz, Sojasoße und Öl auf Schulterstangen den weiten Weg herbeischleppen mußten, waren wir bereit, mehrere Monate lang von einer Grundkost aus Reis und Sojaölsuppe zu leben. Danach investierte die Universität einen ansehnlichen Betrag in die Kaderschule, und wir bekamen eine Dampfbarkasse sowie zwei Lastwagen. Von da an konnten wir Vorräte wie Holz, Mehl und Reis mit dem Boot heranschaffen und auf den nächsten Markt fahren, um Gemüse zu kaufen.

In den ersten beiden Monaten schufteten wir an allen sieben Tagen der Woche neun bis zehn Stunden. So viele dringende Arbeiten harrten der Erledigung, daß wir zwei- oder dreimal wöchentlich sogar an einem «Nachtkampf» teilnehmen mußten, was bedeutete, daß wir nach dem Abendessen zwei oder drei Stunden lang Arbeiten ausführten, für die man nicht viel Licht brauchte; wir holten beispielsweise die Ziegel aus dem Brennofen oder trugen Vorräte vom Seeufer zur Küche. Das Klima vergrößerte unsere Schwierigkeiten noch. Als die Nächte kalt wurden, gefror das Wasser in unseren Lehmgruben bis zum Morgen zu einer dünnen Eisschicht, und einige der Frauen bekamen bei diesen Temperaturen schmerzende und steife Gelenke vom barfüßigen Zerstampfen des Lehms. Wunderbarerweise blieb ich von solchen Problemen verschont.

Als dann ein Sonntag zum ersten Feiertag erklärt wurde, freuten sich alle riesig. Endlich konnte ich einen Tag mit Lao Tang und Tang Shuang verbringen; wir beschlossen, nach Tiantsi-miao zu gehen, ein bescheidener Ausflug, der in den kommenden Monaten unsere liebste Zerstreuung werden sollte. Unterwegs sprachen wir ausführlich über unser gegenwärtiges Leben; wir stellten uns ohne sonderliches Bedauern darauf ein, für immer Bauern zu bleiben, fern den Komplikationen und Widerwärtigkeiten zu leben, unter denen wir in der Stadt als Intellektuelle zu leiden gehabt hatten.

In Tiantsi-miao kauften wir Eis am Stiel und altbackene Kekse. Beides schmeckte köstlich nach zwei Monaten fast ohne Zucker. Wegen der vielen Fliegen und dem schon von draußen zu sehenden Schmutz mieden wir die Weinschenke, in der auch Fleisch serviert wurde, und aßen statt dessen im einzigen Restaurant der Stadt eine Kleinigkeit. Tiantsi-miao besaß, um die Soldaten einer nahe gelegenen Garnison versorgen zu können, sogar ein kleines Lebensmittelgeschäft und ein einfaches Warenhaus. Die Straße war voller Kuhfladen und übersät mit Einwickelpapier von dem Eis, dennoch fühlten wir uns nach Wochen wieder einmal der Zivilisation nahe. Während des Rückwegs auf der staubigen Straße, die durch Felder mit Zuckerrohr und hohem, gelbem Gras führte, sahen wir gelegentlich über dem Deich die weißen Segel in den Himmel ragen, dessen Blau die einzige Farbe in der monotonen Landschaft bildete.

Lao Tangs Mutter, die sich Sorgen wegen unserer Ernährung auf dem Land machte, schickte uns in diesen ersten beiden Monaten oft Päckchen mit getrocknetem Rindfleisch und Zucker. In Peking hatte sie die Vorliebe ihres Enkels für Fleisch und seine Abneigung gegen Gemüse unterstützt, ja ihm sogar erlaubt, einen Löffel Zucker in sein Glas zu rühren, wenn er Wasser trank. Auch viele andere erhielten regelmäßig Lebensmittelsendungen von besorgten Angehörigen und Freunden in Peking; während das Essen in der Kaderschule immer schlechter wurde, nahm die Zahl der Päckchen und Pakete immer mehr zu. Schließlich erklärte das zuständige Postamt protestierend, es habe nicht genügend Leute, um die vielen Sendungen zu bewältigen, darum werde man künftig nur noch eine Benachrichtigung schicken, daß ein Paket eingetroffen sei, und der Empfänger müsse es sich dann in der zwei Fahrstunden entfernten Provinzhauptstadt Nanchang abholen. Das neue Verfahren war uns keineswegs lästig, ganz im Gegenteil; wir empfanden eine solche Benachrichtigung als Einladung zu einem Fest, denn der Empfänger konnte um einen halben Tag Urlaub und um Mitfahrmöglichkeit in der Barkasse oder einem Lastwagen nachsuchen und dann ein paar Stunden lang das städtische Leben und die Restaurants Nanchangs genießen.

Diese Regelung war jedoch nicht von langer Dauer. Bald erhielten wir Anweisung, unseren Angehörigen mitzuteilen, daß sie sofort aufhören sollten, Pakete zu schicken. Nach einer Frist von zwei Wochen dürften wir keine Pakete mehr abholen, hieß es; alle später eintreffenden Benachrichtigungen müßten dem Führer des Propagandatrupps ansgehändigt werden, der dann die Pakete holen lassen und ihren Inhalt öffentlich ausstellen würde. Unser Rindfleisch und Zucker, unsere Milch, Eier, Süßigkeiten, Kekse, Walnüsse, Erdnüsse und Konserven würden neben einem Schild mit dem Namen des Adressaten präsentiert, um zu zeigen, wie gierig die betreffende Person sei, wie viel Essen sie verlange und wie sehr sie es ablehne, nach Art der Bauern zu leben. Diese Warnung wirkte, denn niemand wollte sich auf solche Weise demütigen lassen. Als keine Pakete mehr eintrafen, genossen wir die gelegentlichen Ausflüge nach Tiantsimiao noch mehr als zuvor.

Mit dem Kauf der Barkasse verbesserte sich unsere Kost zwar beträchtlich, aber wir mußten beim Ausladen der Vorräte auf einem langen, schwankenden Steg, der einen breiten Streifen Niedrigwasser überbrückte, mühsam ans Ufer balancieren. Es dauerte fast fünf Minuten, bis man von der Barkasse über die schmalen, wackeligen Bretter auf sicheren, trockenen Grund gelangte. Uns Frauen bürdete man etwa vierzig Pfund schwere Mehlsäcke auf, während die Männer zentnerschwere Reissäcke an Land schleppten. Außerdem mußten wir auch Zementsäcke zur Reparatur des Deichs ausladen; für diese Arbeit waren die einzelnen Kompanien der Reihe nach zuständig. Ich fürchtete die unsicheren Planken und war jedesmal überzeugt, beim nächsten Schritt das Gleichgewicht zu verlieren und in das mit Parasiten verseuchte Wasser zu fallen; darum empfand ich das Ausladen als die beschwerlichste aller Arbeiten.

Meine Kompanie wohnte in dem am weitesten vom Anlegeplatz entfernten Gebäude, was sich im Herbst, wenn heftiger Regen den harten Lehmboden zu tückischem, rutschigem Schlamm aufweichte, als großer Nachteil erwies. Weil wir jedoch auf die Kaderschule geschickt worden waren, um neu erzogen zu werden, erwartete man von uns, daß wir aus Mühsal lernten. Darum schickte man uns mit Vorliebe bei Regen zum Entladen der Barkasse. Das Ideal, an dem sich unsere Unterweisung orientierte, lautete: «Je größer die Schwierigkeit, desto größer die Notwendigkeit, daß eine Aufgabe erfüllt wird.» In einer langen Reihe stapften wir durch den kalten Regen, bekleidet mit unserer Regenausrüstung aus knielangen Plastikmänteln, knöchelhohen Stiefeln, Plastikgamaschen, die wir mit Schnüren festbanden, und großen Plastikhüten, alles in leuchtendem Rot, Orange und Grün. Bestimmt wirkten wir in dieser ausländischen Aufmachung ziemlich komisch, aber unsere Aufgabe war keineswegs komisch, sondern mühsam und unangenehm. Viele von uns rutschten aus, stürzten mit ihren schweren Lasten und waren dann von oben bis unten voller Schlamm.

Eine meiner Freundinnen und unsere Nachbarin auf dem Peita-Gelände, die seit langem an hohem Blutdruck litt, versuchte angestrengt, mit den anderen mitzuhalten. Weil sie glaubte, als Parteimitglied ein Beispiel geben zu müssen, hatte sie sich trotz ihrer körperlichen Schwäche freiwillig nach Liyu-chou gemeldet. Hier genoß Tao Ch'un jedoch keine Schonung, sondern mußte bei jedem Wetter ihren Mehlsack tragen. Bei Regen fiel sie immer wieder hin. Ich konnte nichts tun, um ihr zu helfen, außer hinter ihr zu gehen und sie rasch zu stützen, wenn sie im Schlamm auszugleiten drohte. Bei Regenwetter brauchten wir für den tückischen Weg von der Barkasse bis zu unserer Kompaniebaracke statt der üblichen dreißig Minuten fast zwei Stunden. Wir konnten wahrlich die Richtigkeit des Sprichworts der Bauern bestätigen: «Wenn die Sonne scheint, ist der Boden hart wie Eisen; wenn der Regen kommt, wird er wie Eiter.»

Die Führer dachten sich ständig etwas Neues aus, um uns auf die Probe zu stellen. Bei Regen übertrugen sie uns immer Arbeiten im Freien; waren keine Vorräte von der Barkasse zu holen, mußten wir Ziegel vom Brennofen zu einem Bauplatz tragen. Es war schon ohne Regen anstrengend genug, vierzehn bis sechzehn Ziegel, die von einer Frau erwarteten siebzig bis achtzig Pfund, an einer Schulterstange zu tragen, aber die Führer wollten ihre Macht über uns demonstrieren und uns Intellektuelle lehren, daß das Leben nicht so leicht sei, wie wir in der Stadt immer angenommen hatten. Darum schickten sie uns in den Regen. Unablässig erinnerten sie uns an die Parole, die unsere Gedanken beherrschen sollte: «Wir fürchten keine Unbequemlichkeit, wir fürchten nicht einmal den Tod.»

Die Mühsal des Bauernlebens in diesem Teil der Provinz Kiangsi wurde uns durch unsere Arbeit sehr schnell verständlich. Beklagten wir uns jedoch einmal, schalt uns der Armeeführer wegen unserer Schwäche; er sagte, bisher hätten wir uns immer darauf verlassen, daß andere unsere Lebensmittel für uns schleppten, und es sei höchste Zeit, daß wir diese Arbeit selbst kennenlernten. Bei unseren stundenlangen Morgenversammlungen, wenn wir das Denken des Vorsitzenden Mao studierten oder einen Zeitungsartikel erörterten, behandelte der Führer unseres Ziegelproduktionsteams dieses Thema immer wieder. Er befahl uns, unsere Schwächen zu erkennen und vom Beispiel der Massen zu lernen. Manchmal waren die Führer allerdings auch recht höflich, sie fingen gelegentlich sogar ein Gespräch mit uns an, um ihrer Einsamkeit zu entrinnen. Wir merkten trotzdem deutlich, daß sie wenig Respekt vor Intellektuellen hatten. In ihren Augen taugten wir nur in einer Hinsicht etwas: als Vorbilder für Arbeiter, Bauern und Soldaten im Hinblick auf die Geburtenkontrolle, weil man in unseren Familien traditionsgemäß nur ein oder zwei Kinder hatte.

Der Führer des fünfköpfigen Komitees, das unsere Kaderschule leitete, hielt es ganz offensichtlich für seine Pflicht, uns das Leben schwerzumachen und uns dadurch umzuerziehen. Einmal beispielsweise, als wir nach einem anstrengenden Arbeitstag Hände und Füße gewaschen, uns niedergelegt hatten und erschöpft schliefen, weckten uns schrille Trompetentöne. Es war elf Uhr. Vom Hauptquartier kam über Kabelfunk die Meldung, daß jetzt die militärische Ausbildung beginne. Wir erhielten Befehl, binnen fünf Minuten vor der Tür unseres Kompaniebüros zu erscheinen, unsere zusammengerollten Steppdecken auf dem Rücken. Von dort mußten wir dann mit der schweren Last zu dem etwa fünfzehn Minuten entfernten Hauptquartier laufen. Als wir uns schließlich alle dort versammelt hatten und auf unseren Bettzeugrollen saßen, ausgepumpt und desorientiert, weil aus tiefem Schlaf gerissen, eröffnete man uns, daß man uns einen albanischen Film zeigen werde. Ein ausländischer Film wäre normalerweise ein Fest für uns gewesen, doch zu diesem Zeitpunkt waren wir kaum in der Verfassung, ihm zu folgen.

Die Grobheit unserer Führer entsprang im allgemeinen keiner Grausamkeit oder Rachsucht. Viele Mitglieder des Propagandatrupps waren einfache, ehrliche Menschen, die an die Lehren des Vorsitzenden Mao glaubten und den Intellektuellen wirklich helfen wollten, vom arbeitenden Volk zu lernen. Ihre Politik erschien mir auch keineswegs völlig falsch. Manche Intellektuelle fühlten sich wirklich allen anderen in der Gesellschaft überlegen; und einige, besonders die Männer unter den Akademikern, waren wirklich vollkommen hilflos – sie konnten nicht einmal Teewasser heiß machen, so sehr waren sie es gewöhnt, von anderen versorgt zu werden.

Weil ich viele Ziele der Kaderschule für richtig hielt, empfand ich kaum je Groll wegen der Behandlung, die wir erfuhren. Wir taten zwar nichts, was dem Volk nützte, aber wir lernten viel Wertvolles.

Ich genoß es, mich der Herausforderung durch körperliche Arbeit zu stellen, die Prüfungen zu bestehen, denen uns die Führer unterzogen, und mich darin zu schulen, von meiner Hände Arbeit zu leben. Ich fand es gut, für mich selbst sorgen zu können und von anderen unabhängig zu werden, denn die chinesischen Intellektuellen, die jahrhundertelang gemeint hatten, jemand anderer müsse für ihre sämtlichen materiellen Bedürfnisse dasein, waren dadurch meiner Überzeugung nach schwach geworden. Da ich fand, daß die Intellektuellen produktivere Mitglieder der Gesellschaft werden müßten, stimmte ich nur selten in die bitteren Klagen meiner Kollegen ein.

Als die Regenzeit endete und der Winter mit Frost einsetzte, kam unsere Ziegelherstellung völlig zum Erliegen, und wir erhielten andere Aufgaben. Mich teilte man zusammen mit drei weiteren Frauen der Kompanieküche zu. Ich wußte, daß man mich um diese Arbeit beneidete, die in den Augen der meisten viel angenehmer war als beispielsweise das Tragen von Lasten. Aber ich wußte auch, daß man mich vor allem wegen meiner Kraft und Zähigkeit ausgewählt hatte. In der Küche arbeitete ich oft dreizehn Stunden täglich. Um halb fünf Uhr morgens begannen wir mit der Zubereitung von Brei. Zuerst holten wir Gras und Zweige als Brennmaterial, dann machten wir Feuer und setzten riesige Töpfe mit Wasser auf. Während es heiß wurde, schnitten wir Berge von Rüben in dünne Streifen, eine mühselige Arbeit, die Geschick im Umgang mit dem Hackmesser erforderte. Schließlich trugen wir den dampfenden, gesalzenen Brei in zwei großen Eimern an einer Schulterstange hinaus. Genauso hohe Anforderungen an die Kondition wie das Kochen stellten die dauernden Nörgeleien; ständig hatte jemand am Essen etwas auszusetzen, dem einen war es zu salzig, dem anderen zu wenig gesalzen.

In allen zwölf Kompanien der Schule mästeten die Küchengruppen zwei Schweine, um Fleisch für das Frühlingsfest zu haben. Einige Zeit vor den Feiertagen waren unsere Schweine schon so schön fett, daß wir immer wieder überlegten, wie wir das kostbare Fleisch zubereiten sollten. Nach der Mühe, die wir uns mit dem Mästen gemacht hatten – sogar das Wasser vom Waschen des Reises war gesammelt und mit Hefe unter die Küchenabfälle gemischt worden –, wollten wir ein denkwürdiges Festessen auftischen. Das Problem war nur, daß keiner von uns wußte, wie man ein Schwein schlachtet.

Unsere Führer beschlossen, die Gelegenheit zu nutzen, um den Intellektuellen eine weitere wichtige Lektion zu erteilen und sie mit den Realitäten des Lebens zu konfrontieren. Sie wählten die beiden gelehrtesten Männer aus unserer Gruppe dazu aus, von den Bauern im nächsten Dorf zu lernen, wie man Schweine schlachtet, um dann die übrigen in dieser unentbehrlichen Fertigkeit zu unterweisen. Beide Männer besaßen den Doktor der Philosophie; der eine hatte in Cambridge Mathematik studiert, der andere in Moskau Physik. Nachdem sie die Bauern beim Schlachten beobachtet hatten, sollten die beiden Professoren zunächst in unserer Kompanie ihre Fertigkeiten demonstrieren.

Der Mathematiker, der immer gehorsam gegenüber dem Propagandatrupp war, erklärte uns, er habe von den Bauern viel gelernt und es sei im Grunde ganz einfach, ein Schwein zu schlachten: Erstens müsse man ein Messer in seine Luftröhre stoßen; zweitens müsse man das Schwein aufhängen und ausbluten lassen; und drittens müsse man das Schwein mit Luft füllen, in kochendes Wasser werfen und die Borsten entfernen. Ich spürte, daß er sich mit seinen Worten Mut zu machen versuchte. Unser Arbeitstag war zu Ende, und wir hatten uns alle auf dem kleinen Platz vor den Baracken eingefunden, um beim Schlachten zuzuschauen. Ich war damit beschäftigt, in riesigen Kesseln Wasser heiß zu machen, und sah, daß sich auf den Gesichtern der beiden Professoren Ernst, Nervosität und Abscheu angesichts der ihnen bevorstehenden Aufgabe abwechselten.

Mit leicht zitternden Händen stieß schließlich der Mathematiker dem ersten Schwein ein langes, scharfes Messer in die Kehle. Er hatte jedoch sein Ziel nicht genau getroffen, darum drang das Messer nicht weit genug ein. Das verwundete Tier strampelte heftig, riß sich von den Halteseilen los, sprang wild umher und verspritzte überall Blut. Die Menschen stoben in alle Richtungen auseinander, und die Führer riefen vergebens, daß jemand das Schwein packen solle. Die beiden Professoren standen da wie erstarrt. Schließlich gelang es mehreren Leuten, das verängstigte, inzwischen erschöpfte Tier zu fesseln, und der Mathematiker machte ihm mit einem neuerlichen Messerstich endgültig den Garaus. Das zweite Schwein wurde gleich beim ersten Versuch erledigt, und die Küchenmannschaft konnte schließendlich die Kadaver in Empfang nehmen.

Ich arbeitete bis spät in die Nacht, säuberte die Schweine und schabte die Borsten ab. Am nächsten Tag beim Festmahl hatte ich jedoch keinen Appetit. Vor meinem inneren Auge rollte immer wieder die blutige Szene ab, und ich konnte einfach nichts essen.

Vielleicht war ich lediglich übermüdet, jedenfalls verursachte mir allein schon der Geruch des Fleisches Übelkeit. Ich hob meine Portion für Tang Shuang auf. Nach dem Fiasko des Schweineschlachtens schrieb einer der Lehrer aus unserer Abteilung einen komischen Dialog mit dem Titel «Zwei Doktoren töten ein Schwein», der die Begebenheit schilderte und sich lustig machte über die beiden Professoren, die so fleißig an berühmten Universitäten studiert und unendlich viel Wissen angesammelt hatten, aber trotzdem kein Schwein schlachten konnten. Unseren Führern gefiel die Satire so gut, daß sie sie wiederholt während des Essens über Funk sendeten.

Als die Pflanzzeit begann, erforderte die Vorbereitung der Reisfelder unsere ganze Aufmerksamkeit. Als erstes mußten wir die Felder pflügen und fluten, dann die Erdklumpen zerkleinern und den Schlamm glattstreichen. Letzteres machten wir mit Hilfe eines Bretts, das eine Person zog, während eine andere darauf stand, um es durch ihr Gewicht niederzudrücken. Anschließend düngten wir die Felder mit dem gesammelten Nachtkot, der mittlerweile in Gruben mit Gras und Stroh fermentiert war. Zum Schluß mußten wir dann alle barfuß über die Felder waten und die Setzlinge von Hand einpflanzen. Um die Infektionsgefahr zu verringern, rieben wir uns die Beine mit einem medizinischen Öl ein, das angeblich die Poren verschloß und das Eindringen von Parasitenlarven verhinderte. Doch trotz dieser Vorsichtsmaßnahme erkrankten viele Menschen an Bilharziose oder Schneckenfieber.

Während der Pflanzzeit arbeiteten wir alle fieberhaft; wir versuchten, unsere Gedanken ganz auf unsere Aufgabe zu konzentrieren, und uns keine Sorgen wegen der Infektionsgefahr zu machen. Das Pflanzen selbst mußte innerhalb von vier bis fünf Tagen geschehen sein, darum veranstalteten wir einen Wettbewerb, der zeigen sollte, wer die meisten Setzlinge in dem gitterähnlichen, gleichmäßigen Muster pflanzen konnte, das ein gesundes Wachstum sicherstellte. Am Ende eines Arbeitstages auf den Feldern konnte ich mich kaum mehr aus der gebückten Haltung aufrichten. Trotzdem gewann ich in unserer Kompanie den dritten Preis; ich war sogar die einzige Frau unter den ersten zehn und erhielt zwei Handtücher und einen Emailbecher als Siegespreis.

Als der Frühling in den Sommer überging, wurde die Hitze unser größtes Problem. Das Gelände unserer Kaderschule lag unter Seeniveau, darum hing ständig eine Schicht heißer, feuchter Luft über uns, die so gut wie nie wich. In dem dämpfigen Sumpfgelände gediehen natürlich die Moskitos, so daß wir nicht nur unter der Hitze litten, sondern auch von ganzen Insektenschwärmen überfallen wurden. Dreimal in der Woche mußten wir nach dem Abendessen an einer Versammlung teilnehmen, in der Zeitungsartikel diskutiert oder das Verhalten irgendeiner Person erörtert wurde; um diese Zusammenkünfte im Freien durchzustehen oder vielmehr durchzusitzen, rieben wir uns mit einem übelriechenden Öl ein, das die Moskitos abwehrte. Später krochen wir dann unter die Moskitonetze, die unsere Betten umhüllten, und wurden dort von der angestauten, stickig heißen Luft empfangen. Mein ganzer Körper klebte oft dermaßen von Schweiß, daß ich nicht schlafen konnte.

Einmal, als ich das Gefühl hatte, umzukommen vor Hitze, trug ich mein Bettbrett ins Freie, legte es auf den Boden, stieß an jeder Ecke einen Spaten in die Erde, hängte mein Moskitonetz über die Stiele und schlüpfte darunter. Nach der erstickenden Enge in unserem kleinen Zimmer fühlte ich mich hier wesentlich wohler und schlief sehr gut unter den Sternen.

Mein Experiment war ein voller Erfolg, bis der Führer des Arbeitsteams von meinem abwegigen Verhalten erfuhr. Er sagte, mir gehe jedes Gefühl für Disziplin ab, tadelte mich scharf und erklärte, wenn alle nach Lust und Laune handeln würden, ließe sich die Kompanie unmöglich führen. Mir blieb nichts anderes übrig, als zu gehorchen und wieder bei den anderen im Zimmer zu schlafen. Stand ich in diesen heißen Sommerwochen morgens nach einer unruhigen Nacht auf, war meine Grasmatte immer klatschnaß vom Schweiß. Ich wünschte mir sehnlichst eines der Bambusbetten, in denen die Bauern schliefen, und deren Freiheit, sich niederzulegen, wo sie wollten.

Zu unserem Mißbehagen trug auch die Tatsache bei, daß wir kaum baden konnten. Wegen der Parasiten durften wir kein Wasser aus dem See oder dem Kanal verwenden, sondern mußten unseren ganzen Wasserbedarf aus einem tiefen Brunnen decken. Wir füllten einen großen Zuber und ließen das kalte Wasser tagsüber von der Sonne erwärmen. Aber wenn wir uns nach der Arbeit erst einmal gewaschen hatten, brachte niemand mehr die Energie auf, vor dem Zubettgehen noch zu baden. Tang Shuang bat mich flehentlich, im Kanal schwimmen zu dürfen. Das verbot ich ihm jedoch strikt, aus Angst, er könnte sich infizieren, obwohl es mir schwerfiel, ihm in der lastenden Hitze diese angenehme Erfrischung zu verwehren. Ich versuchte Trost aus dem Gedanken zu ziehen, wieviel schwieriger das Baden im Winter gewesen war. Weil sowohl das Wasser als auch der zum Erwärmen nötige Brennstoff kostbar waren, stand jedem von uns in der kalten Zeit nur alle zwei Wochen eine halbe Wanne voll zu. Mit dieser kleinen Menge wuschen wir erst unser Haar, dann unseren Körper und schließlich unsere Kleider. Jede Jahreszeit schien ihre Probleme mit sich zu bringen.

Trotz der Schwierigkeiten, die uns das Klima, die Arbeit und unsere Lebensbedingungen bescherten, war ich im allgemeinen recht guter Dinge. Verglichen mit der Anspannung und den Leiden der Kulturrevolution, erschien mir das Leben in der Kaderschule friedlich und angenehm; es erfüllte mich tatsächlich sogar mit einer Art echter Zufriedenheit. Tang Shuang erhielt jetzt glücklicherweise wieder Unterricht, nachdem in Liyu-chou eine Grundschule eingerichtet worden war. Als Lehrer fungierten Fakultätsmitglieder; die Schulleiterin fand viele, die bereit waren, einen Teil ihrer Zeit der Bildung unserer Kinder zu widmen. Tang Shuangs Unterricht war besser, vor allem in Mathematik, als er es in Peking je hätte sein können, und nach drei Jahren Unterrichtsunterbrechung fand mein Sohn das Lernen großartig.

Ein ganzes Jahr lang hatte man uns eingetrichtert, wir sollten nur daran denken, das Leben von Bauern zu führen, und wir sollten uns darauf einstellen, für immer auf dem Land zu bleiben. Am Ende dieses feuchtheißen Sommers jedoch forderte man uns plötzlich auf, unsere Gedanken wieder Erziehungsfragen zuzuwenden. Die Weisung war ergangen, daß sowohl die Peita als auch die Ch'ing-hua im Herbst 1970 den Lehrbetrieb wiederaufnehmen müßte und daß beide Universitäten in Liyu-chou eine Zweigstelle zu errichten hätten, an der Arbeiter, Bauern und Soldaten studieren könnten. Als Vorbereitung auf diese wichtige Veränderung sollten wir über das an der Kaderschule verbrachte Jahr nachdenken, einige Schlüsse aus unseren Erfahrungen ziehen und sie auf der Resümeeversammlung unserer Kompanie vortragen.

Als ich an der Reihe war zu sprechen, konnte ich mit hundertprozentiger Aufrichtigkeit erklären, daß ich diese Monate auf dem Land von Grund auf genossen hätte, daß es mir Freude gemacht hätte, Arbeiterin zu sein und einen greifbaren Beitrag zur Förderung der Gesellschaft zu leisten. Früher, bei meiner akademischen Arbeit, hätte ich nie gewußt, sagte ich, wie meine Vorlesungen oder Artikel aufgenommen würden, ob man sie als nützlichen Beitrag oder als Verbrechen ansähe. Doch indem ich mich nur darauf konzentrierte, «meine Glieder zu entwickeln und mein Gehirn einfach zu machen», könne ich mich stark fühlen, gesund, nützlich und eins mit der Natur, darum würde ich die Aufforderung des Führers, daß wir uns hier auf dem Land ansiedeln und eine neue Generation von Bauern werden sollten, begrüßen. Am Schluß meiner Ausführungen las ich ein einfaches Gedicht vor:

Vorne Melonen und Bohnen züchten,
Hinten Hühner und Schweine,
Am Eingang Pfefferschotenketten und Kürbisse auslegen,
Das ist fürwahr ein gutes Leben.

Dem Führer gefielen meine Ausführungen und er forderte mich auf, als eine von sieben Personen vor der ganzen Kaderschule zu sprechen, bei der «großen Schlußversammlung», an der sämtliche zwölf Kompanien mit ihren siebenhundert Leuten teilnähmen. Er monierte jedoch meine zu große Passivität im Hinblick auf Politik und wies mich darauf hin, daß die Intellektuellen weiter eine aktive Rolle bei der Gestaltung der Zukunft des Landes spielen müßten, daß es nicht genüge, nur das einfache Leben zu genießen, sondern daß ich ernsthaft darüber nachzudenken hätte, wie ich wieder einen Beitrag zur Erziehung leisten könne.

Bei der Versammlung erläuterte ein Redner, wie wichtig es sei, daß die Intellektuellen sich von neuem der Erziehung annähmen; ein anderer schilderte, wie er auf dem Land seine Bitterkeit überwunden und eine ihm bisher unbekannte Art von Glück gefunden hatte; ein dritter erklärte, die Menschen müßten auch an diesem abgelegenen Ort über die Angelegenheiten informiert bleiben, die unser Land betreffen. Schließlich trat ich vor und sagte, daß man sein Leben auf vielerlei Weise verbringen könne und daß wir, nachdem so viele Bauern ihre ganze Zeit der Arbeit auf den Feldern widmeten, sicher auch einen Sinn in einer so einfachen Existenz finden könnten. Dann las ich mein Gedicht vor. Weil der Führer verlangt hatte, daß ich etwas Zukunftsweisendes sage, fügte ich abschließend hinzu, wir Intellektuellen müßten uns bemühen, einen neuen, produktiven Beitrag zur Erziehung zu leisten. Nach den Reden bot jede Kompanie Unterhaltung in irgendeiner Form. Ich sang ein Lied, Tang Shuang sang mit seinen Schulkameraden, und Lao Tang beteiligte sich an der gemeinsamen Rezitation eines Gedichts. Mit Beendigung der Versammlung endete auch der Versuch, Intellektuelle in Bauern zu verwandeln.

# 12 Ein zu hoher Preis

Unsere Führer maßen der Ankunft der ersten Studentengruppe im Spätsommer 1970 größte Bedeutung bei. Sie erklärten, diese jungen Menschen müßten einen völlig anderen Eindruck vom Universitätsleben erhalten als die früheren Studienanfänger an der Peita. Da die Aufnahmeprüfungen abgeschafft worden waren, ließen die Universitäten jeden Schüler zum Studium zu, der Empfehlungen von seiner Betriebseinheit, seiner Kommune oder seinem Armeebataillon vorweisen konnte. Diese Politik sollte gerade jenen eine höhere Bildung ermöglichen, die früher nie eine Chance gehabt hatten, an einer Universität Aufnahme zu finden. Bei dem neuen Verfahren erhielten natürlich auch Kinder hoher Funktionäre die Zulassung, doch die meisten dieser privilegierten jungen Leute wußten, daß wir weder Lehrbücher noch anderes Lehrmaterial besaßen; sie weigerten sich darum, aufs Land zu gehen, und schrieben sich statt dessen in Peking ein. In unserer Zweigschule würden also die meisten Studenten echte Arbeiter, Bauern und Soldaten sein.

Zehn Lehrer aus jeder der fünf Abteilungen – Philosophie, Geschichte, Literatur, Volkswirtschaft und internationale Politik – wurden zur Ausbildung der neuen Studentengeneration weitgehend von körperlicher Arbeit freigestellt. Die ausgewählten Fakultätsmitglieder, genannt die «Fünf Gleichen Lehrer», sollten in fünferlei Hinsicht die gleichen Dinge tun wie die Studenten: mit ihnen zusammen essen, wohnen, arbeiten, studieren und das Denken reformieren. Um sich zu qualifizieren, mußte ein Lehrer in guter körperlicher Verfassung sein, ausreichendes akademisches Wissen besitzen und die richtige politische Einstellung haben. Sowohl Lao Tang als auch ich gehörten zu den ausgewählten Lehrern.

Gearbeitet werden sollte nach dem Rotationsprinzip, das heißt, auf eine Unterrichtsphase sollte eine Zeit der Arbeit in einer Fabrik oder Kommune folgen, anschließend eine Periode körperlicher Arbeit auf dem Gelände der Kaderschule. Im Zuge dieses neuen Plans ließen die Führer weitere Unterkünfte bauen und das Kraftwerk vergrößern, sie kauften eine zweite Dampfbarkasse und sogar eine Maschine zur Herstellung von Eis am Stiel, was natürlich Tang Shuang und die anderen Kinder begeisterte. Bäume wurden gepflanzt, und es begann eine Kampagne zur Vernichtung der Schnecken. Wir bekamen dafür alle einen Tag frei. Ermutigt durch das Schlagwort «Verlaßt euch auf die Massen», gingen wir an den schlammigen Rand der Reisfelder und an den Fuß des Deichs, um Schnecken zu sammeln. Einige von uns brachten sogar eine halbe Reisschale der kleinen Tiere mit den konischen Häuschen zusammen. Nach und nach verwandelte sich Liyu-chou in ein neues Dorf und wurde zu einem würdigen Ort für die Aufnahme der vielgerühmten neuen Studenten.

Während dieser Vorbereitungszeit herrschten an der Kaderschule etwas weniger strenge Methoden, und endlich schenkte man auch dem Familienleben eine gewisse Aufmerksamkeit. Man schuf mehrere neue Räume, zum Beispiel durch das Einziehen von Bambustrennwänden in einem Gemeinschaftsschlafsaal oder in einem Stall. In diesen improvisierten Quartieren durften alle Ehepaare der Schule während einer Rotationsperiode von zwei Wochen zusammenleben.

Uns teilte man den Raum im Stall zu, einem großen, lehmbeworfenen Bambusgebäude mit Grasdach. Der Raum war nur durch eine schulterhohe Lehmmauer vom Quartier der ständigen Bewohner – zwei Ochsen – abgetrennt. Er hatte den Bauern als Unterstand gedient und war mit einem kleinen Tisch sowie einer aus Bänken und Brettern bestehenden Schlafplattform ausgestattet. Trotz des Ochsengeruchs und der primitiven Umgebung zogen wir begeistert mit unseren Steppdecken ein, dankbar für die relative Ungestörtheit. Nach der Tagesarbeit und den Abendversammlungen kehrten wir nun von unseren jeweiligen Kompanien in unser neues Zuhause zurück. Voller Sehnsucht nach Lao Tang und Tang Shuang stapfte ich eine halbe Stunde lang durch das hohe Gras, allein in der Dunkelheit, die nur gelegentlich vom Licht eines Gebäudes etwas erhellt wurde.

Auf der einen Seite des Stalls erstreckten sich die Grasfelder bis zum Horizont, auf der anderen sahen wir den hohen Wall, der das

Seewasser zurückhielt; die Lichter der Fischerboote schräg über uns waren oft nicht von den Sternen zu unterscheiden. Wenn wir friedlich nebeneinanderlagen, über unser neues Leben redeten und uns fragten, ob wir eines Tages hier in Liyu-chou vielleicht unser eigenes Haus haben würden, hörten wir in der Ferne manchmal Wölfe heulen. Es bereitete mir Freude, mich ohne Zeitdruck mit meinem Sohn unterhalten zu können, der jetzt zwölf war und allmählich seine eigenen Vorstellungen entwickelte. Ich freute mich auch darauf, wieder Unterricht geben zu dürfen.

Für die Ankunft der mehr als hundert Studenten in Liyu-chou wurde eine große Feier geplant. Die Studenten sollten, um eine erste Lektion in Selbstvertrauen und im Vertragen von Mühsal zu erhalten, die sechsundfünfzig Kilometer von Nanchang zur Kaderschule zu Fuß zurücklegen; die kräftigsten der für den Unterricht ausgewählten Lehrer sollten ihnen entgegengehen und auf halber Strecke mit ihnen zusammentreffen. Obwohl wir bereits Spätsommer hatten, war es noch sehr heiß, die Temperaturen erreichten am Tag mindestens siebenunddreißig Grad. Darum legte man den Abmarsch der Studenten auf elf Uhr nachts fest. Elf Lehrer, darunter ich und eine weitere Frau, die Ärztin war und, falls nötig, bei Erschöpfung Hilfe leisten konnte, brachen um vier Uhr nachmittags auf zum achtundzwanzig Kilometer entfernten Treffpunkt mit den Studenten.

Um Mitternacht erreichten wir endlich die sorgfältig ausgewählte Stelle an einem Fluß, wo zu Ehren eines VBA-Soldaten, der mehrere Kinder vor dem Ertrinken gerettet und dabei selbst den Tod gefunden hatte, ein Denkmal errichtet worden war.

Die dortige Kommunalverwaltung hatte Anweisung erhalten, die Studenten festlich zu empfangen, und hatte entlang der ganzen Strecke die Bauern dazu angehalten, Tee anzubieten und als Willkommenszeichen Knallfrösche zu zünden sowie Gongs zu schlagen. Obwohl ich wußte, daß alles von den Behörden arrangiert worden war, genoß ich auf dem gemeinsamen Marsch in der folgenden Nacht die herzliche Atmosphäre. Jede halbe Stunde erreichten wir ein neues Dorf, und dann erfüllten festliche Geräusche die Nachtluft. Während des Marschierens sangen wir Lieder, meist vertonte Mao-Zitate, vor allem aber ein vertontes Gedicht, das zur Kennmelodie unserer Kaderschule geworden war.

Wir fürchten keine Unbequemlichkeit,
Wir fürchten nicht einmal den Tod,
Wir werden jede Mühsal meistern,
Wir werden stets zum Sieg marschieren.

Zum Rhythmus dieses Liedes konnte man wunderbar gehen, darum sangen wir es viele Male. Um sechs Uhr morgens trafen wir müde, aber guter Dinge in der Kaderschule ein.

Alle Anwesenden hatten sich zu beiden Seiten der Straße postiert und empfingen uns mit Applaus und den Schlagworten: «Lang lebe der Vorsitzende Mao!» – «Wir grüßen die neue Studentengeneration!» – «Vorwärts mit der Erziehungsreform!» Mich erfüllte Begeisterung bei dem Gedanken, wie sehr sich diese etwas älteren, erfahreneren Studenten von allen unterschieden, die ich bisher kennengelernt hatte, wie anders sie waren. Auch die Lehrer waren jetzt anders, nicht mehr steif, förmlich oder arrogant, sondern bereit, von den Studenten zu lernen und ihnen gleichzeitig zu helfen, mehr Wissen zu erlangen. Die Aussicht, an diesem gegenseitigen Erziehungsunternehmen beteiligt zu sein, war aufregend.

Dreißig Studenten waren zur Abteilung für chinesische Literatur zugelassen worden. Ihr Alter schwankte zwischen achtzehn und achtunddreißig Jahren, und einige konnten als Vorbildung lediglich sechs Jahre Grundschule vorweisen. Diese Alters- und Bildungsunterschiede machten jedoch unser Experiment nur noch interessanter und ließen uns hoffen, daß wir in diesem abgelegenen, rückständigen Gebiet hier etwas bedeutsam Neues schaffen würden. Ich erfuhr sehr schnell, daß viele der Studenten unsere Begeisterung keineswegs teilten, sondern enttäuscht und skeptisch waren. Sie hungerten nach Bildung und fanden sich an einem Ort wieder, an dem es weder Klassenräume noch Bücher, noch eine Bibliothek gab, ja nicht einmal Papier. Einige der jungen Frauen sprachen offen mit mir über ihr Unbehagen, als ich sie zum besten Ziegelgebäude der Schule führte, in dem wir zusammenleben sollten. Ich versuchte sie zu beruhigen und sagte ihnen, daß wir später bestimmt Bücher bekämen, daß man sich bereits an die seit der Kulturrevolution geschlossene Kiangsi-Universität gewandt habe, um dort Bücher über chinesische Literatur zu leihen. Ich wußte, daß ein entsprechendes Gesuch von der Universität ausweichend beantwortet worden war, aber das sagte ich den Studenten nicht. Wahrscheinlich war ihnen nicht bekannt, daß die Universitätsbibliothek in den vergangenen zwei Jahren als Militärbaracke gedient hatte, daß die meisten Bücher daraus entfernt und daß viele verlorengegangen beziehungsweise wegen ihres angeblich konterrevolutionären oder pornographischen Inhalts verbrannt worden waren. Falls wir aus irgendeinem Grund von dieser Provinzbibliothek keine Bücher bekämen, sagte ich zu den Studenten, würde uns sicher die Peita welche liefern.

Die erste Woche galt als Einweisungsphase, in der wir die Hälfte unserer Zeit körperlicher Arbeit zu widmen hatten. Wir hackten Mais und standen gebückt in den Reisfeldern, um Unkraut zu jäten, beides anstrengende Arbeiten. Die andere Hälfte der Zeit verbrachten wir mit Diskussionen, um den Studenten Sinn und Zweck unseres neuen Erziehungsexperiments zu erläutern. Zwischendurch trafen sich die Fakultätsmitglieder immer wieder und versuchten, einen Lehrplan für die neuen Studenten aufzustellen. Unser Eifer war zwar groß, aber niemand hatte eine Ahnung, wie wir das vielgepriesene neue Erziehungssystem durchführen sollten.

Schon vor Ankunft der Studenten hatten wir lange diskutiert, in dem Bemühen, die knappen Befehle der Peita-Behörden zu deuten. Darin hatte es nur geheißen, Ausgangspunkt müsse die Kritik des alten Erziehungssystems und der alten Literaturpolitik sein, die Studenten müßten begreifen, daß es ihre Aufgabe sei, einen neuen Weg zu beschreiten. Die kurze Anweisung enthielt keinen Hinweis darauf, wie wir vorgehen oder wie wir die neue Politik in die Praxis umsetzen sollten.

Als ich dann erfuhr, was in diesem ersten Monat einen Teil des Unterrichts ausmachen sollte, verflog meine Begeisterung jäh. Der Führer meiner Lehrgruppe ordnete an, daß ich zur Orientierung der Studenten in einer Ansprache erklären sollte, warum ich eine Rechtsabweichlerin geworden war, warum ich gegen die literarischen Ideen des Vorsitzenden Mao opponiert hatte und warum meine früheren Standpunkte gefährlich und schädlich gewesen waren. Ich war wie gelähmt. Er fügte hinzu, mein Leben sei in einem Zickzackkurs verlaufen und könne jetzt als wertvolle Lehre dienen, als Beispiel dafür, wie das alte Erziehungssystem die Menschen verführt habe, Feinde des Sozialismus zu werden.

«Als du Studentenführerin warst», erläuterte er, «warst du eine echte Revolutionärin und hast viele nützliche Beiträge geleistet, aber dann ist es dir wegen deiner Erziehung unter dem alten System nicht gelungen, Vertrauen in die literarische Linie des Vorsitzenden Mao zu setzen, und du bist eine Feindin der Partei geworden.» Er wußte, daß ich in meinen Vorlesungen immer auch über ausländische Literatur gesprochen und daß ich in meinen Mittelschuljahren viele ausländische Romane gelesen hatte. Darum wies er mich an, außerdem zu erklären, wie der verderbliche Einfluß westlicher bourgeoiser Literatur meine Moral unterminiert und mich von einer Revolutionärin in eine Feindin verwandelt hatte. Nach meiner Darlegung all dieser Punkte, schloß er, würden die Studenten darüber diskutieren.

Ich war sprachlos, denn ich hatte gemeint, mir böte sich jetzt Gelegenheit, ein neues Leben zu beginnen und wieder eine positive Beziehung zu Studenten aufzubauen. Es war mir unerträglich, diesen Neuankömmlingen sagen zu müssen, daß man mich zur Feindin erklärt hatte, ihnen meine Erniedrigung zu enthüllen und zu bekennen, daß ich immer noch das Stigma einer Rechtsabweichlerin mit abgelegter Mütze trug. Meine Hochstimmung wich tiefer Bedrükkung. Offenbar hatte man mich nicht wegen meiner Fähigkeiten als Lehrerin ausgewählt, sondern weil ich außerhalb der Reihen des Volkes gestanden hatte und den Studenten als warnendes Beispiel dienen sollte.

Nach dem Ablegen meiner Mütze hatte ich versucht, möglichst wenig an meine Verurteilung und die damit verbundene Schande zu denken. Dachte ich wirklich einmal an die zwei Jahre zurück, dann immer mit dem Gefühl, zu Unrecht angeklagt worden zu sein. Ich konnte die Zeitungsberichte akzeptieren, in denen es hieß, daß 1957 wirklich einige Menschen gegen die Kommunistische Partei opponiert hätten, aber ich wußte im innersten Herzen, daß ich nicht dazugehörte. Solche ketzerischen Gedanken durfte ich den Studenten natürlich nicht offenbaren, denn der Preis für das Ablegen der Mütze hatte in einem Schuldbekenntnis bestanden. Die öffentliche Behauptung, ich sei unschuldig, wäre einer Nichtanerkennung des Urteils der Partei gleichgekommen. Ehrlich reden durfte ich also nicht, darum hatte ich keine Ahnung, was ich sagen sollte. Man gab mir drei Tage Zeit, meine Ansprache vorzubereiten.

Als ich schließlich vor den Studenten stand, änderte ich meine Geschichte, soweit ich es wagen konnte. Zuerst sprach ich darüber, wie schädlich das alte Erziehungssystem gewesen sei, weil es automatisch Arbeiter, Bauern und Soldaten vom Studium ausgeschlossen und die Schulbildung eines Kandidaten als einziges Kriterium für die Universitätszulassung angesehen hatte. «Uns lehrte man die literarischen Ideen des Vorsitzenden Mao nicht gründlich genug», erklärte ich, «und ich versäumte es, sie mit gebührendem Ernst zu studieren und sie auf alle Aspekte meines Lebens anzuwenden.» Ich bekannte, daß ich zur Rechtsabweichlerin und Feindin erklärt worden war, und sagte, subjektiv hätte ich zwar geglaubt, etwas Gutes zu tun und als Revolutionärin zu handeln, aber objektiv hätte ich dem Wohl des Volkes entgegengearbeitet und es unterlassen, die Literatur in den Dienst der Bedürfnisse von Arbeitern, Bauern und Soldaten zu stellen. «Jetzt ist eine neue Ära angebrochen, und wir haben ein neues Erziehungssystem», schloß ich, «wir müssen Mao Tse-tungs Ideen überaus gründlich studieren, um jede Rückkehr auf einen solch gefährlichen Weg zu verhindern.» Anschließend äußerte sich der Führer ziemlich unzufrieden über meine Ausführungen; er warf mir vor, die Frage meiner Schuld umgangen und nicht erläutert zu haben, wie die westliche Literatur mich verdorben hätte. Glücklicherweise ergab sich keine Gelegenheit mehr, dieses Thema erneut aufzugreifen, und ich blieb vor weiterer Kritik verschont.

Die Führer waren zwar unzufrieden mit meiner Ansprache, aber die Studenten fanden sie sehr interessant. Das Bauernmädchen, das im Schlafsaal neben mir lag und selbst nur eine Grundschule absolviert hatte, fragte mich eines Nachts in gedämpftem Ton, ob ich das Literaturstudium für gefährlich hielte, nachdem man dabei offenbar leicht einen Fehler machen könne. Ich wußte nicht, was ich antworten sollte. Während ich noch überlegte, fuhr sie leise fort, es sei vielleicht besser, nicht Literatur zu studieren, sondern etwas Konkreteres zu tun, etwas, das keinen widersprüchlichen Deutungen ausgesetzt war. Auch einige andere äußerten Bedenken im Hinblick auf das Literaturstudium, und viele wollten wissen, welche Schwierigkeiten meiner Ansicht nach in Zukunft auf sie zukommen könnten. Zu meiner Erleichterung stellte ich jedoch fest, daß keiner zu fürchten schien, von einer ehemaligen Feindin vergiftet zu werden, und daß sich offenbar niemand von mir distanzieren wollte.

Nach Ablauf des ersten Monats vereinbarten wir Lehrer, uns auf die Kritik der alten Denkweise zu konzentrieren. Wir wollten uns vor allem die «acht schwarzen Standpunkte» vornehmen, die Chiang Ch'ing im Februar 1966 definiert hatte, zu Beginn ihrer Bemühungen, die chinesische Kultur zu revolutionieren. Zusammen mit den Studenten kritisierten wir diese Standpunkte der Reihe nach. Wir erklärten ausführlich, warum es ein Fehler sei, über «mittlere Charaktere» zu schreiben, über Menschen also, die weder Helden noch Schurken waren, und warum es falsch sei, den Realismus als Erlaubnis zur Bloßlegung gesellschaftlicher Mängel zu verstehen oder neue Wege des Denkens zu erforschen, die zu einer Ablehnung des Marxismus und der Ideen Mao Tse-tungs führen konnten. Hatte ein Lehrer einen der Punkte erörtert, übten die anderen alle Selbstkritik und schilderten, wie sie selbst von diesen gefährlichen Standpunkten beeinflußt worden waren, weil sie die Literaturtheorie des Vorsitzenden Mao nicht gründlich genug studiert hatten.

Mehrere Wochen lang analysierten wir die Schädlichkeit der falschen Linie in der Literatur, aber dann wußten wir nicht mehr, was tun. Weil wir noch immer keine Bücher hatten und mit dem beginnenden Oktober unsere erste Reisernte bevorstand, beschlossen die Führer des Propagandatrupps, das Studium auszusetzen und alle zur Teilnahme an dieser wichtigen Arbeit abzustellen. Die Maschine, die zur Beschleunigung der Ernte gekauft worden war, lief Tag und Nacht, und wir waren bald alle von gelbem Staub bedeckt. Der Reis mußte innerhalb weniger Tage geerntet werden, wenn er voll ausgereift war, aber bevor die Körner überreif wurden und von den Halmen fielen. Die Ernte wurde ein großer Erfolg, unser Ertrag belief sich auf durchschnittlich achtundvierzig Doppelzentner pro Hektar Land. Um das zu feiern, planten wir ein Festessen.

Der Leiter der Kaderschule fand, daß auch die Ernte als Lehre dienen müsse, darum ordnete er an, am Abend vor dem Festessen, bei dem wir die Früchte unserer Arbeit genießen würden, ein «Essen zur Erinnerung an frühere Bitterkeit» zu veranstalten. Vor der Befreiung sei es auf dem Land undenkbar gewesen, den Reis pur zu essen, sagte er, die kostbaren Körner seien mit Schalen und Wildpflanzen vermischt worden, um die hungrigen Mägen zu füllen. Das Küchenteam bereitete also für diesen Abend heiße Brötchen aus Maismehl, Reisschalen und wilden Kräutern zu, derbe, dunkelgrüne, bitter schmeckende Gebilde. Jeder mußte mindestens zwei dieser schrecklichen Dinger essen, ohne einen Krümel zu vergeuden.

Tags darauf taten wir uns an Fisch und dem eigenhändig gezüchteten Reis gütlich. Ich hatte noch nie Reis frisch von den Feldern gegessen, denn normalerweise lagert er vor dem Verkauf mehrere Jahre. Von den dampfenden Schalen stieg feinwürziger Duft auf, und ihr Inhalt schmeckte einfach köstlich, so daß dieses Mahl in der Tat unvergeßlich blieb. Ich hatte Tang Shuang eingeladen, an dem Abend mit meiner Kompanie zu essen, hatte meinen Fisch mit ihm geteilt und Lao Tang gebeten, ihm die Portion Fleisch aufzuheben, die er in der achten Kompanie bekommen hätte.

Als der Winter nahte, wurde die körperliche Arbeit für alle reduziert, und wir hatten reichlich Zeit zum Studium. Darum ließen wir die Studenten die Zeitungsartikel laut lesen, die sie genausogut still für sich hätten lesen können. Danach diskutierten wir ausführlich über die laufenden Angelegenheiten. Dann beschlossen wir, die Studenten schreiben zu lassen. Zu diesem Zweck bildeten wir drei Gruppen: Die erste sollte Essays über die «acht schwarzen Standpunkte» verfassen, die zweite Berichte über ihr persönliches Leben vor der Ankunft in der Kaderschule und die dritte, deren Beraterin ich war, ein Theaterstück. Unser Ziel war, die Studenten in den drei Kompositionsarten Argumentation, Erzählung und Dichtung zu unterweisen. Weil wir so gut wie keine Bücher besaßen, mußten sie die Texte eben selbst liefern und dann von Gruppe zu Gruppe austauschen.

Meine Gruppe stand vor dem Problem, eine geeignete Handlung für das gestellte Thema zu finden, nämlich die Darlegung der Gründe für die Notwendigkeit einer Reform des alten Erziehungssystems. Nach langer Diskussion beschlossen wir, ein Drama über einen Studenten aus einem abgelegenen ländlichen Gebiet zu schreiben, der aufgrund seiner herausragenden geistigen Fähigkeiten an die Peita zugelassen wird. An der Universität studiert er fleißig, und er verliebt sich in ein Mädchen aus einer städtischen Intellektuellenfamilie. Auch die Familie des Mädchens gefällt ihm, und er beginnt, sich seiner bescheidenen Herkunft zu schämen. Eines Tages kommt sein Vater zu ihm auf Besuch, schäbig gekleidet, eine derbe Pfeife rauchend, sehr bäuerlich wirkend. Der unerwartete Eintritt seiner Freundin stürzt den jungen Mann in arge Verlegenheit. Statt den alten Bauern als seinen Vater vorzustellen, bezeichnet er ihn als Besucher aus seinem Heimatdorf.

Unserem Stück lag das Sprichwort zugrunde: «Im ersten Jahr ein schäbiger Bauer, im zweiten Jahr ein Stadtgauner, im dritten Jahr ein Fremder für seine Eltern.» Wir wollten zeigen, wie ein Mensch durch bourgeoisen Einfluß verdorben wird; die Schuld daran trug in unserem Beispiel nicht der junge Mann, sondern das Erziehungssystem, dem er ausgesetzt war. Bei einem Besuch in seinem Dorf begriff er schließlich sein falsches Verhalten. Unser Stück endete damit, daß an einer vor kurzem auf dem Land eingerichteten Universität die neuen Studenten eintreffen, lauter Arbeiter, Bauern und Soldaten, und daß der junge Mann voll Bewunderung seiner Überzeugung Ausdruck verleiht, sie würden im Gegensatz zu ihm gewiß nie den falschen Weg einschlagen. Wir gaben unserem Stück den Titel «Die Strohdach-Universität» und führten es im Stil eines Tanzdramas auf, wobei wir Volkslieder aus Kiangsi mit unseren eigenen Gedichten kombinierten. Es wurde so begeistert aufgenommen, daß es später das Ensemble des Propagandatrupps in Peking auf dem Peita-Gelände spielte.

Dieser zweite Herbst in Liyu-chou brachte uns neben der Ausarbeitung eines neuen Lehrplans auch noch andere Probleme. Es regnete ungewöhnlich heftig, so daß große Überschwemmungsgefahr bestand. Der Wasserspiegel des Sees war derart gestiegen und der Druck auf den Deich derart angewachsen, daß schon ein kleines Loch den Zusammenbruch des ganzen Walls verursacht hätte. Wachsende Nervosität erfaßte unsere Führer, denen viele Menschenleben anvertraut waren. Wir arbeiteten Tag für Tag verbissen daran, den Deich mit Hilfe der VBA durch Sandsäcke abzustützen, und kontrollierten laufend den Beton auf Risse. Die Kommunalverwaltung wollte der Führung in Peking, die unsere Kaderschule als Modell betrachtete, zu Diensten sein und sandte uns einmal Hunderte von Bauern als Helfer für unsere lebenswichtige Arbeit. Auf dem Höhepunkt der Krise fanden wir drei Nächte lang kaum Schlaf. Patrouillen wurden eingeteilt, immer zwei Leute waren für einen Abschnitt von dreißig Meter Länge zuständig, den man durch weiße Linien markierte. Wir nahmen unsere Wachpflichten sehr ernst, weil wir wußten, daß jede Unachtsamkeit die Überflutung der Kaderschule zur Folge haben konnte.

In der Nacht, in der ich Wache stand, schien der Vollmond vom sternklaren Himmel. Mit Lao Wu, jenem Nachbarn, der nach seiner Kritikversammlung so offen zu mir gesprochen hatte, schaute ich über den See, der jetzt bedrohlich war in seiner Schönheit. Wegen des hohen Wasserstandes schwappten gelegentlich Wellen über den Deich, und wir waren bald naß von der Gischt. Während wir im Mondschein auf und ab schritten, begann Lao Wu wieder zu sprechen, diesmal über seine privaten Probleme. Seine Frau, viel jünger als er und in Peking zurückgeblieben, um weiter als Mittelschullehrerin arbeiten zu können, verlangte die Scheidung. Ich wußte, daß sie es schon früher immer vermieden hatte, sich mit ihrem schmächtigen, streng wirkenden Mann in der Öffentlichkeit zu zeigen. Meiner

Vermutung nach hatte sie ihn nur wegen seines akademischen Ansehens und wegen der hohen Lizenzgebühren geheiratet, die er für seine vielen veröffentlichten Bücher erhielt. Jetzt hatte sie sich in einen Lehrerkollegen verliebt, einen hübschen, aber unzuverlässigen, treulosen Mann. Die Geschichte regte Lao Wu sehr auf, und er beklagte die Bitterkeit des Lebens. Ich fand keinen Trost für ihn und drängte ihn darum, sich nicht mit Dingen zu quälen, die sich nicht lösen ließen. Einmal mehr herrschte tiefes Verständnis zwischen uns, und unsere Herzen waren einander nahe.

Ein derart offenes, persönliches Gespräch wäre in der angespannten Atmosphäre Pekings undenkbar gewesen. Dort jagte seit der Kampagne gegen Rechtsabweichler eine politische Bewegung die nächste, wodurch das Vertrauen, die Aufrichtigkeit und die Offenheit, die einst unsere Freundschaften charakterisiert hatten, völlig zerstört worden waren. Hier in der Kaderschule, so erkannte ich plötzlich, bestanden zwischen den Menschen engere Bande als je im vergangenen Jahrzehnt. Weil alle unter den gleichen Bedingungen lebten, die gleiche Arbeit leisteten, gleich untergebracht waren, das gleiche aßen und die gleiche monatliche Entlohnung erhielten, fand hier der Wettstreit um wirtschaftlichen Gewinn und politische Vorteile, der an der Universität die zwischenmenschlichen Beziehungen stark beeinträchtigt hatte, im Grunde nicht statt. Unser tief eingewurzelter Argwohn und das gegenseitige Mißtrauen begannen allmählich zu weichen. Außerdem war sich jetzt jeder bewußt, daß nur gemeinsame Bemühungen uns retteten, denn wenn der Deich brach, erlitten wir alle das gleiche Schicksal – wir wurden Fischfutter auf dem Seegrund.

Nachdem die Überschwemmungsgefahr gebannt war, mußte sich unsere Lehrergruppe erneut dem Problem stellen, eine praktikable Unterrichtsmethode zu entwickeln. Unsere Führer erklärten, die Studenten könnten nicht ihre ganze Zeit nur mit Pekinger Intellektuellen verbringen, es müsse endlich eine Lösung der Situation auf Dauer gefunden werden, um entsprechend dem neuen Erziehungssystem wirklich Dienst am Volk leisten zu können. Wir waren uns alle einig, daß die eine Tagesfahrt entfernte Region um das Chingkang-Gebirge, dieser alte Guerillastützpunkt, ein geeigneter Ort für die neue Art des Lernens sei.

Ich hatte mir schon lange gewünscht, das Chingkang-Gebirge, dieses Heiligtum der Revolution, einmal zu besuchen, und freute mich daher, daß man mich der Inspektionsgruppe zugeteilt hatte. Am Reisetag stand ich früh auf, um bei der für acht Uhr angesetzten Abfahrt auch bestimmt fertig zu sein. Wie um diese Jahreszeit üblich, regnete es seit fast einer Woche heftig, so daß ich Mühe hatte, auf dem rutschigen Boden zur Abfahrtsstelle zu gelangen. Trotz des schlechten Wetters war ich zunächst guter Dinge.

Doch die Schwierigkeiten begannen sofort. Keiner der Laster kam die schlammige Rampe hoch, die zu der Straße auf dem Deich führte, unserem einzigen Zugang zur Welt jenseits unseres dem See abgerungenen Landstreifens. Die Entschlossenheit unseres Führers war jedoch durch nichts zu erschüttern. Er rief einen Traktor und ließ die beiden Lastwagen auf die Straße hinaufziehen. Trotz des Plastikschutzes, den wir über unseren gesteppten Baumwollmänteln trugen, waren wir alle ziemlich naß, als die Fahrt endlich begann. Zu unserem Unbehagen kam nun Angst, denn wir gewahrten, daß der ständige Regen den Rand der Fahrbahn ausgewaschen hatte. Seit dem Rückgang des Hochwassers kümmerte sich niemand mehr um den Zustand des Deichs, niemand hatte gemerkt, daß die Straße kaum noch breit genug für zwei Lastwagen war.

Vielleicht eine halbe Stunde nach unserem Aufbruch, als wir uns der Ch'ing-hua-Kaderschule näherten, kam uns ein Lastwagen mit einer gewaltigen Holzladung entgegen. Obwohl normalerweise zwei Fahrzeuge gefahrlos aneinander vorbeifahren konnten, verfolgten wir mit wachsender Beklommenheit, wie unser Fahrer vorsichtig an den Fahrbahnrand auswich, um den Laster passieren zu lassen. Das Manöver gelang, und wir setzten uns mit Seufzern der Erleichterung wieder hin. Erneut von Sorge erfaßt, beobachteten wir dann den hinter uns fahrenden Laster mit unseren Freunden. Der Fahrer wich ebenfalls vorsichtig aus, aber irgendwie verschätzte er sich. Vor unseren Augen kippte der Wagen mit den Studenten über den Fahrbahnrand und überschlug sich auf dem Deichhang zweimal, bevor er durch einen Stapel Bambusstämme gestoppt wurde. Schreiend vor Entsetzen sprangen wir auf und rutschten den Abhang zu dem Wrack hinunter. Die meisten unserer Freunde waren zwar voller Schlamm und unter dem Fahrzeug eingeschlossen, schienen aber außer Prellungen keine ernsthaften Verletzungen erlitten zu haben. Zwei jedoch, die unmittelbar hinter dem Fahrerhaus gestanden hatten, lagen eingeklemmt unter den Streben des Dachträgers. Beim ersten Blick auf ihre Gesichter, die das Rot von Schweineleber hatten, wußte ich, daß sie tot waren. Wir kämpften verzweifelt darum, sie von dem erdrückenden Gewicht zu befreien, doch der Laster war zu schwer. Wie wahnsinnig begannen wir, den Schlamm unter dem Fahrzeug wegzugraben, um die anderen zu befreien, was uns auch gelang. Wir stellten fest, daß vier oder fünf doch schwerer verletzt waren. Nun kamen die ausgeschickten Boten vom nahe gelegenen Hauptquartier der Ch'ing-hua mit einem Traktor und einem weiteren Laster, der die Verletzten und die mit Planen bedeckten Toten aufnahm, um sie ins nächste Krankenhaus zu bringen.

Alle weinten. Einer der Toten war ein Student aus meiner Gruppe, einer meiner liebsten, der älteste Sohn einer Arbeiterfamilie und selbst Arbeiter aus einer Maschinenfabrik in Shanghai. Das zweite Opfer war ein Lehrer, der vor einer guten halben Stunde an der Kaderschule unweit von mir gestanden und sich liebevoll von seiner Frau und seinen beiden Kindern verabschiedet hatte. Ich war wie benommen vor Entsetzen und Schmerz. Der Vorsitzende Mao hatte gesagt, wenn man revolutionäre Ziele verfolge, müsse man damit rechnen, daß es einige Opfer gebe. Meinem Gefühl nach war jedoch der Preis, den wir heute und in den vergangenen beiden Jahren bezahlt hatten, zu hoch. Immer wieder hatte es Opfer gegeben, aber selten einen Erfolg.

Der Führer unserer Gruppe, ein ehemaliger Rotgardist, starrte auf dem ganzen Weg wie betäubt vor sich hin und sprach kein Wort. Er wußte, daß er für die Tragödie verantwortlich war.

Die Nachricht von dem Unfall wurde im Hauptquartier der Kaderschule grimmig aufgenommen. Unsere obersten Führer waren nicht nur besorgt, weil sie wahrscheinlich zur Rechenschaft gezogen wurden, sondern auch, weil sie den betroffenen Familien irgendeine Erklärung geben mußten. Sie telefonierten sofort mit Peking, um die Lage zu schildern und sich Anweisungen geben zu lassen, denn sie wußten, daß das Vorkommnis als sehr ernst angesehen würde. Weil unsere Schule ein Modell sein sollte, konnte ein derartiger Unfall Auswirkungen auf das ganze neue Erziehungsprogramm haben.

Am nächsten Morgen rief man uns zusammen und forderte uns auf, nicht zu verzagen, denn der Vorsitzende Mao habe ja gesagt, ein Kampf bringe unweigerlich auch Verluste mit sich, deshalb sollten wir den Blick nach vorn richten. Die beiden Männer hätten sich für unser neues Erziehungssystem geopfert, erklärten die Führer, ihr Tod sei nicht vergebens, weil er sie bei der Durchsetzung wichtiger

Neuerungen ereilt hätte. Wir müßten uns deshalb immer an unsere treuen Freunde erinnern und sie mit einer großen Gedenkversammlung ehren, um uns die Lehre einzuprägen, daß sich eine Veränderung nicht ohne Opfer erreichen lasse.

Nach der Rückkehr in meinen Schlafsaal erhielt ich Anweisung, meine Studentengruppe anzuhalten, Gedichte und Essays zu schreiben und Gedenklieder einzuüben. Ich unterdrückte meine Zweifel und rief die Gruppe zusammen, damit sich alle gemeinsam die warmherzige Art des toten Studenten sowie seine Taten und Worte vergegenwärtigten. Auch ich schrieb ein Gedicht für ihn, das dann auf der Gedenkversammlung vorgelesen wurde. Ich sagte darin zwar, daß es eine edle Tat sei, sein Leben bei der Verfolgung wichtiger Ziele zu opfern, doch in meinem Herzen konnte ich nicht glauben, daß sich dieses Opfer gelohnt hat.

Gegen Ende der Woche sammelten wir alle Gedenkschriften ein und arbeiteten lange, um ein Erinnerungsbuch für unsere beiden Kameraden herzustellen. Alle, die bei der Anfertigung der Schablonen halfen, schrieben mit größter Sorgfalt und legten ihren ganzen Schmerz in jeden Strich.

Die Gedenkversammlung dauerte nicht lang. Man verlieh den Opfern den Ehrentitel «Märtyrer der Revolution», und es wurde eine Ehrenrede gehalten, die allen einhämmerte, daß der Tod der beiden Männer nicht sinnlos war. Später erhielten die Familien eine finanzielle Entschädigung für ihren Verlust – ein feiner Hinweis darauf, daß sie keine weiteren Nachforschungen über die näheren Umstände des Unfalls anstellen sollten. Wir alle begriffen, daß wir den unglückseligen Zwischenfall nicht mehr erwähnen durften. Wie wir später erfuhren, forderten die Familien jedoch unnachgiebig, daß für die Tragödie jemand zur Rechenschaft gezogen würde. Schließlich verwarnte die Partei den ehemaligen Rotgardistenführer aus unserer Abteilung wegen seines übereifrigen Verhaltens und seiner katastrophalen Fehleinschätzung der Situation.

Im Dezember kam unser Plan, das Chingkang-Gebirge zu besuchen, erneut zur Sprache. Der Vorsitzende Mao hatte eine Weisung gegeben, die eigentlich an die VBA gerichtet war, jedoch in weiterem Sinne ausgelegt wurde; sie forderte eine strengere Ausbildung, um zu verhindern, daß das Militär eine Schar «junger Herrensoldaten» werde, die an Bequemlichkeit und Untätigkeit gewöhnt und nicht mehr fähig seien, Mühsal zu ertragen. Die Ausbildung müsse mit rigoroser Disziplin durchgeführt werden, auch im Frieden, sagte man uns; Märsche und Biwaks würden die Leistungsfähigkeit steigern. Wie immer waren gleich alle mit Feuereifer dabei, der Weisung des Vorsitzenden Mao zu folgen. Unsere Führer fanden, daß unsere Modell-Kaderschule ein Beispiel geben müsse, und verkündeten, die Studenten würden einen langen Marsch unternehmen. Die Expedition, «Lager- und Feldtraining» genannt, sollte in Nanchang beginnen und in Anyüan enden, dem Bergwerksort, in dem der Vorsitzende Mao 1922 die Grubenarbeiter organisiert hatte. Die Führer der Abteilung für chinesische Literatur beschlossen, von Anyüan anschließend zum Chingkang-Gebirge weiterzugehen; sie rechneten aus, daß wir, wenn wir täglich acht Stunden lang mit einem Tempo von etwa fünf Kilometern pro Stunde marschierten, in sieben Tagen am Ziel sein müßten.

An einem kalten, düsteren Morgen rüsteten wir zum Aufbruch; leichter Eisregen fiel, der uns bei unseren letzten Vorbereitungen frieren ließ. Trotz der niedrigen Temperatur entschieden wir uns alle, nur mitteldicke Steppdecken mitzunehmen; wir wollten lieber frieren, als den ganzen Tag über die schwere Last auf dem Rücken zu tragen. Man erwartete von allen, außer den Kindern unter zehn Jahren, den Schwachen und Kranken, daß sie an dem Marsch teilnahmen. Tang Shuang war ganz begeistert über die Aussicht auf den revolutionären Ausflug; er war stolz, daß man ihn wie einen Mann behandelte und ihm erlaubte, bei der Ausführung der jüngsten Befehle des Vorsitzenden Mao dabeizusein. Ich sah sein strahlendes Gesicht, als wir in Zweierreihen Aufstellung nahmen, die Grundschüler an der Spitze, meine Kompanie in der Mitte und Lao Tang irgendwo am Ende. Mich hatte man außerdem in eine sechsköpfige Aufmunterungsgruppe gewählt, die Lieder singen, aus den Worten des Vorsitzenden Mao zitieren und Parolen rufen sollte, um die Marschierer zu beflügeln.

Die reguläre Küchenmannschaft war auch auf dem Marsch für unsere Verpflegung zuständig. Lao Ting, der einzige in unserer Literaturgruppe, der nicht als Rechtsabweichler verurteilt worden war, leitete jetzt das Küchenteam. Er trug eine Schulterstange mit einem Wok an jedem Ende, trotzdem hielt der große, starke Mann das schnelle Marschtempo gut durch, selbst die zwischendurch immer wieder geforderten «Eilmärsche», bei denen wir fünfeinhalb bis sechseinhalb Kilometer in der Stunde zurücklegen mußten, um uns zu stählen. Ein nach dem Zweiten Weltkrieg zurückgebliebener amerikanischer Jeep, den man der Kaderschule überlassen hatte, begleitete uns für den Fall, daß jemand erkrankte oder vor Erschöpfung zusammenbrach. Der Fahrer fuhr der Kolonne ein Stück voraus und kaufte in den Dörfern entlang unserer Route Reis für unsere Mahlzeiten, so daß wir nicht allzuviele Vorräte mitschleppen mußten. Das Essen reichte jedoch fast nie für unseren Heißhunger vom Marschieren, obwohl wir mittags Weizenmehlbrötchen und Rüben bekamen und abends manchmal sogar Fleisch mit Gemüse, eine viel üppigere Kost als in Liyu-chou.

Viele in unserer Gruppe kannten die südchinesische Landschaft nicht, und selbst mir war die Szenerie neu, die nichts gemein hatte mit dem flachen, staubig-gelben Nordchina; hier war der Boden rot und kompakt, und an den Berghängen wuchsen Kiefern. Die zweistöckigen Ziegelhäuser, in denen jede Familie über ihrem Lagerraum einen Wohnraum besaß, hatten keinerlei Ähnlichkeit mit den niedrigen Häuschen aus Adobeziegeln, die charakteristisch waren für die Dörfer um Peking. Wir sahen viele Flüsse, Büffel pflügten geflutete Reisfelder, auf anderen Feldern zeigten sich die ersten Puffbohnentriebe. Das alles gab es in Nordchina nicht, dort war der ausgetrocknete Boden noch fest gefroren.

Nachts schliefen wir in der Grundschule irgendeines Dorfes. Unsere Marschroute war so geplant worden, daß uns am Ende eines jeden Tages derartige Unterkünfte zur Verfügung standen. Am ersten Abend war es sehr kalt, als wir uns am Etappenziel zum Essen setzten, und alle hatten Blasen von dem ungewohnten Marsch. Die Küchengruppe versorgte jeden von uns mit einer Kürbisflasche voll warmem Wasser; das reichte für eine Waschschüssel voll, wenn sich zwei zusammentaten, und bald standen jeweils zwei Paar müde, schmerzende Füße im erfrischenden Naß. Ich schrieb ein paar Reime, um der Küchenmannschaft für alles zu danken, was sie zu unserem Wohl tat.

Später kam das Erste-Hilfe-Team vorbei. Mit einer sterilen Nadel zogen die Sanitäter ein einzelnes Haar von uns durch unsere größten Blasen, die sich dann über Nacht leerten und austrockneten. Anschließend breiteten wir auf dem Boden etwas Stroh aus, legten unser Bettzeug darauf, schlüpften unter die Steppdecken und die daraufgelegten Mäntel und fielen trotz der Kälte sogleich in einen tiefen Schlaf der Erschöpfung. Am nächsten Tag war das Marschieren viel mühsamer, weil die Blasen vom Vortag schmerzten.

Am dritten Abend erreichten wir das vorgesehene Etappenziel nicht, weil heftiger Regen, rutschige Straßen und die angestaute Müdigkeit unser Tempo verlangsamt hatten. Wir machten statt dessen unangemeldet in einem Dorf Rast, das so klein war, daß es über keine Schule verfügte; kein Gebäude dort war groß genug, die vielen müden Reisenden aufzunehmen. Unsere Führer entschieden, daß wir es genauso machen sollten wie die VBA, die sich während des Befreiungskampfes bei den Bauern einquartiert hätte; wir sollten uns also über das ganze Dorf verteilen.

Drei Studenten und mich schickte man zur Ahnenhalle, einem großen, hohen Bau in einer wenig einladenden Umgebung. Es war fast sieben Uhr, als wir in unserem Quartier ankamen. Im schwachen Schein einer kleinen Petroleumlampe sahen wir undeutlich zwei alte Männer, die reglos und ausdruckslos in Bambuslehnstühlen saßen. Mit ihrem weißen Haar und ihren runzeligen Gesichtern wirkten die beiden in dem düsteren, ungelüfteten Raum fast wie Tote. Als sich unsere Augen an die Dunkelheit gewöhnt hatten, gewahrten wir noch einige andere Leute, die uns abweisend musterten, offensichtlich verärgert über unser Eindringen. Von den hölzernen Urineimern hinter der Tür ging ein übler Geruch aus. Wir wußten, daß es an diesem Abend kein warmes Wasser für unsere wunden Füße geben würde und daß wir diese unfreundlichen Gastgeber um nichts bitten konnten. Darum krochen wir einfach unter unsere Steppdecken.

Vor dem Einschlafen dachte ich darüber nach, wie wenig sich das Leben der Bauern doch seit den Tagen der Landreform verändert hatte und wie anders wir Studenten 1952 empfangen worden waren, als man in uns Retter aus der Not gesehen hatte. Damals hatte ich nie Feindseligkeit seitens der Bauern verspürt. Sie waren dankbar gewesen für unsere Hilfe und für so kostbare Dinge wie Steppdecken und Matratzen, die wir aus den Häusern der ehemaligen Grundbesitzer geholt und an sie verteilt hatten. Seinerzeit hatten die Bauern einer leuchtenden Zukunft entgegengeblickt, doch mittlerweile schienen sie ihre Zuversicht und ihr Vertrauen verloren zu haben. In den Augen der Leute hier, die sich inzwischen um die Lampe geschart hatten, sah ich nichts als Unmut und Groll.

Der vierte Marschtag, es war der Silvestertag, sollte unsere Ausdauer auf eine harte Probe stellen. Wir brachen um zwei Uhr morgens auf, und alle, sogar die Kinder, marschierten mit einem Höllentempo, das zeitweise mehr als zehn Stundenkilometer erreichte. Obwohl wir immer wieder Pausen einlegten, machten viele schlapp, und als wir nachmittags um vier in der Stadt Wantsai eintrafen, hielten sich von den jüngeren Schülern lediglich noch Tang Shuang und ein anderer Junge auf den Beinen. Alle übrigen hatte ein Lastwagen mitgenommen, der an diesem einen Tag unsere Woks und das Küchengerät transportierte. Die örtliche Miliz war angewiesen worden, uns einen herzlichen Empfang zu bereiten. Nach der Begrüßung setzten wir uns hin, um die traditionellen Neujahrsklöße zu rollen. Beim Anblick der großzügig bemessenen Fleischmenge für die Füllung lief uns das Wasser im Mund zusammen. Während der Zubereitung dieses Festessens, das uns für unsere Mühe belohnen sollte, sprachen wir darüber, daß wir wohl nie wieder einen so ungewöhnlichen Silvesterabend verbringen würden. Als wir die Klöße verspeist hatten, hörten wir uns Reden an über die Ziele, die wir uns für das anbrechende Jahr setzen sollten, dann sangen wir ein paar Lieder, doch alle waren so müde, daß keine rechte Begeisterung aufkam. Tang Shuang allerdings erklärte mir stolz, er fühle sich als Held, weil er bewiesen habe, daß er ein hohes Marschtempo viele Stunden lang durchhalten könne.

Am Neujahrstag erreichten wir unser Ziel Anyüan, wo uns ein Begrüßungskomitee empfing und revolutionäre Lieder mit uns sang, um unsere Ankunft an diesem historischen Ort zu feiern. Wir fertigten mit den Gerätschaften der dortigen Schule dann sogar eine Broschüre zum Lob all derer an, die während des Marsches ungewöhnliche Stärke und Ausdauer bewiesen hatten. Es erfüllte mich mit Stolz, daß alle drei Mitglieder meiner Familie in dieser Liste aufgeführt waren. Fast eine Woche blieben wir in dem kleinen Bergarbeiterdorf, wir gaben in der Kantine unsere Essensbons ab und aßen mit den Arbeitern. Zweimal besuchten wir Kohlengruben. Zunächst besichtigten wir die primitivste, rückständigste Anlage, wo die Bergleute noch mit Breithacken die Kohle losschlugen und die schweren Klumpen in Schulterkörben hinaustrugen; danach sahen wir uns die fortschrittlichste Zeche an, in der für den Transport Schmalspurbahnen benutzt wurden. Die Führer sagten, daß wir nun das harte Leben der Bergleute kennengelernt hätten und künftig bestimmt immer daran denken würden, unter welchen Schwierigkeiten die Kohle gewonnen worden sei, die wir in der Stadt so achtlos verfeuerten; sie meinten, wir würden fortan sicher sparsamer mit dem kostbaren Brennstoff umgehen.

Das Los der Bergleute war tatsächlich hart, ich dachte immer wieder über ihre Situation nach. Unter derart widrigen Umständen arbeiten, bedeckt mit Kohlenstaub, und das acht Stunden am Tag! Fast ein halbes Jahrhundert war vergangen, seit der Vorsitzende Mao diesen Ort besucht hatte, um die Arbeiter mit seiner revolutionären Vision moralisch aufzurichten, doch viele von ihnen arbeiteten heute noch unter den gleichen Bedingungen wie damals. Ich sah, wie sehr unser Volk nach wie vor litt, und fragte mich, was ich tun könnte, um dem abzuhelfen. Die Bergarbeiterfamilien, die wir besuchten, sprachen alle davon, daß der Aufenthalt des Vorsitzenden Mao hier wie ein Licht gewesen sei, das ihren Weg beleuchtete, obwohl die meisten gar nicht alt genug waren, um ihn persönlich erlebt zu haben.

Für den Rückweg ließen die Führer Lastwagen kommen, weil sie sahen, daß alle zu erschöpft waren, um die weite Strecke ein zweites Mal zu Fuß zu bewältigen. Wir von der Literaturabteilung sagten uns jedoch, nachdem wir bereits die halbe Strecke zum Chingkang-Gebirge hinter uns hätten, wollten wir weitermarschieren zu dieser noch geheiligteren Revolutionsstätte. Zu unserem Entschluß trug auch die Tatsache bei, daß wir, wenn wir mit den anderen nach Liyuchou zurückfuhren, wieder vor dem Problem standen, eine Beschäftigung für die Studenten zu finden. Einmal mehr nahm ich Abschied von meinen Lieben.

Nach einigen Tagen erreichten wir Sanwan, wo Mao Tse-tung im Jahre 1927 die versprengten Truppen reorganisiert hatte, die wenig später als Rote Armee bekannt werden sollten. Viele Denkmäler kündeten von seinen und Lin Piaos Heldentaten. Das Gebäude, in dem der Vorsitzende Mao die «acht verbotenen Dinge» bekanntgegeben hatte, um Disziplinmaßstäbe für seine Armee zu setzen, war sorgfältig restauriert, ebenso der Schlafplatz Lin Piaos und die Unterkunft der Soldaten. Sanwan war nur ein Dorf, in dem es nicht einmal eine Straße und lediglich zwei kleine, von der Kommune betriebene Läden gab, aber es war ein schönes Fleckchen Erde. Der Frühling hatte in diesem subtropischen Gebiet bereits begonnen; die blühenden Apfelbäume und die gelben Rapsfelder, gesprenkelt mit dem Rot von Blumen und umringt von hohen Bergen, bildeten einen prächtigen Hintergrund für die Gedenkstätten der Revolution.

Die Bauern hier wirkten herzlich und ehrlich, wenn sie von ihrer großen Verehrung für die Rote Armee sprachen, in der viele ihrer Kinder beachtliche Ränge erreicht hatten. Wir beschlossen darum, ein paar Tage in Sanwan zu bleiben und den Studenten Gelegenheit zu geben, wirklich vom Volk zu lernen. Unterteilt in Dreiergruppen, sollten sie in Begleitung eines Lehrers die Bauern besuchen, alle Volkslieder, Gedichte und Sagen sammeln, an die sich die Bauern erinnerten, und sie auch bitten, ihre Familiengeschichte zu erzählen. Später sollten sie dieses reiche Material dann zu Essays verarbeiten. An der Kaderschule hatten sie bisher nur über ihr eigenes Leben schreiben können, doch wenn sie nun die Erfahrungen der Bauern hier als Quellen besaßen, konnten sie lernen, die chinesische Gesellschaft zu verstehen. Da sich schon jetzt eine wesentliche Verbesserung ihres Schreibstils abzeichnete, hoffte ich, daß wir endlich eine erfolgreiche neue Unterrichtsmethode gefunden hätten.

Drei weitere Marschtage brachten uns in die Region des Chingkang-Gebirges. Die Straße von Sanwan hierher war gesäumt gewesen mit Gedenkstätten, die an Ereignisse aus der Geschichte der Revolution erinnerten. Meist handelte es sich um restaurierte Ahnenhallen, in denen Dinge aufbewahrt wurden wie das Bett, in dem Mao Tse-tung geschlafen hatte, das Moskitonetz, das er benutzt hatte, oder der Tisch, an dem Lin Piao gegessen hatte. Während unseres Aufenthalts in der Region besuchten wir täglich eine besonders wichtige Stätte, so den weißen, moosbewachsenen Stein, auf dem der Vorsitzende Mao oft gesessen hatte, wenn er wichtige Entscheidungen treffen mußte oder über die Zukunft Chinas nachdachte. Immer erklärte ein Führer die Bedeutung der Gedenkstätte und unterrichtete die Besucher über die Geschichte des Klassenkampfs. Weil sehr viele Menschen dem Aufruf des Vorsitzenden Mao zu einem «Lager- und Feldtraining» folgten und ähnliche Expeditionen unternahmen wie wir, hatten die Führer inzwischen Erfshrung in solchen Dingen.

In einer riesigen Gedächtnishalle sahen wir ein großes Ölgemälde, das die Begegnung zwischen dem Vorsitzenden Mao und Lin Piao zeigte. Wir wußten jedoch, daß die Darstellung historisch unrichtig war, denn in Wirklichkeit hatte sich Mao hier mit Marschall Chu Te getroffen. Viele von uns kannten das Originalgemälde, das in Peking hing. Auf der Kopie hier war Chu Tes Gesicht in das Lin Piaos umgeändert worden, alle übrigen Details entsprachen jedoch dem Original.

Wir besuchten auch ein Altersheim für Männer, die in ihren jungen Jahren einen Beitrag zur Revolution geleistet hatten. Als wir diese

Veteranen nach ihrer Vergangenheit fragten, wurden sie richtig lebhaft und lieferten den Studenten reiches Material für ihre Arbeiten. Nach einem knappen Monat bekamen wir schließlich das Gefühl, unser Experiment nicht endlos ausdehnen zu dürfen. Viele der Studenten waren unruhig geworden. Sie sagten, ihnen fehle Lesestoff und sie könnten nicht andauernd schreiben, ohne die Berichte der alten Revolutionäre mit irgendwelchen Büchern zu vergleichen. Wir beschlossen darum, nach Liyu-chou zurückzukehren und dort zu versuchen, ihnen ein gründlicheres Verständnis der Revolutionsgeschichte zu vermitteln.

Nach Ankunft in der Kaderschule ging ich, sobald ich konnte, in Tang Shuangs Schlafsaal. Zu meinem Entsetzen traf ich meinen Sohn völlig abgemagert und sehr mitgenommen nach einer inzwischen abgeklungenen Mandelentzündung an. Lao Tang, der von einer Exkursion mit seinen Philosophiestudenten früher als ich zurückgekommen war, sagte mir, die Lage sei ausgesprochen ernst gewesen. Jeden Morgen war Tang Shuang im Schlafsaal geblieben, wenn die anderen zur Arbeit aufbrachen. Lao Tang hatte ihn allein in dem großen Raum vorgefunden, ein einziges kleines Menschlein inmitten der leeren Betten, das Gesicht glühend vom Fieber. Neben ihm hatte ein niedriger Hocker mit einem Becher Wasser und einer halben Tomate gestanden, das Beste an Verpflegung, was ihm seine Freunde hatten dalassen können, wenn sie für den ganzen Tag weggehen mußten. Lao Tangs Stimme klang rauh, als er erklärte, das Schlimmste hätte passieren können, weil sich niemand um Tang Shuang gekümmert habe; hätte er einen Schwächeanfall erlitten und um Hilfe gerufen, würde ihn niemand gehört haben. War er als kleines Kind krank geworden, hatte es wenigstens immer jemand gegeben, der ihn pflegte, wenn auch nicht seine Mutter; diesmal jedoch war er ganz allein gewesen. Ich teilte Lao Tangs Verzweiflung und glaubte, meinen Sohn nie mehr verlassen zu dürfen.

Doch fünf Tage später traf ein Telegramm ein, in dem es hieß, Lao Tangs Mutter sei schwer erkrankt und wir sollten möglichst rasch kommen. Wegen der hohen Reisekosten konnten wir auf keinen Fall alle drei fahren, darum drang ich darauf, daß Lao Tang unseren Sohn mitnahm, der noch immer Fieber hatte, um ihn in Peking behandeln zu lassen. Traurig stand ich an der Anlegestelle, als die Dampfbarkasse ablegte.

Nur zwei Wochen später wurde bekanntgegeben, daß alle studierenden Arbeiter, Bauern und Soldaten mit ihren Lehrern an die Pekinger Universität kämen, weil die Erziehungseinrichtungen an der Kaderschule unzulänglich seien. Viele der Studenten hatten Beschwerdebriefe an die Universität geschickt, in denen sie schrieben, daß sie weder Bücher noch Gerätschaften besäßen, daß sie keinen Kontakt zu Bauern hätten und daß ihnen kaum Zeit zum Studium bliebe, weil sie die meiste Zeit körperlich arbeiten müßten. Die zuständigen Behörden räumten schließlich ein, daß diese Einwände berechtigt seien, und riefen als erste Gruppe die Abteilung für Literatur zurück. Mittlerweile hatten wir März 1971. In den nächsten zwei Monaten trafen wir Vorbereitungen für den Umzug. Ich packte die ganze Habe meiner Familie und das Lehrmaterial ein, das wir uns im Laufe der Zeit erarbeitet hatten.

Unsere Abfahrt wurde auf die Nacht gelegt, weil Ende Mai tagsüber bereits eine unerträgliche Hitze herrschte. Die ganze Kaderschule versammelte sich und verabschiedete uns fröhlich, denn alle wußten, daß sie bald folgen würden. Auf der Pritsche des Lastwagens sitzend, rumpelten wir zum letzten Mal die schmale Deichstraße entlang. Das lustige Gefunkel der Lichter an den Fischerbooten paßte zur Stimmung der Studenten, nicht aber zu meiner. Die jungen Leute schwatzten aufgeregt, viele von ihnen waren noch nie in Peking gewesen, und wenn, dann nur zu einem kurzen Erfahrungsaustausch als Rotgardisten. Mich quälten trotz der friedlichen Nachtstimmung am See und der erfreulichen Aussicht, nach Hause zu kommen, düstere Gedanken. Ich mußte an die Unglücksfahrt auf dieser Straße denken, an die beiden Männer, die von dem umgestürzten Laster erdrückt worden waren und deren Asche für ewig hier am See begraben lag. Ich dachte auch an die anderen, die gestorben waren, sieben in dem gekenterten Boot, zwei an Schneckenfieber, zwei an Amöbenruhr, zwei durch Selbstmord. Und ich dachte an das Geld und die Mühe, die es gekostet hatte, ein Kraftwerk, ein Bewässerungssystem und Häuser zu bauen, damit wir untergebracht und versorgt werden konnten.

Um die Sommermitte erhielten die an der Kaderschule zurückgebliebenen Abteilungen Order, sich auf die Rückkehr nach Peking vorzubereiten. Diese Aufforderung bewirkte anscheinend die sofortige Einstellung sämtlicher Arbeiten und löste eine Art Ferienstimmung aus. Alle dachten nur noch an die Übersiedlung. Die Schweine wurden geschlachtet, und man veranstaltete «Hundert-Hähnchen-

Festessen», um dem Geflügel den Garaus zu machen. Das auf dem unwirtlichen einstigen Seegrund unter unendlichen Mühen geschaffene Schuldorf mußte aufgelöst werden. Die Dampfbarkassen und die landwirtschaftlichen Maschinen verkaufte man billig an eine nahe gelegene Kommune, der Abbau des Kraftwerks wurde in die Wege geleitet. Die beiden Lastwagen und soviel anderes Gerät wie möglich sollten nach Peking mitgenommen werden. Einen großen Teil der Dinge konnte man jedoch nicht mehr brauchen. Weil Holz wertvoll und in Peking immer noch kaum zu bekommen war, verwandelte sich die ganze Kaderschule nun in eine Schreinerwerkstatt, in der man aus den Bettbrettern Sofas und Eßtische, Bücherregale und Schreibtische anfertigte. Die Schlafsäle, die Ziegelei und die Reisfelder mußten jedoch aufgegeben werden. Unser Kampf gegen Schnecken und Moskitos, drückende Hitze und tückischen Regen war völlig umsonst gewesen, die Kosten für den Aufbau der Peita-Kaderschule, seien es die menschlichen Opfer oder die finanziellen Mittel, waren schlicht vergeudet.

# 13 Die neue Generation

Zum vierten Mal kehrte ich nun vom Land zurück, doch als der Laster mich diesmal mit meiner Habe vor dem Zentralen Speisesaal absetzte, schaute ich voll Unbehagen und Entsetzen auf die überall sichtbaren Zeichen von Verfall und Vernachlässigung. Noch nie hatte das Universitätsgelände so schäbig und ungepflegt gewirkt. Die rote Fahne, die einst als Symbol der Hoffnungen meiner Studienkameraden für die Zukunft unseres Landes stolz im Wind geweht hatte, war nirgends zu sehen, und von dem verloren dastehenden, nackten Fahnenmast blätterte die Farbe ab.

Die Gebäude des Chingkang-Gebirge-Korps, auf dem Höhepunkt der Belagerung durch die Neue-Peita-Gruppierung per Tunnels verbunden, waren jetzt von Unrat und Schmutzhaufen umgeben. Als der Befehl ergangen war, die Räume im ersten Stock von den Überresten der Kämpfe freizumachen und für neue Bewohner herzurichten, hatte man kurzerhand alles auf die Gehwege geworfen. Seit zwei Jahren standen die Häuser nun leer; sie hatten im Zuge der Auseinandersetzungen solchen Schaden gelitten, daß die Propagandatrupps sie einfach ignorierten. Die Entscheidung, mehr als hundert Studenten von der Kaderschule an die Peita zu holen, machte jedoch die Bereitstellung zusätzlicher Unterkünfte nötig, und so beschloß man einfach, die studierenden Arbeiter, Bauern und Soldaten in diesen arg mitgenommenen Räumen unterzubringen.

Auf vielen Dächern ragten die dicken Stangen, die als Befestigung für die Schleudern gedient hatten, ominös in den Himmel, und auf dem hohen Schornstein des Heizwerks stand die verblaßte, aber noch immer lesbare Drohung: «Wenn sich die Feinde nicht ergeben, machen wir sie alle nieder.» Auf einigen Hauswänden prangten neue Schlagworte, die unter anderem verkündeten: «Peita heißt die

Propagandatrupps herzlich willkommen», und: «Kehrt in die Hörsäle zurück und macht weiter Revolution!» Auch Zeugnisse der Grausamkeit vergangener Kampagnen fanden sich noch. «Wir müssen Lu Pings Hundeschädel zerschmettern», las ich und dachte an den Schrecken, in den uns seinerzeit die Bekanntgabe von Namen angeblicher Verbrecher und das große rote X darüber versetzt hatten.

Das Podest an der Schmalseite des Philosophiegebäudes stand jetzt leer da, meine Erinnerung bevölkerte diese improvisierte Bühne jedoch erneut mit verängstigten, in die schmerzhafte Düsenflughaltung gezwungenen Lehrern und Kadern, von denen viele meine Freunde und Kollegen gewesen waren. Überall wucherte das wegen des heißen Frühlingswetters bereits braune Gras. Kaum eine Fensterscheibe war ganz, die gezackten Glasscherben in den Rahmen schimmerten grau von Staub und Spinnweben. Gedankenverloren stand ich in dieser an die düstere Vergangenheit gemahnenden Szenerie und fragte mich, ob der Alptraum, der 1966 begonnen hatte, endlich vorüber sei.

Langsam machte ich mich auf den Weg zu meinem einstigen Heim, um nach Lao Tang und meinem Sohn zu schauen. Meine Schwiegermutter, die sich von einer Hüftfraktur erholte, wirkte mitleiderregend alt und schwach. Sie begrüßte mich weinend und sagte, sie sei sehr erleichtert über meine Rückkehr und wolle sofort zu uns ziehen. Ich beruhigte sie, so gut ich konnte, dann begrüßte ich endlich meine Tochter, die zu einem Wiedersehen mit ihren Eltern aus Heilungkiang auf Urlaub gekommen war. Mit düsterem Gesicht schilderte sie die Schwierigkeiten des Lebens auf der Militärfarm.

Ich hatte sie vor fast zwei Jahren, bei ihrer Abfahrt in den Nordosten, zum letztenmal gesehen. Voller Optimismus und Eifer war sie gewesen, entschlossen, wie ein Adler zu schweben und bei der Entwicklung des Grenzlandes zu helfen. Jetzt sprach sie nur noch davon, nach Peking zurückkehren zu wollen. Sie beschrieb die Niedergeschlagenheit der einst so begeisterten jungen Leute, die in den vergangenen Monaten mit der harten Realität von Bestechung, Erpressung und Vergewaltigung konfrontiert worden waren. Mich beunruhigte, daß sie in den zwei Jahren kein Stück gewachsen war; ich fürchtete, daß die Erfahrungen dort oben im Nordosten sie körperlich und seelisch zerstört hatten.

Mein Schwager und seine Frau gaben sich viel höflicher als bei unserem letzten Zusammentreffen, denn Lao Tang und ich waren unter allen Fakultätsmitgliedern als Lehrer ausgewählt worden, bekleideten also wieder ehrenvolle Posten. Trotzdem war ich heilfroh, daß wir in der ganzen Zeit die Miete für unsere Wohnung bezahlt hatten, denn dank dieser Tatsache besaßen wir nun ein Heim, in das wir zurückkehren konnten. Viele andere hatten geglaubt, für den Rest ihres Lebens auf dem Land bleiben zu müssen, und darum ihre Wohnungen aufgegeben. Man quartierte sie nun in den Studentenschlafsälen ein, manchmal zu fünft oder sechst in einem einzigen Zimmer.

Während ich zum Zentralen Speisesaal zurückeilte, um meine dort abgestellten Habseligkeiten zu holen, versuchte ich, die verwirrenden ersten Eindrücke zu verarbeiten. Ein Junglehrer aus meiner Abteilung sah, daß ich einen Karren suchte, kam heran und bot mir seine Hilfe an. Diese unerwartete Geste von seiten eines Parteimitglieds gab mir die Hoffnung, daß mich die anderen vielleicht jetzt auch als zum Volk gehörig behandeln würden. Ein neues Gefühl der Gleichrangigkeit und die Aussicht, wieder Lehrerin sein zu dürfen, halfen mir über die Traurigkeit hinweg, in die mich der schlimme Zustand des Universitätsgeländes und die gedrückte Stimmung meiner Schwiegermutter und meiner Tochter versetzt hatten.

Ich hatte das Gefühl, daß nach den schlimmen Prüfungen nun etwas Neues beginne für unser Land, über das so schwere Stürme hinweggegangen waren, für die Universität mit ihren veränderten Erziehungszielen und auch für meine Familie, nachdem man Lao Tang und mich wieder als Lehrer eingesetzt hatte. Obwohl die Menschen um mich herum bedrückt wirkten und das Universitätsgelände schrecklich aussah, stieg in mir unbezähmbare Hoffnung auf.

Trotzdem war mir natürlich klar, daß der Prozeß des Wiederaufbaus langwierig und schwierig sein würde. Allein die Renovierung der Gebäude und sonstigen Anlagen würde viel Zeit kosten. Nach dem Auspacken besuchte ich die Studentinnen, die in Liyu-chou meine Zimmergenossinnen gewesen waren, und lud sie zum Essen ein. Ihre Unterkunft befand sich in einem schlimmen Zustand. Der Betonboden hatte Löcher, die fehlenden Fensterscheiben ersetzte Zeitungspapier, das im Wind raschelte, und die einst weißen Wände waren rußgeschwärzt von den Koch- und Heizfeuern, die den größten Teil des Mobiliars verschlungen hatten. Auf dem Schrank, hinter dem sich ein Tunneleingang verbarg, thronte ein Tisch, zum Glück aber standen die Bettbretter und Bänke aufgestapelt in einer

Ecke auf dem Boden. Es sollte zwei Monate dauern, bis die Unrat- und Schmutzhaufen unter den Fenstern mit Lastwagen abtransportiert wurden.

Die vergangenen fünf Jahre hatten jedoch nicht nur an den Baulichkeiten der Universität verheerende Veränderungen bewirkt. Auf dem Gelände befanden sich heute nur noch studierende Arbeiter, Bauern und Soldaten, weil die ganze Rotgardistengeneration in den Jahren 1968 und 1969 weggeschickt worden war, der Großteil auf Militärfarmen in den fernsten Gebieten Kansus und Kweichous. Im Schicksal dieser ehemaligen Studenten, die der Vorsitzende Mao vor noch gar nicht langer Zeit als die Hoffnung für Chinas Zukunft hingestellt hatte, sah ich den Inbegriff der von der Kulturrevolution betriebenen Vergeudung. Für mich verdienten diese jungen Menschen nach wie vor unseren Respekt, schließlich hatten sie ihren Mut, ihre Entschlossenheit, Findigkeit und Flexibilität hinlänglich bewiesen. Ihr Idealismus, ihre Begeisterung, ihr Wunsch, zum Wohl ihres Landes beizutragen, und ihre Treue zum Vorsitzenden Mao standen außer Frage. Doch inzwischen hatten sie ihren guten Ruf verloren, und ich fragte mich, wie ihre Zukunft wohl aussehen würde. Es fehlte ihnen an Fachkenntnissen ebenso wie an Allgemeinbildung, außerdem waren sie an Disziplinlosigkeit und Respektlosigkeit gegenüber Autoritäten gewöhnt, deshalb galten sie bei den führenden Funktionären in der Armee und den Fabriken gleichermaßen als unerwünscht. Also schickte man sie einfach zur körperlichen Arbeit in abgelegene Winkel des Landes.

Die Kulturrevolution hatte sich seinerzeit zwar die Erneuerung der chinesischen Kultur zum Ziel gesetzt, aber nun schien statt dessen von unserem kulturellen Erbe nicht mehr viel übrig zu sein. Das Bildungsniveau der jetzigen Studentengeneration war zweifellos niedriger als je zuvor. Die studierenden Arbeiter, Bauern und Soldaten, durchaus intelligent und lernbegierig, ließen sich wegen ihrer begrenzten Vorbildung schwer unterrichten. Viele hatten nur Grundschulen besucht, einige konnten nicht einmal die chinesische Schrift mühelos schreiben. Mir bereitete die Erkenntnis Sorge, daß beide Gruppen – sowohl die Arbeiter, Bauern und Soldaten, die jetzt eine Chance zu höherer Bildung bekamen, als auch die «gebildeten» Jugendlichen, die auf dem Land geblieben waren, um eine neue Generation von Bauern ins Leben zu rufen – kaum etwas von der chinesischen Kultur wußten. Das «Heute und Gestern, Chinesisches und Ausländisches» war ihnen weitgehend unbekannt; sie schätzten ihr kulturelles Erbe so wenig, daß ich für die Zukunft meines Landes fürchtete. Es gab also nicht wenige Dinge, die meinen grundsätzlichen Optimismus verfehlt erscheinen ließen.

Viele teilten mein Unbehagen über die gegenwärtige Politik und meine Sorgen im Hinblick auf die Auswirkungen der vergangenen fünf Jahre, aber darüber durfte man nicht reden. Presse und Rundfunk unterstrichen täglich die Wichtigkeit der Kulturreform, die vom Vorsitzenden Mao selbst angeführt wurde, mit Schlagworten wie: «Lang lebe die Kulturrevolution!» – «Nieder mit jedem, der sich der Kulturrevolution widersetzt!» Doch trotz dieser bemühten Propaganda begann die junge Generation, die sich vor kurzem noch leidenschaftlich für revolutionäre Ziele eingesetzt hatte, nun über ihre veränderten Lebensumstände nachzudenken und ein neues Bewußtsein für Fehler und Fehlschläge zu entwickeln.

Eine weitere Veränderung an der Peita bestand darin, daß man 1970 Chi Ch'un, einen ehemaligen Politkommissar der VBA-Eliteeinheit 8341, zum Vorsitzenden des Revolutionskomitees der Ch'inghua ernannt und ihm die Verantwortung für Erziehungsreformen an beiden Universitäten übertragen hatte. Er war davor schon im Erziehungsministerium mit ähnlichen Aufgaben betraut gewesen. Obwohl erst Mitte Dreißig, genoß dieser selbstbewußte, willensstarke Mann allgemeine Achtung. Ich hatte ihn an einem trüben Regentag in Liyu-chou kennengelernt, als er in unseren Schlafsaal gekommen war, bekleidet mit einer abgetragenen Militäruniform und einem Strohhut, nicht die Spur wie ein wichtiger Funktionär aussehend. In seiner lässig-höflichen Art hatte er uns gefragt, welche Probleme uns zu schaffen machten; wir hatten den Eindruck gewonnen, daß er uns wirklich helfen wollte. Begleitet hatte ihn sein Vize Hsieh Chingyi, der ebenfalls zur VBA-Einheit 8341 gehörte und früher der persönliche Sekretär Chiang Ch'ings gewesen war. Beeindruckt durch das sichere Auftreten der beiden, hatten wir uns gesagt, diese neuen Führer seien fähig, zugänglich und wirklich besorgt um das Wohlergehen der Peita-Gemeinde. Als Chi Ch'un dann im Sommer 1971 die Auflösung der Kaderschule in Kiangsi verfügte, gewann er in der Fakultät noch mehr Anhänger.

Die Propagandatrupps bekleideten nach wie vor auf allen Ebenen Führungsämter, aber die ursprünglichen Leute waren nach Wiederherstellung des Friedens ausgetauscht worden. Die meisten der neuen Arbeiter waren entweder sehr jung und unerfahren oder dem Rentenalter nahe, gewöhnlich nette, liebenswürdige Leute, die jedoch nichts von Erziehung verstanden. Ihre Funktion beschränkte sich darauf, die Anweisungen der an den Schalthebeln der Macht sitzenden VBA-Kader auszuführen.

Hauptziel von Chi Ch'uns Verwaltung war die Durchsetzung einer neuen Erziehungspolitik, die auf der Weisung des Vorsitzenden Mao von 1958 basierte, daß Studenten der Geistes- und Sozialwissenschaften die Gesellschaft als Labor zur Erprobung ihrer Theorien benutzen müßten. In den vergangenen siebzehn Jahren, so sagte man uns, habe das Hauptproblem bei der Erziehung in den «Drei Trennungen» bestanden, der Getrenntheit der Universität von Praxis, Politik und körperlicher Arbeit. Die Wissenschaftler konnten mit Weizen ausgeklügelte Experimente in Reagenzgläsern ausführen, waren aber unfähig, Weizen im Freien am Halm zu erkennen; und die Intellektuellen verfolgten angeblich ihre Forschungsziele im allgemeinen, ohne die Bedürfnisse des Volkes zu berücksichtigen. Darum sollten die Studenten künftig daran gehindert werden, alte Wege zu beschreiten. Sie dürften nicht länger dem alten Pfad von der Bibliothek zum Speisesaal und zum Schlafsaal folgen, hieß es, diesen sogenannten «Drei Punkten in gerader Linie», oder sich in der Universität isolieren wie Schnecken in ihren Häusern. Und sie dürften auch nicht so mit nutzlosen Informationen vollgestopft werden, wie man Pekingenten vor dem Braten stopft, sondern müßten ermutigt werden, selbst zu denken. Darum werde man die Studienzeit verkürzen, das fünfjährige Lehrprogramm der Abteilung für chinesische Literatur auf drei Jahre und das sechsjährige Programm für Physik und Mathematik auf vier Jahre.

Diese neuen Verfahrensvorschriften waren in vieler Hinsicht vernünftig, warfen jedoch einige Probleme auf. Die Lehrer erholten sich erst allmählich von der Zeit heftiger Kritik, Bekämpfung und Erniedrigung und hatten darum keinen rechten Mut, Vorlesungen zu halten. Sie zogen es vor, Diskussionen zu leiten, denn sie wollten nicht riskieren, zu «bourgeoisen akademischen Autoritäten» erklärt zu werden. Außerdem wußte niemand, wie man die Gesellschaft als Labor benutzen sollte. Die Studenten andererseits, die ihre Zeit an der Universität als kostbare Gelegenheit zum Lernen betrachteten, wollten studieren und nicht ständig zu Kommunen oder in Fabriken fahren.

Wir machten uns also daran, die Erziehung nach bestem Vermögen zu reformieren. Mein Lehrauftrag für das Herbstsemester 1971 lautete, Vorlesungen zu halten über den Kampf zwischen der bourgeoisen und proletarischen Literaturtheorie ab der 4.-Mai-Bewegung von 1919 bis zur Befreiung von 1949. Die eine Richtung, exemplifiziert durch Dichter wie den von Mallarmé und Baudelaire beeinflußten Hsü Chihmou, führte nach neuem Verständnis in die Dekadenz; die andere Richtung dagegen, repräsentiert durch so gefeierte Schriftsteller wie Lu Hsün und Kuo Mo-jo [Guo Moruo], ermutigte die Menschen angeblich in ihrem revolutionären Kampf. Neben den Vorlesungen sollte ich die Studenten die Fehler in der literarischen Linie während der vergangenen siebzehn Jahre analysieren lassen; und ich sollte ihnen verständlich machen, daß die Literaturpolitik Chou Yangs, des ehemaligen Chefsprechers der Partei für kulturelle Angelegenheiten, falsch gewesen sei, weil sie zu einer Trennung der Literatur von Arbeitern, Bauern und Soldaten geführt habe, daß andererseits Chiang Ch'ings Politik, Modellopern zu fördern, gut sei. Gemäß der neuen Linie müßten Arbeiter, Bauern und Soldaten in jedem literarischen Werk als Helden dargestellt werden, als «groß, geachtet und vollkommen».

Die Aufgabe stellte mich vor beträchtliche Schwierigkeiten. Schon wegen meiner Kinder wollte ich die Führer gern zufriedenstellen und mir ihr Lob sichern, aber es war nicht leicht. In der Kaderschule hatte man mich gezwungen, eine Erklärung für meine angebliche Opposition gegen die Literaturtheorie des Vorsitzenden Mao abzugeben, und jetzt mußte ich über die Vorzüge der Modellopern lehren, obwohl ich wußte, daß die Arbeiter, Bauern und Soldaten keineswegs vollkommen waren und daß das Mißtrauen gegenüber der neuen Literatur um so stärker wurde, je nachdrücklicher wir erklärten, sie seien ohne Fehl und Tadel. Weil jedoch Chiang Ch'ing gesagt hatte, die Eliminierung der «mittleren Charaktere» sei der Hauptunterschied zwischen der alten bourgeoisen Linie Chou Yangs und der neuen proletarischen Linie, hatte ich keine andere Wahl, als den Auftrag auszuführen. Ich sammelte Material aus Zeitungen und Zeitschriften und legte meinen Erläuterungen statt eigenen Gedanken immer diese Abhandlungen über die offizielle Politik zugrunde, damit niemand meinen Standpunkt kritisieren konnte.

Doch dann wurden unsere diversen Sorgen durch ein Ereignis von größter Tragweite in den Hintergrund gedrängt. Eines Abends Mitte

September, kurz nach unserem Hochzeitstag und dem Todestag meiner Mutter, kam eine junge Studentin, die mir sehr ans Herz gewachsene Tochter eines hohen Marinefunktionärs, mit einer schockierenden Neuigkeit zu mir. Lin Piao, so erzählte sie mir atemlos, habe ein Attentat auf den Vorsitzenden Mao unternommen, das fehlgeschlagen sei, und das Flugzeug, mit dem er versucht habe, in die Sowjetunion zu fliehen, sei abgestürzt. Ihre Geschichte erschien mir völlig absurd. Schließlich war Lin Piao der «enge Vertraute» des Vorsitzenden Mao, schließlich schwenkte ich täglich mein Rotes Buch in der Luft und rief rhythmisch: «Vorsitzender Mao, möge er tausend Jahre leben; Lin Piao, möge er sich ewig bester Gesundheit erfreuen!»

In der Rückschau ist eine solche ritualisierte Verehrung schwer verständlich, aber wir skandierten diese Lobpreisung damals voll Aufrichtigkeit und Begeisterung. Der erregte Bericht meiner Studentin erschreckte und entsetzte mich. Ich sagte warnend zu ihr, die sensationelle Geschichte sei bestimmt nur ein Gerücht, und sie dürfe sie nicht weitererzählen, weil sie allein schon durch die Verbreitung einer unbestätigten Nachricht sich selbst in ernste Gefahr bringen könne. Das Gehörte schien mir zu schrecklich, um wahr, zu phantastisch, um auch nur teilweise glaubhaft zu sein. Ich vermutete, daß irgendein neuer Machtkampf entbrannt und daß es zu einem ernsten Riß in der höchsten Führung gekommen war. Am Abend dann meinte auch Lao Tang, die Geschichte könne unmöglich stimmen, denn Lin Piao sei der engste Verbündete des Vorsitzenden Mao; gleich mir war Lao Tang überzeugt, daß es eine Verschwörung solchen Ausmaßes in der Kommunistischen Partei einfach nicht geben könne.

Die sensationelle Neuigkeit verbreitete sich schnell, bald redete jeder verstohlen darüber. In den nächsten Tagen hörten wir allerlei Einzelheiten über den schockierenden, unvorstellbaren Vorfall. Dem Vernehmen nach hatte Lin Piao den Vorsitzenden Mao in seinem Zug ermorden lassen wollen, aber in letzter Minute war Lu Min, der das Attentat ausführen sollte, davor zurückgeschreckt, einen solch großen Mann zu töten und in den Augen der Geschichte vielleicht für immer als Verbrecher dazustehen. Lu wußte jedoch, daß man ihn selbst töten würde, wenn er seinen Auftrag nicht ausführte, darum war er zu seiner Schwester gegangen, einer Augenärztin, und hatte ihr gesagt, er müsse auf der Stelle in ein Krankenhaus eingewiesen werden. Sie hatte ihm Tropfen in die Augen gegeben, die eine Rötung der Bindehaut, ein Anschwellen der Lider und verschwommenes Sehen zur Folge hatten, und ihn dann ins Krankenhaus verfrachtet. Auf diese Weise war der tödliche Schlag abgewendet worden.

Wie wir hörten, bekam Lin Piao Angst, daß das Volk von seinem fehlgeschlagenen Komplott erfahren könnte, zumal Lu Mins Bruder Chefredakteur der *Volkszeitung* war. In seiner Panik beschloß er, rasch zu handeln, war sich aber nicht sofort über den besten Fluchtplan schlüssig. Seinen Verrat vereitelte seine Tochter Lin Lihen, die Zugang zum roten Telefon für hohe Funktionäre hatte. Sie rief im Büro des Vorsitzenden Mao an und meldete, daß ihr Vater die Absicht habe, mit seinen Komplizen nach Kanton zu fliehen. Von dort aus wolle er, unterstützt durch eine große Anhängerschaft, gegen die Streitkräfte des Vorsitzenden Mao im Norden Widerstand leisten und China mit Hilfe der Sowjetunion spalten. Lin Piao versuchte, seine Tochter zu erreichen, fand sie nirgends und vermutete deshalb, daß sie ihn denunziert habe. Er beschloß darum, gleich in die Sowjetunion zu fliehen. Die Leute erzählten, seine Frau Ye Ch'un habe bei dem hastigen Lauf zum Flugzeug auf der Rollbahn einen ihrer hochhackigen Schuhe verloren.

Chou En-lai wurde in die Große Halle des Volkes gesandt, um diese Verschwörung zu durchkreuzen. Auf einem riesigen Radarschirm beobachtete er dort den Start von Lin Piaos Flugzeug, doch er durfte die Maschine nicht über chinesischem Territorium abschießen lassen, weil man ihn dann eines Komplotts zum Sturz Lin Piaos hätte beschuldigen können. Erst als das Flugzeug den chinesischen Luftraum verließ und die Grenze zur Mongolei überquerte, gab Chou mit einer entschiedenen Abwärtsbewegung der Faust das Zeichen zum Abfeuern eines ferngelenkten Geschosses. Chou En-lai errang damit einen großen Sieg, er wurde wegen der souveränen Meisterung dieser Angelegenheit verschiedentlich sogar einem Gott gleichgesetzt.

In dem Flugzeug waren angeblich Lin Piao, seine Frau, sein einziger Sohn Lin Li-kuo und ein Sekretär. Dem Flugzeug folgte in einigem Abstand ein Hubschrauber mit den drei Hauptverantwortlichen für die Durchführung des Coups, zahlreichen Geheimdokumenten über die Luftwaffe und einer großen Summe amerikanischen Geldes. Chou En-lai beschloß, den Hubschrauber nicht abzuschießen, denn die ganze Affäre konnte immer noch als Verschwörung gegen Lin Piao ausgelegt werden, wenn es keine Überlebenden gab, die den wahren Sachverhalt aufdeckten. Darum schickte er drei Flugzeuge aus, die den Hubschrauber zur Landung zwingen sollten. Sein Plan gelang, und alle Dokumente wurden gerettet. Die drei Verbrecher an Bord beschlossen, gleichzeitig Selbstmord zu verüben. Jeder hielt sich seine Pistole an den Kopf, beim vereinbarten Signal drückten jedoch nur zwei ab; der dritte zögerte, er wurde lebendig gefaßt und schilderte später die ganzen Vorgänge. Natürlich hatte niemand von uns die Möglichkeit, nachzuprüfen, wieviel an der Geschichte stimmte und wieviel dazugedichtet war.

Bald machten auch Berichte über Lin Li-kuos lockeren Lebenswandel die Runde. Alle klatschten aufgeregt darüber, daß er eine schöne Ehefrau gesucht und seine Mutter Ye Ch'un ihm bei der Suche geholfen habe. Aus allen achtundzwanzig Provinzen hätten ihm die Leute Fotos von attraktiven jungen Frauen geschickt, um sich Vorteile zu verschaffen, und sogar an der Peita habe die Parteisekretärin in der Abteilung für Politik das Foto einer überaus anziehenden Schülerin aus der angeschlossenen Mittelschule an Ye Ch'un geschickt – eine Tat, wofür sie nach dem Sturz der Viererbande heftig angegriffen wurde. Lin Li-kuo hatte sich jedoch angeblich bereits für eine bildhübsche Krankenschwester aus Wuhan entschieden und sie nach Peking gesandt, um sie für ihre künftigen Aufgaben als Frau eines hohen Funktionärs schulen zu lassen.

Einige besonders abscheuliche Berichte schilderten, wie er die Krankenschwester zu zwingen versuchte, ihn in die Sowjetunion zu begleiten, wie er die sich Weigernde heftig schlug und dann in einen dunklen Raum sperrte. Während der Vormonate sei er wiederholt nach Kanton gereist, erzählten die Leute, weil er dort Fernsehsendungen aus Hongkong, Taiwan und den Vereinigten Staaten sehen konnte. Jede Nacht habe er sich eine andere Geliebte genommen, immer eine Stewardeß von einer militärischen oder zivilen Fluglinie. Das Gerede nahm kein Ende.

Wie konnte man Lin Li-kuo, einen gerade erst vierundzwanzigjährigen jungen Mann, mit der hohen Position eines Chefs der Operationsabteilung der Luftwaffe betrauen? Wie konnte man ihm die Macht geben, kriegerische Akte gegen ein anderes Land in die Wege zu leiten? Wie konnte man einen derart unerfahrenen, degenerierten Menschen das Schicksal der ganzen Gesellschaft lenken lassen? Diese und ähnliche Fragen beschäftigten mich unablässig. In meiner

Vorstellung mußte zwischen Führern wie Mao Tse-tung und Lin Piao eine reine, unerschütterliche Beziehung bestehen, eine durch Mühsal und Krieg gestählte Freundschaft, eine Art heilige Allianz. Wie konnten diese beiden jetzt versuchen, einander zu ermorden? Ich wußte, daß die kursierenden Gerüchte unzuverlässig waren, trotzdem fragte ich mich, wie es in der höchsten Führungsspitze der Kommunistischen Partei überhaupt zu derartigen Intrigen kommen konnte. Obwohl ich aus der Partei ausgeschlossen war, verehrte ich sie immer noch, hielt sie immer noch für fast heilig. Während der Kulturrevolution hatte ich zahlreiche Beweise für Korruption im Privatleben hoher Funktionäre gesehen, doch ich hatte solche Dinge stets als Einzelphänomene abgetan und darauf vertraut, daß derartige Schwächen nach einiger Zeit ausgemerzt werden könnten. Jetzt schien festzustehen, daß die Korruption das ganze System durchsetzte.

Die Enthüllungen waren niederschmetternd für mich. Ich konnte nachts nicht schlafen und mußte ständig daran denken, daß Lin Piao, wenn man diese Dinge nicht entdeckt hätte, eine erhabene, verehrte Gestalt geblieben wäre. Niemand hätte erfahren, was sich «hinter dem Vorhang» abspielte oder daß die Korruption bis in den innersten Kern der Partei reichte. In großer Zahl hatten wir unser Leben der Zukunft unseres Landes gewidmet, doch was nützten unsere Bemühungen, wenn die Gesellschaft von Leuten wie Lin Li-kuo gelenkt wurde? Die Erkenntnis, daß in dem System, an das wir so hingebungsvoll geglaubt hatten, etwas von Grund auf nicht stimmte, desillusionierte Lao Tang und mich gründlich. Ich vermutete, daß wir nicht die einzigen waren, deren Glaube an die Partei wankte, aber es war natürlich nicht möglich, mit jemand anderem über unsere Zweifel zu sprechen.

Nach Aufdeckung des Komplotts Lin Piaos gegen den Vorsitzenden Mao änderte sich die Einstellung zu Lin Piao schnell. Früher hatte man uns immer seine heroischen Taten im Krieg gegen Japan und seine großen Leistungen für sein Land als jüngster Kommandeur in der Roten Armee geschildert. Damals waren zwar Gerüchte kursiert, daß er opiumsüchtig sei, aber wir hatten das als Gerede abgetan und uns nur mit seinen militärischen Bravourstücken beschäftigt. Doch jetzt, wo man ihn als verhinderten Mörder des Vorsitzenden Mao hinstellte, schlug die Verehrung der Menschen über Nacht in Haß um. Auch ich änderte meine Meinung über Lin

Piao, denn ich fand, er habe das vom Vorsitzenden Mao in ihn gesetzte große Vertrauen mit schändlicher Undankbarkeit gelohnt. Niemand zweifelte an Lin Piaos Schuld; die Fotos von dem Flugzeugwrack lieferten schließlich den unanfechtbaren Beweis für seine Verbrechen.

Die Führung war sich des allgemeinen Unbehagens nach der Lin-Piao-Affäre bewußt und leitete eine massive Erziehungsbewegung ein, um das hehre Bild der Partei möglichst unversehrt zu bewahren. An der Peita beauftragte Chi Ch'un die kleinen Schriftsteller-Kritiker-Gruppen in den geisteswissenschaftlichen Abteilungen, ihre Aufmerksamkeit von ihren bisherigen Zielen wie der alten Erziehungspolitik oder der literarischen Linie Chou Yangs abzuwenden und eine gründliche Kritik Lin Piaos zu beginnen, um die Partei zu entlasten und zu reinigen. Etwa zwei Monate später setzte er die Große Peita-Kritikgruppe ein, in der er acht Personen aus den bestehenden Abteilungen zusammenzog; sie sollte kritisches Material gegen Lin Piao zusammenstellen, seine Verschwörung diskutieren und den richtigen Standpunkt zu dieser jüngsten Krise propagieren.

Auf Wink von höchster Ebene der Partei hin erklärte diese Universitätsgruppe, der gescheiterte Coup sei eine unglückselige Sache, aber kein so schreckliches Ereignis, daß man damit nicht fertig werden könne, wenn man es in der richtigen Weise angehe. Lin Piao, so führte die Gruppe aus, sei kein Linkspolitiker gewesen, auch wenn man diesen Eindruck gehabt habe, sondern im Grunde ein Rechtsabweichler. Chi Ch'un und Hsieh Chingyi erzielten mit ihrem Versuch, den Eindruck von Einheit und Vertrauen zu erzeugen, einen beachtlichen Erfolg. Wer beobachtete, mit welcher Effizienz und Schnelligkeit sie die zentrale Kritikgruppe organisierten und auf allen Ebenen erste Diskussionen einleiteten, war zwar nicht von der Richtigkeit ihrer Schlußfolgerungen, aber von ihrer Tüchtigkeit als Führer überzeugt. Vielleicht herrschte im Zentralkomitee tatsächlich noch unerschütterliche Einheit, sagte man sich, vielleicht war Lin Piaos Verrat ein vereinzeltes Vorkommnis, eine Verirrung.

Während wir in unseren Abteilungsversammlungen über Lin Piaos Verbrechen diskutierten und über die verschiedenen Zeitungsartikel debattierten, die ihn abwechselnd als ultralinks, als Rechtsabweichler, als Linkspolitiker am Anfang und Rechtsabweichler am Schluß sowie als Linkspolitiker nach außen und Rechtsabweichler im

Inneren hinstellten, versuchten wir gleichzeitig, den Universitätsbetrieb wieder in Gang zu setzen. Ich bekam in den ersten beiden Jahren nach der Rückkehr aus der Kaderschule verschiedene Aufträge.

Im Winter 1971 und Frühling 1972 arbeitete ich eine Zeitlang an den Luftschutzräumen mit, die wir auf dem Universitätsgelände bauten, nachdem der Aufruf des Vorsitzenden Mao ergangen war: «Grabt tiefe Tunnel, legt Getreidevorräte an und trachtet niemals nach Hegemonie.» Um für einen Atomkrieg gerüstet zu sein, richteten wir unterirdische Klassenräume ein, einen Speisesaal und sogar eine Bibliothek, die alle mit dem unter der Stadt entstehenden weitläufigen Tunnelnetz verbunden waren. Als erstes schafften wir mit Schulterkörben und Schubkarren riesige Mengen Erde weg, dann brachten wir auf kleinen Handkarren hohe Eisenbetonbögen nach unten, und schließlich deckten wir unsere Schutzräume mit der Erde unsichtbar ab. Alle arbeiteten einen vollen Monat an diesem Gemeinschaftsprojekt. Später teilte ich meine Zeit zwischen politischen Versammlungen, der Durchsicht von Graduierungsarbeiten, der Ausarbeitung einer neuen Vorlesung über Lu Hsün und der Abfassung kurzer Artikel, in denen ich den studierenden Arbeitern, Bauern und Soldaten seine Essays erklärte.

Im Herbst widmeten sich die Studenten intensiv dem Studium des Marxismus-Leninismus und besuchten Vorlesungen über vier Werke von Marx. Ich war für Ergänzungsvorlesungen über zwei dieser Werke zuständig, die *Kritik des Gothaer Programms* und das *Kommunistische Manifest.* Nach den Vorlesungen traf ich mich mit einer Gruppe Studenten in deren Schlafsaal, um ihnen bei der Beantwortung von Fragen zu helfen, die sie im Zusammenhang mit den Vorlesungen hatten.

Im Frühsommer 1973 waren wir weit genug fortgeschritten, um das Universitätsgelände verlassen und die Gesellschaft als Labor benutzen zu können. Aufgrund meiner früheren Erfahrung im Lehren-Schreiben teilte man mir die Journalistikgruppe meiner Abteilung zu und sandte mich mit zehn Studenten und zwei anderen Lehrern nach Shih-chiachuang, der sechs Eisenbahnstunden entfernten Hauptstadt der Provinz Hopeh. Wir sollten in den Büros der dortigen Zeitung wohnen, und die Studenten sollten zu Reportern ausgebildet werden.

Ich verließ mein Heim diesmal sehr ungern und beneidete gleich vielen anderen Lehrern die Verwaltungsleute der Universität um ihr geregelteres, ruhigeres Leben. Lao Tangs Mutter war trotz ihres angespannten Verhältnisses zu ihrer anderen Schwiegertochter nicht zu uns gezogen, weil wir in unserem Haus sehr wenig Platz hatten und außerdem über keine *ayi* verfügten, die für sie hätte sorgen können. Sie genoß es jedoch immer, bei uns zu sein, und es machte mich traurig, daß meine Abreise sie der glücklichen Stunden mit ihren Enkeln beraubte. Tang Shuang, mittlerweile vierzehn, würde mich stärker vermissen als je zuvor, denn sein Vater kam von den vielen Versammlungen, mit denen er beschäftigt war, praktisch nur zum Schlafen heim. Ich schloß für meinen Sohn einen Essensvertrag mit einer Kantine ab, in der Studenten der nahe gelegenen Akademie der Wissenschaften verköstigt wurden. Es blieb mir nichts anderes übrig, als Tang Shuang einmal mehr sich selbst zu überlassen. Voll Kummer dachte ich daran, wie wenig ich mich immer um ihn hatte kümmern können; ich war nicht einmal fähig gewesen, ihn als Säugling mit meiner Milch zu ernähren.

In dem halben Jahr meiner Abwesenheit vom Universitätsgelände lebte ich mit den Studentinnen in den Zeitungsbüros zusammen, schlief in meiner Bettrolle auf dem Boden und aß in der Betriebskantine. Bald spielte sich ein Tagesablauf ein, der recht angenehm war für mich. Tagsüber sammelte ich mit den Studenten Informationen und half ihnen bei der Strukturierung des Materials, und abends, wenn sie mit dem Abfassen ihrer Artikel beschäftigt waren, versenkte ich mich in westliche Romane, vor allem von Balzac und Dostojewski, die ich mir in der gutbestückten Zeitungsbücherei borgte. Gefesselt von der Lektüre, las ich sogar unter meiner Steppdecke mit einer Taschenlampe weiter, wenn um elf Uhr die Lichter ausgingen.

Meine Gruppe war für Reportagen über Erziehung und Agrikultur zuständig, und wir hatten gerade begonnen, uns mit der Situation in Shih-chiachuang vertraut zu machen, als die Sache mit Chang Tiesheng passierte. Anfang 1973 war vielerseits eine Reform des Zulassungssystems zur Universität gefordert worden, mit der Begründung, die Zulassung dürfe nicht nur auf Empfehlungen, sondern müsse auch auf Prüfungsergebnissen basieren. Als Reaktion darauf hatte man im Sommer die Aufnahmeprüfungen wiedereingeführt. Auf wenig Gegenliebe stieß die neue Politik jedoch bei den hohen Kadern, deren Kinder nun nicht mehr automatisch zugelassen wurden, sowie bei den jungen Leuten, die in der Kulturrevolution bekannt geworden und politisch weit vorangekommen waren, aber nur begrenzte Bildung besaßen. Ein Studienanwärter, der ehemalige Rotgardist Chang Tiesheng aus der Provinz Liaoning, unterzog sich der geforderten Prüfung über Agrikultur, doch weil er die Fragen nicht beantworten konnte, schrieb er, solche Verfahren bedeuteten eine Rückkehr zur alten Erziehungsweise. Die Prüfungen seien so angelegt, behauptete er, daß sie einerseits die Arbeiter, Bauern und Soldaten ausschlössen und es ihnen verwehrten «die Höhen [über dem Schlachtfeld] zu besetzen», andererseits den bourgeoisen Intellektuellen gestatteten, diese strategisch wichtigen Positionen einzunehmen. Die Prüfungen seien schlicht ein Mittel zur Unterdrückung der jüngeren Generation und zur Fesselung ihres Denkens, schloß Chang Tiesheng, darum gehörten die für ihre Einführung verantwortlichen Leute gestürzt.

Weil viele ranghohe Führer, darunter Chi Ch'un, den Ausführungen Changs Beifall spendeten, veröffentlichten die Zeitungen seine Kommentare und dazu zahlreiche Artikel, die ihn als einen gegen das alte Erziehungssystem kämpfenden Helden priesen. Meine Gruppe von der *Hopeher Tageszeitung* wurde ausgeschickt, um Mittelschullehrer, Studenten und Arbeiter zu interviewen und ihre Ansichten über die Kontroverse zu ergründen. Einige der Interviewten sagten, Changs Reaktion sei richtig, denn man dürfe nicht durch Prüfungsergebnisse bestimmen, wer ein Anrecht auf Bildung habe; andere dagegen fragten, wie jemand, der nicht einmal fähig sei, Prüfungsfragen zu beantworten, als Held gefeiert werden könne.

Ich persönlich lehnte Changs Argumentation ab, aber der Zeitungschef hatte verlangt, daß wir die Affäre als wichtiges Beispiel behandelten, weil Chang Tiesheng das Recht der Arbeiter, Bauern und Soldaten auf Bildung schütze. Das Bildungsniveau in der Gegend von Shih-chiachuang war damals ziemlich niedrig, und wahrscheinlich wollte der Zeitungschef deshalb Chang Tiesheng als Helden dargestellt sehen, der eine Rückkehr auf den alten Weg und die Heranbildung einer «geistigen Aristokratie» verhinderte. Nicht alle Studenten waren mit dem Standpunkt des Zeitungschefs einverstanden, und so gab es lange Diskussionen über das Problem.

Eine Studentin, die früher Arbeiterin auf den Modell-Ölfeldern von Taching gewesen war, drang auf die Darstellung beider Seiten und weigerte sich, nur über die zustimmenden Aussagen der Interviewten zu berichten, doch ihr Artikel wurde nicht veröffentlicht. Die Zeitungsfunktionäre hielten ein solches ausgewogenes Urteil im Augenblick für völlig fehl am Platze und empfahlen den Studenten, in ihren Artikeln die «neugeborenen Dinge» der Kulturrevolution zu unterstützen und sich um eine Verbesserung all dessen zu bemühen, was sie für mangelhaft hielten. Nachdem ich schon einmal kritisiert worden war, weil ich das Recht der Studenten verteidigt hatte, Fehler der offiziellen Politik zu analysieren, beugte ich mich dem Urteil des Zeitungschefs.

Als ich zum Frühlingsfest nach Hause kam, erfuhr ich, daß viele Mitglieder der Fakultät den Versuch kritisiert hatten, Chang Tiesheng zu einem «Helden des leeren Papiers» zu machen. Um ihre Haltung zu korrigieren, hatte Chi Ch'un insgeheim eine Prüfung organisiert, die diese arroganten Professoren demütigen sollte. Eines Nachmittags wurden alle Lehrer zu einer wichtigen Versammlung gerufen, und es hieß, niemand dürfe sich davon beurlauben lassen. Nachdem sich alle in den Versammlungsräumen ihrer Abteilungen eingefunden hatten, erhielten sie einen Prüfungsbogen mit Fragen aus ihrem Fachgebiet sowie Fragen zur politischen Theorie. Angeblich konnte man viele der politischen Fragen nur beantworten, wenn man sich an bestimmte, oft triviale Informationen erinnerte. Die meisten Professoren ärgerten sich schrecklich über diese erniedrigende Behandlung, und einer schrieb einfach: «Ich möchte gern die Note Null haben und von Chang Tiesheng lernen.» Chi Ch'un wollte, daß sich die Lehrer klein fühlten, er wollte demonstrieren, daß eine einzige Prüfung kein genaues Bild von den Fähigkeiten einer Person gebe und daß man darum das Schicksal der jungen Generation nicht von einer einzigen Prüfung abhängig machen dürfe. Doch statt das Überlegenheitsgefühl der Professoren zu dämpfen, minderte diese Episode nur die Wertschätzung der Fakultätsmitglieder für Chi Ch'un.

Während des Aufenthalts in Shih-chiachuang begleitete ich die Studenten auch bei mehreren Fahrten aufs Land. Nach Beobachtung der Bauern kehrten wir in die Zeitungsbüros zurück, diskutierten unsere Feststellungen und überlegten, wie unsere Daten zu analysieren seien. Im August fuhren wir mit einem Bus zu einer fünf Stunden entfernten Kommune westlich der Stadt, um über die fortschrittliche Art der Bauern beim Pflanzen von Baumwolle zu berichten.

An einem der Abende in diesem abgelegenen Dorf kam im Radio

ein Bericht über den X. Parteitag, der sofort meine Aufmerksamkeit erregte. Wang Hung-wen, der unerschütterliche Verbündete Chiang Ch'ings und ehemalige Sicherheitschef einer kleinen Fabrik in Shanghai, ein Mann, der nur Mittelschulbildung besaß, war zum Vorsitzenden des Politbüros ernannt und damit offiziell als Nachfolger des Vorsitzenden Mao bestätigt worden. Wie ich wußte, signalisierte diese Meldung, daß nach dem Tod des Vorsitzenden Mao die Viererbande das Ruder übernehmen würde. Ich fand, daß die Kulturrevolution die Schwächen dieser ehrgeizigen Gruppe hinlänglich demonstriert hatte, und schaute den alten Reporter an, der unsere Gruppe begleitete. In seinen Augen las ich, daß er meine Befürchtungen teilte, doch wir schwiegen beide.

Als ich Anfang 1974 aus Shih-chiachuang heimkehrte, geriet ich mitten in eine politische Kampagne, die Chiang Ch'ing gegen alte Intellektuelle und Kader inszeniert hatte. Diese Bewegung gegen «rechte Abweichler» stellte in erster Linie einen Angriff auf Teng Hsiao-ping dar, der vor kurzem wieder an die Macht gelangt war, nachdem er sieben Jahre in einer Kaderschule und einer Fabrik gearbeitet hatte. Im Rahmen dieser Kampagne zur Bloßstellung all jener, «die neue Schuhe anziehen, aber dem alten Weg folgen», fand an der Peita eine Untersuchung des Denkens und Handelns der Menschen seit 1971 statt. Die Untersuchung sollte aufdecken, welche Lehrer und Kader Neigungen offenbart hatten, zum Feudalismus, Kapitalismus oder Revisionismus zurückzukehren, und welche treu für die Bedürfnisse der Arbeiter, Bauern und Soldaten eintraten.

Die Propagandatruppführer jeder Abteilung organisierten Versammlungen und ermutigten die Studenten, alle Lehrer zu benennen, die falsche Gedanken hegten, ihre Studenten in eine akademische Richtung geführt und gleichgültig gegenüber Politik gemacht hatten oder Gegner der Erziehungspolitik waren, weil sie dafür eintraten, daß die Studenten an der Universität blieben, statt hinauszuziehen und von der Gesellschaft zu lernen. Manchmal versammelte der Klassenordner kleine Gruppen von Studenten, ließ sie anklagende Wandzeitungen schreiben und gab ihnen Ratschläge im Hinblick darauf, welche Dinge in der Abteilung am dringendsten einer Reform bedürften.

Im Februar schließlich, als die Kampagne ihren Höhepunkt erreichte, erschienen drei Wandzeitungen, die mich zum Gegenstand der Kritik machten. Die Verfasser behaupteten, ich hätte in Shih-chiachuang meine Zeit mit der Lektüre bourgeoiser westlicher Romane verbracht, statt Beziehungen zu den Arbeitern, Bauern und Soldaten zu knüpfen. Außerdem hätte ich mit meinen Studenten die giftigen Bücher erörtert und sie so auf Abwege geführt. In zwei Versammlungen, auf denen ich kritisiert wurde, bezeugten drei Studenten, alles Parteimitglieder, daß mein Denken tiefe rechtsabweichlerische Wurzeln habe. Einer empfahl mir warnend, mich nie mehr von solchen Ideen in Versuchung führen zu lassen; ein anderer rief, man dürfe mir nie mehr erlauben zu lehren, weil ich bestimmt weiterhin den Geist der Studenten verderben würde. Genau wie damals bei der Kampagne gegen Rechtsabweichler waren es wieder jene Studenten, die mir besonders nahestanden. In Shih-chiachuang hatten sie mich gebeten, ihnen außerhalb der regulären Kursarbeit Unterricht über Literatur zu geben, und das benutzten sie jetzt gegen mich. Ich wußte, daß die jungen Leute bald graduiert würden und deshalb in der neuen Bewegung ihre Treue zu beweisen versuchten, damit sie gute Positionen erhielten. Trotzdem stimmte mich ihr Verhalten traurig, denn ich hatte aufrichtig versucht, eine gute Beziehung zu diesen jungen Arbeitern, Bauern und Soldaten herzustellen. Ihre Kritik war nicht sonderlich ernst im Vergleich zu den Beschuldigungen, die man in der Vergangenheit gegen mich erhoben hatte, dennoch deprimierte mich dieses neuerliche Zeugnis für die Unzuverlässigkeit menschlicher Beziehungen im Sog der Kulturrevolution.

Nach etwa einem Monat hörten die Kritiken plötzlich auf, und die Bewegung war zu Ende, ohne daß jemand wußte, warum. Später vermuteten wir, daß der Versuch der Viererbande, Teng Hsiao-ping zu entmachten, gescheitert war. Damals aber sagten wir nur, gleich anderen anfangs bedrohlichen, dann aber fehlgeschlagenen Kampagnen habe diese den «Kopf eines Tigers und den Schwanz einer Schlange» gehabt. Meine Fehler wurden nie mehr erwähnt, man erteilte mir vielmehr den Auftrag, mit einer neuen Studentengruppe für eine einmonatige Ausbildung zu einem VBA-Regiment zu fahren.

Dieser Auftrag entsprang ebenfalls dem Bemühen, die Erziehungsreform fortzusetzen. Die Studenten sollten von den Soldaten deren Disziplin, deren richtiges politisches Denken und deren einfache, frugale Lebensweise lernen. Mich faszinierte die Aussicht, aus eigener Anschauung zu erfahren, wie das Leben in der Armee ist.

Nach einer mehrstündigen Fahrt in einem Jeep, dem ein offener Laster mit meinen Studenten folgte, erreichten wir das Regimentshauptquartier im Bezirk Changping. Mich beeindruckte sofort die planmäßige Anordnung der Gebäude. Die Gegend als solche war reizlos, ein Becken inmitten kahler Felsberge, die mich an Glatzköpfe erinnerten, aber die Symmetrie und Sauberkeit der Anlage wirkten ansprechend.

Zunächst teilte man die Studenten und mich einer Gruppe von zehn gemeinen Soldaten zu. Wir nahmen jede Mahlzeit mit ihnen ein und schöpften unsere Portionen von Bohnen, Gemüse und gesalzenen Rüben aus einer Gemeinschaftsschüssel. Nach einer Woche jedoch erhielten die Lehrer das Privileg, mit den Offizieren zu essen, und ich fand mich bei den Mahlzeiten in einer völlig anderen Umgebung wieder. An einem runden Tisch servierte man vier Gänge, von denen einer immer Fleisch enthielt und ein anderer oft mit Erdnüssen bestreut war. Zum ersten Mal kam ich mit Militärfunktionären in Kontakt. Einige waren liebenswürdig und erkundigten sich nach den studierenden Arbeitern, Bauern und Soldaten an unserer Universität oder nach unseren Familien zu Hause. Andere dagegen gaben sich arrogant und abweisend, sie lehnten es ab, mit uns zu reden, und verliehen stumm ihrer Antipathie gegen Intellektuelle Ausdruck.

In der ersten Woche war die Schulung körperlich sehr anstrengend, denn wir Neulinge mußten lernen, mit schweren Lasten und Waffen zu marschieren, was wir täglich fünf Stunden lang übten. Dreimal in dieser Woche erklang um Mitternacht eine Trompete, das Signal für uns, innerhalb von fünf Minuten unsere Steppdecken sowie die Ausrüstung zu packen und kampfbereit zu sein. Zu meiner großen Verlegenheit schaffte ich das nie. Ich verlor jedesmal im Dunkeln meine Sachen und kam zu spät zum Appell. War die Übung beendet, konnten wir wieder schlafen gehen.

In der zweiten Woche begannen die Studenten Schießübungen mit Gewehr und Pistole, was ich sehr aufregend fand. Leider konnte ich mich nicht daran beteiligen, weil man mich aufforderte, unterdessen eine Gruppe von Armeekorrespondenten im Schreiben zu unterrichten. Während die Studenten auf dem Schießplatz waren, verbrachte ich also den ganzen Tag im Unterrichtsraum. Doch ich faßte bald große Zuneigung zu meinen neuen Schülern. Oft machte ich nach dem Abendessen mit ihnen noch Schießübungen, und wenn eine oder zwei meiner Kugeln das Ziel trafen, freute ich mich riesig. Die schüchternen, ernsten jungen Infanteristen, alle vom Land, besuchten mich nach meiner Rückkehr an die Peita öfter, um sich von mir Artikel durchsehen zu lassen, die sie für die VBA-Zeitung geschrieben hatten.

Nachdem ich mich zu Hause einige Wochen ausgeruht hatte, schickte man mich – es dürfte Ende Mai 1974 gewesen sein – zum dritten Mal von der Universität weg. Diesmal mußte ich eine Gruppe Journalistikstudenten zur Lehre an die nahe gelegene *Pekinger Tageszeitung* begleiten, was den Vorteil hatte, daß wir an den Wochenenden nach Hause fahren konnten. Ich fühlte mich hier jedoch weit weniger wohl als bei der *Hopeher Tageszeitung,* denn unser Führer kam von der Einheit 8341 an der Universität, war der Sohn eines hohen Funktionärs, hatte nur die Mittelschule I absolviert und mochte die Intellektuellen nicht; außerdem war meine Gruppe zuständig für die Untersuchung neuer Errungenschaften in der Industrie. Unter Bauern war ich immer rasch heimisch geworden, doch bei unserem ersten Besuch in einem Metallveredelungsbetrieb verkrampfte ich sofort, denn ich fühlte mich klein und unzulänglich angesichts der riesigen, unergründlichen Maschinen. Der Journalist, der unserer Gruppe zugeteilt worden war, schaute mich oft zweifelnd an wegen meines mangelnden Wissens über Fabriken. Obwohl ich mich bemühte zu lernen, konnte ich sogar den Informationssitzungen, bei denen es um Statistiken über Produktionsraten und ähnliches ging, nur mit Mühe folgen. In dem Bestreben, mich mit der Industrieproduktion und den Belangen der Arbeiter vertraut zu machen, tat ich alles, um meine Unwissenheit zu überwinden; unter anderem arbeitete ich mit den Studenten angestrengt daran, aus ihren Kommentaren Artikel zu machen, die zur Veröffentlichung taugten.

Weil die Studenten immer unzufriedener wurden und meinten, sie könnten nicht endlos über die Gesellschaft schreiben, ohne gleichzeitig auch ihr Wissen zu vertiefen, setzten wir Lehrer schließlich einen Tag in der Woche für Vorlesungen und Diskussionen über Lu Hsün an. Mein Thema war seine Literaturtheorie, andere Lehrer behandelten seine Gedichte und Romane. Die Begeisterung der Studenten gab uns das Gefühl, endlich eine wirksame Erziehungsmethode gefunden zu haben, nämlich die Unterrichtung der Studenten, während sie in die Gesellschaft eingetaucht waren. Die Universitätsleitung hielt unser Experiment für so erfolgreich, daß sie es später anderen Abteilungen als Modell empfahl.

Wie in Shih-chiachuang, so entwickelte ich auch hier eine enge Beziehung zu den jungen Leuten, die wußten, daß ich kein Parteimitglied, nicht allzu streng und sehr verständnisvoll war. Manchmal vertrauten sie mir sogar ihre privaten Gedanken an. Einer offiziellen Bestimmung zufolge durften die Studenten über das Thema Liebe nicht einmal diskutieren, ein unrealistisches Verbot, das dem natürlichen Drang dieser jungen Menschen von Ende Zwanzig zuwiderlief. Einige kamen deswegen ratsuchend zu mir. Ein paar Monate nach unserer Entsendung bemerkte ich, daß ein Student, den ich schon aus Liyu-chou kannte, die Zuneigung der im Zimmer neben mir wohnenden Studentin zu gewinnen versuchte. Wenn sich die Studenten abends um den einzigen Fernseher versammelten, sah ich manchmal, daß er dem Mädchen Zettel zusteckte. Ich wußte jedoch, daß sich die Studentin für einen anderen jungen Mann interessierte. Der Student stammte aus einer Bauernfamilie, war Bergmann gewesen und dann in die VBA eingetreten; obwohl keine sonderliche akademische Leuchte, war er ziemlich arrogant und sehr stolz darauf, ein untadeliger Arbeiter-Bauer-Soldat zu sein.

An einem Samstagnachmittag, ich korrigierte gerade Arbeiten, und die meisten Studenten und Zeitungsleute waren schon fürs Wochenende weggegangen, hörte ich plötzlich von der Seitentreppe schrille Schreie und Hilferufe. Vom Treppenabsatz im dritten Stock kam mir besagte Studentin in panischer Angst und mit blutüberströmtem Gesicht entgegengelaufen. Der Student verfolgte sie mit einem Messer. Während seine Kameraden ihn umringten, um zu verhindern, daß er in seiner Raserei auch noch sich selbst oder jemand anderen verletzte, brachte ich die Studentin auf dem schnellsten Weg ins nächste Krankenhaus. Später erfuhr ich, daß ihr wütender Verehrer ihr die Wangen mit acht Schnitten aufgeschlitzt hatte, um ihre Schönheit zu zerstören, damit kein anderer Mann sie heirate, wenn er sie schon nicht haben könne. Nach zehn Tagen waren die Schnittwunden weitgehend verheilt, aber die Studentin fühlte sich so erniedrigt, daß sie es nicht ertrug, ihren Kommilitonen noch einmal unter die Augen zu treten. Sie kehrte nach Tientsin zurück, wo sie früher Arbeiterin gewesen war.

Der Student wurde zum Verräter an seiner Arbeiter-Bauern-Soldaten-Klasse erklärt, und man rief die ganze Peita zu einer

Versammlung, um ihn zu kritisieren. Während er auf der Plattform stand, analysierten drei Personen, weshalb er so gehandelt hatte; sie stellten fest, daß seine Arroganz ihn eigensinnig und selbstsüchtig gemacht habe. Die Führung wollte ein Exempel statuieren und zeigen, daß sogar ein geachtetes Mitglied der Arbeiterklasse ein «bourgeoiser Erbe» werden, unmoralische Akte begehen und seinen eigenen Untergang verursachen kann. Aus diesem Grund traf etwa zwei Stunden nach Versammlungsbeginn ein Jeep mit mehreren uniformierten Polizisten ein, die dem Studenten Handschellen anlegten und ihn spektakulär abführten. Er saß ein Jahr im Gefängnis und wurde dann als Arbeiter in seine Kohlengrube zurückgeschickt.

Obwohl bei der Kritik versucht worden war, das Verbrechen des jungen Mannes allein seinem Charakter zuzuschreiben, beunruhigte der Zwischenfall viele von uns. Ich fand es ganz natürlich, daß junge Leute sich verliebten, und für mich hatte die offizielle Politik, die romantische Gefühle verbot, zu dieser Tragödie beigetragen. Als ich einem anderen Lehrer meine Besorgnis erläutern wollte und ihn fragte, ob man die Liebe tatsächlich per Dekret unterbinden könne, drängte er mich, nicht über solche Dinge zu sprechen, denn das brächte mich nur in Schwierigkeiten. Doch ich wußte, daß die Erklärung für den schrecklichen Zwischenfall nicht so einfach war, wie die Führer behaupteten. Die Gewöhnung an Gewalt, dieses Vermächtnis der Kulturrevolution, sowie absolute Unerfahrenheit im Hinblick auf die heftigen Gefühle der Liebe und Eifersucht hatten zweifellos die Grausamkeit des enttäuschten Liebhabers gefördert. Die junge Generation hat einst diesen ganzen Aufruhr ausgelöst, dachte ich traurig, aber sie wird offenbar einen noch höheren Preis dafür zahlen müssen als wir, die dazu ausersehen waren, Opfer dieser Revolution zu werden.

# 14 Nach der Revolution

Der Staatsstreich, den Lin Piao im Herbst 1971 versucht hatte, wurde nie zufriedenstellend erklärt. In den Zeitungen erschienen weiterhin Artikel, die behaupteten, Lin Piao sei nur nach außen hin ein Linkspolitiker gewesen, im Grunde jedoch ein Rechtsabweichler, aber weder diese Aussagen noch die wiederholten politischen Untersuchungssitzungen stellten den Glauben des Volkes an die Parteiführung wieder her. Das Zentralkomitee suchte fieberhaft nach einem Weg, diesen verräterischen erwählten Nachfolger des Vorsitzenden Mao zu verurteilen, ohne gleichzeitig die Kulturrevolution zu verurteilen, für die Lin Piao so nachdrücklich eingetreten war. Zu jenen, die am eifrigsten bestrebt waren, das ganze Ausmaß von Lin Piaos Verschwörung aufzudecken und sich so vom Verdacht einer Beteiligung an seinem Verrat zu reinigen, zählte Chiang Ch'ing, deren enge Verbindung zu dem verstorbenen Vizevorsitzenden in der Vorstellung der Menschen fest verankert war. Alle wußten, daß sie ihr Auftauchen in der Öffentlichkeit der Konferenz über Kunst und Literatur der VBA im Februar 1966 verdankte, auf der sie unter der Schirmherrschaft Lin Piaos die Schlüsselrede gehalten hatte.

Auch die drei von der Untersuchungskommission des ZK zusammengestellten Publikationen mit Dokumenten und Fotos von dem Flugzeugwrack hatten die Zweifel des Volkes nicht ausgeräumt. Dieses Material stellte zwar Lin Piaos Verfehlungen anschaulich dar und deckte die raffinierten Einzelheiten seines Komplotts auf, aber es fehlte noch immer eine endgültige Analyse, die darlegte, warum er das Vertrauen der Partei dermaßen mißbraucht hatte. Als der Vorsitzende Mao im August 1973 als Reaktion auf die von einer Studiengruppe der Ch'ing-hua vorgelegten Arbeiten zu diesem Thema bemerkte, es sei richtig, die Kritik an Lin Piao mit der Kritik an Konfuzius zu verbinden, witterte Chiang Ch'ing eine Chance, der Perfidie ihres einstigen Mentors einen akademischen Anstrich zu geben und sie durch Verknüpfung mit Kernproblemen, die sicher im Schoß der fernen Vergangenheit ruhten, von der zeitgenössischen Szene zu distanzieren. Unzufrieden mit der vierten Dokumentensammlung, die sich gerade in Arbeit befand, beschloß sie, Gelehrte zur Hilfe heranzuziehen; sie wußte, daß umfassende neue Forschungen und ein Umdenkprozeß erforderlich waren, bevor die Beziehungen zwischen den Verfehlungen Lin Piaos und jenen des Konfuzius überzeugend dargestellt werden konnten.

In jenem Herbst, während ich noch in Shih-chiachuang war, wählten Chi Ch'un und die Parteikomitees der beiden angesehensten Universitäten des Landes zwölf Gelehrte aus, die von allen anderen Pflichten befreit werden sollten, um sich ganz auf diesen wichtigen Auftrag konzentrieren zu können. Lao Tang, bereits Mitglied der Schriftsteller-Kritiker-Gruppe, die in seiner Abteilung an der Affäre Lin Piao arbeitete, wurde als einer von sechs Peita-Gelehrten in einen sogenannten Kampfverband für Sonderaufgaben gewählt, der bald als «Liang Hsiao» bekannt wurde. Die Bezeichnung war eine Abkürzung des offiziellen Titels «Große Zwei-Schulen-Kritikgruppe Peita-Ch'ing-hua» und gleichbedeutend mit «gute Wirkungen». Anfang Dezember hatten sich die zwölf bereits in einem schönen Pavillon am See eingerichtet, ehemals Residenz des Präsidenten der Yensching-Universität. Die luxuriöse Unterbringung zeigte, welch hohe Wertschätzung man diesen Gelehrten entgegenbrachte. In der ruhigen Umgebung konnten sie sich ungestört auf ihr Projekt konzentrieren.

Ich erfuhr auf postalischem Weg von Lao Tangs neuem Auftrag und freute mich für ihn. Natürlich hoffte ich auch, daß diese Auszeichnung mit dazu beitrug, das Stigma seiner Einordnung in die «schwarze Bande» auszulöschen und die Schatten zu vertreiben, die seine und meine Vergangenheit auf die Zukunft unserer Kinder warfen. Mich beeindruckte, daß die Gruppe solches Ansehen genoß und daß sie durch die Bewegung zur Kritik an Lin Piao und Konfuzius höchstwahrscheinlich die Politik für das ganze Land diktieren würde. Ich hatte nicht die geringste Vorahnung, daß Lao Tangs Mitgliedschaft in diesem Elitegremium unserer Familie letztendlich nur Unheil statt Vorteile bringen würde. Mir erschien es unerläßlich für die Wiederherstellung der Einheit und für die Förderung des Fortschritts, Lin Piao zu verurteilen, der unserem Land solchen Schaden zugefügt hatte, und gleichzeitig auch Konfuzius zu kritisieren, dessen Formalismus und erniedrigendes Frauenbild ich immer verabscheut hatte.

Im Frühling und Sommer 1974, nachdem die auf zweiunddreißig Mitglieder erweiterte Gruppe ein größeres Quartier in einem Gästehaus am See bezogen hatte, genossen die Gelehrten ungewöhnliche Privilegien. Jeder bekam ein eigenes Zimmer, ein großer Vorteil für Menschen wie Lao Tang, die zu Hause kein Plätzchen hatten, an dem sie ungestört vom Lärm der Familie arbeiten konnten. Außerdem erhielten alle zusätzlich zu ihren regulären Mahlzeiten täglich eine Art Sonderhonorar, um sich Lebensmittel wie Fisch und Eier kaufen zu können, die für die Allgemeinheit immer noch rationiert waren. Brauchten sie Unterlagen aus der Bibliothek, mußten sie nur die Titel der benötigten Bücher aufschreiben, dann wurden ihnen diese auf ihre Zimmer gebracht. Die mit allen Bequemlichkeiten versehenen, von der Sorge um ihr leibliches Wohl befreiten und von der Umwelt ungestörten Gelehrten konnten also ihre ganze Energie auf ihre Aufgabe konzentrieren.

Wichtiger als solche praktischen Vorteile war jedoch, daß man ihnen Zugang zu bestimmten Orten, Menschen und Informationen gewährte. An einem Wochenende besuchten sie beispielsweise Lin Piaos unweit des Pehai-Parks gelegene Residenz, um dort eine Untersuchung durchzuführen. Lin Piaos Notizen über seine Lektüre und seine Randbemerkungen in den klassischen und kalligraphischen Werken, die er besaß, wurden sämtlich auf Beweise für konfuzianischen Einfluß hin durchforstet. Ein Notizbuch enthielt zum Beispiel die Erklärung, daß China sein konfuzianisches Erbe vorteilhaft nutzen müsse, und eine Schriftrolle, die in Lins Arbeitszimmer an der Wand hing, verkündete in seiner Schrift die konfuzianische Maxime: «Sich selbst bezähmen und die Riten wiederbeleben.» Beide Dinge wurden beschlagnahmt, denn man betrachtete sie als Hinweise auf Lins Wunsch, den Kapitalismus wiedereinzuführen. Außerdem wurde jeder Absatz in seinem Notizbuch mit Kommentaren versehen, aus denen hervorging, warum Lin Piao solche reaktionären Äußerungen gemacht hatte und warum sie keinen Zweifel an seinem rechtsabweichlerischen Wesen ließen.

Lao Tang staunte jedoch weniger über dieses Beweismaterial für Lin Piaos reaktionäre Standpunkte als über die Pracht seines umzäunten Domizils. Es gab dort ein Schwimmbassin, in dem die Wassertemperatur das ganze Jahr über konstant blieb, und einen Toilettensitz, der immer Körpertemperatur hatte. Die Schränke von Lin Piaos Frau Ye Ch'un waren vollgestopft mit teuren Kleidern und hochhackigen Schuhen, ihr Zimmer schmückten dicke Teppiche und seidene Steppdecken. Das Haus besaß zwei Projektionsräume, in denen sich die Familie alle Filme anschauen konnte, die sie sehen wollte, dazu Fernsehprogramme, die über Satellit aus Hongkong empfangen wurden. Die Gelehrten verließen das Haus mit Schriftrollen, Büchern, Notizkarten und schockierenden Eindrücken von dem materiellen Reichtum, in dem Chinas höchste Führer trotz des jüngsten Versuchs der Kulturrevolution, bürokratische Privilegien abzuschaffen, ganz offensichtlich lebten.

Die Liang-Hsiao-Mitglieder begleiteten außerdem Chiang Ch'ing auf Fahrten zu Fabriken, Kommunen und Militärbasen, wo die Frau des Vorsitzenden Mao ihrer Sorge um das Wohlergehen der Arbeiter, Bauern und Soldaten öffentlich Ausdruck verlieh. Im Juni 1974 beispielsweise reisten Lao Tang und neun andere aus der Kritikgruppe in Chiang Ch'ings gepanzertem Sonderzug nach Tientsin, wo sie zwei Tage blieben, dann zur Modellkommune in Tachai und schließlich zu einem Armeestützpunkt in der Provinz Shansi. In den mit Teppichen ausgelegten Waggons erhielt jeder ein eigenes Schlafabteil, während normale Reisende, wenn sie sich überhaupt einen Schlafwagen leisten konnten, auf dreistöckigen Strohlagern ruhen mußten, etwa sechzig Personen in einem Waggon. Bei dem Aufenthalt in Tientsin wurde die Gruppe in einem speziellen Hotel für ranghohe Funktionäre untergebracht, in dem ausgezeichnetes Essen serviert und ein Schwimmbad ganzjährig beheizt wurde, obwohl nur wenige Parteifunktionäre schwimmen konnten. In Tachai, wo Lao Tang und die anderen auf den Feldern arbeiteten, um ihre Nähe zu den Bauern zu demonstrieren, schaufelte Chiang Ch'ing sogar Dung zum Zeichen ihrer Bereitschaft, sich auch an den mühseligsten körperlichen Arbeiten zu beteiligen. In Shansi besichtigte die Gruppe die Basis der 63. VBA-Division und wirkte bei einer Abendunterhaltung mit. Chiang Ch'ing sang eine Arie aus einer Modelloper und Lao Tang eines der beliebten Marschlieder: «Ich bin ein Soldat und stamme aus dem Volk.» Einen Monat später, bei einer Inspektionsreise im Juli, besuchte er eine Marinebasis, wo er mit seinen Kollegen ein Unterseeboot besichtigen konnte; dieses

Geheimschiff beeindruckte die Gelehrten ungeheuer, zumal bisher noch kein Zivilist eines zu Gesicht bekommen hatte. Als gewöhnlicher Bürger hätte Lao Tang keine Zeit, kein Geld und keinen Grund für solche Reisen gehabt, und er wäre natürlich nicht in die Quartiere der höchsten Führungskräfte gelangt.

Bei seinen kurzen Begegnungen mit Chiang Ch'ing gewann er anfangs einen günstigen Eindruck. Während der ersten Reise hatte sie sich, um die Achtung der von ihr erwählten gelehrten Gefährten zu gewinnen, bescheiden und lernwillig gegeben und mit scheinbarer Aufrichtigkeit erklärt, sie wünsche von den Professoren unterrichtet zu werden. Einen hatte sie gebeten, für sie das klassische Gedicht «Begegnung mit dem Leid» zu analysieren, von einem anderen hatte sie sich Marx' *Kritik des Gothaer Programms* erklären lassen und von Lao Tang dann noch Lao-tsus Werk *Tao-te-ching,* das der Vorsitzende Mao für einen wichtigen militärischen Text hielt. Ihre Fähigkeit, Gedichte aus der Tang-Dynastie vollendet zu rezitieren, darunter sogar einige, die er nicht kannte, hatte Lao Tang beeindruckt, ebenso ihre Kalligraphie, die sorgfältig jener des Vorsitzenden Mao nachempfunden war; ihm waren jedoch auch die Beschränktheit ihres Wissens und die Willkürlichkeit ihrer Urteile nicht entgangen.

Allein schon der Zugang zu Chiang Ch'ing und durch sie zum Vorsitzenden Mao verlieh der Liang-Hsiao-Gruppe unanfechtbare Autorität; man sagte von ihren Mitgliedern, sie könnten «den Himmel berühren». Yao Wen-yüan informierte Chi Ch'un und seinen Assistenten laufend über die politischen Entscheidungen auf höchster Ebene und setzte sie sofort in Kenntnis, wenn neue Weisungen des Vorsitzenden Mao ergingen, so daß die Liang-Hsiao-Mitglieder sie dann in ihren Artikeln gleich interpretieren und ausschmükken konnten. Weil sie offenbar im ganzen ZK Unterstützung fanden, erhielten sie auch vertrauliche Informationen anderer Art, beispielsweise die Aufsatzhefte Lin Piaos aus seiner Schulzeit. Diese Dokumente sandte ihnen Chou En-lai, was zeigte, daß auch der Ministerpräsident die Arbeit der Gruppe billigte. Der Zugang zu Insider-Informationen in unserer von Geheimhaltung beherrschten Gesellschaft trug entscheidend zum Ansehen von Liang Hsiao bei und stellte sicher, daß alles, was ihre Mitglieder schrieben – oft waren es Gemeinschaftsarbeiten, die meist in der *Volkszeitung* oder der *Roten Fahne* erschienen –, automatisch als endgültig akzeptiert wurde.

Ich wußte, daß Lao Tang dank seiner neuen Aufgabe allmählich landesweite Anerkennung fand, vor allem nachdem das Parteikomitee der Peita ihn und Pang Wenchun, ebenfalls Mitglied von Liang Hsiao, damit betraut hatte, einen Vortrag über die Bedeutung der vierten Publikation von Lin-Piao-Dokumenten zu halten. Die Darstellung der beiden wurde als überaus nützliche, hilfreiche Analyse des Denkens Lin Piaos und der Ähnlichkeiten zwischen ihm und Konfuzius betrachtet. Darum ersuchte man sie, den Vortrag auf einer Konferenz führender Kader noch einmal zu halten; diese Konferenz fand am Neujahrstag 1974 statt, kurz vor meiner Rückkehr nach Peking. Auf Anweisung von Chiang Ch'ing und Chang Chun-ch'iao wurde die Bandaufzeichnung von dem Vortrag anschließend im ganzen Land zur Diskussion bei Studienversammlungen verteilt. Auf dem Universitätsgelände sprachen mich die Leute oft an, äußerten sich bewundernd über Lao Tang und lobten seine kluge Aufhellung der komplizierten Probleme. Einige allerdings machten ironische oder sogar zynische Bemerkungen und sagten, daß sie es nicht für überzeugend hielten, Lin Piao als einen «Durch-und-durch-Konfuzius-Schüler» hinzustellen; ich beachtete jedoch die Skeptiker nicht, weil ich glaubte, Lao Tangs Rede sei über jeden Tadel erhaben. Inzwischen war die vierte Sammlung von Lin-Piao-Dokumenten tatsächlich vom ZK zur «ersten Direktive» erhoben worden, ein weiteres Zeugnis dafür, daß die Autorität der Liang-Hsiao-Gruppe höchste Bestätigung erfuhr.

Lao Tang bereitete es immer wieder Unbehagen, in eine Position katapultiert worden zu sein, die soviel Macht und Ansehen mit sich brachte. Er wußte, daß seine enge Verbindung zu Chiang Ch'ing und ihren Anhängern sich für ihn sehr nachteilig auswirken konnte, denn die Frage der Nachfolge für den Vorsitzenden Mao war noch keineswegs gelöst. Seit der Bewegung gegen «rechte Abweichler» Anfang 1974, bei der auch ich angegriffen worden war, fragte sich Lao Tang immer wieder, ob die Veröffentlichungen von Liang Hsiao nicht in versteckter Weise gegen Teng Hsiao-ping benutzt wurden; als er einmal fürs Wochenende aus dem Gästehaus heimgekommen war, hatte er sogar gesagt, er wolle die Kritikgruppe verlassen und als Lehrer in die philosophische Abteilung zurückkehren. Ich hatte ihn beruhigt und ihn beschworen, sich keine Sorgen zu machen.

Im Herbst 1974, als die Kampagne zur «Bewertung des Legalismus und Kritik an Konfuzius» in vollem Gang war, begann auch ich mich mit jenen Fragen zu befassen, die Lao Tang bereits seit über einem

Jahr beschäftigten. Der Vorsitzende Mao, der nicht die gesamte chinesische Tradition verwerfen wollte, hatte vor kurzem die legalistischen Denker als Ersatz für die konfuzianische Philosophie gepriesen, darum studierten nun alle Studenten des laufenden Semesters diese beiden Denkschulen eingehend. Die Hauptthese der Kampagne lautete, daß der Legalismus den Fortschritt der Gesellschaft fördere, weil er für Kampf statt Mäßigung eintrete und weil er auf der Formulierung von Gesetzen zur Lenkung des Verhaltens bestünde, statt sich auf die angeborene Moral der Menschen zu verlassen. Die meisten älteren Professoren in meiner Abteilung, verletzt durch die Angriffe auf alte Kader und Intellektuelle im vergangenen Februar, gebrauchten Ausflüchte, um nicht lehren zu müssen, darum zählte ich zu den fünf jüngeren Fakultätsmitgliedern, denen man den Kursus über die beiden Denkschulen übertrug.

Das Thema war mir trotz meiner früheren Ausflüge in die traditionelle Literatur im Grunde fremd, darum half mir Lao Tang bei der Auswahl von Material und bei der Formulierung meiner Gedanken. Weil ich den Konfuzianismus seit jeher ablehnte, fesselte mich mein neuer Auftrag, und die Studenten teilten mein Interesse an dem Thema. Sie waren begeistert, endlich etwas über die chinesische Geschichte und Philosophie zu lernen und die klassische Sprache studieren zu können. Sie arbeiteten deshalb intensiv und nutzten so ihre erste Chance, Texte der alten Philosophen zu analysieren; doch man erlaubte ihnen nur ein einziges Semester ungestörter akademischer Arbeit. Im Frühjahr befahl man uns, die Diskussionen über die Erziehungsreform wiederaufzunehmen.

Im Januar 1975 erreichte Lao Tang den Gipfel der Anerkennung. Man wählte ihn und ein anderes Liang-Hsiao-Mitglied, einen jungen Gelehrten aus der Abteilung für Geschichte, zu Delegierten beim IV. Nationalen Volkskongreß. Ein Foto auf der Titelseite der *Volkszeitung* zeigte Lao Tang und machte deutlich, daß er kein gewöhnliches Präsidiumsmitglied war, denn er saß mit anderen Würdenträgern auf der Plattform. Diese besondere Ehre bedeutete eine Anerkennung der herausragenden Position Lao Tangs in der Kritikgruppe und eine Art Wiedergutmachung für seine Leiden in der Kulturrevolution. Er galt als eines von zwei Liang-Hsiao-Mitgliedern, die während dieser Jahre am schlimmsten mißhandelt worden waren. Es erfüllte Lao Tang mit Stolz, in die Fußstapfen seines Vaters getreten zu sein, der als Repräsentant der Intellektuellen Delegierter auf dem I., II. und

III. Volkskongreß gewesen war. Ich freute mich mit ihm und hoffte außerdem auf bessere Zukunftsaussichten für unsere Kinder.

Im Frühling 1975 wartete das ganze Land nervös darauf, daß der Vorsitzende Mao endlich seinen Nachfolger benenne, doch er schien Zweifel zu hegen im Hinblick auf die Treue der in Frage kommenden Personen, so daß die Spannung unvermindert anhielt. Im April beispielsweise forderte er Chiang Ch'ing warnend auf, keine «Viererbande» zu bilden; und nicht lange danach, als er über ein Interview seiner Frau mit der amerikanischen Journalistin Roxanne Witke unterrichtet wurde, kritisierte er sie scharf, weil sie einer Fremden so viel über sein Privatleben enthüllt hatte. Sie übersiedelte daraufhin sogar in ein Gästehaus der Regierung. Außerdem kritisierte der Vorsitzende Mao in diesem Frühling einen Bericht von Yao Wenyüan, worin es hieß, die größte Gefahr für die Kommunistische Partei sei der Empirismus; dessen namhaftester Verfechter war der Pragmatiker Teng Hsiao-ping. Als Folge dieser Mißfallensäußerungen des Vorsitzenden Mao gegenüber Chiang Ch'ing und ihren Anhängern kamen im Frühsommer Gerüchte auf, daß die Viererbande an Macht verliere. Erneut begann Lao Tang nach einer Möglichkeit zu suchen, sich von der Kritikgruppe zu lösen.

Trotz meiner wachsenden Sorge über Lao Tangs Situation beschäftigte mich in diesen ersten Monaten des Jahres 1975 weit mehr die Gefahr, in der Tang Dan im fernen Heilung-kiang schwebte. Teng Hsiao-ping hatte nach seiner Rückkehr an die Macht Schritte unternommen, um einigen der Jugendlichen die Möglichkeit zu geben, heimzukehren, sich Stellungen zu suchen und ihr früheres Leben wiederaufzunehmen. Wir alle begrüßten diese neue Politik, hörten jedoch, daß die örtlichen Kader sie oft so durchführten, daß ihnen daraus persönliche Vorteile erwuchsen. Anscheinend hatte die veränderte Situation zu verbreitetem Machtmißbrauch geführt und Gelegenheiten zu Bestechung sowie sexuellen Belästigungen eröffnet.

Tang Dans Berichte über das schlechte Benehmen der Kader auf ihrer Militärfarm weckten in mir das verzweifelte Verlangen, sie so schnell wie möglich heimzuholen. Zu meinem Entsetzen erfuhr ich, daß der Führer der Farm etwa fünfzig Mädchen gezwungen hatte, mit ihm zu schlafen, indem er ihnen drohend erklärte, nur so könnten sie seine Erlaubnis zur Abreise kriegen. Der arrogante, hemmungslose Regimentsführer hatte auf diese Weise sogar die Tochter eines hohen

Funktionärs seinen Wünschen gefügig gemacht. Ihr Vater jedoch, kurz zuvor gleich vielen anderen Kadern wieder in seine alte Position eingesetzt, erfuhr von ihr, was passiert war. Wütend und empört leitete er persönlich eine Untersuchung der Angelegenheit, die damit endete, daß der Regimentsführer und auch sein Stellvertreter groben Fehlverhaltens für schuldig befunden wurden. Der Führer wurde nach einem Schnellverfahren hingerichtet, sein Untergebener kam für viele Jahre ins Gefängnis.

Tang Dan beschrieb noch andere Wege, die Verlegung nach Hause oder eine Empfehlung an die Universität zu erhalten. Brauchte eine Militärfarm beispielsweise einen Lastwagen, eine Maschine oder irgendeine elektrische Einrichtung, konnten Eltern, die solche Dinge lieferten, fest mit der Heimkehr ihres Kindes rechnen. Als sich die Nachricht über diese Praktiken verbreitete, setzen viele Eltern Himmel und Hölle in Bewegung, um die Rückkehr ihrer Kinder in die Stadt zu erreichen. Auch ich versuchte mein möglichstes. Wir machten, wenn nötig, Geschenke, und besuchten in unserer Verzweiflung jeden, der irgendeine Verbindung zu den Führern der Kommunen und Militärfarmen besaß, auf denen die Jugendlichen seit 1969 lebten.

Tang Dan schien mir besonders gefährdet. Sie hatte ihre Arbeit immer gewissenhaft ausgeführt, zuerst Ziegel hergestellt, dann Schweine gefüttert und schließlich die Pferde der Farm versorgt. Vor einiger Zeit hatte man ihr die Verantwortung für die Verpflegung ihres Regiments übertragen. Diese privilegierte Position gab ihr die Möglichkeit, ab und zu die Farm zu verlassen und mit dem Traktor auf den nächsten Markt zu fahren, um Vorräte wie Öl, Salz und Sojasoße zu kaufen. Die Gerüchte über das, was den jungen Frauen in diesen abgelegenen ländlichen Gebieten passieren konnte, wo zwischen den einzelnen Dörfern weite unbebaute Landstriche lagen, beunruhigten mich zutiefst. Tang Dans Aufgabe, während der Bodenbestellung im Frühling, wenn die Traktoren Tag und Nacht pflügten, den Nachtarbeitern das Essen zu bringen, schien mir auch nicht ungefährlich zu sein.

In den vergangenen sechs Jahren hatte sie beharrlich darum gekämpft, sich weiterzubilden. Sie hatte bis spät in die Nacht beim Schein einer Petroleumlampe gelesen und sich dabei die Augen verdorben; aber sie hatte es geschafft, alles zu lernen, was ein Mittelschüler beim Schulabschluß beherrschen muß. Wahrlich keine einfache Leistung. Mehrmals hatte man ihr tadelnd vorgeworfen, sie folge dem Weg «Weiß und Experte»; ihre Führer hatten wiederholt behauptet, durch ihre Vorliebe für Bücher verrate sie ihren Wunsch, das Land zu verlassen, statt sich hier für immer anzusiedeln. Unbeeindruckt durch die Kritik, hatte sie weitergearbeitet. In den letzten Jahren hatte sie sogar ihren alljährlichen einmonatigen Urlaub ohne Genehmigung verlängert, um noch mehr lesen zu können. Inzwischen war die Disziplin recht locker geworden, weil die Kader persönlichem Gewinn nachjagten.

Als Tang Dan seinerzeit freiwillig mit ihren Kameraden ins Grenzgebiet statt mit uns in die Provinz Kiangsi gegangen war, hatte sie sich in ihrem revolutionären Eifer verpflichtet gefühlt, für den Fortschritt des Landes zu arbeiten. Im Laufe der Jahre war bei ihr jedoch, wie bei den meisten ihrer Freunde, Ernüchterung an die Stelle der Begeisterung getreten. Während der japanischen Besetzung in den dreißiger Jahren war der Bezirk Tetu, in dem sie sich aufhielt, eine ertragreiche Gegend gewesen. Zu dem fruchtbaren Boden und den Farmmaschinen, die teilweise von den Japanern zurückgelassen und teilweise in der Sowjetunion gekauft worden waren, hatten sich mit der Ankunft der jungen Leute aus den Städten Arbeitskräfte in Hülle und Fülle gesellt. Doch trotz dieser guten Voraussetzungen arbeitete die Farm jedes Jahr mit Verlust. Wegen Unfähigkeit der Führung trafen Samen und Dünger oft erst verspätet ein, und wenn die Feldfrüchte endlich reif waren, wurde die Ernte hinausgezögert, wodurch ein großer Teil des Ertrags verlorenging.

Die Zustände auf Tang Dans Farm und besonders die Forderungen, die verschiedene skrupellose Führer an die ihnen anvertrauten jungen Frauen stellten, machten mich schrecklich besorgt. Doch ich wußte, daß Tang Dan, weil sie eine Rechtsabweichlerin zur Mutter hatte, keine Empfehlung für eine Universitätsausbildung erhalten würde. Es gab nur zwei Wege, sie nach Peking zurückzuholen. Der erste bestand darin, daß Tang Shuang in die Armee eintrat, denn wenn keines der Kinder mehr zu Hause war, hatte ich das Recht, die Hilfe meiner Tochter anzufordern. Der zweite Weg war, Tang Dan für körperlich untauglich zum weiteren Verbleib auf der Farm erklären zu lassen. Nach gründlichem Überlegen entschied ich mich für den zweiten Weg. Die Armee hätte Tang Shuang wegen meiner Einstufung als politisch unzuverlässig wahrscheinlich ohnehin nicht genommen, außerdem konnte ich nicht gut von ihm verlangen, daß er seiner Schwester zuliebe die Schule verließ.

Seit Tang Dan der bitteren Kälte des Nordostens ausgesetzt war, bekam sie ihre Tage nicht mehr. Wir beschlossen, dieses vielleicht ernste gesundheitliche Problem als Grund für einen Antrag auf Freistellung zu nutzen. Bereits 1972, während ihres einmonatigen Jahresurlaubs, war ich mit ihr zu einem Arzt gegangen. Wir hatten erfahren, daß ihre Gebärmutter zwar unterentwickelt, dieser Zustand jedoch nicht als Krankheit einzustufen sei, weil er sich medizinisch nicht heilen ließ. Um ein Attest zu bekommen, das Tang Dan krank schrieb, gingen wir zuerst in die Pekinger Frauenklinik; der Arzt dort stellte die gleiche Diagnose wie jener im Jahr 1972 und gab uns die gleiche Auskunft. Danach suchten wir ein paarmal eine Ärztin im Krankenhaus für traditionelle chinesische Medizin auf, bei der mich Freunde eingeführt hatten. Nach mehreren Konsultationen und teuren Geschenken in Form von Wein und ausländischen Zigaretten bat ich sie um Hilfe. Weil sie selbst eine Tochter in der Mongolei hatte, zeigte sie Mitgefühl und erklärte, eine Klimaveränderung werde Tang Dans Zustand höchstwahrscheinlich bessern. Sie wußte, daß viele junge Frauen, die den harten Wintern ausgesetzt waren, Menstruationsstörungen hatten, vor allem wegen der Kälte auf den Latrinen, wo der Urin sofort gefror, wenn er den Körper verließ. Tang Dan bekam von ihr ein Attest, in dem sie die Verlegung meiner Tochter empfahl und verschiedene Kräutermedizinen zur Linderung ihres Problems verordnete.

Ungeduldig wartete ich auf Nachricht, doch der Kader auf der Militärfarm tat Tang Dans Attest kaltschnäuzig ab. Er behauptete, ihr Zustand sei in Wirklichkeit gar keine Krankheit, und wenn er Tang Dan deswegen nach Hause schicke, müsse er die meisten anderen Mädchen mitschicken. Ich weigerte mich trotzdem, die Hoffnung aufzugeben. Dann mußte ich eben einen anderen Weg finden, um Tang Dans Freistellung zu erreichen.

Auch Tang Shuangs Zukunft war sehr ungewiß. Die Begabung für Mathematik, die er bereits in Liyu-chou gezeigt hatte, bestätigte sich jetzt in der Schule; er bekam immer die besten Noten in seiner Klasse. Deshalb wurde er Anführer einer Gruppe von sieben Schülern, die ein Mathematikprofessor der Akademie der Wissenschaften für einen speziellen Studienkurs in Infinitesimalrechnung ausgewählt hatte. Der Professor, besorgt um die Zukunft der Wissenschaft in

China, hatte 1974 die Erlaubnis für einen solchen Kurs erhalten. Mehrere Male hatte er zu mir gesagt, mein Sohn sei außergewöhnlich talentiert und ich solle ihm helfen, seine Fähigkeiten zu entwickeln. Solche Ermutigungen steigerten jedoch nur meine Frustration, denn ich wußte, daß Tang Shuang wegen des doppelten Stigmas, aus einer Intellektuellenfamilie zu stammen und ehemalige Feinde als Eltern zu haben, keine Universität besuchen konnte.

Voller Sorge wegen Tang Shuangs trüben Zukunftsaussichten, Tang Dans fortdauerndem Exil im Nordosten und Lao Tangs gefährlichem Engagement in den politischen Kämpfen der Viererbande, reiste ich im Spätfrühling 1975 in den Bezirk Ta-hsing ab, um bei der Ernte des Winterweizens zu helfen. Chi Ch'un hatte es so eingerichtet, daß die Peita in dem etwa drei Fahrstunden von Peking entfernten Bezirk einen Teil einer Gefängnisfarm für jugendliche Strafttäter in Besitz nehmen konnte. An diesem Ort wurden jene Fakultätsmitglieder, denen man nicht genügend traute, um sie wieder in ihre akademischen Ämter einzusetzen, weiter umerzogen; und die Studenten sollten dort Erfahrung in körperlicher Arbeit sammeln, damit sie nicht Gefahr liefen, den «Drei Punkten in gerader Linie» zu folgen, also sich nur zwischen Bibliothek, Speisesaal und Schlafsaal zu bewegen. Im Rahmen des Modells «halb arbeiten, halb studieren» wurden die Mitglieder der Abteilungen für Literatur, Geschichte und Philosophie in sechsmonatigem Turnus an diese neue Kaderschule geschickt, und jetzt war ich an der Reihe.

Die Lage der Gefängnisfarm Himmlischer Fluß entsprach in keiner Weise ihrem Namen. Aus dem Busfenster sah ich Halbwüchsige in Gruppen neben der Straße arbeiten. Sie trugen derbe, graue Kleidung, hatten kahlgeschorene Köpfe und völlig ausdruckslose Augen. Die meisten waren wegen Diebstahls oder Vandalismus verurteilt worden, einige wenige hatten politische Verbrechen begangen.

Die Umgebung wirkte genauso leer und ausdruckslos wie die Augen der Farmbewohner. Ein paar struppige Büsche unterbrachen die Flachheit der monotonen Landschaft, doch abgesehen von diesen wenigen grünen Flecken war alles braun und dürr. Die niedrigen Gebäude der Farm hatten hohe, vergitterte Fenster und standen aufgereiht an gelblichen Lehmstraßen. Bei meinen früheren Aufenthalten auf dem Land hatte ich wenigstens in einiger Nähe der Bauern gelebt, aber hier würden Verbrecher meine einzigen Nachbarn sein, dachte ich mutlos. Als ich erkannte, daß die äußeren Lebensbedingungen auf der Farm im übrigen weit besser waren als in Kiangsi, versuchte ich, ein wenig Begeisterung aufzubringen. Wenigstens standen schon einige Ziegelhäuser und eine große Küche, und die Felder waren bereits kultiviert.

An drei oder vier Tagen in der Woche arbeiteten wir auf den Feldern, abends korrigierten wir dann die Arbeiten der Studenten und halfen ihnen bei der Vorbereitung ihrer Vorlesungen. Oft kamen wir erst um Mitternacht ins Bett. Weil die Anlage eine ständige Einrichtung der Peita werden sollte, steckte die Universität viel Geld und Mühe in den Ausbau. Mehrmals in der Woche trafen nach dem Ende der regulären Arbeit Lastwagen mit Bauholz und Ziegeln ein, und wir mußten manchmal um elf Uhr nachts hinaus, um das Material für den Bau neuer Unterrichtsräume und Schlafsäle abzuladen. Der Schlafmangel und die Sorge um meine Familie, die ich nicht besuchen durfte, begannen meine Gesundheit zu untergraben.

Ich hatte keine Ahnung, was in Heilung-kiang mit Tang Dan geschah und wie es Lao Tang ging, der seit dem IV. Volkskongreß noch berühmter geworden war. Schon einmal war er ausgezeichnet worden, während ich auf dem Land arbeitete, nämlich 1965 durch P'eng Chen und Teng Tuo, und er hatte für diese Anerkennung dann bitter bezahlen müssen. Jetzt war er noch weit prominenter als damals und noch enger mit einigen der höchsten Führer verbunden. Voll Angst dachte ich an das Sprichwort, daß der hervorragende Dachsparren immer als erster vermodert.

Die fortdauernde Streßsituation führte zu einem Wiederauftreten des Schilddrüsenleidens, an dem ich 1953, kurz nach Tang Dans Geburt, erkrankt war, als ich einen Artikel nach dem anderen geschrieben, moderne Literatur studiert und außerdem noch politische Aufgaben erfüllt hatte. Damals hatte ich mich einer achtstündigen Operation unterziehen müssen; jetzt, mehr als zwanzig Jahre später, traten dieselben Symptome erneut auf. Ich war zwar erst seit zwei Monaten in Ta-hsing, aber der Arzt schickte mich wegen meiner Appetitlosigkeit, meines beschleunigten Pulses und der Schweißausbrüche bei der geringsten Anstrengung zur Erholung nach Hause.

Ende des Sommers kehrten auch die Studenten an die Universität zurück. Während ihres letzten Semesters erlaubte man ihnen endlich, sich auf wissenschaftliche Forschungen zu konzentrieren und vor der Graduierung eine kurze literarische Arbeit zu schreiben. Die Zukunft dieser Studentengruppe wurde sehr positiv eingeschätzt, dennoch bezweifelte ich, daß die jungen Leute von ihrer Zeit an der Universität viel profitiert hatten. Die meisten der Studenten waren sogar noch skeptischer als ich. Einer erklärte verbittert, erstens sei seine Generation ein Opfer der Kulturrevolution geworden, zweitens habe man mit ihnen ein Erziehungsexperiment gemacht, das gescheitert sei, und drittens werde man sie nach der Graduierung sicher gleich einer Ware billig zum Verkauf anbieten. Die studierenden Arbeiter, Bauern und Soldaten aus meiner Abteilung bekamen nach der Graduierung jedoch sehr gefragte Posten, oft als Universitätslehrer oder Forscher an Instituten, denn man betrachtete sie als neue Kraft, die dem kapitalistischen Weg widerstehen würde. Erst nach dem Herbst 1976, nach der Entmachtung Chiang Ch'ings und ihrer Anhänger, erfüllte sich die düstere Prophezeiung meines Studenten. Fast alle diese jungen Leute wurden aus ihren angesehenen Stellungen verdrängt und bekamen andere Arbeiten zugeteilt. In meiner Abteilung beispielsweise versetzte man sämtliche acht Bauern, Arbeiter und Soldaten, die nach der Graduierung als Lehrer eingestellt worden waren, auf weniger anspruchsvolle und weniger angesehene Positionen.

Die Anspannung, die in Ta-hsing meine Schilddrüsenkrankheit hatte wiederaufflackern lassen, war symptomatisch für die Schwierigkeiten, vor denen meine Familie einmal mehr stand. Diesmal war ich nur Zuschauerin, unfähig, etwas für Lao Tang oder für Tang Shuangs Zukunft zu tun, und erfolglos in meinen Bemühungen, meine Tochter heimzuholen. Von allen Seiten schienen uns Gefahren zu drohen. Mir fiel es viel schwerer, hilflos danebenzustehen, als selbst Härten zu ertragen, wie ich es in der Vergangenheit oft genug hatte tun müssen.

Während dieser Monate des Jahres 1975 baute Teng Hsiao-ping seine politische Basis weiter aus und setzte eine große Zahl der Kader, die nach dem 1966 eingeleiteten Angriff auf Parteibürokraten entlassen worden waren, wieder in ihre Ämter ein. Chiang Ch'ing und ihre Verbündeten waren sich dieser Bedrohung ihrer politischen Zukunft wohl bewußt und intensivierten ihre Bemühungen, den Rivalen zu stürzen. Im August benutzten sie eine kurze Kritik des Vorsitzenden Mao an dem beliebten historischen Roman *Am Rande des Wassers*, dessen Schilderung der Bauernaufstände bis dahin stets in den höchsten Tönen gepriesen worden war, für einen Angriff auf den Revisionismus und Kapitulationismus. In dieser kaum verhüllten

Attacke auf Teng Hsiao-ping wurde der Banditenheld des Romans beschuldigt, seine revolutionären Prinzipien aufgegeben und das Wohl des Volkes verraten zu haben. Natürlich schrieb die Liang-Hsiao-Gruppe, wichtigstes Propagandaorgan der Viererbande, viele Artikel zur Unterstützung dieser Kampagne gegen die «Kapitulationisten», womit einstige Revolutionäre gemeint waren, die kapituliert und den kapitalistischen Weg eingeschlagen hatten.

Inzwischen war vielen Menschen klargeworden, daß alle Äußerungen von Liang Hsiao über Geschichte, Literatur und Philosophie eine politische Botschaft enthielten und daß alle Werke der Gruppe Bestandteil von Chiang Ch'ings Versuch waren, ihre Gegner auszuschalten. Die *Am-Rande-des-Wassers*-Kampagne richtete sich unverkennbar nicht allein gegen Teng Hsiao-ping, sondern auch gegen Premier Chou En-lai. Schon lange frustrierte es viele Menschen, daß sie die von den Liang-Hsiao-Mitgliedern formulierten Erklärungen widerspruchslos akzeptieren mußten, doch seit einigen Monaten hörte man immer häufiger zynische Bemerkungen über die Gruppe. Jetzt war nicht länger zu übersehen, in welch schrecklichem Dilemma Lao Tang sich befand. Er konnte nicht mehr guten Gewissens in einem Gremium mitarbeiten, das zum bloßen Werkzeug der Viererbande geworden war, und er konnte auch nicht aus der Gruppe ausscheiden, weil jedes Zeichen von Untreue gegenüber Chiang Ch'ing oder dem Vorsitzenden Mao die Gefahr unmittelbarer Konsequenzen barg.

Ironischerweise verlief mein eigenes Leben in diesem Herbst ungewöhnlich glatt. Meinen neuen Auftrag, vor ausländischen Studenten Vorlesungen über die moderne chinesische Literatur zu halten, fanden meine Kollegen in jeder Hinsicht unerfreulich und unangenehm. Ich würde nicht nur ungebildeten Ausländern eine vereinfachte Sicht der chinesischen Literatur vortragen müssen, ich würde mich nicht nur in einer politisch risikoreichen Situation befinden, sondern mir würde auch jeder Kontakt mit den studierenden Arbeitern, Bauern und Soldaten verwehrt sein, deren Empfehlungen von Zeit zu Zeit Einfluß auf unsere akademische Beförderung hatten. Mich jedoch störte keiner dieser Faktoren. Mit meiner wahrhaft internationalen Gruppe von zweiundzwanzig jungen Leuten aus Europa und Kanada, Korea und Japan, Afrika und dem Mittleren Osten konnte ich ungezwungener denn je während meiner Lehrtätigkeit über Schriftsteller und ihre Werke diskutieren. Frei zu sein von den politischen Fesseln, die vor chinesischen Studenten die Darstellung der Literatur einengten, und mit Studenten solch unterschiedlicher Auffassung literarische Ideen und Interpretationen erörtern zu können – das empfand ich als eine Art Erwachen aus langem Schlaf.

Im Laufe des Semesters entstand eine so herzliche Beziehung zwischen mir und diesen Studenten, daß sie mir am Schluß der letzten Vorlesung durch einen ausgewählten Vertreter ihren Dank aussprechen und ein Andenken an die gemeinsame Arbeit überreichen ließen. Mit ziemlicher Mühe hatten sie in Hongkong eine Schallplatte von Beethovens Violinkonzert gekauft, ein Geschenk, das mir ihre Wertschätzung bewies, aber mir auch bewußt machte, wieviel sich im vergangenen Jahrzehnt verändert hatte. Einen Augenblick lang kehrten meine Gedanken in die Sommernacht des Jahres 1966 zurück, in der Rotgardisten bei uns eingedrungen waren und alle Relikte einer alten oder fremden Kultur zerschlagen hatten. Jetzt konnte ich wieder Beethoven hören.

Die Bewirtung ausländischer Gäste war damals noch nicht gestattet, trotzdem hoffte ich, bei mir zu Hause ein Abschiedsfest für meine Studenten geben zu können. Zuerst ging ich ins Universitätsbüro für auswärtige Angelegenheiten, dann zum stellvertretenden Vorsteher meiner Abteilung. Schließlich bekam ich die Erlaubnis, einen vorläufigen Bericht über das geplante Fest einzureichen. Bald darauf erhielt ich die Nachricht, daß jemand mein Heim besichtigen und prüfen werde, ob es sich für einen Empfang von Ausländern eigne. Ich verbrachte einen hektischen Tag mit Putzen, reinigte alle Wände und ordnete die Bücher in den Regalen. Einige Tage nach der Inspektion ging ich erneut ins Büro für auswärtige Angelegenheiten, um mich zu erkundigen, ob die Erlaubnis erteilt worden sei. Man sagte mir, mein Haus sei zwar akzeptabel, aber die Umgebung sei unansehnlich wegen des Abfallhaufens neben dem Hauptweg. Ich ließ mich nicht beirren, bat Tang Shuang um Hilfe und trug mit ihm den Müll auf einen anderen, nahe gelegenen, aber nicht einsehbaren Platz. Endlich gaben die Behörden ihre Zustimmung. Sie erboten sich sogar, mir die Bewirtungskosten zu erstatten, doch ich wollte, daß das Fest allein meines sei. Deshalb antwortete ich, daß ich etwas ganz Einfaches zubereiten würde und eine Kostenerstattung folglich nicht notwendig sei.

Bei dem Fest servierte ich eine große Schale mit Acht-wertvolle-

Zutaten-Reis, einem Symbol für die Kombination vieler verschiedener Elemente zu einem einheitlichen Geschmack, dazu Obst und Tee. Dank der ausländischen Studenten erlebte ich ein Gefühl der Freundschaft, das ich jahrelang entbehrt hatte. Mein Verhältnis zu den studierenden Arbeitern, Bauern und Soldaten zwar zwangsläufig etwas distanziert, beide Seiten ließen wegen des ständigen politischen Drucks Vorsicht walten. Weil die ausländischen Studenten nichts mit chinesischer Politik zu tun hatten, konnte ich mit ihnen freier und offener sprechen als mit irgend jemandem im ganzen vergangenen Jahrzehnt. Außerdem konnte ich dank ihnen jeden Tag ein paar Stunden meine Familienprobleme vergessen, sie verschafften mir in diesen spannungsgeladenen Monaten eine Atempause, die ich zu schätzen wußte.

Anfang Januar lenkte die feierliche Bekanntgabe des Todes von Chou En-lai, der fast das ganze vergangene Jahr über mit Krebs im Krankenhaus gelegen hatte, meine Aufmerksamkeit wieder auf die Politik. Ministerpräsident Chou galt in weiten Kreisen als derjenige Politiker, der sich am aufrichtigsten und selbstlosesten um die Zukunft Chinas sorgte, und er wurde als Mensch verehrt, der abseits vom Machtkampf stand und während der Kulturrevolution viele Menschen vor der Verfolgung gerettet hatte. Sein Tod löste im ganzen Land tiefe Trauer aus. Wir hängten gleich vielen anderen Familien der Peita sein mit weißen Bändern und Rosetten geschmücktes Bild über unsere Haustür und fragten uns besorgt, wer wohl sein Nachfolger werden würde.

Die Viererbande war erleichtert, ihren stärksten Gegner los zu sein, und versuchte die Trauerbekundungen zu kontrollieren, indem sie streng festlegte, wer dem toten Ministerpräsidenten im Krankenhaus die letzte Ehre erweisen dürfe. Aus dem gleichen Grund hielt sie das Datum seiner Überführung auf den Papaoshan-Friedhof geheim. Das Datum sickerte jedoch durch, und am 11. Januar säumte eine Million Menschen die Straßen, um dem toten Führer ihre Liebe und Achtung zu bezeigen.

Die Regierung erkannte, daß sie ein Ventil für die Gefühle der Bevölkerung schaffen mußte, und gab bekannt, daß die Urne mit der Asche des Ministerpräsidenten für drei Tage im Arbeiterkulturpalast stehen werde. Dieses imposante Gebäude aus der Ming-Dynastie lag östlich vom Tor des Himmlischen Friedens. Als mein Vater die Neuigkeit erfuhr, bat er mich, ihn dorthin zu begleiten. Ungeachtet seiner fünfundsiebzig Jahre war er noch gesund und rüstig, er bewältigte die Strecke von der provisorischen Bushaltestelle durch das Menschengewirr zu dem Gebäude mühelos. Gleich vielen anderen trugen wir zum Zeichen der Trauer weiße Papierblumen an den Jackenaufschlägen. Nachdem wir an der Asche vorbeidefiliert waren, gingen wir zum Märtyrermonument, um unsere einfachen Blumen zu jenen der anderen Trauernden in die Hecke um das Denkmal zu stecken. Die grünen Nadeln waren unter dem Weiß fast nicht mehr zu sehen, die Papierblumenwand legte stummes Zeugnis davon ab, welch große Zahl von Menschen dem geliebten Ministerpräsidenten die letzte Ehre erwiesen hatte.

Alle drängten sich nach vorn, um die Aufschriften auf den Kränzen lesen zu können, die am Fuß des Denkmals lagen. Die Leute ganz vorn lasen die Aufschriften laut vor, und andere in der Menge gaben die Worte dann nach hinten weiter. Trotz des beißenden Winds blieben wir drei Stunden stehen, hörten zu und überließen uns mit den anderen unseren Gefühlen von Schmerz und Sorge. Einige der Kühnsten in der Menge benutzten Lautsprecher und hielten improvisierte Reden, andere verfaßten Gedichte, schrieben sie auf Zettel und hefteten diese mit Nadel und Faden an die Kränze. Lange unterdrückte Emotionen brachen sich Bahn, die Trauer galt nicht nur den Leiden und dem Tod des Ministerpräsidenten, sondern der ganzen Gesellschaft. Es war Jahre her, daß die Menschen ihren Gefühlen so offen und ungestüm Ausdruck verliehen hatten.

Als wir zur Bushaltestelle zurückgingen, sagte mein Vater plötzlich leidenschaftlich: «Chiang Ch'ing kann China nichts als Leid bringen.» Ich drängte ihn, auf der Straße nicht über solche Dinge zu reden, aber er wollte nicht schweigen. Voll Erbitterung erklärte er, Chiang Ch'ing sei schuld an der Kulturrevolution, die solches Unheil über unser Land gebracht hatte, am Tod meiner Mutter und auch an seiner erniedrigenden Vernehmung im Jahre 1970.

In Kweiyang hatte er vor der Befreiung gelegentlich Studenten geholfen, die von der Kuomintang verfolgt wurden, sie mit Geld versorgt und einmal für sie im Sparrenwerk unseres Hausdachs ein revolutionäres Buch versteckt. Weiter war sein politisches Engagement nicht gegangen. Trotzdem hatte man ihn während der Kulturrevolution überprüft. Einer seiner ehemaligen Schüler war wegen Verbindungen zu den katholischen Missionaren in Kweiyang als ausländischer Spion verhaftet worden und hatte unter Folter schließlich alles gestanden, was seine Befrager verlangten. Später war der junge Mann im Gefängnis gestorben. Zu den erzwungenen Geständnissen gehörte auch die Aussage, daß mein Vater ranghoher Berater einer britischen Nachrichtenorganisation gewesen sei. Mein Vater hatte sich mit den Missionaren immer gern auf englisch unterhalten, war manchmal in den Bergen, wo sie lebten, mit ihnen gewandert und hatte gelegentlich mit ihnen gegessen oder Briefmarken getauscht. Wegen dieser Aktivitäten zitierte man ihn 1970 zwei Monate lang jeden Morgen um acht Uhr zur Vernehmung ins Sicherheitsbüro.

Während der Verhöre schwenkten seine Befrager die Fäuste vor ihm und drohten ihm harte Strafen an, wenn er seine Verbrechen nicht bekenne. Solche Einschüchterungsversuche machten meinen Vater jedoch nur wütend; er entgegnete, er sei ein alter Mann und sie könnten mit ihm machen, was sie wollten. Zwei Monate hindurch saß er täglich mit anderen angeblichen Konterrevolutionären auf einer Bank, während man ihn lärmend bestürmte, ein Geständnis zu schreiben. Da die Vernehmungen nichts erbrachten, befahl man ihm schließlich, zu Hause auf eine Entscheidung zu warten.

Ich bewunderte meinen Vater, weil er so kompromißlos an seinen Grundsätzen festhielt, aber mir war klar, daß er Glück gehabt hatte, erst in einer relativ späten Phase der Kulturrevolution als Spion angeklagt worden zu sein. In der Raserei der ersten Monate hätten ihn die Rotgardisten wegen seiner Weigerung, sich willfährig zu zeigen, wahrscheinlich erschlagen. 1970 jedoch waren die leidenschaftlichsten jungen Leute bereits aufs Land geschickt worden, und so war er mit verbalen Schmähungen davongekommen.

Die Gedichte, die ich auf dem Platz des Himmlischen Friedens zum Lobe Chou En-lais gehört hatte, machten wir klar, daß mein Vater mit seinen Gefühlen keineswegs allein dastand. Ich mußte mir eingestehen, daß die Artikel der Liang-Hsiao-Gruppe auch gegen Chou En-lai gerichtet sein konnten, wie mein Vater oft behauptete. Voll Sorge um Lao Tang kehrte ich vom Platz des Himmlischen Friedens am Abend nach Hause zurück. Ich erzählte Lao Tang, was ich erlebt hatte, und brachte einmal mehr die Sprache auf seinen geplanten Rückzug aus der Gruppe. Er erklärte, der Kampf sei zu hart geworden und es sei viel zu gefährlich, in irgendeiner Form Untreue gegenüber Chiang Ch'ing und dem Vorsitzenden Mao erkennen zu lassen. Das würde ganz ohne Zweifel schwere Vergeltungsmaßnahmen auslösen, zudem könne niemand voraussagen, wie das Ganze weitergehe. Ich wußte, daß Lao Tang recht hatte; wir konnten nichts tun, als wachsam zu bleiben und abzuwarten.

An jenem Abend schrieb ich ein Gedicht mit dem Titel «Weiße Chrysanthemen in der Kiefernhecke», um meinem Schmerz über Chou En-lais Tod und meinen Befürchtungen im Hinblick auf die Zukunft Ausdruck zu verleihen. In den Wochen nach dem Tod des Premiers schrieben viele Menschen Gedichte. Dann wurde deutlich, daß Teng Hsiao-ping von der Bildfläche verschwunden war: Seit seinem Nachruf auf Chou En-lai war er nicht mehr in der Öffentlichkeit erschienen. Ich wußte, daß die Viererbande ihre Anstrengungen verdoppelt hatte, um sich endgültig die Nachfolge zu sichern. Als das Fest Ch'ing-ming näher rückte, der Tag, an dem traditionsgemäß die Gräber der Vorfahren gefegt und die Toten betrauert werden, fanden sich am Märtyrermonument wieder Kränze, und es wurden täglich mehr. Die Nachricht von dieser Hausforderung an die Viererbande verbreitete sich mit Windeseile in der ganzen Stadt.

Meine Kinder – auch Tang Dan, denn sie war wegen ihrer Menstruationsprobleme zur Untersuchung heimgekommen – mischten sich jeden Tag unter die riesige Menschenmenge auf dem Platz des Himmlischen Friedens. Sie kamen mit dramatischen Berichten über ihre Erlebnisse wieder und brachten mir Abschriften der Gedenkgedichte mit, die sie dort gelesen hatten. Wie die beiden erzählten, fürchteten die Menschen, daß ihre Trauerzeichen entfernt werden könnten, und machten sie deshalb immer größer, schwerer und unhandlicher. Fabrikarbeiter hatten sogar riesige Kränze aus Stahl angefertitigt, zu deren Abtransport Kräne nötig gewesen wären. Diese Metallblumen schimmerten im Licht und waren schon von weitem zu sehen. Gleich der riesigen Fahne, deren schwungvolle Inschrift nicht nur Trauer über den Tod Chou En-lais verkündete, sondern auch die Bereitschaft, «gegen jede böse Macht zu kämpfen», hatten der Berg von Kränzen und die Gedichte zweifellos eine doppelte Bedeutung.

Hinter den Trauerbekundungen verbarg sich, für jeden erkennbar, die Entschlossenheit, zu kämpfen. Ein Verspaar formulierte diese zweifache Botschaft:

Premier Chou, blickst du zurück, so wirst du vielleicht
Trost empfinden,
Vielleicht gar lächeln,

Im Wissen, daß so viele junge Menschen Schwerter haben,
Um Ungeheuer umzubringen
Und dir zu folgen.

Ein anderes Gedicht mit dem Titel «An eine gewisse Frau» erstaunte mich durch seine gewagte Attacke auf Chiang Ch'ing:

Du mußt verrückt sein,
Kaiserin gar sein zu wollen!
Hier ist ein Spiegel, schau dich an
Und sieh, was du wirklich bist.
Hast eine kleine Bande,
Um Unruhe zu schüren allezeit,
Das Volk zu täuschen, Kapriolen schlagend.
Doch deine Tage sind gezählt.

Ein anderes, in großen Buchstaben geschriebenes Gedicht, das später als Symbol für die Entfesselung konterrevolutionärer Gefühle hingestellt wurde, erschreckte mich durch die Kühnheit seiner Sprache. Die Behörden wußten, daß Tausende junger Menschen es auswendig lernten, und versuchten mit allen Mitteln, des jungen Arbeiters habhaft zu werden, der es verfaßt hatte:

In meinem Schmerz hör ich Dämonen kreischen;
Ich weine, Wölfe und Schakale aber lachen.
Betraure ich auch unter Tränen einen Helden,
Ziehe ich doch erhobnen Haupts mein Schwert.

Diese offene Opposition gegen die Viererbande elektrisierte die Stadt. Bisher hatte noch niemand es gewagt, sich so zu äußern.

An der Peita forderten die Parteiführer, wegen der konterrevolutionären Aktivitäten auf dem Platz des Himmlischen Friedens dürfe niemand das Universitätsgelände verlassen.

Aus Angst um die Sicherheit unserer Kinder und weil man nicht wußte, ob die Führung nicht Vergeltung üben würde, richtete Lao Tang warnend die Bitte an Tang Dan und Tang Shuang, dem Platz des Himmlischen Friedens fernzubleiben. Doch die beiden ließen sich nicht zurückhalten. Ich las jeden Abend die Gedichte, die sie abgeschrieben hatten. Diese Proklamationen von Trauer und Bangigkeit, gepaart mit Widerstandsgeist, stellten meine Gefühle so präzise und mutig dar, daß schließlich auch ich mich über Lao Tangs Bitte hinwegsetzte und beschloß, mir alles selbst anzusehen.

Am 4. April quetschte ich mich frühmorgens in einen Bus, dessen Fahrgäste alle dem gleichen Ziel zustrebten. Noch nie hatte ich ein so spontanes Zusammenströmen von Menschenmassen erlebt; später schätzte man, daß an diesem Tag zwei Millionen den Platz des Himmlischen Friedens besuchten. Die Gesichter um mich herum waren ernst, wie in Erwartung unbekannter, aber bedrohlicher Entwicklungen. Genau wie im Januar lasen die Menschen durch Lautsprecher die Worte auf den Schleifen der zahllosen Gedenkkränze vor, doch heute herrschte eine andere Atmosphäre. Spannung, Entschlossenheit und Zorn lagen in der Luft, und auch ich wurde von der ungeheuren Erregung des Augenblicks erfaßt, auch ich hatte Teil an diesem kollektiven Gefühl. Plötzlich bemerkte ich eine kleine Vase mit Rosen und einem Band, auf dem stand: «Ein Lehrer von der Peita.» Ich fand es sehr mutig von dem Spender, sowohl die Anweisung der Parteiführer der Universität als auch das Verbot individueller Trauerbekundungen zu ignorieren. Weil ich wußte, daß es schon gefährlich war, wenn mich jemand auf dem Platz des Himmlischen Friedens sah, ging ich nur eine Stunde umher und kehrte dann nach Hause zurück.

Am nächsten Morgen herrschte rund um das Märtyrermonument gähnende Leere; Lastwagen hatten in der Nacht, während die Stadt schlief, alle Kränze und Gedichte entfernt. Die Krise spitzte sich an diesem Tag, dem 5. April, rasch zu. Als immer mehr Menschen auf den Platz strömten, befahlen Funktionäre per Lautsprecher, alle sollten nach Hause gehen. Die Menge bewahrte Ruhe, bis am Nachmittag jemand rief, daß sich das Volk über Chou En-lai täusche, er sei keineswegs vollkommen gewesen, keineswegs ein Gott, sondern ein Mensch mit menschlichen Schwächen. Empört begannen die Versammelten schrill zu intonieren: «Nieder mit jedem, der gegen Chou En-lai opponiert!» Sie jagten ihren Feind in die Große Halle des Volkes, wo ihn die Sicherheitspolizei mit der Behauptung rettete, niemand habe das Gebäude betreten. Als ein Propagandawagen auftauchte und sein Lautsprecher plärrte: «Geht sofort nach Hause, Ch'ing-ming ist vorbei», warf die gereizte Menge das Auto um. Dann strömte sie zu dem für die Sicherheit auf dem Platz des Himmlischen Friedens zuständigen Kommandoposten und forderte die Auslieferung der Person, die Ministerpräsident Chou so schändlich beleidigt hatte. Die erneute Abweisung erboste die Menschen dermaßen, daß sie das Sicherheitshauptquartier in Brand steckten. Um acht Uhr abends traf Bürgermeister Wu Te in einem weiteren Propagandawagen ein und gab bekannt, der Platz müsse sofort geräumt werden; in Kürze werde man Maßnahmen ergreifen, um zu ermitteln, welche der Versammelten politische Feinde seien, und wer nach zehn Uhr noch auf dem Platz sei, gelte als Konterrevolutionär. Bei diesem Stand der Dinge ging meine Cousine, von der ich später alles erfuhr, nach Hause, weil ihr klar war, daß es zu Gewalttätigkeiten kommen würde.

Den Fortgang der Ereignisse schilderte mir am nächsten Morgen Hsiao Pan, ein junger Militärjournalist, den ich aus meiner Zeit in Changping kannte und der mich oft besuchte, wenn er nach Peking kam. Gegen zweiundzwanzig Uhr rückte die Miliz an, bestehend aus Fabrikarbeitern und Leuten vom Land. Es kam zu einer brutalen Konfrontation. Viele Menschen fielen unter den Schlägen der dicken Knüttel, mit denen die Milizsoldaten um sich hieben. Mehr als hundert Personen waren bei dem Denkmal geblieben, sie wurden alle verhaftet und für die Nacht in den Arbeiterpalast gebracht. Mein junger Freund floh im letzten Moment. In der Stadt verbreitete sich das Gerücht, daß am Morgen auf dem Platz des Himmlischen Friedens dunkle Blutflecken zu sehen gewesen seien.

Gleich vielen anderen war ich schockiert über die Brutalität, mit der man die Versammlung auf dem Platz aufgelöst hatte. Seit Gründung des neuen China war man zum ersten Mal mit Gewalt gegen eine Massendemonstration vorgegangen. Obwohl keine Beweise für ein konterrevolutionäres Komplott existiert hatten, waren Menschen verhaftet und grausam geschlagen worden. Ich hatte bisher gemeint, nur die Kuomintang sei solch wahlloser Attakken fähig, aber nun griffen die kommunistischen Führer zu den gleichen Mitteln. Nach dieser unverzeihlichen Gewaltanwendung versuchte ich zu ergründen, was in den letzten zehn Jahren schiefgegangen war, wie es passieren konnte, daß sich die Volksregierung gegen das Volk wandte.

Ursprünglich hatte ich die Kulturrevolution für notwendig gehalten und die Absicht des Vorsitzenden Mao gutgeheißen, die Bürokratie abzuschaffen. Doch das Resultat traf mich jetzt mit bitterer Wucht. Als der Vorsitzende Mao die jungen Leute der Nation gedrängt hatte, «die Hauptquartiere» zu bombardieren und die Bürokratie zu stürzen, die in den siebzehn Jahren seit der Befreiung immer tyrannischer geworden war, hatte er zwei Ziele verfolgt: die Abschaffung der Privilegien, welche die Führer vom Volk trennten, und die Schaffung echter ökonomischer und politischer Gleichheit. Aus der Erkenntnis, daß die Inhaber der Macht in jeder kleinen Einheit zu «Kaisern in ihren eigenen Gebieten» geworden waren, hatte er die Menschen aufgefordert, ihre Führer anzugreifen, vor allem während der Hundert-Blumen-Zeit. Damals hatte ich mir gesagt, wenn Gewalt nötig sei, um die Tyrannei dieser privilegierten Klasse zu beenden, wenn eine weitere Revolution nötig sei, um das durchzusetzen, wofür wir 1949 unter so großen Opfern gekämpft hatten, muß man alle schweren Prüfungen auf sich nehmen, um das Ziel des Vorsitzenden Mao endlich zu erreichen.

Ich wußte, daß sein Versuch, mit der Überwindungskampagne von 1956 den Machtmißbrauch auf friedlichem Weg zu beseitigen, gescheitert war und daß er die Kampagne gegen Rechtsabweichler eingeleitet hatte, weil er fürchtete, die Kontrolle über das Land zu verlieren. Als er sah, wie viele aufstanden und die Fehler der Partei anprangerten, hatte er aus Sorge, seine eigene Macht könne in Gefahr geraten, Schritte unternommen, um die zuvor von ihm persönlich ermutigten Kritiker mundtot zu machen. Ein Jahrzehnt später dann, 1966, hatte er erneut experimentiert, getragen von der Begeisterung und Verehrung der Roten Garden, die sich auf dem Platz des Himmlischen Friedens drängten, um ihn zu sehen; kühn hatte er die Kontrolle von oben aufgehoben und den Menschen erlaubt, die Revolution selbst durchzuführen. Es war ihm gelungen, den ganzen Parteiapparat binnen weniger Tage lahmzulegen, doch dann hatte er niemanden mehr gehabt, an den er sich wenden konnte, nur die unerfahrenen, machthungrigen Rotgardistenführer, die bald das Volk rücksichtsloser unterdrückten als zuvor die Parteikader, an deren Stelle sie getreten waren.

Für die Unfähigkeit des Vorsitzenden Mao, die Widersprüche zwischen den Funktionären und dem Volk auszuräumen, sei es auf friedlichem oder auf gewaltsamem Weg, gab es zweifellos viele Erklärungen. Zu den wichtigsten zählten jedoch die beiden folgenden: Er schaffte es nach Entfesselung der Anarchie der Kulturrevolution nicht, die Kontrolle über das Geschehen zu behalten, und er weigerte sich, selbst jene Art von Privilegien und tyrannischer

Herrschaft aufzugeben, die er attackierte. Als jetzt die Menschen anläßlich des Todes von Premier Chou ihrem Zorn über das Ergebnis dieses Jahrzehnts unheilvoller Kämpfe Ausdruck verliehen hatten, waren sie verhaftet und geschlagen worden. Opfer genau jener Art despotischer Führerschaft, zu deren Abschaffung man die Kulturrevolution eingeleitet hatte.

Die Probleme des Landes waren weit davon entfernt, gelöst zu sein, dachte ich müde. Ich hatte auf dem Höhepunkt der Fraktionskämpfe an der Peita viele Beispiele übelster Grausamkeit von Menschen gegen Menschen erlebt, als man festgenommenen Personen einen Zahn nach dem anderen zog oder ihnen Nägel in die Knie trieb, um Geständnisse zu erzwingen. Die Zerschlagung der Demonstration auf dem Platz des Himmlischen Friedens jedoch bedeutete Brutalität der Obrigkeit gegenüber den Massen. Für mich war eine sozialistische Regierung unvorstellbar, die junge Leute mit Knütteln prügelte und Demonstranten über Nacht ohne Essen oder Wasser einsperrte, ja die Inhaftierte schlug, um zu erreichen, daß sie Namen ihrer Komplizen preisgaben. Als die schockierenden Einzelheiten über die Ereignisse auf dem Platz des Himmlischen Friedens ans Licht kamen, ließ sich die Erkenntnis nicht mehr vermeiden, daß die Kulturrevolution das genaue Gegenteil ihrer ursprünglichen Ziele bewirkt hatte.

# 15 Unwägbare Zukunft

Seit Jahrhunderten glauben die Menschen in China, daß ein ungewöhnliches Naturereignis eine Umwälzung vergleichbaren Ausmaßes auf gesellschaftlichem Gebiet ankündigt. Die historischen Aufzeichnungen wissen von erstaunlichen Parallelen zwischen der Welt der Natur und jener des Menschen zu berichten; sie zeigen, daß sich vor dem Tod eines großen Führers oder vor einer einschneidenden Veränderung in der Dynastienfolge oft eine Naturkatastrophe ereignet hatte. Die unheilvollen Geschehnisse des Jahres 1976 schienen diese altehrwürdige Weisheit zu bestätigen. Im März ging ein Meteoritenschauer über dem Nordosten Chinas nieder, darauf folgten die Frühlingsüberschwemmungen am Hwangho, dem Gelben Fluß, und im Juli das schreckliche Erdbeben, das Tangshan verwüstete. Die Zeitungen mahnten die Bevölkerung eindringlich, sich vor Aberglauben zu hüten, aber nichts konnte verhindern, daß die Menschen in dieser Häufung von Naturkatastrophen düstere Vorboten weiteren Unheils sahen.

Eine Ära näherte sich ihrem Ende, und niemand wußte, was die Zukunft bringen würde. Die Bilder von sieben politischen Führern hatten sich meinem Gedächtnis unauslöschlich eingeprägt. Bei jeder Parteizweigstellen-Versammlung hatten die sieben von der Wand auf uns herabgeschaut: Mao Tse-tung, Liu Shao-ch'i, Chou En-lai, Chu Te, Ch'en Yun, Lin Piao, Teng Hsiao-ping. Und jetzt verschwanden sie einer nach dem anderen. Als erster war 1969 der verstoßene Liu Shao-ch'i gestorben, nach mehr als zwei Jahren Haft, Krankheit und Vernachlässigung. Dann war Lin Piao nach seiner Verschwörung gegen die Regierung 1971 bei einem Flugzeugabsturz ums Leben gekommen. Als nächster war Anfang 1976 Chou En-lai nach langem Kampf seinem Krebsleiden erlegen; sein Ende hatten Chiang Ch'ing und ihre Verbündeten durch ihre Feindseligkeit ihm gegenüber zweifellos beschleunigt. Der Tod Marschall Chu Tes Anfang Juli 1976 – viele sagten, er sei am Ärger über die Viererbande gestorben – machte uns nachdrücklich bewußt, daß die verehrten Führer unserer Revolution abtraten. Auch der Vorsitzende Mao, alt und krank, würde wohl nicht mehr lange zu leben haben. Das Schicksal unseres Landes schien völlig im ungewissen.

Die quälenden Vorahnungen, die mich immer wieder heimsuchten, nahmen alarmierende Ausmaße an, als mich am 28. Juli um fünf Uhr morgens Erdstöße aus dem Schlaf rissen. Benommen taumelte ich aus dem Bett, mit dem Gefühl, an Bord eines Schiffes zu sein, das von einer Flutwelle erfaßt worden war. Unmöglich, sich erst lange anzuziehen oder in dem dunklen Zimmer auch nur nach den Schuhen zu tasten. Voller Panik rannte ich mit Lao Tang und meiner Nichte ins Freie. Als das Beben abgeebbt war, lief ich los, um nach meinem Vater zu schauen. Weil sein Haus nur aus Lehmziegeln bestand und ziemlich alt war, fürchtete ich, daß es es den heftigen Stößen nicht standgehalten hatte. In seiner Straße waren viele Adobehäuser eingestürzt, und ich sah sofort, daß das Dach über dem kleinen Nebenraum, den er als Arbeitszimmer benutzte, zusammengesackt war. Er selbst hatte zwar einen Schock erlitten, war aber unverletzt.

Zwei Tage ununterbrochenen Regens hatten die ungepflasterten Gehwege und Gassen Pekings in Lehmbäche verwandelt. Als ich nach Hause zurückeilte, herrschte auf den rutschigen, kurz zuvor noch verlassenen Straßen reges Treiben. Weil alle Gebäude als unsicher erklärt und die Menschen aufgefordert worden waren, sich provisorische Unterkünfte zu schaffen und dort einen Lebensmittelvorrat für drei Tage anzulegen, hasteten die Leute mit Verpflegung und anderen Dingen hin und her. Die Universität stellte Bambusstäbe als Zeltstangen zur Verfügung, und ich versuchte wie alle anderen, Plastikplanen aufzutreiben, damit wir uns bis zum Einbruch der Dunkelheit irgendeinen Regenschutz bauen konnten. Am Abend standen in allen Gartenhöfen rote, grüne oder gelbe Plastikunterkünfte, deren kräftige Farben unter dem bedrohlichen Himmel unpassend fröhlich leuchteten.

Lao Tang und ich hatten das Glück, schon in der nächsten Nacht zum Schlafen in unser einstöckiges Haus zurückkehren zu können, während alle, die in Schlafsälen und Etagenhäusern wohnten, wegen der drohenden Nachbeben weiter in ihren undichten Zelten kampieren mußten. Nach der unbequemen ersten Nacht, in der Regen auf mein Bettzeug getropft und Wasser unter meinem Bettrahmen durchgeflossen war, stand ich stundenlang in meiner Küche und kochte für Freunde, die nicht in ihre Häuser konnten. Am dritten Tag wurde der Regen noch stärker, gelegentlich zuckten Blitze über den Himmel, und dumpfes Donnergrollen unterbrach das monotone Prasseln. Alle zwei oder drei Stunden sah ich die Rosen neben meiner Tür erzittern, und auch mein Herz erzitterte in banger Erwartung weiterer Erdstöße.

Noch vor Ablauf der unheilvollen Woche besuchten Chiang Ch'ing und Hsieh Chingyi das Universitätsgelände, um die Mitglieder von Liang Hsiao wieder fester an sich zu binden. Viele der Gelehrten hatten – soweit sie es wagen konnten – ihre Mitarbeit nach und nach eingeschränkt, als klargeworden war, daß die Gruppe für machtpolitische Zwecke mißbraucht wurde. Chiang Ch'ing und ihre Begleiter suchten die einzelnen Liang-Hsiao-Mitglieder nacheinander auf, begrüßten sie und posierten zusammen mit ihnen für den Fotografen. Ein paar Tage danach wurden die stark vergrößerten Aufnahmen im Schaukasten am Speisesaal ausgestellt; die meisten zeigten nur die wichtigsten Führer, Chiang Ch'ing, Feng Youlan und den Peita-Präsidenten Chou Pei-yüan, aber auf einem Gruppenbild stand Lao Tang in der zweiten Reihe und lachte fröhlich.

Als Tang Dan diese Aufnahme sah, kam sie erregt nach Hause gelaufen. Sie ertrug es nicht, daß ihr Vater in Gesellschaft dieser Leute lauthals lachte. Ein abscheulicher Anblick, erklärte sie außer sich, der in ihr das Verlangen geweckt habe, ihrem Vater eine Raupe in den offenen Mund zu schieben. Lao Tang verteidigte sich vor seiner zornigen Tochter damit, daß jemand einen Witz erzählt und er mit den anderen darüber gelacht habe. Doch Tang Dan fand das vergnügte Gesicht ihres Vaters einfach unerträglich nach dem Erdbeben, das eine entsetzliche Zahl an Opfern gefordert hatte und dessentwegen immer noch sehr viele Menschen in unbequemen Notunterkünften schlafen mußten. Ich bekam oft sarkastische Bemerkungen über das Foto zu hören, denn die Abneigung gegen Chiang Ch'ing und ihre Verbündeten war mittlerweile noch gewachsen. Tang Dans Empörung war symptomatisch dafür, und auch ich schämte mich. Von da an mied ich den Bereich um den Speisesaal, weil ich Lao Tang nicht sehen wollte, der sich zu freuen schien, zu diesen Leuten zu gehören.

Inzwischen bedauerte ich, Lao Tangs Mitarbeit bei Liang Hsiao unterstützt zu haben. Schuldbewußt dachte ich an meine Freude über seine vielen Vergünstigungen und die Ehre, die unserer Familie zuteil geworden war, an meine Hoffnung, daß Tang Shuang eines Tages Delegierter beim Volkskongreß sein würde wie vor ihm sein Großvater und sein Vater. Lao Tangs Macht und Ansehen hatten meiner Eitelkeit geschmeichelt, aber jetzt empfand ich nichts als Scham und Reue. Ich wünschte, jemand möge diese beleidigende Fotografie aus dem Schaukasten stehlen und Lao Tangs Verbindung zu der Gruppe ausradieren. Sein fröhlicher Gesichtsausdruck war in der Tat unerträglich.

1973 freilich hatte ich Lao Tangs Mitarbeit in der Gruppe als natürliche Entwicklung seiner Karriere betrachtet. Während der Kulturrevolution hatte man ihn in die schwarze Bande eingereiht und hart kritisiert, weil er angeblich dem Weg «Weiß und Experte» folgte und durch sein schlechtes Beispiel seine Studenten beeinflußte. Um nie mehr in eine Position zu gelangen, die ihn derart gefährdete, hatte er beschlossen, sich einfach nicht mehr weiterzubilden; er hatte sogar aufgehört, Zeitung zu lesen, und wollte nicht mehr Bescheid wissen über politische Entwicklungen, geschweige denn daran mitwirken. Doch nach seiner Wahl zum Lehrer an der Kaderschule in Kiangsi hatte er enge Freundschaft mit einem der Propagandatruppführer geschlossen, einem Arbeiter aus der Lokomotivenfabrik 7. Februar, der ihn drängte, seine akdademische Arbeit nicht aufzugeben, sondern sie vielmehr in den Dienst der Politik zu stellen. Die Mitgliedschaft in der Kritikgruppe hatte er als Chance aufgefaßt, seinem Land zu dienen, deshalb hatte er in der Anfangszeit von Liang Hsiao begeistert mitgearbeitet. Natürlich war er auch dankbar gewesen für sein wiedergewonnenes Ansehen und seinen neuen Einfluß.

Später, als die politisch brisante Rolle von Liang Hsiao offensichtlich geworden war, hatte es für ihn keine Möglichkeit mehr zum Aussteigen gegeben. Tatsächlich verließ nach der anfänglichen Probezeit kein einziger Gelehrter die Gruppe, vermutlich aufgrund der gleichen Befürchtungen, die Lao Tang wider Willen Mitglied bleiben ließen. Der einzige Weg, der Mitarbeit zu entgehen, war Krankheit. Einige Zeit nach dem Erdbeben erkrankte Lao Tang an Grippe und verbrachte zwei unbequeme Wochen unter einer großen Plastikplane vor der Sporthalle, wohin man die Universitätsklinik evakuiert hatte. Später fesselten ihn seine Rückenschmerzen ans Haus. Ähnlich wie er machte es unser Nachbar Huang Liming, ein Hegel-Experte und der Mann von Tao Ch'un, die mit uns in Liyu-chou gewesen war. Er erkrankte zuerst an Hepatitis, dann schaffte er es, ein ärztliches Attest zu erhalten, das ihm Ruhe zu Hause verordnete. Er und Lao Tang lieferten abwechselnd die Krankmeldungen füreinander ab.

Zum großen Unbehagen vieler Liang-Hsiao-Mitglieder wurden Chiang Ch'ings Methoden nach dem Zwischenfall auf dem Platz des Himmlischen Friedens immer tyrannischer. Diese Massendemonstration von Zorn und Widerstandsgeist hatte sie erschreckt, darum leitete sie eine Bewegung zur «Säuberung und Untersuchung» ein, deren Ziel es war, alle zu identifizieren, die an der Demonstration teilgenommen, Gedichte verfaßt oder auch nur abgeschrieben hatten. Sie wollte herausfinden, ob konkrete Verbindungen zwischen den Demonstranten vom Platz des Himmlischen Friedens und ihren Sympathisanten bestanden, denn in China fühlen sich Machthaber seit jeher am stärksten durch die Entstehung einer organisierten Gruppe bedroht. Chiang Ch'ing hoffte, die Rädelsführer als Anhänger Teng Hisao-pings entlarven zu können, fand aber keine diesbezüglichen Beweise. Eine einwöchige Gnadenfrist wurde gesetzt, in der Material, das mit dem Zwischenfall in Verbindung stand, freiwillig bei der zuständigen Einheit abgegeben werden konnte; wenn nach Ablauf dieser Woche solches Material gefunden werde, hieß es warnend, werde der Besitzer «zur Rechenschaft gezogen». Alle wußten, daß es ein Verbrechen war, Chiang Ch'ing anzugreifen, und daß es als ernste Angelegenheit galt, verbotenes Material zu verbergen. Trotzdem lieferte Tang Dan, entgegen dem Wunsch ihres Vaters, zwei «gefährliche» Gedichtbände nicht ab; und ein Schulfreund von Tang Shuang versteckte zahlreiche Fotos, die er bei dem Zwischenfall gemacht und zu Hause in einer improvisierten Dunkelkammer entwickelt hatte.

Während der Bewegung zur Ermittlung von Feinden wurde jede Einheit aufgefordert, zu untersuchen, welche ihrer Mitglieder unschöne Bemerkungen über Chiang Ch'ing oder ihre Verbündeten gemacht und weitergesagt hatten. Man erwartete von uns allen, daß wir meldeten, welche Gerüchte wir gehört hatten und wer ihre Urheber waren, damit die wirklichen Feinde der Viererbande identifiziert werden konnten. Doch die Menschen verhielten sich klug; auf die Frage, wo sie eine bestimmte Verunglimpfung gehört hatten, antworteten sie: «Im Bus», oder: «In einem Geschäft.»

Lao Tangs guter Freund Lao Li, Dozent an der als Renda bekannten Volksuniversität, war in den vergangenen Monaten oft zu uns auf Besuch gekommen und hatte offen seiner Abneigung gegen Chiang Ch'ing und seiner Überzeugung Ausdruck verliehen, daß sie Unheil über unser Land bringe. Sein Widerwillen gegen Chiang Ch'ing war so groß, daß er unverblümt über sie redete, obwohl er die damit verbundenen Gefahren kannte. Anfang September, als die Bewegung zur «Säuberung und Untersuchung» ihren Höhepunkt erreichte, klopfte es eines Nachts gegen elf Uhr an unsere Tür. Wir erschraken sehr, denn normalerweise besuchte uns niemand so spät. Zu unserer Erleichterung stand Lao Li draußen, doch er machte ein sehr ernstes Gesicht. Seine kritischen Äußerungen über Chiang Ch'ing seien gemeldet worden, sagte er, und es könne gut sein, daß auch Lao Tang vernommen werde, weil viele Menschen von ihrer Freundschaft wüßten.

Einer Freundschaft, die auch die Kämpfe des vergangenen Jahrzehnts überdauert hatte, obwohl beide während der Kulturrevolution verschiedenen Gruppierungen anhingen. Nach Lao Tangs Ergreifung als Mitglied der «schwarzen Bande» hatte Lao Li mich mehrmals besucht, um mir Mut zu machen und seine Hilfe anzubieten. Diese Besuche waren für ihn nicht ohne Risiko gewesen, denn seit der Konferenz im Hotel International war Lao Tang ziemlich bekannt. Lao Tangs sämtliche anderen Freunde hatten sich nicht mehr blicken lassen, nicht einer hatte sich auch nur nach ihm erkundigt; Lao Li jedoch war gekommen, um sein Mitgefühl zu zeigen und Trost zu spenden; er hatte gesagt, ich solle mir keine Sorgen machen, auch diese Zeit werde vorübergehen. Ich hatte seine Besuche als etwas sehr Kostbares empfunden.

Nun aber mußte Lao Li erfahren, daß einer seiner Freunde sein Vertrauen mißbraucht hatte. Der junge Mann, Studentenführer der Himmel-Gruppierung an der Renda, war im Zuge der Bewegung zur «Säuberung und Untersuchung» vernommen und mit schwerer Bestrafung bedroht worden, falls er nicht alles gestehe, was er wüßte. Unter Druck gesetzt, hatte er Angst bekommen, weil ihm klar war, daß man ihn wegen seiner vergangenen Verbrechen als Rotgardist leicht für mehrere Jahre ins Gefängnis schicken konnte. Um sich reinzuwaschen und seine Treue zu beweisen, hatte er Lao Lis Bemerkungen über Chiang Ch'ing angezeigt. Danach war er sofort zu Lao Li gegangen, um ihm zu sagen, was er getan hatte.

In dem hastigen nächtlichen Gespräch jetzt schwor Lao Li, niemals etwas über seine Unterhaltungen mit Lao Tang preizugeben, Lao Tang schwor das gleiche, und beide gelobten, Äußerungen von Leuten, die das Gegenteil behaupteten, nicht zu glauben. Bei dem Gedanken, welche Folgen Lao Lis Verhaftung haben konnte, wurde meine Furcht größer denn je, doch nach drei Tagen geriet die ganze Sache offenbar in Vergessenheit, denn die Behörden waren völlig von jenem Ereignis in Anspruch genommen, das die Zukunft Chinas entscheidend bestimmen sollte.

Am 9. September, einem düsteren Tag mit wolkenverhangenem Himmel, besuchte ich eine Versammlung, auf der wir über die vierundzwanzig Weisungen des Vorsitzenden Mao unterrichtet werden sollten. Plötzlich betrat ein Kollege schluchzend den Raum und teilte uns mit, daß der Vorsitzende Mao gestorben sei. Einige Lehrer konnten die Tränen nicht zurückhalten, aber ich weinte nicht. Ich dachte daran, wie sehr ich den Vorsitzenden Mao geliebt hatte und wie teuer er mir immer noch war, aber ich konnte nicht umhin, auch daran zu denken, wie skeptisch und mißtrauisch ich nach Lin Piaos Tod geworden war.

Ich glaubte unerschütterlich, daß der Vorsitzende Mao Großes für unser Land geleistet hatte, daß er China geeint und gestärkt hatte, wie es niemandem sonst gelungen wäre. Bei seiner Machtübernahme im Jahre 1950 hatte ich ihn als «edel, aufrecht und groß» bewundert. Während der Kulturrevolution schien er jedoch wie entrückt zu sein, fern seinem Volk, mehr ein Gott als ein Führer, und mir waren Zweifel an der Richtigkeit seiner Taten und Methoden gekommen.

Bei der Nachricht von seinem Tod fragte ich mich, wie die Geschichte diesen Mann wohl beurteilen würde, der mein Leben so nachhaltig beeinflußt hatte. Ich erinnerte mich an die Berührung seiner großen Hand, die sich so warm angefühlt hatte, doch die Erinnerung wurde sogleich verdrängt von meiner Sorge angesichts unserer unwägbaren, bedrohlichen Zukunft.

Lao Tang erwies wie Tausende anderer Menschen unserem großen Führer die letzte Ehre, sogar zweimal, aber ich bedauerte nicht, daß ich keine Gelegenheit dazu erhielt. Ich beobachtete jeden Tag im Fernsehen die Trauernden, darunter viele Leute vom Land, die weinten, weil sie den Vorsitzenden Mao noch immer achteten und verehrten; man sah ihnen an, daß ihr Gefühl echt war. Doch ich machte mir solche Sorgen um die Zukunft meines Landes und meiner Familie, daß ich ihren Schmerz nicht teilen konnte.

Die Frage, wie man mit den sterblichen Überresten des Vorsitzenden Mao verfahren sollte, führte zu einer heftigen Kontroverse, besonders nach Bekanntgabe des Beschlusses, ein riesiges Mausoleum zu bauen. Manche Leute sagten, wir besäßen nicht die nötigen technischen Fertigkeiten, um einen Leichnam dauerhaft zu konservieren, dies könnten nur die Spezialisten in der Sowjetunion, die Lenins Leichnam entsprechend behandelt hatten. Viele waren für ein Begräbnis, doch andere hielten dagegen, man könne einen so großen Mann nicht einfach im Boden verscharren. Ein dritter Vorschlag lautete, man solle in das Mausoleum Aufzüge einbauen, damit der Tote tagsüber ausgestellt und nachts in ein unterirdisches Kühlabteil gebracht werden könne. Eine meiner ausländischen Studentinnen, eine Kanadierin, fragte mich, warum man, nachdem Marxisten doch Materialisten und gegen die Verehrung von Idolen seien, den Leichnam überhaupt erhalten und so seine ewige Anbetung ermöglichen wolle. Mir fiel keine befriedigende Antwort darauf ein, und so entgegnete ich, der Grund sei vielleicht, daß das Volk dem Vorsitzenden Mao sehr starke Gefühle entgegenbringe. Ich schloß mich dem Kontingent der Peita an, das für einen Tag zur Arbeit am Mausoleum abgestellt wurde. Doch sogar während wir den Boden für das Fundament aushoben, fragte ich mich skeptisch, ob ein solches Projekt gerechtfertigt sei, während im ganzen Land Aufruhr herrschte und viel wichtigere Aufgaben der Erledigung harrten.

Die ganze Zeit rätselte ich außerdem besorgt daran herum, wer letztendlich die Macht im Land erlangen würde. Hua Kuo-feng, ehemals Minister für innere Sicherheit und stellvertretender Ministerpräsident, war zum Ersten Stellvertretenden Vorsitzenden der Partei ernannt worden und damit designierter Nachfolger des Vorsitzenden Mao, aber viele bezweifelten, daß die Ernennung von Dauer sein würde. Die Feiern anläßlich des Nationaltags am 1. Oktober waren sehr aufwendig, und Hua Kuo-feng besuchte am Nachmittag mehrere Stadtparks, um seine Solidarität mit dem Volk zu demonstrieren und den Eindruck von Einheit und Stabilität zu vermitteln. Chiang Ch'ing vesuchte ebenfalls, die Unterstützung der Öffentlichkeit zu gewinnen, und erklärte zuversichtlich, das Land gehe einer glücklichen Zukunft entgegen. Wer die glaubhaften Äußerungen der beiden vernahm, als Nachfolger des Vorsitzenden Mao zusammenarbeiten zu wollen, hätte nie für möglich gehalten, daß Hua Kuo-feng keine Woche später die Verhaftung der Viererbande anordnen würde.

Einige Tage nach dem Fest klopfte Lao Li wieder an unsere Tür, diesmal freudig erregt, um uns zu berichten, daß die Viererbande von der Einheit 8341 der VBA festgenommen worden sei. Warnend sagte er zu Lao Tang, ein Angriff auf Liang Hsiao sei unvermeidlich, gegen die Kritikgruppe würden harte Maßnahmen ergriffen werden, aber nur vorübergehend. Er riet uns, vorsichtig zu sein. Nachdem er gegangen war, schauten wir einander stumm an, krank vor Sorge. Wieder konnten wir nichts tun als warten.

Am nächsten Morgen erschien ein Kader und erklärte, Lao Tang habe sich sofort im Hauptquartier von Liang Hsiao zu melden. Der Ton des Mannes war gebieterisch, sein Gesicht streng. Ich entgegnete nervös, mein Mann fühle sich nicht wohl, er habe ein ärztliches Attest und müsse ins Krankenhaus. Doch der Funktionär bestand unnachgiebig darauf, daß Lao Tang mitging. Ich starrte auf die Tür, die sich hinter den beiden geschlossen hatte, und fragte mich verzweifelt, was nun werden sollte.

Der allgemeine Ausbruch gerechten Unmuts und Zorns nach Zerschlagung der Viererbande stürzte mich in tiefe Depression. Ich hätte so gern Teil gehabt an der Freude der Menschen über die Ausschaltung der Bande, denn ich wußte, daß dies ein positiver Schritt für unser Land und seine Zukunft war; aber ich war erneut ausgeschlossen, isoliert durch mein privates Unglück. Mein Leben schien das buddhistische Sprichwort zu bestätigen: «Alle zehn Jahre wird ein Unglück kommen.» In der zweiten Hälfte der fünfziger Jahre hatte man mich zur Rechtsabweichlerin erklärt; ein Jahrzehnt später hatte die Kulturrevolution uns großes Leid gebracht; und jetzt, ein weiteres Jahrzehnt später, drohte Lao Tang die schwerwiegendste Anklage seines Lebens. Während der Kulturrevolution hatte er sein Los mit vielen geteilt, doch jetzt gab es im Land nur eine einzige Liang Hsiao, nur zweiunddreißig Menschen, über denen sich der Groll und Haß des Volkes entladen würden. Dies werde der letzte Kampf sein, hieß es, und ich fürchtete, er könnte der schrecklichste von allen sein.

In der ersten Woche nach Lao Tangs Abholung durch den Kader gab es täglich neue Gerüchte über das, was mit den Liang-Hsiao-Mitgliedern passierte. Ich konnte nicht beurteilen, ob irgendeine der Behauptungen stimmte; doch als ich hörte, Lao Tang sei in der Nacht nach seiner Festnahme aus einem Fenster im dritten Stock gesprungen, wußte ich, daß zumindest einige der kursierenden Gerüchte wild übertrieben waren. Die Geschichte über Lao Tang drang sogar bis zu Tang Dan nach Heilung-kiang. Ich erhielt einen besorgten Brief von ihr, worin sie fragte, ob ihr Vater tot sei und ob sie sofort nach Hause kommen solle.

Unsere Nachbarin Tao Ch'un kannte jemanden aus dem Arbeitsteam, das die Ermittlungen gegen Liang Hsiao leitete, und sie versicherte mir, daß Lao Tang nichts Schlimmes zugestoßen war. Mich verlangte jedoch verzweifelt nach genauen Informationen. Man hatte mir lediglich gesagt, die Mitglieder der Gruppe seien festgesetzt und hätten Befehl, alle Einzelheiten über ihre Verbindungen zur Viererbande niederzuschreiben. Drei Tage, nachdem Lao Tang abgeholt worden war, hielt ich es nicht mehr aus. Ich packte einige seiner Kleidungsstücke zusammen, kaufte einen teuren Riegel Schokolade und ging zum Gästehaus. Ihm etwas zu schreiben, wagte ich nicht, aber ich hoffte, die Kleider und die Schokolade würden ihm zeigen, daß ich mich um ihn sorgte und zu ihm stand. Der Posten versprach mir, das Paket abzuliefern. Als ich langsam um den See nach Hause ging, bemerte ich, daß die Blätter der Weiden gelb waren und schlapp herabhingen. Trauer übermannte mich, denn das ganze Land fühlte sich befreit und jubelte, während für uns die Zukunft rabenschwarz aussah.

In dieser ersten Woche forderten viele Wandzeitungen, die Mitglieder von Liang Hsiao müßten den Massen zur Befragung überantwortet werden und diese Schurken müßten lernen, auf das Volk zu hören. Andere Wandzeitungen erklärten, keine Strafe sei zu hart für diese Komplizen der Viererbande, und das Volk müsse sie mit Knütteln durch die Straßen jagen wie Ratten. Bei solchen Drohungen verkrampfte sich mein Magen vor Angst. Die Menschen suchten ein Ventil für ihren Zorn auf die Viererbande, und ich fürchtete, die einstigen Kampfversammlungen könnten wiedereingeführt werden. Fast drei Jahre lang waren die Artikel der Liang-Hsiao-Mitglieder als Gesetz akzeptiert worden, die Menschen waren gezwungen gewesen, alle Erklärungen und Interpretationen der Gruppe zu diskutieren und anzunehmen und abweichende Ansichten zu unterdrücken. Liang Hsiao hatte den öffentlichen Standpunkt in allen mit Literatur, Philosophie, Geschichte und Anthropologie verknüpften Fragen diktiert, darum freuten sich die Leute nun bei dem Gedanken an Vergeltung. Wie ungerecht ist doch das Schicksal, dachte ich, während der Kulturrevolution haben wir jahrelang wegen der Viererbande gelitten, und jetzt werden wir zusammen mit ihr an den Pranger gestellt.

Tags darauf, als ich über das zentrale Universitätsgelände ging, hörte ich plötzlich Rufe. Ich schloß mich den Menschen an, die rasch zusammenströmten. Zu meiner Erleichterung wurden nur vier Liang-Hsiao-Mitglieder zum Speisesaal geführt, Lao Tang war nicht dabei. Im Speisesaal kritisierte man die vier heftig, doch schon nach einer halben Stunde führten die Studenten sie auf dem Gelände herum, damit sie die Wandzeitungen lesen konnten und so die Ansicht des Volkes kennenlernten. Viele in der Menge sahen diese Feinde zum ersten Mal, sie reckten die Fäuste und riefen: «Die Mitglieder von Liang Hsiao müssen ihre Verbrechen zugeben und ihre Taten gestehen.» Die vier Männer schienen nach wie vor überzeugt, gemäß den Weisungen des Vorsitzenden Mao gehandelt zu haben; jedenfalls blieben sie fest, und ihre Gesichter verrieten weder Furcht noch Demut.

Weil ich ausgeschlossen war aus der allgemeinen Euphorie, verließ ich in diesen Wochen selten das Haus. Einmal am Tag aber ging ich hinaus, um die Wandzeitungen zu lesen und die neuesten Nachrichten einzuholen. Einige der Wandzeitungen kritisierten die Artikel der Gruppe, einige die Privilegien, die ihre Mitglieder genossen hatten. Andere konzentrierten sich auf die Reisen der Liang-Hsiao-Mitglieder mit Chiang Ch'ing an Orte wie Tachai oder Hsiao-ching-chuang, ein Dorf in der Provinz Hopeh und berühmt, weil dort sämtliche Bauern Lieder aus den Modellopern singen und Gedichte verfassen konnten und weil eigens für Chiang Ch'ing ein luxuriöses Badezimmer eingerichtet worden war. Lao Tang und Pang Wenchun waren in diesem Dorf gewesen, darum forderten einige der Wandzeitungen jetzt, sie sollten gestehen, was sie auf dieser Reise mit Chiang Ch'ing getrieben hätten. Eine Wandzeitung griff sogar den Koch der Kritikgruppe an und beschuldigte ihn, besondere Nahrungsmittel wie Fisch, frisches Obst und andere Delikatessen besorgt zu haben, die das Volk nicht bekam, und um Mitternacht Mahlzeiten für jene Mitglieder zubereitet zu haben, die lange an ihren Artikeln saßen. Das Arbeitsteam interessierte sich nicht für diese kleinen Verstöße, es forderte die Mitglieder immer wieder auf zu enthüllen, welche Dinge von Tragweite sie getan hätten, welche Ziele ihre Führer verfolgt hätten und wie diese erreicht werden sollten.

Etwa sechs Wochen lang mußten sie Tag und Nacht an ihren Geständnissen arbeiten. Mitte November wurde dann eine große Kampfversammlung gegen Liang Hsiao und die wichtigsten Komplizen der Viererbande anberaumt. Entgegen früheren Gepflogenheiten fand sie nicht im Speisesaal statt, sondern im Hauptsportstadion. Diese Massenkritikversammlung sollte dem ganzen Land zeigen, wie die Anhänger der Viererbande behandelt wurden. Gleich allen an der Peita erhielt ich eine Eintrittskarte und dazu die Anweisung, an der Versammlung teilzunehmen; man erwartete von mir, daß ich eine Trennlinie zwischen mir und meinem Mann zog. Alle brannten darauf zu sehen, wie diese einst so mächtigen und arroganten Wissenschaftler für ihre Taten zur Rechenschaft gezogen wurden.

Bei meiner Ankunft war das Stadion schon fast voll. Ich war früher einmal hiergewesen, um mir prächtig kostümierte Eiskunstläufer anzusehen, und während ich jetzt auf den Beginn der Versammlung wartete, starrte ich auf die beiden Tore, durch die seinerzeit die Eisläufer hereingeglitten waren. Auch Lao Tang war schon einmal in dem Stadion gewesen, erinnerte ich mich. Welche Ironie des Schicksals, daß er genau an dem Ort öffentlich kritisiert werden sollte, wo er vor den höchsten Führern der Partei eine Schlüsselrede über die Lin-Piao-Dokumente gehalten hatte.

Punkt zehn Uhr öffneten sich die Tore, und Wang Lianlong, Sekretär des Parteikomitees der Peita, sowie Li Chiakuan, Leiter der Liang-Hsiao-Gruppe und Vizesekretär des Peita-Komitees, gingen zur Stadionmitte, eskortiert von je zwei Rotgardisten. Neben Chi Ch'un und Hsieh Chingyi, die bereits in Isolationshaft saßen, trugen diese beiden Männer die Hauptverantwortung dafür, daß die Kritikgruppe die Viererbande unterstützt hatte. Als nächstes traten zwei weitere Vizesekretäre des Peita-Komitees durch die Tore und gesellten sich zu den beiden Männern in der Stadionmitte. Ganz offensichtlich hatte man, wie einst für die Darbietung der Eiskunstläufer, für diese Versammlung eine genaue Choreographie geschaffen.

Beim Anblick der stillen, ernsten Gesichter fühlte ich unerträgliche Spannung. Ich wartete auf das Erscheinen Lao Tangs und fragte mich, was ihm vor diesen Tausenden von Zuschauern widerfahren würde. Als sich die Tore erneut öffneten, kamen sechzehn der prominentesten Liang-Hsiao-Mitglieder herein, acht auf jeder Seite; sie bildeten hinter ihren Vorgesetzten eine Linie durch die Mitte des Stadions. Ich wußte, daß die Position in der Reihe Bedeutung hatte, und gewahrte zu meiner Erleichterung, daß Lao Tang der vierte von der Mitte war. Nun standen die zwanzig «Komplizen» in Reih und Glied da, den Blicken aller preisgegeben. Von der Plattform erklärte Chou Pei-yüan in seiner Eigenschaft als Präsident der Peita die Versammlung für eröffnet.

Ein Mitglied des Arbeitsteams, das die Untersuchung leitete, verlas eine offizielle Darstellung der von diesen Männern begangenen Verbrechen, dann eine Zusammenfassung der Schlußfolgerungen, die aus ihren Geständnissen gezogen werden konnten. Das Gesicht des Funktionärs war ernst, und seine Stimme klang schrill, als er Liang Hsiao zu einer konterrevolutionären Organisation erklärte, deren Mitglieder von der Viererbande manipuliert, als Diener und Arbeitstiere benutzt worden seien. Mir machte seine Versicherung Mut, daß die von den einzelnen Gruppenmitgliedern begangenen Verbrechen nicht alle gleich zu beurteilen seien. Die Menge, wie immer auf Stichworte reagierend, rief begeistert: «Lang lebe der Vorsitzende Mao Tse-tung.» – «Wenn sich die Viererbande nicht ergibt, zerschlagen wir sie.» – «Liang Hsiao muß alles enthüllen, was sie getan hat.» Schließlich marschierte ein Trupp uniformierter Polizisten in die Stadionmitte und führte die vier Parteiführer der Peita in Handschellen ab. Mein Magen krampfte sich zusammen, doch die anderen sechzehn Personen wurden von den Rotgardisten hinausgeführt, was deutlich machte, daß sie nicht ins Gefängnis kamen. Die Versammlung hatte nur eine Stunde gedauert, aber ich war völlig erschöpft von der Anspannung.

Nach der Versammlung gestattete man jenen Mitgliedern der Gruppe, die nicht ins Gefängnis gekommen waren, jedes zweite Wochenende zu Hause zu verbringen, sofern sie sich kooperativ zeigten. Mehr als ein Monat war inzwischen vergangen, seit ich das letzte Mal mit Lao Tang gesprochen hatte. Als er zum ersten Mal heimkam, bereitete ich gerade das Abendessen zu. Es dunkelte bereits, und ich hörte beim Kochen, wie die Haustür leise geschlossen wurde. Weil sich niemand vernehmen ließ, drehte ich mich um, und da sah ich ihn in dem dämmerigen Zimmer auf dem Sofa sitzen, das Hemd schmutzig, das Gesicht unrasiert, der Blick angstvoll und verloren. Er erinnerte mich an ein berühmtes russisches Gemälde von einem Mann, der nach jahrelanger Verbannung aus Sibirien heimkehrt. Lao Tang sah mich an, sagte aber nichts. Als ich leise fragte, was passiert sei, antwortete er, es gebe nichts zu berichten.

Nach einigen Sekunden verlegenen Schweigens sprach er in gequältem Ton: «Es ist schrecklich zu denken, daß du als Ultrarechte verurteilt worden bis und ich jetzt ein Ultralinker sein soll. Was wird bloß aus unseren Kindern? Wir wissen es nicht, aber die Frage läßt mir keine Ruhe. Unser beider Leben ist nicht mehr wichtig, aber es ist so traurig, daß unsere Kinder unser Los teilen und für uns leiden sollen.»

Während ich neben ihm in der Dunkelheit saß, sah ich ihn vor mir, wie er Seite um Seite seines Geständnisses schrieb. Ich konnte mir seine Qualen gut vorstellen und brauchte ihn nicht nach Einzelheiten zu fragen. Und die große Frage, die auf unseren Herzen lastete, konnte sowieso niemand beantworten. Schließlich kam Tang Shuang hungrig nach Hause. Ich machte das Abendessen fertig, und wir aßen schweigend.

Beim Essen dachte ich an meine erste Verabredung mit Lao Tang zurück, daran, wie wir gemeinsam durch den Himmelstempel geschlendert waren, wie er mir die besondere Technik erklärt hatte, dank der es möglich gewesen war, das majestätische blaue Kuppeldach ohne Nägel zu bauen. Er arbeitete damals gerade daran, das Wesen der Güte zu definieren... – und jetzt verurteilte man ihn als machtgierig, als Erzverschwörer gegen unser Land. Ich erkannte, daß die Geschichte die Menschen manchmal durch die falschen Türen gehen ließ, und schwor mir, immer zu Lao Tang zu stehen und ihn mit meiner ganzen Kraft und Zuneigung zu unterstützen.

Am nächsten Morgen besuchte Lao Li uns kurz, in der Hoffnung, ein bißchen Trost spenden zu können. Als Leiter einer Sondergruppe, die gegen Chi Ch'uns Assistenten ermittelte, einen Anhänger der Viererbande im Erziehungsministerium, hatte Lao Li Gelegenheit zu beobachten, wie Chiang Ch'ings Komplizen behandelt wurden. Er hatte den Mann im Gefängnis besucht und versuchte nun aus seiner Kenntnis der Zustände dort Lao Tang zu beruhigen. Auch eine Inhaftierung wäre gar nicht so schrecklich, sagte er sanft, vielleicht wäre das Gefängnis sogar besser, dort habe Lao Tang einen eigenen Raum, das Essen sei nicht schlecht, er könne Zeitungen und die Werke des Vorsitzenden Mao lesen und müsse nur zwei- oder dreimal am Tag Fragen beantworten. Mich erleichterte es ein wenig, Konkretes über das zu hören, was wir als schlimmste Eventualität betrachteten, doch Lao Tang schien bei den Schilderungen des Gefängnislebens nur noch mehr Angst zu bekommen. Am Abend, vor der Rückkehr in sein Quartier, packte er eine zusätzliche Garnitur Unterwäche ein, weil er überzeugt war, in den nächsten Tagen verhaftet zu werden.

Wenn Lao Tang danach fürs Wochende heimkam, war er immer tief deprimiert. Ich versuchte, ihn zu trösten, aber meine Worte richteten wenig aus. Gleich mir war er schlicht ein Opfer der Politik geworden. Liang Hsiao hatte erwiesenermaßen die Viererbande unterstützt, aber Lao Tang war der Dinge, die ihm die Wandzeitungen anlasteten, absolut nicht schuldig. Ich wußte, daß er nie politischen Ehrgeiz besessen hatte, daß er nur getan hatte, was die Führer des Propagandateams der Partei verlangten, daß wahrscheinlich jeder andere auch so gehandelt hätte wie er. In dem Gedanken an meine Gefühle als verurteilte Rechtsabweichlerin, an meine Angst, daß meine Erniedrigung nie enden würde, drängte ich ihn, die Dinge langfristig zu sehen und nicht an das Heute zu denken.

Jedes zweite Wochenende bereitete ich für Lao Tang besondere Speisen zu, füllte dann ein Glas mit seinem Lieblingsgemüse und etwas gekochtem Fleisch, das er später mit seinem Zimmergenossen teilen konnte. An den Sonntagen begleitete ich ihn nach dem Abendessen zu seinem Quartier zurück. Weil er sich wegen seines Gesichtsverlusts sehr schämte, wollte er auf dem Universitätsgelände nicht gesehen werden. Wir machten darum immer einen einstündigen Umweg durch die Reisfelder und an der Universitätsmauer entlang. Am Ende der kleinen Brücke bei seiner Unterkunft blieb ich stehen und schaute ihm nach, wie er rasch den Pfad hinuntereilte und im Gebäude verschwand. Ich ging dann auf direktem Weg heim und versuchte, meine Gedanken von Lao Tangs Elend wegzuzwingen.

Doch eines Samstags wartete ich vergebens auf ihn. Ich konnte mir nur denken, daß er schließlich doch festgenommen und ins Gefängnis gebracht worden war. Weil ich die quälende Ungewißheit nicht länger ertrug, beschloß ich am nächsten Morgen, mich zu erkundigen, was passiert sei. Ich wußte, daß vor seinem Gebäude keine Wachen standen; niemand wollte Kontakt mit diesen Ausgestoßenen haben, darum waren Posten überflüssig. Um neun Uhr ging ich einfach in seinen Raum im Keller der Lehrerkantine am See.

Sein Zimmergenosse, dessen Familie an einem weit entfernten Ort lebte und der deshalb an den Wochenenden nicht heimkonnte, berichtete mir, Lao Tang habe sich geweigert zu gestehen, daß er gegen Chou En-lai opponieren wollte, und beharrlich erklärt, daß das Parteikomitee von Liang Hsiao nach dem Tod des Ministerpräsidenten sogar eine Gedenkversammlung für ihn anberaumt habe. Außerdem habe Lao Tang nach Ansicht der Ermittler keinen zufriedenstellenden Rechenschaftsbericht über den Teil des Materials zur Kritik an Lin Piao und Konfuzius geliefert, für dessen Zusammenstellung und Kommentierung er zuständig gewesen war. Das Arbeitsteam behauptete, er müsse irgendeine besondere Anweisung hinsichtlich des eigentlichen Zwecks dieses Materials erhalten haben. Der Teamführer beschuldigte Lao Tang, die Zusammenarbeit und ein volles Geständnis zu verweigern, er strich Lao Tangs Wochenendurlaub und befahl, daß man ihn am Samstag und Sonntag weiterverhöre. Ich ließ das Glas mit dem Gemüse zurück und ging heim, ein wenig beruhigt, weil Lao Tang wenigstens nicht im Gefängnis war.

Die erste Hälfte des Jahres 1977 schleppte sich hin, nur unterbrochen von Lao Tangs vierzehntäglichen Kurzbesuchen. Jeden Abend zwang ich mich, meine Gedanken auf die Vorlesung zu konzentrieren, die ich am nächsten Tag vor ausländischen Studenten zu halten hatte. Tang Dan war weit weg in Heilung-kiang, mein Vater lebte jetzt mit seiner neuen Frau in Kweiyang. Die Gedanken Tang Shuangs wagte ich nicht zu erforschen, denn ich fürchtete zu wissen, wie er sich fühlte, nachdem man jetzt seinen Vater für die Kulturrevolution und den blutigen Zwischenfall auf dem Platz des Himmlischen Friedens verantwortlich machte. Traurig beobachtete ich ihn, wenn er in seiner kargen Freizeit während seiner letzten Schulmonate seine ganze Energie darauf verwandte, ein großes, kompliziertes Kriegsschiff mit Fernsteuerung zu bauen, das er gelegentlich in unserer Badewanne ausprobierte. Gemieden von den Nachbarn und Kollegen, isoliert von meiner Familie, fühlte ich mich einsamer und verlassener als je zu der Zeit, da ich selbst ein Feind des Volkes gewesen war.

# 16 Abschied vom Frühling

Die Ankündigung im Sommer 1977, daß die Universitätsaufnahmeprüfungen wiedereingeführt würden, weckte Hoffnungen bei vielen tausend jungen Leuten aus Intellektuellenfamilien, denen seit einem Jahrzehnt jeder Zugang zu höherer Bildung verwehrt war. Die Lobpreisung sogenannter «Helden des leeren Papiers» wie Chang Tiesheng wurde jetzt völlig abgelehnt und als ultralinke Politik verurteilt, genau wie die Praxis, Kinder für die Fehler ihrer Eltern büßen zu lassen. Die Studenten sollten künftig nach Begabung und Leistung ausgewählt werden und nicht mehr aufgrund ihrer Herkunft oder ihrer politischen Zuverlässigkeit. Vielleicht hatten Tang Dan und Tang Shuang nun endlich eine Chance, sich vom Schatten unserer politischen Vergangenheit zu befreien. Der Gedanke, ihnen diese Chance zu verschaffen, wurde bei mir zu einer Art fixen Idee.

In unseren düsteren Haushalt kam wieder Leben, denn im Wohnzimmer erklangen nun die ernsten Stimmen junger Leute, die bis spät in die Nacht über ihr Studium diskutierten. Tang Shuang war eben als Klassenbester von der Mittelschule abgegangen, und Tang Dan hatte von ihrer Militärfarm einen längeren Krankenurlaub genommen, um sich auf die Prüfungen vorzubereiten. Die beiden saßen mit ihren Kameraden über ihren Büchern und unterbrachen die Arbeit kaum zum Essen, so wild entschlossen waren sie, das Beste aus der kostbaren Chance zu machen. Ich half, wo ich konnte, gab ihnen Ratschläge zu Satzkonstruktion und chinesischer Literatur, doch je näher der schicksalhafte Tag rückte, desto besorgter wurde ich.

Selbst als die Prüfungen vorbei waren und die richtigen Antworten bekanntgegeben wurden, die Tang Shuangs Überzeugung bestätigten, nur wenig verpatzt zu haben, legte sich meine Angst nicht. Es war mir unmöglich, tatenlos beiseite zu stehen, während das Schicksal meiner Kinder entschieden wurde. Ich fürchtete, daß Lao Tangs Verbindung zur Liang-Hsiao-Gruppe gegen sie benutzt würde, und beschloß darum, den für seinen Fall zuständigen jungen Mann aufzusuchen, der bei mir zwei Jahre lang politische Essayistik studiert hatte.

Ich ging zu ihm in das Gebäude, in dem man die Liang-Hsiao-Mitglieder festgesetzt hatte. Der Untersuchungsleiter benahm sich kalt und förmlich und tat, als kenne er mich nicht. Auf meine Frage, ob Lao Tangs Situation die Zukunft meiner Kinder beeinflussen würde, gab er mir eine streng offizielle Antwort: «Gemäß der Politik der Partei hat die Situation der Eltern im allgemeinen keinen Einfluß auf die Kinder.» Nach kurzer Pause fügte er hinzu: «Aber das hängt von Tang Yichiehs Verhalten ab. Wenn er voll geständig ist, werden die Dinge glatter laufen.» Diese Antwort war zwar nicht gerade ermutigend, doch sie zerschlug meine Hoffnungen auch nicht ganz.

Weil ich zu den Lehrern gehört hatte, die den literarischen Teil der Aufnahmeprüfungen festlegten, kannte ich die Bestimmungen, nach denen das Zulassungsverfahren ablief. Jeder Bewerber nannte neun Universitäten seiner Wahl und wurde dann entsprechend seinen Noten eingestuft. Lagen seine Zensuren über einem bestimmten Grundwert, konnte er in eine höhere Lehranstalt aufgenommen werden. Wenn er sich jedoch für eine der neu benannten Schlüsseluniversitäten qualifizieren wollte, mußte die Benotung über einem höheren Limit liegen. Neben der Prüfungsleistung wurden auch der politische Rang und die körperliche Verfassung bewertet. Man hatte ein eigenes Büro zur Untersuchung der politischen Vergangenheit der Bewerber geschaffen, was zeigte, daß man dieses Kriterium sehr ernst nahm; und ich wußte, daß über jeden Kandidaten von dem für seine Mittelschulklasse zuständigen Lehrer bereits ein schriftlicher Bericht mit einer Beurteilung seines politischen und moralischen Standards vorgelegt worden war. Meine Kinder hatten die vorgeschriebenen Bewerbungsformulare ausgefüllt; an erster Stelle mußte der Name der Eltern angegeben werden, dann deren Beschäftigung und politische Einstufung. Sie hatten eingetragen, daß ihre Mutter eine ehemalige Rechtsabweichlerin sei, jetzt aber wieder als Lehrerin arbeite, doch neben dem Namen ihres Vaters gähnte ein Loch. Zweifellos hatten ihre Lehrer an der Stelle eingefügt, daß gegen ihren Vater ermittelt werde und er auf das endgültige Urteil warte. Vielleicht, beruhigte ich mich selbst, konnte man ihre kürzliche Aufnahme in die Jugendliga als ermutigendes Zeichen ansehen.

Die Bekanntgabe der Prüfungsergebnisse beendete die erste Periode großer Spannung und hob die Moral meiner Kinder beträchtlich. Bei beiden lag die Benotung über dem höheren Zulassungswert, so daß sie für die begehrten Schlüsseluniversitäten qualifiziert waren. Das steigerte ihre Hoffnungen und gleichzeitig meine Befürchtungen. Ich ging erneut in das Büro der Liang-Hsiao-Gruppe, diesmal mit der Bitte um ein Schreiben, das ausdrücklich festhielt, daß Lao Tangs Situation nicht zum Nachteil meiner Kinder ausgelegt werden dürfe. Obwohl ich mich zusammennahm, konnte ich die Tränen nicht zurückhalten, als ich beschrieb, wie Tang Dan während der acht Jahre in Heilung-kiang darum gekämpft hatte, sich den gesamten Lehrstoff anzueignen, der an einer Mittelschule unterrichtet wurde. Mich übermannte schlicht die Verzweiflung über das, was meine Kinder mitmachen mußten. Der Führer entgegnete, ein solches erklärendes Dokument sei überflüssig, weil die Politik der Partei eindeutig sei. Außerdem sei Lao Tangs Fall noch nicht entschieden, und niemand könne jetzt schon sagen, wie das endgültige Urteil lauten werde.

Natürlich stand ich mit meinen Ängsten nicht allein da; viele Liang-Hsiao-Mitglieder hatten Kinder, und ich wußte, daß andere Eltern ähnliche Garantien erbaten. Tao Ch'un beispielsweise war deswegen schon mehrmals bei den Führern des Untersuchungsteams gewesen. Darum ging ich ebenfalls noch einmal hin; diesmal bekam ich die Auskunft, daß an alle zuständigen Einheiten ein Schreiben geschickt worden sei, das darauf verweise, daß gemäß der Politik der Kommunistischen Partei die laufende Ermittlung gegen ein Mitglied von Liang Hsiao in keiner Weise die Universitätszulassung seiner Kinder beeinflussen dürfe. Ich sagte mir, ein Brief mit dieser klaren Aussage werde seine Wirkung sicher nicht verfehlen, trotzdem wollte ich nichts unversucht lassen. Sowohl der Physiklehrer, der Tang Shuang seit zwei Jahren nebenher unterrichtete, als auch der Vorsteher der Abteilung für Physik wünschten Tang Shuangs Aufnahme in die Peita, weil sie von seiner Begabung überzeugt waren. Sie empfahlen mir, direkt zu Chang Longkiang, dem Vizepräsidenten der Universität, zu gehen und ihn um Hilfe zu bitten.

Chang ermutigte mich sehr und riet mir, an die Partei und ihre

Politik zu glauben. In herzlichen, anteilnehmenden Worten versicherte er mir, daß unser Land begabte junge Leute für den Aufbau der Zukunft Chinas brauche. Doch ich wußte, daß solche Reden allein nichts fruchteten, auch wenn sie aufrichtig gemeint waren; darum bat ich ihn um einen Brief mit der Weisung, daß Tang Shuangs Zulassung nicht von den Ermittlungen gegen seinen Vater beeinflußt werden dürfe. Als er einwilligte, den Brief zu schreiben, ging ich voll Hoffnung nach Hause. Am nächsten Tag wollte ich den Brief abholen, doch man beschied mich kurz, er sei bereits an den für die Zulassungen zur Peita zuständigen Mann abgeschickt worden. Sofort waren meine alten Befürchtungen wieder da. Ich wußte, daß ich den Brief selbst sehen und ihn eigenhändig einer Person meines Vertrauens übergeben mußte, wenn er etwas bewirken sollte. Nun konnte ich nur direkt zu dem für die Zulassung zuständigen Mann gehen, den ich aus der Zeit vor meiner Einstufung als Rechtsabweichlerin kannte. Das Zulassungskomitee hatte man in einem zwei Busstunden entfernten Hotel untergebracht, um Bittsteller wie mich möglichst abzuschrecken.

In dem Hotel erklärte man mir barsch, der Mann sei beschäftigt. Also wartete ich zwei Stunden, bis die Komiteemitglieder aus ihrer Versammlung kamen, und sprach ihn dann auf meine Kinder an. Der Mann entgegnete, er könne mir den Inhalt von Chang Longkiangs Brief nicht enthüllen, ich solle mir aber keine Sorgen machen und nach Hause fahren. Seine Antwort signalisierte mir, daß die Dinge nicht gut standen.

An dem Tag, der für die Verteilung der Zulassungen zu den Schlüsseluniversitäten festgesetzt war, wartete ich nervös mit meinen Kindern auf die Post. Tang Shuang, dessen Prüfungsergebnis zu den zehn besten Pekings zählte, saß in seinem Zimmer und versuchte, einen Roman zu lesen. Tang Dan, sozusagen abgehärteter in bezug auf Gesellschaft und Politik, ging bis zum Einbruch der Dunkelheit unruhig im Haus ein und aus, telefonierte und besuchte Freunde, um sich nach deren Ergebnissen zu erkundigen. Gegen sechs Uhr abends stand fest, daß keine Post mehr kommen würde; nicht einmal Tang Shuangs gute Noten hatten ihm die Zulassung gesichert. Da beide Kinder körperlich gesund waren, wußten wir, daß die Probleme auf dem politischen Sektor lagen. Weil Tang Dan und ich glaubten, daß es einen Weg geben müsse, die Parteipolitik auch durchzusetzen, wollten wir die Abweisung nicht einfach tatenlos hinnehmen oder in Resignation versinken wie Tang Shuang.

Am nächsten Morgen suchten wir zusammen einen Kontaktmann im Pekinger Verwaltungskomitee auf, um uns zu erkundigen, ob wir irgend etwas tun könnten. Doch dort erfuhren wir, daß weder die Akte meiner Tochter noch die meines Sohnes vorlag. Die Papiere der beiden seien offensichtlich gar nicht zur Erwägung eingereicht worden, hieß es; wir sollten im politischen Untersuchungsbüro nachfragen. Die Leute dort waren barsch und abweisend. Ich solle zu meiner Einheit gehen, wenn ich Informationen wolle, sagten sie, außerdem würden sie keine persönlichen Gespräche führen und eine zuständige Person sei ohnehin nicht da. So einfach ließen wir uns jedoch nicht abspeisen, sondern gingen am nächsten Tag erneut hin. Ich war entschlossen, einer Autoritätsperson zu erläutern, daß meine Kinder zu keiner Zeit in ihrer Unterstützung Chou En-lais gewankt hatten, daß sie die auf dem Platz des Himmlischen Friedens gesammelten Verse sogar behalten hatten, als das gefährlich gewesen war, daß Tang Dan immer gegen die Mitgliedschaft ihres Vaters in der Liang-Hsiao-Gruppe opponiert habe und daß Liang Hsiao laut Parteiverfügung keine Folgen für die Kinder haben dürfe. Tang Dan nahm das Buch mit, in das sie die Gedichte vom Platz des Himmlischen Friedens geschrieben hatte, und ich einen Brief von Tang Shuangs Lehrer, der bezeugte, daß mein Sohn politisch vertrauenswürdig sei und seinen Klassenkameraden immer bei ihren politischen Studien geholfen habe, daß er ein engagiertes Mitglied der Jugendliga sei und Chou En-lai mehrmals seine Trauer bezeigt habe. Doch als wir bei dem politischen Untersuchungsbüro ankamen, mußten wir feststellen, daß es an einen unbekannten Ort verlegt worden war, zweifellos weil es mit Beschwerden überschwemmt wurde. Also mußte ich erneut zu meinem Freund und mir die neue Adresse beschaffen. Die Sache drängte, denn die Aufnahme in die normalen Universitäten sollte in wenigen Tagen bekanntgegeben werden, und wir mußten rasch handeln, wenn meine Kinder noch in Erwägung gezogen werden sollten. Ich war so außer mir, daß mein Haar grau zu werden begann.

Versehen mit der neuen Adresse, brachen wir am folgenden Morgen sehr früh auf, in der Hoffnung, die zuständige Person gleich bei ihrem Eintreffen abpassen zu können. Das neue Hauptquartier befand sich in einem großen, verlassenen Gebäude am Stadtrand, das noch voller Staub und Spinnweben war. Nur zwei kleine Zimmer hatte man hastig hergerichtet. Wir erwischten die zuständige Person, eine Frau, und ich trug ihr meine Sorge um meine Kinder vor, wobei mir Tränen der Enttäuschung und Hilflosigkeit übers Gesicht liefen. Sie gab sich teilnahmslos, hörte mir aber eine Stunde lang zu. Dann behauptete sie, daß sie uns wirklich nicht helfen könne, weil alle diesbezüglichen Entscheidungen von einem Komitee getroffen würden. Sie erklärte sich jedoch bereit, weiterzumelden, was wir ihr gesagt hatten, und riet uns, nach Hause zu gehen und auf gute Nachricht zu hoffen. Wahrscheinlich würden zusätzliche Studienplätze geschaffen, sagte sie, und dann sei es möglich, auch noch nach Ablauf der zweiten Frist aufgenommen zu werden. Zunächst faßte ich Mut, doch später erkannte ich, daß solche Versicherungen nur ein Trick waren, um uns loszuwerden.

Ich hatte alle Kontaktmöglichkeiten ausgeschöpft. Als die zweite Liste mit angenommenen Bewerbern erschien und meine Kinder wieder nicht berücksichtigt worden waren, wußte ich, daß es keine Hoffnung gab. Ich konnte den beiden nur raten, sich keine Stellung zu suchen, sondern daheim zu bleiben und sich auf die Prüfungen im nächsten Jahr vorzubereiten, weil sich die politische Lage bis dahin vielleicht entspannt hatte. Als Tang Shuang meine Tränen der Enttäuschung sah, tröstete er mich: Er sei schließlich noch jung und bekäme vielleicht irgendwann später die Chance zum Studium. Unterdessen wolle er viel lesen und sich im chinesischen Satzbau verbessern, denn wäre seine Zensur in diesem Prüfungsteil besser gewesen, hätte er die beste Benotung ganz Pekings gehabt. «Wir wollen nicht mehr über die Sache reden», drängte er. «So viele andere sind auch nicht zugelassen worden, und es ist sinnlos, wegen etwas zu jammern, das man nicht ändern kann.» Mittlerweile hatten wir Ende Oktober.

Einige Zeit danach erfuhr ich von einer Bekannten, die dem Pekinger Zulassungskomitee angehörte, daß der Universitätspräsident Chang Longkiang sich außerstande gesehen habe, die Verantwortung für den von mir erbetenen Brief zu übernehmen, und sich ratsuchend an das Parteikomitee der Peita gewandt hatte. Von dort hatte er die Auskunft erhalten, normalerweise solle zwar die Situation der Eltern keinen Einfluß auf die Bildungsmöglichkeiten eines Kindes haben, doch es sei besser, Tang Shuang nicht zur Peita zuzulassen. Ich wußte, daß danach keine andere Universität wagen würde, ihn anzunehmen. Das fleißige Lernen der Kinder und meine mühseligen Bittgänge waren vergebens gewesen.

In jenem Winter fand ich aus meiner Depression nicht mehr heraus. Während meiner Zeit als Rechtsabweichlerin, so dachte ich bitter, hatte ich wenigstens auf die Unterstützung meiner Familie bauen können, die mir Mut machte und mir etwas Vertrauen in die Zukunft gab. Sogar in der Kulturrevolution war ich nicht ganz ohne Hoffnung gewesen, zumal viele andere die gleichen Probleme gehabt hatten wie wir. Alle Lehrer waren unterdrückt worden, und wir hatten bei unserer schweren körperlichen Arbeit immer gewußt, daß es nicht möglich sein würde, so viele Menschen auf Dauer als Feinde zu klassifizieren. Wir hatten manchmal sogar lachen können über die Absurdität unserer Behandlung, etwa wenn man meine Arbeitsgruppe zwang, das «Lied des heulenden Wolfes» zu singen. Uns hatte die Überzeugung am Leben gehalten, daß dieser Wahnsinn irgendwann enden müsse. Und die Jahre der Kalamitäten hatten in der Tat geendet – für alle außer für zweiunddreißig Familien.

Gegen Ende 1977 war die Untersuchung der Liang-Hisao-Gruppe dem Vernehmen nach abgeschlossen. Die Mitglieder hatten ihre Taten gestanden und wußten nichts mehr zu schreiben. Es waren keine Beweise für die Behauptungen gefunden worden, daß die Viererbande ein Komplott zur Übernahme der Macht im Staate geschmiedet habe und daß die Liang-Hsiao-Mitglieder in der neuen Regierung eine wichtige Rolle spielen sollten. Allmählich begann sich die Haltung ihnen gegenüber zu ändern, das Gerede auf dem Universitätsgelände bekam einen weniger verurteilenden Ton. Der Führer des Propagandatrupps der Peita fand, es sei an der Zeit, die Gelehrten zu entlassen, doch andere forderten, zuerst müßten sie in Selbstkritiken erklären, warum sie die Viererbande durch ihre Arbeit unterstützt und warum sie Teng Hsiao-ping angegriffen hätten. Als diese letzte Aufgabe ausgeführt war, schickte man sie heim, über ein Jahr nach ihrer Festsetzung. Mit zwei Fahrrädern und einem Dreiradkarren schafften wir das Bettzeug und die Bücher heim, die Lao Tang während seiner drei Jahre als Liang-Hsiao-Mitglied in dem Gästehaus am See angesammelt hatte.

Ich ermutigte Lao Tang, zu lesen und sich wieder seiner wissenschaftlichen Arbeit zu widmen, doch er lag immer nur auf dem Bett und erklärte, sein Rücken schmerze zu sehr. Während der Kulturrevolution hatte man ihn so oft in die Düsenflughaltung gezwungen, daß seine Rückenverletzung tatsächlich schlimmer geworden war, und die Feuchtigkeit der Vorratskammer, in der er fünfzehn Monate zugebracht hatte, ohne sein Bettzeug je trocknen zu können, war ihm natürlich auch nicht bekommen. Oft mußte ich ihn zum Bus führen, wenn er ins Krankenhaus fuhr, wo er dreimal in der Woche Massagen bekam, und einmal mußte ihn sogar Tang Shuangs Freund auf einem Dreiradkarren hinradeln. Seine Schmerzen waren zweifellos zum Teil psychisch bedingt, denn er hatte das Gefühl, sein Leben sei für alle Zeiten ruiniert, er werde nie mehr lehren oder wissenschaftliche Studien durchführen können und er habe unseren Kindern irreparablen Schaden zugefügt. Er grübelte ständig über den Ablauf der vergangenen Ereignisse nach und machte sich schwere Vorwürfe, nicht aus der Liang-Hsiao-Gruppe ausgeschieden zu sein, obwohl er wußte, daß er diese Möglichkeit gar nicht gehabt hatte.

Als feststand, daß Liang Hsiao nicht an einer geheimen Verschwörung der Viererbande beteiligt gewesen war, begannen die Menschen, die Gruppe sogar als Opfer der Zeit zu sehen – pflichtbewußte Akademiker, die aus Treue zum Vorsitzenden Mao gehandelt hatten. Trotzdem blieben wir isoliert, niemand wagte, uns zu besuchen; nur Tao Ch'un und Lao Li kamen gelegentlich. Die Bewegung zur «Säuberung und Untersuchung», die alle Verbindungsleute zur Viererbande ermitteln und ausschalten sollte, schreckte die Menschen ab. Lao Li wurde sogar einmal Angriffsziel einer Wandzeitung am Erziehungsministerium, die von ihm forderte, er solle seine Beziehung zu Lao Tang klarstellen. Wegen seiner einstigen heftigen Attacken auf Chiang Ch'ing befand er sich jedoch in einer so starken Position, daß er darauf nicht zu reagieren brauchte.

In den ersten Monaten des Jahres 1978 verlief unser Leben nach außen hin ruhig und glatt, doch dahinter verbarg sich unerträgliche Spannung. Wir wußten nicht, wann Lao Tangs Fall abgeschlossen sein würde, sondern hatten nur gehört, daß das Pekinger Parteikomitee ihn erörtere. Ängstlich warteten wir auf Nachricht. Eines Tages erfuhr ich von Tao Ch'uns Freund im Sonderuntersuchungsteam, daß laut Urteil des Komitees zwanzig Liang-Hsiao-Mitglieder auf der Seite des Volkes stünden und deshalb wieder als Lehrer eingesetzt würden, während zehn andere die Verantwortung für alle Taten der Gruppe trügen. Diese zehn hatte das Komitee offenbar als aktive Konterrevolutionäre eingestuft, als Verbrecher, die eine schwere Strafe verdienten – und Lao Tang zählte dazu.

Gegen Ende des Frühlings hörte ich, daß von den zehn Konterrevolutionären der Liang-Hsiao-Gruppe vier freigesprochen worden seien. Ob Lao Tang auf der Liste mit den restlichen sechs Feinden stand? Ich wandte mich zuerst an meine Abteilung, dann an Lao Li und schließlich an Tao Ch'uns Freund um Auskunft. Mein Herz zog sich zusammen, als ich endlich erfuhr, daß er tatsächlich zu den sechs Personen gehörte, die für die konterrevolutionären Aktivitäten der ganzen Gruppe verantwortlich gemacht wurden. In meiner Verzweiflung brachte ich es nicht über mich, nach Hause zu gehen. Sogar Pang Wenchun war von der Liste gestrichen worden, aber Lao Tang hatte beim IV. Volkskongreß auf der Plattform gesessen, und er war für den wichtigen dritten Teil des Materials zur Kritik an Lin Piao und Konfuzius zuständig gewesen. Ich wußte, daß von den sechs Übriggebliebenen drei im Gefängnis saßen, und die beiden anderen hatten den Großteil der flammenden Artikel gegen Lin Piao verfaßt. Als ich meine Heimkehr nicht länger hinausschieben konnte, beschloß ich, die Nachricht vor Lao Tang zu verbergen. Mein Gesicht verriet mich jedoch. Also sagte ich mit gespielter Beiläufigkeit, sein Name stehe zwar auf der Liste, aber es habe geheißen, wenn er sich gut führe, könne er immer noch so behandelt werden, als befinde er sich auf der Seite des Volkes.

Während dieses ganzen elenden Frühlings lernten meine Kinder angestrengt für die nächste Aufnahmeprüfung. Tang Dan stand jetzt unter noch stärkerem Erfolgsdruck als ohnehin, denn sie hatte einen Freund, einen Klassenkameraden aus der Mittelschule, der auf die gleiche Militärfarm in Heilung-kiang gekommen war wie sie. Dort hatte sich die Beziehung zwischen den beiden vertieft, obwohl sie kaum je wagten, miteinander zu sprechen. Der junge Mann hatte 1976 ein ärztliches Attest über irgendeine Krankheit vorgelegt und nach Überreichung der unvermeidlichen Geschenke daraufhin die Wohnberechtigungskarte für Peking erhalten. 1977 war er aufgrund seines Prüfungsergebnisses in die Eisenbahnuniversität aufgenommen worden und drei Monate später, nach Ablegung einer weiteren Prüfung, in die physikalische Abteilung der Ch'ing-hua. Sein Erfolg und Tang Dans Scheitern hatten zwischen den beiden einen Statusunterschied geschaffen, den Tang Dan unerträglich fand, zumal sie als sogenannte gebildete Jugendliche für ewig ans Grenzgebiet gefesselt schien. Sie hatte beschlossen, die Beziehung abzubrechen, doch das Angebot ihres Freundes, auf seinen Studienplatz zu verzichten und mit ihr nach Heilung-kiang zurückzukehren, hatte sie umgestimmt. Jetzt wünschte sie nichts sehnlicher als die Zulassung zu irgendeiner

Universität. Ich hatte die ganze Zeit über weiterhin Bittgänge gemacht und Geschenke verteilt, um ihr die Rückkehr nach Peking zu ermöglichen, doch alles vergebens. Schließlich sah ich nur noch den Ausweg, daß Tang Shuang, der jetzt seinen Mittelschulabschluß in der Tasche hatte, zum Militär ging. Der Eintritt in die VBA war früher für junge Leute ein beliebter Weg gewesen, voranzukommen, aber weil jetzt viele Kinder von hohen Funktionären und Arbeitern eine Universitätsausbildung anstrebten, meldeten sich fast nur noch Bauernsöhne zur Armee. Vielleicht wurde Tang Shuang aufgenommen. Er war bereit, das Opfer für Tang Dan zu bringen. Ein paar Jahre in der VBA würden in seinem Leben nicht viel ausmachen, meinte er, seine Schwester dagegen sei bereits fünfundzwanzig und erreiche bald die Altersgrenze für eine Universitätszulassung. Seine Großzügigkeit rührte mich, zumal ich wußte, daß es nicht leicht sein würde für jemanden aus einer Intellektuellenfamilie, drei Jahre in der Armee zu verbringen, wo strenge Disziplin und spartanische Lebensbedingungen herrschten. Im Frühling 1978 meldete sich Tang Shuang zum Militärdienst. Aber sein Opfer wurde nicht akzeptiert: Er stand nicht auf der Liste der zehn Mittelschüler, die in die Armee aufgenommen worden waren. Die Situation seines Vaters schloß ihn auch aus der Armee aus.

In meiner Verzweiflung beschloß ich, doch noch einmal Tang Dans Gesundheit für einen Versuch zu benutzen, sie heimzuholen. Die Kräutermedizin, die ihr 1975 verordnet worden war, hatte anfangs geholfen, sie hatte wenigstens gelegentlich wieder ihre Tage bekommen; doch seit zwei Jahren blieben sie erneut ganz aus. Wir suchten mehrere Ärzte auf und baten um ein Attest, das bestätigte, daß ihr Zustand durch die strenge Kälte im Nordosten verschlimmert werde. Ich versuchte sogar, wenigstens ihre Verlegung an irgendeinen Ort in der Provinz Hopeh durchzusetzen. Bei allen diesen Unternehmungen mußten wir natürlich Geschenke verteilen. Schließlich erreichte ich es, daß mich jemand bei einer bedeutenden Ärztin in der Frauenklinik einführte. Sie war bereit, meine Tochter zu untersuchen, sagte aber warnend, dabei könne Tang Dans Jungfräulichkeit zerstört werden. Normalerweise war das ein wichtiger Gesichtspunkt, doch wir fanden, daß er angesichts der Umstände ignoriert werden müsse. Diese Ärztin nahm keine Geschenke an und sagte, sie werde nur tun, was die medizinischen Fakten rechtfertigten. Nach der Untersuchung erklärte sie, daß Tang Dan wirklich eine Klimaveränderung nötig habe. Sie schrieb einen geharnischten Brief, in dem sie ausführte, daß die harten Bedingungen im Nordosten unseres Landes vom medizinischen Standpunkt schädlich seien für Tang Dan.

Mit diesem kostbaren Dokument und vielen Geschenken kehrte Tang Dan auf ihre Militärfarm zurück; ich hatte ihr zwei Flaschen besten Weins, Strickgarn, Babykleidung für die Kinder der Kader und Süßigkeiten mitgegeben, dazu zehn Schachteln ausländischer Zigaretten, die man nur im Hotel Freundschaft bekam und die uns ein Freund Tang Shuangs besorgt hatte, der dort Kellner war. Nach zwei Wochen schrieb sie, daß ihre Kompanieführer das ärztliche Attest akzeptiert hätten, aus welchen Gründen auch immer. Weil wir wußten, daß dies nur der erste Schritt war, wagten wir nicht, uns zu freuen. Ihre Kompanie mußte eine Empfehlung an das Regiment geben, das Regiment mußte alle erforderlichen Unterlagen an das Nachbarschaftskomitee in Peking schicken, das dann den Fall zu untersuchen und zu entscheiden hatte, ob die Verlegung gerechtfertigt war. Tang Dan schrieb, sie warte, bis ein Traktor zum Regimentsbüro fahre, um Lebensmittel oder andere Vorräte zu holen, denn sie wolle den Antrag auf Verlegung unbedingt persönlich abgeben, um sicherzustellen, daß er nicht irgendwo unerledigt herumliege. Sie blieb eine ganze Woche im Hauptquartier des Regiments und sorgte dafür, daß ihre Akte nach Peking abgeschickt wurde. Noch eine letzte Woche verbrachte sie bei ihrer Kompanie, dann kehrte sie nach Peking zurück. Jeden Tag erkundigte sie sich bei dem zum Nachbarschaftskomitee gehörenden Straßenkomitee, ob ihre Papiere eingetroffen seien. Es gelang ihr, in dem Büro eine Freundin zu gewinnen, die ihr sofort Bescheid sagte, als ihr Antrag auf Verlegung eingegangen war. Tang Dan mußte nun aber noch warten, bis die Reihe an sie kam. Mitte Juli 1978 erhielt sie endlich die langersehnte Genehmigung, auf Dauer in Peking zu bleiben. Wenigstens konnte sie sich jetzt offiziell eine Stellung in der Stadt suchen, falls sie die Universitätszulassung nicht bekam.

Bei der Bekanntgabe der Prüfungsergebnisse des Jahres 1978 war ich überaus nervös, doch meine beiden Kinder hatten sehr gut abgeschnitten. Tang Shuang hatte die Formulare diesmal anders ausgefüllt und als erste Wahl die Universität Chekiang angegeben, obwohl er dann im Falle einer Zulassung Peking verlassen mußte. Lao Tang und ich hatten ihm dazu geraten, denn wir hofften, daß er in einer anderen Provinz eine bessere Chance haben würde.

Das Pekinger Zulassungskomitee tagte jetzt in einer Mittelschule im Bezirk Ta-hsing. Die Adresse wurde streng geheimgehalten, um einen Ansturm erregter Eltern zu verhindern, doch ich bekam sie über eine Freundin heraus, die einen der Komiteeleiter kannte. Meine Freundin erklärte sich sogar bereit, mich zu begleiten, weil mich das Komiteemitglied sonst vielleicht nicht empfing. Es war allgemein bekannt, daß hohe Funktionäre regelmäßig Schreiben an die Mitglieder dieses Komitees sandten und um besondere Berücksichtigung eines bestimmten Bewerbers nachsuchten, doch ähnliche Bemühungen gewöhnlicher Sterblicher hatten weit weniger Erfolg. Bei unserer Ankunft war der Mann, den wir sprechen wollten, beschäftigt; wir setzten uns darum einfach in sein Zimmer, um auf ihn zu warten.

Endlich kam der Mann. Er hörte sich meine Bitte an und sagte dann, er werde versuchen, meinen Kindern zu helfen. Doch er erklärte mir, die politischen Erkenntnisse über einen Kandidaten seien immer noch sehr wichtig, überhaupt sei die ganze Zulassungsfrage heiß umstritten. Einige Kader behaupteten erbost, die augenblickliche Politik begünstige wieder die Kinder der Intellektuellen, die immer die besten Noten schrieben, und benachteilige erneut die Kinder von Arbeitern und Bauern. «Es wird sich nicht leicht machen lassen, daß ein Student angenommen wird, dessen Vater ein Mitglied der Liang-Hsiao-Gruppe war, während gleichzeitig Studenten abgewiesen werden, die aus Arbeiter- oder Bauernfamilien kommen», meinte der Mann skeptisch. Ich sah sein Argument ein, denn auch ich fand, daß unser sozialistisches Land die Kinder seiner Arbeiter, Bauern und Soldaten bilden müsse, aber gleichzeitig wollte ich natürlich, daß meine Kinder ebenfalls angenommen wurden.

Als nach den 1978er Prüfungen die Namensliste der zu den Schlüsseluniversitäten zugelassenen Kandidaten erschien, standen meine Kinder wieder nicht darauf. Ich war so verzweifelt, daß ich erneut meinen Kontaktmann im Zulassungskomitee aufsuchte und ihn anflehte, meinen Kindern zu einer Zulassung zu verhelfen, und sei es an einer weit entfernten, unbekannten Lehranstalt. Es ging mir nicht mehr darum, daß die beiden an einer angesehenen Universität studierten, ich wollte nur noch, daß sie überhaupt Gelegenheit erhielten, ihre Ausbildung fortzuführen. Mit Tränen in den Augen redete ich auf ihn ein. Ich sagte, die Kinder könnten nichts für die Situation ihres Vaters, und Tang Dan habe nie gewollt, daß er

Mitglied von Liang Hsiao bleibe; erneut schilderte ich ihre Treue zu Chou En-lai und ihre täglichen Besuche auf dem Platz des Himmlischen Friedens; erneut führte ich die Berichte der Militärfarm an, denen zufolge Tang Dans politischer Standpunkt und ihre Arbeitsleistung immer beispielhaft gewesen waren. Der Mann versicherte mir, er werde sein möglichstes tun, könne aber nichts garantieren. Ich dachte, ich bin genau wie die Frau in Lu Hsüns Kurzgeschichte «Ein Neujahrsopfer» eine Frau ohne Hoffnung geworden und erzähle immer nur endlos meine Leiden, jedesmal mit weniger Erfolg.

Es dunkelte bereits, als ich zu Hause ankam. Lao Tang lag auf dem Bett, versunken in seine eigene Hoffnungslosigkeit. Ich brauchte nichts zu sagen, er wußte auch so, daß ich keine guten Nachrichten brachte. Seine Augen füllten sich mit Tränen, und er meinte leise, vielleicht könne nur sein Tod unseren Kindern helfen. Seine Bemerkung brachte mir wieder zu Bewußtsein, wie sehr er litt. Wellen des Mitgefühls durchfluteten mich, und ich machte mir Vorwürfe, weil ich mich nur um die Nöte meiner Kinder gekümmert hatte, wo seine doch viel größer waren. Ich bemühte mich, meine Niedergeschlagenheit zu verbergen, und sagte eindringlich, wir dürften die Hoffnung nicht aufgeben, denn der Mann im Zulassungskomitee habe mir Hilfe versprochen; dabei befahl ich mir stumm, nicht zu weinen, sondern mich zusammenzunehmen und Lao Tang zu helfen. Schließlich riet er mir, Lao Li aufzusuchen, der inzwischen ein prominenter Mann geworden war. Am folgenden Tag erzählte ich unserem alten Freund die ganze Geschichte von Enttäuschung und Frustration. Er vertrat gleich mir die Ansicht, daß man unsere Kinder nicht zu Opfern machen dürfe, und sicherte mir Beistand zu.

Diesmal zeitigten meine flehentlichen Worte sofort Ergebnisse. Ein mitfühlender Freund Lao Lis empfahl mir, einen Brief an Fang Yi zu schreiben, der Direktor der Akademie der Wissenschaften, stellvertretender Ministerpräsident und bekanntermaßen ein aufgeschlossener Mensch war. Ich solle alle Empfehlungen der Lehrer meiner Kinder anführen, riet der Freund, die politischen Ansichten der beiden und ihre Aktivitäten auf dem Platz des Himmlischen Friedens beschreiben und die Beharrlichkeit hervorheben, mit der sie während des ganzen Jahrzehnts politischer Unruhen gelernt hatten. Lao Li wies mich behutsam darauf hin, daß es wahrscheinlich nicht möglich sei, die Universitätszulassung für zwei Kinder einer Liang-Hsiao-Familie zu bekommen; er sagte, wir sollten es zuerst mit

Tang Shuang versuchen, der jünger sei und eine bessere Vorbildung vorweisen könne.

Ich arbeitete die ganze Nacht an dem Brief, denn jedes Wort sollte überzeugend klingen. Lao Li wollte den Brief Fang Yis Sekretär geben, der wiederum dafür sorgen wollte, daß er in Fang Yis Hände gelangte. Ohne diese persönliche Verbindung hätte keine Hoffnung bestanden, daß ein solcher Bittbrief den stellvertretenden Ministerpräsidenten auch wirklich erreichte; normalerweise hätte irgendein Sekretär ihn entweder in den Papierkorb geworfen oder an die Arbeitseinheit des Absenders geschickt, was wahrscheinlich die Folge gehabt hätte, daß der Verfasser kritisiert worden wäre. Bereits nach einer Woche kam der Brief zurück, mit einer kurzen Anweisung Fang Yis an seinen Sekretär am unteren Rand: «Kinder dürfen nicht für die Fehler ihrer Eltern verantwortlich gemacht werden, wie schwerwiegend diese auch sein mögen, überlegen Sie also bitte, wie dieser Person zu helfen ist.» Lao Li schlug vor, Tang Shuang solle sich nicht an der Chekiang-Universität bewerben, weil weder er noch der Sekretär eine persönliche Verbindung dorthin hätten, sondern an der Universität für Naturwissenschaft und Technik, eine von der Akademie der Wissenschaften betriebene Schlüsselanstalt in Hofei, der Hauptstadt der Provinz Anhwei. Wir stimmten dankbar zu, und bereits fünf Tage später erhielten wir die Nachricht, daß Tang Shuang angenommen sei. Der Kloß, der so lange in meiner Kehle gesteckt hatte, löste sich endlich auf.

Der September näherte sich dem Ende, und das Herbstsemester hatte bereits begonnen, darum trafen wir in aller Eile die nötigen Vorbereitungen.

Beim Abschied an der Bushaltestelle zeichnete ich Tang Shuang ein taoistisches Glückssymbol in die Handfläche. Meine Mutter hatte mir dieses Symbol in meine Handfläche gezeichnet, als ich seinerzeit Kweiyang verlassen hatte, um im Norden zu studieren; mit gleichen Ängsten und gleicher Zuversicht wie damals sie gab ich das Zeichen nun an meinen Sohn weiter.

Als Tang Dan mit rotgeweinten Augen vom Bahnhof zurückkam, wurde mir bewußt, wie traurig es sie gestimmt haben mußte, ihren Bruder an eine Universität abreisen zu sehen, während sie selbst kaum auf Aufnahme hoffen durfte. Ihr Leben war viel schwerer gewesen als das ihres Bruders, und ich wünschte, ich hätte sie als erste auf die Universität schicken können, denn ich spürte ihre Herzensnot. Schließlich hatte Tang Shuang die ganze Zeit über bei uns gelebt und die Zulassung schon ein Jahr nach seinem Abgang von der Mittelschule erhalten, wogegen sie wegen der politischen Wirren keine Mittelschule hatte besuchen können und acht Jahre im grausamen Klima Heilung-kiangs hatte leben müssen. Als die Zulassungen zu den normalen Universitäten bekanntgegeben wurden, stand ihr Name auch nicht auf dieser Liste. Alle sagten mir, ich müsse zufrieden sein, ich hätte wenigstens ein Kind auf der Universität, und das andere habe eine Stellung in der Bibliothek der Peita. Diesen Posten hatte meine Schwägerin für Tang Dan besorgen können. Immer wieder forderte man mich auf, pragmatisch zu denken und nicht zuviel zu wollen. Aber mir ließ der Gedanke keine Ruhe, daß meine Tochter ja eigentlich für die Universität qualifiziert war. Sie durfte einfach kein Opfer der Politik bleiben!

Nach der letzten Bekanntgabe von Universitätszulassungen für 1978 gerieten die vielen jungen Leute, deren Noten über dem geforderten Wert lagen und die dennoch keinen Studienplatz erhalten hatten, in Zorn und begannen zu protestieren. Die Behörden versuchten, sie mit der Erklärung zu beschwichtigen, es hätten so viele Bewerber die Prüfung bestanden, daß man einfach nicht alle annehmen könne. Jedermann wußte jedoch, daß die Zulassung weitgehend von den persönlichen Beziehungen einer Familie und von ihrer politischen Vergangenheit abhing. Die jungen Leute starteten daraufhin die Bewegung «Demokratische Wand», beschuldigten die Behörden unfairer Praktiken und protestierten gegen die Handhabung der Zulassungsbestimmungen. Auf kleinen Fahnen aus rosarotem und grünem Papier forderten sie: «Gleiche Einschreibungsmöglichkeit für alle!» – «Nieder mit der Idee vom reaktionären Blut!» Etwa hundert Studenten marschierten zufällig an dem Tag, da Tang Dan und ich in dem kleinen Büro im Bezirk Ta-hsing um nochmalige Überprüfung ihres Falls nachsuchten, vor das Gebäude. Einige der Demonstranten waren Mittelschulabgänger des laufenden Jahres, andere vom Land zurückgekehrte gebildete Jugendliche.

Wegen des Drucks, den solche Aktionen erzeugten, suchten die Behörden nach einem Weg, die jungen Leute zu besänftigen, zumal darunter auch Arbeiter, Bauern und Soldaten waren, die man nicht auf Dauer ignorieren konnte. Der Pekinger Bürgermeister erkannte, daß etwas geschehen mußte; er beschloß, mehr Möglichkeiten zu höherer Bildung zu schaffen, und erteilte jeder Universität den

Auftrag, eine Zweigstelle zu errichten. Auf diese Weise sollten mehr Studenten untergebracht und gleichzeitig die vielen Lehrer beschäftigt werden, die praktisch keine Arbeit hatten. In meiner Abteilung zum Beispiel gab es einhundertacht Lehrer für dreihundert Studenten, und ich hatte oft gesagt, wir könnten allein mit dem Lehrpersonal unserer Fakultät drei Peitas besetzen. Unsere ganze Familie hoffte, daß die neue Politik es Tang Dan endlich ermöglichen würde, ihre Ausbildung fortzusetzen. Im Februar 1979 wurde bekanntgegeben, daß man die Prüfungen vom Sommer 1978 noch einmal beurteile und daß für die Zulassung ein neuer Notenwert gelte. Nun zählten Tang Dans Zensuren zu den besten.

Inzwischen hatte sich die Haltung der Öffentlichkeit gegenüber Liang Hsiao weiter gemäßigt. Die Menschen sagten oft, weil die Mitglieder der Gruppe von der Partei eingesetzt worden seien, könne man nicht sie allein für das verantwortlich machen, was sie getan hatten. Dieser neue Standpunkt ermöglichte es, der Gruppe zu verzeihen. Übrigens war die Liste mit den sechs Feindnamen, die uns solche Angst eingejagt hatte, nie offiziell bestätigt worden, weil niemand die Verantwortung für eine derart wichtige Entscheidung übernehmen mochte. Schließlich gab es im ganzen Land zahlreiche Organisationen mit Verbindungen zur Viererbande, besonders in Shanghai, wo ebenfalls eine Kritikgruppe aktiv gewesen war und wo Chang Chun-ch'iaos Anhänger sogar eine bewaffnete Rebellion geplant hatten. Man konnte einfach nicht alle diese angeblichen Komplizen zur Rechenschaft ziehen. Statt die Anhänger der Viererbande zu bestrafen, wandte Teng Hsiao-ping gegen sie eine Politik an, die man «Kaltbehandlung von Stahl» nannte; sie bestand darin, Entscheidungen über das Vorgehen aufzuschieben, bis sich die Gemüter allgemein abgekühlt hatten. Im Rahmen einer Kampagne zur «Aufforderung an die Massen, die Entscheidung zu treffen», waren in jeder Abteilung der Peita Lehrergruppen gebildet worden, die über die Natur von Liang Hsiao diskutieren und Vorschläge für die Behandlung ihrer Mitglieder unterbreiten sollten. In meiner Abteilung gelangten die Lehrer zu dem Schluß, daß Liang Hsiao Fehler begangen habe, daß einige ihrer Mitglieder schuldiger seien als andere, daß man jedoch nicht einmal sie für ihre Handlungen voll verantwortlich machen könne, weil sie nur die Befehle des Vorsitzenden Mao ausgeführt hätten. Die vorherrschende Meinung war, man müsse sie aus ihren vergangenen Fehlern lernen lassen.

Ebenfalls im Rahmen dieser letzten Kampagne holte man die Liang-Hsiao-Mitglieder nun zur Kritik in ihre Abteilungen. Während mehrerer Versammlungen zur Kritik der acht Mitglieder aus meiner Abteilung gab es zornige Angriffe auf die Artikel der Gruppe, heftige Verurteilungen ihrer Sonderprivilegien und harsche Vorwürfe wegen ihrer Unterstützung der Viererbande, aber die Stimmung hatte sich im Vergleich zu früher spürbar verändert. Schlagworte wurden nur noch zu Beginn und Ende der Versammlung gerufen, nicht mehr die ganze Zeit über wie in der Kulturrevolution, keine Rotgardisten waren auf der Plattform, und niemandem wurden die Arme nach hinten gedreht. Die Missetäter standen einfach zwei Stunden lang da und nahmen die Kritik der Massen an. Wer sich damit zu verteidigen versuchte, daß ihn die Parteizweigstelle zur Liang Hsiao abkommandiert habe, wurde weiter kritisiert, bis er lernte, sich die Kritik stumm anzuhören und nur zu sagen, daß er Fehler begangen und einige Artikel geschrieben habe, die nicht richtig gewesen seien. Dann entließ man die Leute. Niemand wollte eine Rückkehr zu den Gewalttätigkeiten der früheren Jahre. Außerdem waren alle Kritisierten einst hochgeschätzte Mitglieder unserer Fakultät gewesen. Ich entnahm der Haltung meiner Kollegen, daß die Feindschaft gegen Liang Hsiao inzwischen weitgehend verflogen war.

Später in diesem Frühling hörte ich, daß das Pekinger Parteikomitee einen neuen Bericht über den Liang-Hsiao-Fall erstellt habe, und bekam schließlich heraus, daß man nur noch drei Mitglieder für die Taten der Gruppe verantwortlich machte: jene drei, die bereits im Gefängnis saßen. Lao Tangs Fall wurde also nicht so ernst gesehen, wie wir bisher befürchtet hatten. Bald darauf entließ man sogar die drei Inhaftierten, sie durften nach Hause zurückkehren und mußten nur gelegentlich körperliche Arbeit auf dem Universitätsgelände leisten. Lao Tang hatte zwar noch keine Stellung und keinen offiziellen Entscheid, aber die Gefahr, daß man ihn zum Feind des Volkes erklärte, war vorbei.

In diesem Frühling erhielt auch Tang Dan endlich die Zulassung zu der neuen Peita-Zweigstelle, an der sie Bibliothekswesen und Computertechnik zu studieren begann. Ich hatte sie gedrängt, Biologie zu wählen, weil ich fand, daß dieses Fach viele Möglichkeiten bot. Doch sie hatte entgegnet, der wichtigste Gesichtspunkt für sie sei ein ruhiges Leben. Wenn sie Bibliothekswesen studiere, brauche sie keine Angst zu haben, zur Arbeit außerhalb einer Großstadt abgestellt zu werden. Mich hatten in ihrem Alter ganz andere Dinge beschäftigt, ich hatte etwas Abenteuerliches tun und einen Beitrag zur Zukunft meines Landes leisten wollen; aber ihre Generation hatte genügend Abenteuer und idealistische Bemühungen hinter sich gebracht, dabei viel Mühsal ausgestanden und unendliche Enttäuschungen erlitten. Ich konnte verstehen, daß Tang Dans Ziele anders aussahen als einst meine.

Die Sorgen, die mich jahrelang gequält hatten, verschwanden eine nach der anderen. Im Herbst erhielt Lao Tang den Auftrag, wieder Philosophie zu lehren, und als es ihm gelang, die alten guten Beziehungen zu seinen Kollegen und Studenten wiederherzustellen, fand er allmählich zu neuem innerem Gleichgewicht, er entspannte sich und war nicht mehr so in sich gekehrt.

Etwa zur selben Zeit wurde offiziell bekanntgegeben, daß die Kampagne gegen Rechtsabweichler zwar insgesamt kein Fehler gewesen sei, daß es dabei aber Exzesse gegeben habe und zu viele Menschen geschädigt worden seien. Nun erwarteten die Leute, daß das Geld, das man den Rechtsabweichlern jahrelang vorenthalten hatte, nachgezahlt werden würde, genau wie nach der Kulturrevolution den Kadern, von denen einige bis zu fünftausend Yuan an ausstehenden Bezügen erhalten hatten. Die Beträge, die uns Rechtsabweichlern zustanden, waren noch weit höher, denn unsere Gehaltskürzungen bestanden seit zwanzig Jahren. Ich schenkte den Gerüchten über eine finanzielle Entschädigung jedoch keinen Glauben, denn ich wußte, daß unser Land nicht reich genug war, um solche Summen auszahlen zu können. Aber ich begann ernsthaft darüber nachzudenken, was die Aufhebung des Urteils, mit dem ich so lange gelebt hatte, für mich bedeuten würde.

Eines Tages rief mich die stellvertretende Sekretärin des Parteikomitees unserer Abteilung in ihr Büro, und ich trat in das Zimmer, in dem ich einst viele Versammlungen geleitet hatte. Als ich vor ihrem Schreibtisch saß, eröffnete mir die Vizesekretärin mit unbeteiligter Stimme, es sei entschieden worden, daß die seinerzeit gegen mich erhobenen Vorwürfe ein Irrtum gewesen seien. Ich hätte zwar einige Fehler begangen, hätte nach persönlichem Ruhm gestrebt und mich nicht genügend mit den Massen identifiziert, aber das sei ein Persönlichkeitsproblem und keine politische Angelegenheit gewesen und habe fälschlicherweise dazu geführt, daß man mich zum politischen Feind erklärte. Dieses Fehlurteil werde jetzt korrigiert. Sie schaute mich an, als erwarte sie, daß ich vor Dankbarkeit in Tränen ausbreche, dann fragte sie, ob ich etwas entgegnen wolle. Ich verneinte, denn meine Gefühle waren viel zu kompliziert, als daß ich sie hätte ausdrücken können. Daraufhin erkundigte sie sich im gleichen geschäftsmäßigen Ton, ob man irgend jemanden, der vielleicht wegen meiner irrtümlichen Verurteilung gelitten hatte, von der Aufhebung des Urteils verständigen solle. Diese Frage ließ mich nachdenken.

Am meisten hatte das Urteil meine Mutter getroffen, deren Wunsch es gewesen war, daß ich erreichen möge, was ihr das Leben verweigert hatte. Jetzt ruhte ihre Asche längst in der Erde, und niemand konnte sie mehr davon verständigen, daß man ihre Tochter zu Unrecht als Feindin hingestellt hatte und daß die gegen sie erhobenen Beschuldigungen für nichtig erklärt worden waren. Schwer gelitten hatten auch meine Kinder, die wegen ihrer rechtsabweichlerischen Mutter diskriminiert, vieler Jahre der Mitgliedschaft in der Jugendliga beraubt und lange von jeder höheren Bildung ausgeschlossen worden waren. Jetzt studierten beide an Universitäten; ihre Erniedrigung war vorbei, aber niemand konnte die ihnen geschlagenen Wunden heilen. Lao Tang war angegriffen worden, weil er eine rechtsabweichlerische Frau hatte, man hatte ihn sogar aufgefordert, sich von mir zu trennen; niemand und nichts konnte ungeschehen machen, was er gelitten hatte.

Es schien sinnlos, erkannte ich traurig, irgend jemanden davon zu verständigen, daß die Sache gegen mich fallengelassen worden war. Ohnehin nahm kaum mehr jemand rechtsabweichlerische Angelegenheiten ernst. Ich hob den Kopf und sagte zu der Vizesekretärin, sie brauche niemanden zu verständigen. Sie bemerkte meine Traurigkeit nicht, jedenfalls erklärte sie sachlich, auch mein Ausschluß aus der Partei sei ein Fehler gewesen und man hoffe, daß ich in die Partei zurückkehre. Weil meine Mitgliedschaft von 1949 an zähle, hätte ich nach dreißigjähriger Parteizugehörigkeit ein Anrecht auf den Ehrentitel «altes Parteimitglied». Die Entscheidung über eine Rückkehr liege bei mir, sagte sie abschließend im gleichen uninteressierten Ton.

Ich schaute sie an, diese Frau, die mir gegenübersaß und die ich seit vielen Jahren kannte. Meine Gedanken kehrten zu unserer gemeinsamen Zeit in Liyu-chou zurück, wo man uns sogar den gleichen Kosenamen gegeben hatte. Sie war Chou Dali genannt worden und ich Yue Dali; der Name Dali bedeutet «große Kraft» und wird normalerweise nur Männern zugesprochen. Wir waren nicht nur beide stark und kräftig genug für anstrengende körperliche Arbeiten gewesen, sondern auch gleich groß, darum hatten wir oft miteinander an einer Schulterstange Eimer voll Dung auf die Felder getragen. Ich erinnerte mich auch an ihre Verzweiflung während der Bewegung der Vier Säuberungen; damals war sie in dem Schlafsaal meine Zimmergenossin gewesen, und ich hatte sie jeden Abend zu trösten versucht, nachdem die Führer des Propagandatrupps sie beschuldigt hatten, machtgierig zu sein. Jetzt sah es so aus, als habe sie vergessen, was wir alles zusammen durchgemacht hatten. Ich war für sie einfach jemand, mit dem sie im Zuge ihrer Arbeit zu tun bekam; sie redete mit mir nicht anders als mit jedem sonst, der in ihr Büro kam.

Kurz nach meiner Verurteilung als Rechtsabweichlerin im Jahre 1958 hatte sie ihren Parteiposten in meiner Abteilung angetreten. Die junge Textilarbeiterin aus Shanghai, Nachkommin mehrerer Arbeitergenerationen, war sehr stolz gewesen auf ihre proletarische Herkunft und hatte großes Vertrauen genossen. Bei unserer ersten Begegnung hatte ich Verachtung in ihren Augen gesehen, denn sie war eine Führerin der Arbeiterklasse, ich dagegen eine Feindin des Volkes. Ich fragte mich, was sie jetzt denken mochte, nachdem sie mich über mein Recht zur Rückkehr in die Partei aufgeklärt hatte. Ob sie wirklich glaubte, daß meine Verurteilung ein Fehler gewesen war? Sie schaute mich ruhig und fest an, ihre Augen verrieten nichts.

Ihr fiel es allem Anschein nach ziemlich leicht zu verkünden, daß man Fehler korrigieren werde, die vor zwei Jahrzehnten gemacht worden waren. Doch solche Urteilsaufhebungen erweckten Menschen nicht wieder zum Leben und gaben jenen die Jugend nicht zurück, die mehr als zwanzig Jahre am Rande der Gesellschaft gelebt hatten. Ich wußte, daß diese Vizesekretärin keine persönliche Verantwortung für die Behandlung von Rechtsabweichlern trug, aber ich bezweifelte, daß sie wirklich bedauerte, was mir und zahllosen anderen widerfahren war.

In der Erwartung, daß ich gleich vielen meiner Leidensgenossen rehabilitiert und man mir die Rückkehr in die Partei anbieten würde, hatte ich bereits darüber nachgedacht, wie ich mich entscheiden sollte. Seit jenem schönen 1. Juli, an dem ich Kommunistin geworden war, hatte sich viel verändert. Heute, an diesem Vormittag im Spätherbst, war der Himmel dunstig. Die Bäume trugen nicht mehr ihr Sommerlaub, Schattierungen von Rot, Gelb und Braun hatten das Grün weitgehend verdrängt. Ich erkannte, daß meine Lebensanschauungen sich ebenfalls verändert und sich ähnlich bunt gefärbt hatten wie das Laub. Optimismus und Idealismus der Jugend waren nicht vollkommen verschwunden, aber Jahre voller Schmerz, Mühsal und Isolation hatten mich gelehrt, auch Zweifel zu akzeptieren, zeitweise sogar tiefe Verzweiflung. In den frühen fünfziger Jahren, als wir das Ziel verfolgt hatten, China zu einer zweiten Sowjetunion zu machen, waren wir voller Zuversicht gewesen, blind für drohende Gefahren und die vor uns liegenden Fallgruben. Doch in den dreißig Jahren seit der Befreiung hatte es trotz unserer Zuversicht und unserer Bemühungen viele Rückschritte gegeben. Vom Modell Sowjetunion war man längst abgegangen – ein Idol, zerschlagen wie so manches andere auch. Nach Stalins Tod war uns klargeworden, daß wir unseren eigenen Weg suchen mußten. Während des langen Lernprozesses zur Bewältigung dieser gewaltigen Aufgabe waren wir alle gealtert. Ich wußte, daß der Frühling nicht wiederkommen würde, weder für mich noch für mein Land. Vor uns lagen nun die Erntejahre.

Jetzt mußte ich entscheiden, ob ich mich von der Politik fernhalten und endlich versuchen sollte, ein friedliches Leben zu führen, oder ob ich in die Partei zurückkehren und von neuem hoffen sollte, einen Beitrag zur Durchsetzung der Ziele der Revolution leisten zu können. Nach Aufdeckung der Verfehlungen von Menschen wie Lin Piao und nach der Enthüllung ihrer Korruption und ihrer Ferne vom Volk war ich mutlos geworden, was die Politik der Partei betraf, und skeptisch im Hinblick auf ihre Führer. Doch ich konnte alle jene nicht vergessen, die für die Sache der Partei gestorben waren, die ihr Leben für die Ideale der Befreiung geopfert hatten.

Ich dachte an Lao Shi, der es abgelehnt hatte, sich zu verstellen und den Autoritätspersonen zu schmeicheln, der zuerst an die Westgrenze Yünnans verbannt und dann von Rotgardisten erschlagen worden war. Ich dachte auch an die Studentin Lin Chao und all jene, die es gewagt hatten, die offizielle Politik in Frage zu stellen und ihre Überzeugung zu äußern. So viele hatten mit ihrem Leben dafür bezahlt, daß sie die Wahrheit sagten.

Doch sogar beim Gedanken an meine persönlichen Enttäuschungen und an den tragischen Verlust meiner Freunde blieb mir bewußt, daß in meinem Herzen noch immer eine schwache Flamme brannte.

Sie hatte zwar zeitweise nur noch geflackert, war aber nie ganz erloschen. Die Mühsal, die wir alle zusammen erduldet, und die Verluste, die wir erlitten hatten, ließen sich zweifellos nur wettmachen, wenn jeder von uns danach strebte, die Flamme in sich am Leben zu halten. Ich würde mich am Neuaufbau der Partei beteiligen, denn ich war überzeugt, daß nur sie, welche Fehler sie auch immer begangen haben mochte, China vorwärtsbringen konnte. Allerdings war ich viel weniger erfolgsgewiß als 1949 und viel weniger sicher, einen wirklich nützlichen Beitrag leisten zu können. Doch ich wußte, daß ich es versuchen mußte.

# Dank

Viele Freunde und Kollegen haben unsere gemeinsame Arbeit großzügig unterstützt und ihr ihre Zeit geopfert. Neben dem Center for Chinese Studies in Berkeley gilt unser besonderer Dank James H. Clark von der University of California Press sowie Margaret Carpenter, Betsey Cobb, Lowell Dittmer, Tom Engelhardt, Joyce K. Kallgren, David N. Keightley, Vannie Keightley, Phyllis Killen, Craig Mackay, Mel Mackay, Betsey Schreiner, Irwin Schreiner, Vera Schwarcz, Caroline Service, Frederic Wakeman Sr. und James D. Wilkinson für ihre verschiedenartige, aber immer nützliche Kritik. Danken möchten wir auch Frances Wilcox, die das Manuskript geradezu mit Begeisterung abtippte. Vor allem aber möchten wir John Stewart Service für seine kundige Redaktion sowie seine kluge Beratung und Frederic Wakeman Jr. für seine Geduld als Ehemann, seine Ermutigung als Freund und seine Führung als Gelehrter unseren herzlichen Dank aussprechen.

# Anhang

# Chronologie

| | | |
|---|---|---|
| 1931 | 31. Januar | *Yue Daiyun (YDY) wird in Kweiyang, Provinz Kweichou, geboren.** |
| | 18. September | Mukden-Zwischenfall; Beginn der japanischen Aggression. |
| 1937 | 7. Juli | Liukochiao-Zwischenfall (Zwischenfall an der Marco-Polo-Brücke); Beginn des Kriegs mit Japan. |
| 1938 | Oktober | Verlegung der Hauptstadt nach Chungking; Kweiyang wichtiger Kriegsstützpunkt. |
| 1942 | | *Die Familie übersiedelt nach Hua-hsi, nahe Kweiyang.* |
| 1945 | August | Japan kapituliert; Ende des Zweiten Weltkriegs. |
| 1946 | März | General Marshalls Vermittlungsversuch scheitert; Bürgerkrieg weitet sich aus. |
| 1948 | | *YDY beginnt Studium an der Peita in Peking; aktive Untergrundarbeit in der Demokratischen Jugendliga der KP.* |
| 1949 | Februar | Volksbefreiungsarmee (VBA) erobert Peking. |
| | 1. Juli | *Eintritt in die Kommunistische Partei.* |
| | 1. Oktober | Gründung der Volksrepublik China in Peking. |
| 1950 | 4. Mai | *Führt bei Feiern am 4. Mai Studenten an.* |
| | Sommer | *Delegierte beim II. Studentenweltkongreß in Prag.* |

* Ereignisse aus dem Leben Yue Daiyuns und ihrer Familie sind kursiv gesetzt.

| | | |
|---|---|---|
| 1951 | Herbst | *Mit dem Landreform-Team nach Kiangsi (bis Frühling 1952).* |
| 1952 | Sommer | *Graduiert von der Peita, wird zur Vertreterin des Graduierungssemesters gewählt, erhält Dozentur für chinesische Literatur an der Peita.* |
| | September | *Heiratet Tang Yichieh (Lao Tang); lebt bei seiner Familie auf dem Gelände der Peita.* |
| 1953 | Juli | *Geburt der Tochter Tang Dan.* |
| 1955 | Sommer | Beginn der Kampagne gegen Konterrevolutionäre. |
| | September | *Erhält Verweis, weil sie Urlaub zum Besuch der Familie in Kweiyang nimmt; suspendiert als Dozentin und als Sekretärin der Parteizweigstelle; wird Zeitungsredakteurin.* |
| 1956 | Mai | Mao Tse-tung verfügt: «Laßt hundert Blumen blühen und hundert Gedankenschulen miteinander wetteifern.» |
| | September | *Wiedereingesetzt als Dozentin und Parteizweigstellensekretärin.* |
| 1957 | Februar | Maos Rede über Widersprüche im Volk. |
| | Mai | *Plant Gründung neuer Literaturzeitschrift; Plan bald aufgegeben.* |
| | Juni | Beginn der Kampagne gegen Rechtsabweichler. |
| | 24. Dezember | *Geburt des Sohnes Tang Shuang.* |
| 1958 | 24. Januar | *Als Rechtsabweichlerin kritisiert.* |
| | 7. Feburar | *Als Rechtsabweichlerin eingestuft; Parteimitgliedschaft aberkannt; zu körperlicher Arbeit verurteilt.* |
| | Frühling | Der Große Sprung nach vorn beginnt. |
| | September | *Beginn der Landarbeit in Chaitang.* |
| 1959 | Februar | *Lebt bei altem Bauernehepaar.* |
| | Herbst | Schlechte Ernte und Mißwirtschaft verursachen Hungersnot. |
| 1960 | Februar | *Bekommt Erlaubnis zu dreiwöchigem Besuch der Familie in Peking.* |

| | | |
|---|---|---|
| | Sommer | *Darf Rechtsabweichlermütze ablegen.* |
| | Herbst | *Arbeitet in Lingyuesi über Dorfgeschichte.* |
| | November | *Wird an die Peita zurückgeschickt.* |
| 1961 | Februar | *Lehrverbot; wird beauftragt, Kommentar über die T'ang-Dichtung zu schreiben.* |
| 1962 | August | Peitaiho-Konferenz; Mao warnt: «Vergeßt nie den Klassenkampf.» |
| | Herbst | *Darf wieder lehren, aber nicht Literatur, sondern Satzkonstruktion.* |
| 1963 | | Sozialistische Erziehungsbewegung. |
| | 1. Oktober | *Begleitet Familie ihres Mannes, die bei Feiern auf dem Platz des Himmlischen Friedens von Mao empfangen wird.* |
| 1964 | Frühling | Arbeitsteam des Zentralkomitees kommt an die Peita. |
| | Winter | *Wieder Lehrverbot.* |
| 1965 | Februar | *Wird von Arbeitsteam an der Peita für einen Angriff als warnendes Beispiel gewählt; Angriffsziel in drei Versammlungen.* |
| | Juni | *Erhält Auftrag, Material für Kritik bürgerlicher literarischer Standpunkte zu sammeln.* |
| | Juli | Konferenz über Erziehung im Hotel International in Peking: *Lao Tang ist wichtiger Teilnehmer.* |
| | September | *YDY wird aufs Land nach Hsiao-hongmen geschickt, um bei Durchführung der Vier Säuberungen mitzuwirken.* |
| | 11. November | Artikel von Yao Wen-yüan greift den Autor Wu Han an und leitet Kulturrevolution ein. |
| 1966 | Februar | Chiang Ch'ing hält Schlüsselrede auf VBA-Konferenz über Kunst und Literatur. |
| | 25. Mai | Mao Tse-tung lobt die Wandzeitung der Peita-Dozentin Nieh Yüan-tsu. |
| | Juni | Neues Arbeitsteam an die Peita entsandt. |
| | 10. Juni | *YDY kehrt aus Hsiao-hongmen an die Peita zurück.* |

| | | |
|---|---|---|
| | 18. Juni | Beginn von Gewaltakten auf dem Gelände der Peita; *Lao Tang wird Zielobjekt; YDY zu körperlicher Arbeit auf dem Universitätsgelände eingeteilt.* |
| | 22. Juni | Bei Massenversammlung an der Peita spricht Chiang Ch'ing; *YDY verbrennt alle ihre Gedichte.* |
| | August | Auf dem Universitätsgelände beginnt Periode der Anarchie und des Terrors; *Rote Garden vernichten Bücher und Schallplatten der Familie Tang; Familie muß ihr Haus weitgehend aufgeben.* |
| | 18. August | Erste Massenparade der Rotgardisten auf dem Platz des Himmlischen Friedens in Peking. |
| | September | *YDYs Mutter stirbt.* |
| 1967 | | Universitätsgelände wird bei Ausschreitungen von Gruppierung der Roten Garde verwüstet. |
| 1968 | Januar | *YDY zieht mit Mann und Kindern in anderes Haus.* |
| | Juli | Arbeiterpropagandatrupp der Ideen Mao Tsetungs übernimmt Kontrolle über Universitätsgelände. |
| | Herbst | Bewegung zur Säuberung der Ränge beginnt. *Familien werden getrennt und in Schlafsälen untergebracht.* |
| 1969 | Februar | *YDY erneut als Rechtsabweichlerin angegriffen.* |
| | April | IX. Parteitag; Lin Piao zu Maos Nachfolger ernannt. |
| | Herbst | *Tang Dan wird nach Heilung-kiang geschickt.* |
| | Oktober | Alarm wegen drohendem sowjetischem Angriff; *YDY wird auf Kaderschule in Liyu-chou, Provinz Kiangsi, geschickt.* |
| 1970 | | Chi Ch'un erhält Verantwortung über die Peita. |
| | Sommer | Kaderschule Liyu-chou wird Zweigstelle der Peita; *YDY lehrt wieder Literatur.* |
| | November | *Unfall auf erfolgloser Studienfahrt nach Chingkangshan.* |

| | | |
|---|---|---|
| | Dezember | *YDY auf erfolgreicher Studienreise nach Anyüan und Chingkangshan.* |
| 1971 | Mai | Liyu-chou wird aufgelöst; *YDY kehrt an die Peita zurück.* |
| | 12. September | Lin Piaos Flucht und Flugzeugabsturz über der Mongolischen Volksrepublik. |
| 1972 | | *YDY nimmt an Arbeitseinsatz teil und lehrt Literaturpolitik.* |
| 1973 | Juni | *YDY begleitet Journalistikstudenten nach Shih-chiachuang; Lao Tang begleitet Chiang Ch'ing auf Inspektionsreise.* |
| | Sommer | Chang Tiesheng wird für die Abgabe leerer Examensblätter gelobt. |
| | August | X. Parteitag bestätigt Macht der Viererbande; Mao Tse-tung verbindet Kritik an Lin Piao und Konfuzius. |
| | September | Liang-Hisao-Gruppe wird organisiert, um Kritik an Lin Piao und Konfuzius zu üben. *Lao Tang ist Mitglied.* |
| 1974 | Januar | *YDY kehrt aus Shih-chiachuang an die Peita zurück; Lao Tangs aufgezeichnete Rede kursiert im ganzen Land.* |
| | Februar | Gruppe um Chiang Ch'ing attackiert «rechte Abweichler»; *YDY wird auf Wandzeitungen angegriffen.* |
| | März | *YDY begleitet Studenten zu VBA-Einheit in den Bezirk Changping.* |
| | Mai | *YDY mit Journalistikstudenten bei der* Pekinger Tageszeitung. |
| | Herbst | *YDY hält an der Peita Vorlesung über Legalisten.* |
| 1975 | Januar | IV. Nationaler Volkskongreß; Teng Hsiao-ping kehrt zurück; *Lao Tang ist Delegierter.* |
| | Frühling | *YDY wird zum Arbeiten/Lehren auf die Universitätsfarm im Bezirk Ta-hsing geschickt, die an Gefängnisfarm angrenzt.* |
| | Sommer | *Wiederauftreten der Schilddrüsenerkrankung bei YDY; Rückkehr nach Peking.* |

| | | |
|---|---|---|
| | August | Maos kurze Bemerkung über den Roman *Am Rande des Wasses* wird von Viererbande zu Angriff auf Teng Hsiao-ping benutzt; *Liang-Hsiao-Gruppe wird aufgefordert, Material zu liefern.* |
| | Herbst | *YDY wird beauftragt, für eine Gruppe ausländischer Studenten Vorlesungen über chinesische Literatur zu halten.* |
| 1976 | 8. Januar | Chou En-lai stirbt. |
| | Februar | Wandzeitungen in der Peita greifen Teng Hsiao-ping an. |
| | 5. April | Entfernung von Kränzen für Chou En-lai verursacht Aufstand auf dem Platz des Himmlischen Friedens; Teng wird entlassen; Hua Kuo-feng Ministerpräsident. |
| | 6. Juli | Chu Te stirbt. |
| | 28. Juli | Erdbeben von Tangshan. |
| | 9. September | Mao Tse-tung stirbt. |
| | 6. Oktober | Viererbande wird verhaftet. |
| | 7. Oktober | *Lao Tang als Mitglied von Liang-Hsiao-Gruppe verhaftet.* |
| | November | Kampfversammlung in der Peita gegen Liang-Hsiao-Mitglieder, *darunter Lao Tang.* |
| 1977 | Sommer | Universitätsaufnahmeprüfung wiedereingeführt. |
| | Herbst | *Tang Dan und Tang Shuang bestehen Prüfung, werden aber nicht zur Universität zugelassen.* |
| 1978 | Frühling | *VBA lehnt Tang Shuangs Eintritt ab.* |
| | März | V. Nationaler Volkskongreß. |
| | Juli | *Tang Dan vom Arbeitseinsatz in Heilung-kiang befreit.* |
| | Sommer | *Tang Dan und Tang Shuang bestehen erneut Aufnahmeprüfung, doch die Zulassung zur Universität wird ihnen abermals verweigert.* |
| | September | *Tang Shuang erhält Zulassung zur Universität für Naturwissenschaften und Technik in Hofei; Lao Tang wird aus der Haft entlassen.* |

| | | |
|---|---|---|
| | Winter | Bewegung «Demokratische Wand». |
| | Dezember | 3. Plenum des XI. Zentralkomitees bestätigt Teng Hsiao-ping und die neue Politik. |
| 1979 | Frühling | *Tang Dan zum Studium an Zweigstelle der Peita zugelassen.* |
| | Herbst | *Lao Tang nimmt Lehrtätigkeit (Philosophie) an der Peita wieder auf; YDY wird rehabilitiert; Parteimitgliedschaft wiederhergestellt.* |
| 1984 | Oktober | *Yue Daiyun ist außerordentliche Professorin für chinesische Literatur und stellvertretende Vorsitzende des Zentrums für vergleichende Literaturwissenschaft an der Peita, außerdem Vorsitzende der Abteilung für chinesische Literatur und Direktorin des Instituts für vergleichende Literaturwissenschaft an der neuen Shenchen-Universität. Lao Tang ist außerordentlicher Professor für Philosophie und Leiter der Lehr- und Forschungsgruppe für chinesische Philosophie an der Philosophischen Fakultät, außerdem Direktor des Instituts für chinesische Kultur an der Shenchen-Universität. Tang Dan lebt mit ihrem Mann in New York und studiert Computerwissenschaft. Tang Shuang lebt mit seiner Frau im Staate New York und studiert Physik.* |

# Personen- und Sachregister


«Ablehnung der Verköstigung durch eine illegale Regierung» 222
«Acht schwarzen Standpunkte», die 261 ff.
Alter Onkel 76 ff., 88 f., 97, 101, 105
Alte Tante 76 ff., 97, 105
Amerikaner in China 33 f.
*Am Rande des Wassers* 214
*Am Rande des Wassers* – Kampagne 313 f.
An-ch'ing (Sohn von Mao Tse-tung) 160
«An den Sturm» (Gedicht von YDY) 44 ff.
Arbeiterpropagandatrupps, Armeepropagandatrupps → Propagandatrupps

Balzac, Honoré 291
Baudelaire, Charles 284
Bauern-Kommunismus 10
Beethoven, Ludwig van 315
Bewegung ..., s. a. → Kampagne ...
Bewegung «Demokratische Wand» 335
– zur «Säuberung der Ränge» (in den drei Phasen «Kampf – Kritik – Reform») 218 ff., 228 ff., 234
– zur «Säuberung und Untersuchung» 329 f., 348
Brahms, Johannes 22, 74
Buddha, Buddhismus 67, 116, 119, 163, 201

Cao Yi'ou (Frau von K'ang Sheng) 156, 159
Chaitang, YDYs Verbannung aufs Land nach 64 ff., 84 ff., 95 ff., 130 f., 240 f.
Chang Chun-ch'iao (Mitglied der Viererbande) 188, 194, 305, 356
Chang Longkiang (Vizepräsident der Peita 1977) 343 f., 346
Chang Shao-hua (Frau von Mao Tsetungs Sohn An-ch'ing) 160
Chang Tiesheng (Student, der berühmt wurde durch Abgabe leerer Examensblätter) 291 ff., 341
Ch'en Po-ta (Mitglied der Gruppe Kulturrevolution beim ZK) 160
Ch'en Yi, Marschall 118
Ch'en Yun 325
Chian Bozan (Leiter der Abteilung für Geschichte an der Peita) 220 ff.
Chiang Ch'ing (Frau von Mao Tsetung; «Kopf» der Viererbande) 141, 159 ff., 176, 207, 226, 261, 284, 294, 300 ff., 307, 313 f., 317 f., 320, 325, 327, 329 f., 332, 335, 338, 348
Chiang Kai-shek 164 f.
Chi Ch'un (Vorsitzender des Revolutionskomitees der Ch'ing-hua, auch für die Peita zuständig) 282 f., 289, 292 f., 301, 304, 311, 336, 338
Chi Penyu (Mitglied der Gruppe Kulturrevolution im ZK) 160
Ch'ing-hua (führende naturwissen-

schaftliche und technische Universität Chinas, unweit der Peita gelegen und oft mit ihr in Verbindung gebracht) 50, 52, 119, 162, 216 f., 219
Chingkang-Gebirge (Guerillastützpunkt, «Heiligtum der Revolution») 265, 268, 273 f.
Chingkang-Gebirge-Korps, kurz: Chingkang-Gebirge (Zusammenschluß von Rotgardistengruppierungen) 189 ff., 197, 200 ff., 212 ff., 278
Chou Dali (zeitweise Leidensgefährtin von YDY in Liyu-chou) 358 ff.
Chou En-lai 10, 39, 60, 286 f., 304, 314, 316 ff., 324, 325, 339 f., 345, 353
Chou Pei-yüan (Vizepräsident, später Präsident der Peita) 123, 170, 204 f., 327, 337
–, Enkel von 170 f.
Chou Yang (Chefsprecher der Partei für kulturelle Angelegenheiten) 284, 289
Chuang-tsu 96, 120
Chu Te, Marschall 274, 325 f.
Chu Yüan-chang (Mongolenbezwinger zur Zeit der Ming-Dynastie) 243

Daolan (*ayi* im Haushalt der Schwiegereltern von YDY) 21 f., 31, 58, 63, 98, 113, 129, 172
Demokratische Jugendliga 36 f., 94
Dostojewski, Fedor 291
«Drei Punkte in gerader Linie», die (Bibliothek, Speisesaal, Schlafsaal) 283, 311
«Drei Roten Banner», die (Großer Sprung nach vorn, Volkskommunenbewegung, Generallinie des sozialistischen Aufbaus) 102, 125 ff., 151, 323
«Drei ständig zu lesenden Artikel», die (des Vorsitzenden Mao) 199 f.
«Drei Trennungen», die (Trennung der Universität von Praxis, Politik und körperlicher Arbeit) 283
«Drei Übel», die (Subjektivismus, Sektierertum, Bürokratismus) 26
Düsenflughaltung 134, 223, 225, 279, 347

Einmonatsfest (Ein-Monats-Geburtstag) 19 ff., 55
«Erde»-Gruppierung der Rotgardisten (dazu gehörte auch das Chingkang-Gebirge-Korps) 192, 203, 205, 213, 215
Erziehungssystem, altes und neues 259 ff., 283

Fang Yi (Direktor der Akademie der Wissenschaften und stellvertretender Ministerpräsident) 353 f.
Feng Youlan (Philosophieprofessor an der Peita) 21, 98 f., 228, 327
«Flatternde Rote Fahne» (Rotgardistenorganisation) 189 f.
Foster, Stephen 50, 89
«Freie, ungezwungene Menschen» 196
«Fünf Gleichen Lehrer», die (sollen zusammen mit den Studenten essen, leben, arbeiten, studieren und ihre Gedanken reformieren) 255 ff.
«Fünf roten Elemente», die (Arbeiter, Bauern, Soldaten, revolutionäre Kader, revolutionäre Märtyrer) 190
«Fünf schwarzen Elemente», die (Großgrundbesitzer, reiche Bauern, Konterrevolutionäre, Rechtsabweichler, kriminelle Gruppen) 72, 76, 101, 172, 228
Fu Lei (Übersetzer von Romain Rolland) 222
Fu Tsong (Pianist) 222

Gedichte von YDY 45 f., 57, 166
Generallinie des sozialistischen Aufbaus (s. a. → die «Drei Roten Banner») 102

Große Kritikbewegung 98 f.
Großer Sprung nach vorn (s. a. → die «Drei Roten Banner») 57, 59, 61, 65, 123, 141
Gruppe Kulturrevolution im ZK 159 ff., 188, 194
Guan Feng (Mitglied der Gruppe Kulturrevolution im ZK) 160 f.
Guo Yanli (Lehrer in der Abteilung für chinesische Literatur an der Peita) 223 ff.
–, Frau von 224 f.

Heilung-kiang, Tang Dan auf Militärfarm in 279, 307 ff.
«Helden unserer Zeit» (von YDY u. a. geplante Literaturzeitschrift) 28, 30 ff., 42, 44, 56, 58
«Himmel»-Gruppierung der Rotgardisten (dazu gehörte auch die Neue-Peita-Kommune) 192, 203, 217, 330
Hochzeitsfeier, YDYs 48 ff., 66
Hsia Chang (Chingkang-Gebirge-Führer; Freund von Tang Dan) 206, 208
Hsia-hongmen, YDYs Teilnahme an der «zweiten Landreform» zur Umerziehung und Durchführung der Vier Säuberungen in 130 ff.
Hsiao Pan (Militärjournalist) 322
Hsieh Chingyi (stellvertretender Vorsitzender des Revolutionskomitees der Ch'ing-hua) 282, 289, 327, 336
Hsü Chihmou (Dichter) 45, 284
Hua Kuo-feng 332 f.
Huang, Witwe (Sektenführerin) 136 ff.
Huang Liming (Mann von Tao Ch'un; Philosophieprofessor an der Peita) 329
Hu Bing-bing (fanatische Anhängerin von Chiang Ch'ing) 176 f.
Hu Feng (Literaturkritiker)
«Hundert Blumen» – Zeit (Frühling 1957, als die Intellektuellen auf Mao Tse-tungs Aufruf reagierten, ihre Meinung frei zu äußern) 11, 26, 29, 126, 323

Intellektuelle (gesellschaftliche Stellung, Umerziehung) 9 ff., 16, 26, 28, 39 f., 45, 61 f., 78, 94, 111, 117, 130, 218, 220 ff., 226 ff., 234, 238, 241, 243, 246 ff., 253 f., 283, 292, 294, 341, 350, 352

Kampagne . . ., s. a. → Bewegung . . .
Kampagne der «Aufforderung an die Massen, die Entscheidung zu treffen» 356 f.
– gegen Konterrevolutionäre 26 f., 29
– gegen «rechte Abweichler» 294 f.
– gegen Rechtsabweichler (s. a. → Rechtsabweichler) 12, 23, 25, 30, 48, 57 ff., 110, 115, 120, 149, 294, 323, 359
– zur Anhebung des Bildungsniveaus der Lehrer («Vorwärtsgehen mit Wissenschaft») 40
– zur «Bewertung des Legalismus und Kritik an Konfuzius» 305 ff.
– zur Bildung «großer Bündnisse» 210 ff.
– zur Schaffung von Volkskommunen (Volkskommunenbewegung; s. a. → die «Drei Roten Banner») 60 f., 65, 67, 102, 125
– zur «Überwindung» der «Drei Übel» Subjektivismus, Sektierertum und Bürokratismus 26, 28
«Kampf zwischen zwei Linien» 212 f.
*kang* 67 f., 71, 77, 85, 130, 137
K'ang Sheng (Sicherheitschef) 123, 150, 156, 160
Kapitalismus, kapitalistischer Weg 135, 143, 150 f., 166 f., 302
Kiangsi, YDY als Mitglied eines Landreform-Teams in 72 f., 81, 97, 130
Klassenkampf 25, 27, 29, 40, 124, 126 ff., 160, 165, 198
Komitee für Familienhilfen 168 f.
– zur Vorbereitung der Kulturrevolution 163, 166 ff., 188, 202
Kommunistische Partei (KP) 9 f., 24, 26 f., 29 f., 32 f., 37, 40 f., 43, 48, 53,

55 ff., 70 f., 73 f., 94 ff., 101, 116, 122, 127, 142 f., 145, 149 f., 153, 159, 201, 204, 220, 223, 231 f., 260, 285, 288, 307, 322, 359, 362
Konferenz über Erziehung im Hotel International 142 ff., 147 ff., 151, 330
Konfuzius, Konfuzianismus 9, 116, 120, 301 f., 305 f., 340, 349
Konterrevolution(äre), konterrev. Aktivitäten, konterrev. Elemente, aktive Konterrevolutionäre 25 f., 29, 39, 48, 72, 99, 109, 135 f., 159, 163, 173 f., 182, 221, 223, 225 ff., 231, 320, 322
Kritik bürgerlicher literarischer Standpunkte 127 f., 157
Kritik und Selbstkritik 58 f.
Kuai Da-fu (Rotgardistenführer an der Ch'ing-hua) 217
«Kuhstall» (Gefängnis auf dem Peita-Gelände während der Kulturrevolution) 170, 203 f., 218
Kulturrevolution 11 ff., 45, 74, 86, 119, 123 f., 126, 134, 150 ff., 163 ff., 181, 187 ff., 196 ff., 210 ff., 218, 220, 223 ff., 252, 258, 306, 316 ff., 322, 331, 333, 340, 347
–, Folgen der 279 ff., 293 ff., 299, 313, 323 f.
Kuomintang 9, 32 ff., 36 f., 49, 53, 72 f., 90, 110, 135, 157, 160, 164 ff., 204, 220 f., 322
Kuo Mo-jo (Dichter) 284
Kweiyang (Provinz Kweichou), YDYs Kindheit und Jugend in 32 ff., 41, 44, 50 ff., 68, 206

«Lager- und Feldtraining» (Marsch von Nanchang nach Anyüan) 269 ff.
Lao Chen (Führer der Studentengruppe auf YDYs erster Reise nach Peking; später Parteisekretär) 36, 81, 152 f., 156 ff.
Lao Gu (YDYs Führer im studentischen Untergrund) 37 f.
Lao Hong (stellvertretender Führer der Studentengruppe von YDY beim Studentenweltkongreß in Prag) 90 f., 93
Lao Li (Philosophieprofessor an der Renda; Freund von Lao Tang) 330 f., 333, 338, 348 f., 353 f.
Lao Lin (Lieblingsstudent von YDY, las «An den Sturm») 45 ff.
Lao Lu (Freund und Kollege YDYs; Mitgl. der Zeitschriftengründungsgruppe) 28, 42, 44, 57 f., 81 f.
Lao Pan (Mitglied der Zeitschriftengründungsgruppe) 47, 58
Lao She (Dichter) 177
Lao Shi (Vertrauter YDYs in Chaitang) 79 f., 84 ff., 96 f., 101, 104, 109, 361
Lao Tang (Tang Yichieh) 20 ff., 31, 38, 41, 44 f., 48 ff., 55, 57 f., 60, 63, 65, 74, 76, 87 f., 91 ff., 97 ff., 106 f., 114 ff., 119 f., 122, 142 ff., 147 ff., 154, 157, 164, 166, 170 ff., 178 ff., 186, 187, 190, 192 ff., 200, 204, 207, 209, 210, 212, 218 f., 222, 227 ff., 232, 236, 238, 240 ff., 254, 255 f., 263, 269, 275, 279, 285, 288, 291, 301 ff., 312 ff., 318, 321, 326 ff., 342 ff., 357
Lao Tang, Bruder von 111 f., 180, 279
–, Cousine von 176
–, Mutter von 20 ff., 48 f., 58, 60, 62 f., 98 ff., 107, 113 f., 117 ff., 128 f., 146, 164, 167, 172, 179, 193, 227, 229, 236, 244, 275, 279 f., 291
–, Vater von → Tang Yongtong
Lao Ting (Spezialist für Lyrik der Tang-Dynastie; Küchenteamleiter in Liyu-chou) 108, 269
Lao-tsu 120, 304
Lao Wei (Lehrer für Geschichte an der Peita) 70 f., 73, 76, 80 ff., 95 f., 101
Lao Wu (Lehrer für chinesische Literatur an der Peita; Nachbar von YDY) 230 ff., 236, 264 f.
Lenin, Wladimir Iljitsch 90 f., 332

Lermontow, Michail Jurjewitsch 28
Liang Hsiao («Große Zwei-Schulen-Kritikgruppe Peita – Ch'ing-hua») 301 ff., 314, 318, 327 ff., 333 ff., 342 f., 345, 352 f., 356 f.
Li Chiakuan (Professor an der Peita und erster Leiter der Liang-Hsiao-Gruppe) 336
«Lied des heulenden Wolfes» 178, 347
Lin Chao (Studentin der chinesischen Literatur an der Peita) 109 f., 361
Lingyuesi, Untersuchung YDYs zur Richtigkeit der «Drei Roten Banner» anhand der Dorfgeschichte von 102 ff.
Lin Lihen (Tochter von Lin Piao) 286
Lin Li-kuo (Sohn von Lin Piao) 286 ff.
Lin Piao 12, 211, 231, 237, 273 f., 285 ff., 300 ff., 325, 331, 336, 340, 349, 361
Lin Wei (Mitglied von Chingkang-Gebirge) 213 f.
Li T'ai-po (Dichter) 109
Literaturtheorie, bourgeoise und proletarische 259 ff., 284
Liu Shao-ch'i 115, 123 f., 142, 150, 153, 203, 221, 225, 325
–, Frau von 134
Liyu-chou, Peita-Kaderschule von (zur Umerziehung der Intellektuellen – auch YDY, Lao Tang und Tang Shuang – durch Arbeiter, Bauern und Soldaten) 235 f., 238 ff., 255 ff.
Lu Hsün (Dichter) 27, 284, 290, 297, 353
Lu Min (sollte angeblich im Auftrag von Lin Piao Attentat auf Mao Tsetung verüben) 285 f.
Lu Ping (Präsident der Peita 1960–66) 117, 119 ff., 127, 142 f., 147, 152 ff., 161, 170, 175, 204, 225 ff., 236, 242, 279

Mallarmé, Stéphane 284
Mao Tse-tung 10 f., 13, 26 ff., 29 f., 42 f., 46, 50, 69, 73, 110, 114 ff., 120 f., 123 f., 126, 141, 144, 147 ff., 159 ff., 165, 168 ff., 173, 187 ff., 193 f., 196 ff., 201, 207, 210 ff., 215 ff., 220 ff., 227, 231 ff., 234 f., 238, 246 f., 257 ff., 267 ff., 273 f., 281 ff., 294, 300, 304 ff., 313 f., 318, 322 f., 325 f., 331 f., 335, 356
Marx, Karl 290, 304
Marxismus 9, 54 ff., 145
Massen-Kampfversammlungen 175 ff.
Maugham, Somerset 129
Mei Kewen (Lehrer für chinesische Literatur und experimentelle Phonetik an der Peita) 225 f.
«Mein Herz singt» (russische Filmmelodie, Lieblingslied von YDY) 89 ff.
Meng Kun (Lehrer von YDY und Professor für chinesische Literatur an der Peita) 168 f., 205
«Mittlere Charaktere» 127 f., 262, 284
Moskau, YDY in 89 ff.
Mozart, Wolfgang Amadeus 92
«My Old Kentucky Home» 50 f.

Neue-Peita-Kommune, kurz: Neue Peita (Rotgardistenorganisation) 189 ff., 197, 200 ff., 212 ff., 278
Nieh Yüan-tsu (Parteisekretärin, Rotgardistenführerin) 142 ff., 147 ff., 152, 156, 161, 188 ff., 200 ff., 204, 213 ff., 236, 241 f.

Pang Wenchun (Professor für Geschichte an der Peita; späterer Leiter der Liang-Hsiao-Gruppe) 201, 305, 335, 349
Pariser Kommune 161, 189
Parteiausschlußversammlung 55 ff.
Peita (Pekinger Staatliche Universität, Chinas führende Universität für Geistes- und Sozialwissenschaften) 20, 35, 48, 120, 122 ff., 142 f., 147 ff., 160, 201 f., 219
–, Parteikomitee der 30, 43, 143 ff.
Peita-Arbeitsteam des ZK 149, 155, 159, 161, 163

P'eng Chen (Bürgermeister von Peking 1951–66) 39, 123 f., 142 ff., 151 f., 204, 312
P'eng Peiyun (stellvertretende Parteisekretärin) 242
P'eng Te-huai (Verteidigungsminister) 126, 141
Peking, YDYs erste Reise nach 35 f.
Pekinger Kommune (Rotgardistenorganisation) 189
Propagandatrupps (Arbeiterp., Armeep.) 216 ff., 223 ff., 234 ff., 241 ff., 278, 282, 294
Puschkin, Alexander 89

Rechtsabweichler (s. a. → Kampagne gegen R.) 23, 29 f., 32, 48, 52, 55 ff., 61 f., 65 ff., 69 ff., 80 f., 85, 95 ff., 104, 106 ff., 114, 116, 126 f., 130, 143 f., 148 f., 166, 175, 196, 200, 207, 231 ff., 236, 259 ff, 289, 300, 309, 333, 339, 342, 347
–, Rehabilitierung der 86, 358 ff.
Rechtsabweichlermütze, Ablegen der 95 f., 101, 107 f., 117, 260
Renda (Pekinger Volksuniversität) 111
Revolution(äre), revolutionäre Ideale 9 f., 46, 48, 71, 73, 81, 99, 152, 155 f., 161, 188, 190, 197 f., 216, 231, 259, 361
Rolland, Romain 24 f., 222
Rote Armee 189, 273
Rote Buch, das (des Vorsitzenden Mao) 194, 200, 285
Rote Garden, Rotgardisten 74, 86, 119, 162, 163 ff., 181, 187 ff., 210 ff., 221, 223, 318, 323, 330, 361
«Rot und Experte» 66
Rückkehr zum «Grundlegenden» 120 f.

Sanwan 273 f.
«Schwarze Bande» 153 ff., 170, 174 f., 179, 183, 193, 207, 212, 218, 226, 301, 330
Schweineschlachten in Liyu-chou 248 ff.
Selbstkritik (s. a. → Kritik und S.) 96, 198, 223, 262
Service, John S. 13
Shen Congwen (Dichter) 93 f.
Shih-chiachuang, YDY zur Ausbildung von Studenten zu Journalisten in 290 ff.
«Sieben-Personen-Wandzeitung» vom 25. Mai 1966 143, 148, 152, 161, 204
Sozialistische Erziehungsbewegung (1962–66; Versuch, die durch den Großen Sprung nach vorn verursachten Probleme auf dem Land zu lösen) 120, 127
Stalin, Joseph 361
Stendhal 25
Studentenweltkongreß in Prag (1950), YDY als Delegierte auf dem 54 89 ff., 93
Sung-tsu Niang-niang (Göttin) 19, 55

Ta-hsing, YDY auf Universitätsfarm in 311 ff.
Tang Dan (Tochter von YDY und Lao Tang) 39, 59 f., 63, 74, 76, 87, 98 f., 104, 107, 112, 114, 167, 171, 179 f., 187, 190 f., 193, 195, 200, 206 ff., 214 f., 219, 227 ff., 236 f., 279 f., 307 ff., 319 f., 327, 329, 334, 340, 341 ff., 349 ff., 354 ff.
Tang-Dynastie, Lyrik der 108 f.
Tang Shuang (Sohn von YDY und Lao Tang) 19 ff., 30 f., 52, 61 ff., 74, 76, 87, 98 f., 104, 107, 113 f., 142, 146, 149, 171, 179, 180, 187, 190 f., 193, 195, 200, 206 ff., 219, 227 ff., 238, 240, 243 f., 250 ff., 254, 256, 263, 269, 275, 279, 291, 309 ff., 313, 315, 319 f., 328, 340, 341 ff., 350 ff.
Tang Yichieh → Lao Tang
Tang Yongtong (Vater von Lao Tang) 20 f., 24, 27, 38 f, 49, 53, 59, 63, 98 ff., 107, 111, 113 ff., 128, 148, 163 ff., 170, 220, 230, 306

Tao Ch'un (Freundin und Nachbarin von YDY) 246, 329, 334, 343, 348 f.
Teng Hsiao-ping 203, 294 f., 305, 307, 313 f., 319, 325, 329, 347, 356
Teng Minghua (Lehrer für Wirtschaft an der Peita; in Chaitang für Rechtsabweichler zuständig) 66 f., 76
Teng Pufang (Sohn von Teng Hsiao-ping) 203
Teng Tuo (stellvertretender Vorsitzender des Pekinger Parteikomitees) 123 f., 142, 145, 151, 312
Tiantsi-miao, Ausflüge von YDY, Lao Tang und Tang Shuang nach 243 ff.
«Treuetanz» 198, 224
Tschaikowsky, Peter 92
Tu Fu (Dichter) 109

Universitätszulassung von Tang Dan und Tang Shuang, Kampf YDYs um 341 ff.
Untergrundarbeit in Peking, YDYs 36 ff.

«Vier Alt», die (alte Ideen, alte Kultur, alte Sitten, alten Gebräuche) 163
Viererbande (s. a. → Chang Chun-ch'iao, Chiang Ch'ing, Wang Hung-wen, Yao Wen-yüan) 12, 188, 194, 294 f., 307, 314, 316, 319 f., 333 ff., 356
«Vier Säuberungen», die (Kampagne zur Verbesserung von Politik, Wirtschaft, Organisation und Ideologie) 120 f., 124, 125 ff., 132, 134, 147
IV. Nationale Volkskongreß 306, 349
Vierte Tante (Schwester von Lao Tangs Vater) 118, 172 ff., 186
Volksbefreiungsarmee (VBA) 44, 216 f., 223, 268, 271, 282 f., 295 ff., 300, 333, 350
Volkskommunenbewegung → Kampagne zur Schaffung von Volkskommunen
«Vorfall vom 18. Juni» 156
«Wenn du uns rufst» (berühmtes Gedicht von YDY) 46
Wen Yidou (Dichter) 49
–, Sohn von 49
Witke, Roxanne 307
Wordsworth, William 53
Wu Han (Vizebürgermeister von Peking) 141
Wu Te (Bürgermeister von Peking) 322, 355
Wakeman, Carolyn 13, 15 ff
Wang Hung-wen (Mitglied der Viererbande) 194, 294
Wang Lianglong (stellvertretender Kommissar der VBA-Eliteeinheit 8341, Leiter des Armee- und Arbeiterpropagandatrupps in der Peita) 336
Wang Ming (Lieblingsstudent von YDY) 125 f., 156 f.
«Weiß und Experte» 66, 108, 308, 328

Yang Li (Führerin der weiblichen Kader in Chaitang) 67 f., 87
Yang Dama (*ayi* von Tang Shuang) 58, 61 ff., 98, 107, 113
Yao Wen-yüan (Dichter; Mitglied der Viererbande) 141, 188, 194, 304, 307
YDY → Yue Daiyun
Ye Ch'un (Frau von Lin Piao) 286 f., 303
Yiguando oder «Weg der allgemeinen Harmonie» (Bauerngeheimgesellschaft) 136 ff.
*Yinyang*-Haarschnitt 165
Yue Daiyun (YDY), Bruder von 44, 50 ff., 129, 180 ff.
–, Großonkel von 53
–, Großvater von 53
–, Mutter von 22, 24, 33, 35, 48, 51 ff., 94, 129, 171, 178, 180 ff., 187, 233, 285, 317, 354, 359
–, Onkel (Geologe) 168
–, Schwägerin von 111 ff., 116, 129, 157, 164, 166 f., 172, 179 f., 219 f., 229, 239, 279, 291, 355

–, Schwester von 51, 129, 180 f.
–, Tante von (Frau des Geologen) 168
–, Urgroßvater von 53
–, Vater der Schwägerin von 11 f.
–, Vater von 24, 35 f., 51 ff., 94, 101, 129, 165, 171, 179, 181 f., 185 f., 217, 316 ff., 236, 340

Zentralkomitee (ZK) der Kommunistischen Partei 150 f., 300, 304 f.
«32-Kader-und-Lehrer-Wandzeitung» 212, 227
Zwischenfall auf dem Platz des Himmlischen Friedens (Peking) am 5. April 1976 321 f.